세종의 苦고

즉위 6백주년 기념

세종 x-파일 시리즈 **5**-1

세종의 苦 _고

| 대국의 민낯 |

조병인 지음

정진 *Life*

펼쳐봐 주셔서 고맙습니다

천안의 독립기념관이 '역사를 잊은 민족은 미래가 없다'는 각성의 결집이라면, 이 책은 '역사를 편식하는 민족은 현재가 산만하다'는 자각의 산물입니다. 대다수 국민이 겨레의 스승으로 숭모하는 세종이, 대국의 야비한 횡포 앞에서, 시름에 잠겨 고뇌하고, 신하들과 마주앉아 대책을 궁리하고, 허심탄회하게 토론을 벌이고, 물어보고, 경청하면서 가시밭길을 헤쳐나간 32년의 일기를 집현전 학사처럼 추적해본 것입니다.

나라의 기틀을 다진 업적이 금金이라면, 천신만고의 자취는 금金보다 값진 은銀이라고 믿고, 석공이 바위에서 부처를 꺼내듯, 《세종실록》에서 '인고忍苦'의 화석을 캤습니다. 세종 즉위 6백주년을 맞이하여, 뒷심 없는 자존심이나 줏대 없는 낯가림은 잊어버리고, 눈앞에 난관이 닥쳤을 때 세종은 어떤 심정으로 어떤 선택을 하였는지를 나름 투시해보았습니다.

집필에 들어가기에 앞서 오랜 고민의 과정이 있었습니다. 모두가 덮어두고 있는 얼룩을 굳이 들춰낼 필요가 있을까? 쓸데없이 지나간 옛일을 거론해 망신을 자초하는 것은 아닐까? 혹시라도 세종을 폄하하는 빌미로 악용되지는 않을까? 그럼에도 불구하고 마침내 집필에 착수한 이유는 세종이 겪었던 '극한의 고초'를 통해 보배 같은 희망과 교훈을 얻었기 때문입니다.

첫째로, 우리 사회에 만연해있는 '폭력과 갈등'을 제어해줄 기대주를 찾았습니다. 필자는 40여 년을 형사학도로 사는 동안, 전국의 가정과 일터에서 무수히 발생하는 인명살상 사건들이 우발적으로 솟구친 '굴욕감'의 결과라는 것을 알았습니다. 그래서 '져주는 법'을 찾아보려고 동서고금을 헤집고 다니다 《세종실록》에서 보석 같은 귀감을 만났습니다.

그보다 앞서 필자가 불행 백신으로 찾아낸 '경청傾聽'은, 먼저 자신을 비운 뒤에 상대방을 받아들이는 것이라는 점에서, '져주기'의 표본에 해당합니다. 져준다는 것은 참고 견디는 것입니다. 상대방의 무례와 불손에 동요하지 아니하고 시비나 도발에도 흥분하지 않는 인욕忍辱은 '져주고 이기는 길'이고, 세종이 바로 그 길을 걸었습니다. 불교에서는 인욕을 삶과 죽음의 고해苦海를 건너기 위해 닦아야 할 여섯 가지 실천 덕목(육바라밀) 가운데 세 번째로 칩니다.

둘째로, 《세종실록》을 반복해 읽으면서, '크고 강한 쪽이 이기는 것이 아니라, 참고 견디는 쪽이 이긴다.'는 진리를 사무치게 깨달았습니다. 모든 일은 반드시 바른길로 돌아간다事必歸正(사필귀정)는 말이 있듯이, 동아시아를 호령하며 조선을 괴롭히고 착취한 명나라는 3백 년도 채우지 못하고 276년 만에 멸망했습니다. 반면, 명나라로부터 말할 수 없는 핍박과 수탈을 당한 조선은 519년이나 지탱하여, 명나라보다 거의 2배에 가까운 생명력을 보였습니다.

특히 세종이 재위하던 시절에는, 명나라에 그토록 많은 것을 내주고도, 천문학·수학·농사·무기 등의 분야에서 명나라를 넘어섰습니다. 우리 하늘에서 일어나는 각종 천문현상과 북극고도를 관측하여 우리 고유의 달력인《칠정산내·외편》을 완성하고,《농사직설》을 편찬하여 식량생산을 획기적으로 늘렸습니다. 백성 누구나가 쉽게 배워서 편하게 쓸 수 있는 훈민정음訓民正音을 창제하였으며, 신기전神機箭이라고 하는 세계 최고 수준의 로켓 무기를 개발하는 저력을 보여줬습니다. 그 외에도 놀라운 발명과 창작이 부지기수로 많았습니다.

셋째로, 오늘날 중국이 대한민국을 쥐고 흔들려 하는 갖가지 행태가 6백 년 전과 너무도 똑같은 사실이 놀랍고 신기했습니다. 아무리 역사는 반복한다지만, 오늘날 중국의 지도자들

이 우리를 이용하고 겁주고 방해하는 행태와 노림수가 조선 초
기에 명나라의 황제와 고위 관료들이 조선을 대했던 행태와 너
무도 흡사합니다. 착하고 양순한 조선의 국왕과 백성에게 명明
나라 황제들과 그들의 수족들은 피를 빠는 악마였고 살을 씹는
괴물이었습니다.

생식기관이 불완전한 어린 소년들과 꽃다운 나이의 순진한
소녀들을 반려동물처럼 데려다가 소모품처럼 쓰고 버렸습니
다. 황제가 불교를 좋아한다고 조선의 귀중한 불교 유물을 모
조리 쓸어가고 대신 찬불가를 선물로 보내서 정책의 역주행을
압박했습니다. 자기들의 전쟁을 위해 조선의 말을 깡그리 빼앗
아 갔습니다. 그 많은 말들을 명나라까지 끌어다주느라 숱하게
많은 백성이 죽거나 몸이 상했습니다.

그뿐만 아니라 자기네 백성인 요동의 주민과 군인들이 농사
지을 소牛가 없다고 조선의 소들을 강제로 팔게 했습니다. 황제
의 애완용으로 야생의 매鷹와 토표土豹(스라소니)를 모조리 포획
해 바치게 하였으며, 황제의 칙서를 가져오는 사신들의 토색질
과 행패가 하늘을 찔렀습니다. 오죽하였으면 '칙사 대접'이라는
말이 생겼을 정도로 극진히 받들어 모시는데도, 욕심이 채워지
지 않으면 아무 데서나 욕설을 해대고 폭력을 휘둘렀습니다.

넷째로, 다른 사람들이 들추기를 기피하는 '굴신屈身' 부분을, 덮어두고 숨길 일은 아니라는 생각이 들었습니다. 리더십을 가르치는 저술이나 강사들이 한漢나라의 한신韓信, 오吳나라의 손권孫權, 일본 막부幕府시대의 도쿠가와 이에야스德川家康 등의 굴신은 배우라고 권하면서, 조선 왕들의 지성사대는 '등신짓'으로 폄하하는 이중성을 이해할 수 없었습니다. 이웃나라의 행태가 야수 같아서, 적당히 맞춰주면서 나라를 낙원樂園으로 가꾼 실속은 외면하고, 사생결단을 하지 않은 것만 비난하는 것은 하나만 알고 둘은 모르는 것이라는 생각이 들었습니다.

다섯째로, 눈길을 주는 사람이 적은 세종의 '천신만고千辛萬苦'를 알아주고 싶었습니다. 《세종실록》과 더불어 시간을 보내는 동안, 상상도 못했던 흉터와 얼룩이 도처에 즐비하여 울분과 연민 사이를 수없이 오갔습니다. 세종이 20대 청년기부터 건강에 적신호가 켜졌던 것도 깊은 상심傷心과 수심愁心 탓이었음을 깨달았습니다. 그런데도 많은 사람들이 오직 세종의 찬란한 성취만 내세워, 세종을 힘들게 한 나라 안팎의 공범들을 고발하고 싶었습니다. 겸하여 중국의 성숙한 반성과 자발적 속죄를 촉구하고 싶었습니다.

그밖에 집필을 부추긴 소박한 동기가 몇 가지 더 있었습니다. 첫째로, 32년을 보위에 있으면서 온갖 고초를 겪은 수난사를 추적하다가, 세종 시대에 이룩된 위대한 업적들이 모두 '기적'이라는 생각이 들었습니다. 둘째로, 세종을 닮고자 하는 이들을 위해 《세종실록》의 숲에 등불을 밝혀주고 싶었습니다. 이미 곳곳에 많은 조명이 켜져 있지만, 찾는 이가 드문 뒤안길에는 작은 호롱불조차 없는 형편입니다. 셋째로, 2년 전에 출간한 『세종식 경청』에서 미처 소개하지 못한 세종의 경청 현장을 보다 생생하게 소개하고 싶었습니다. 넷째로, 같은 치욕을 또 당하지 않으려면 지나간 역사를 정확하게 알아야 한다고 여겼습니다.

마지막으로, 이 책을 출판해준 (주)정진라이프의 관계자분들께 감사를 표하지 않을 수 없습니다. 우선, 필자의 세종 탐구를 흔쾌히 성원하고 책의 출간까지 맡아주신 박해성 대표님에게서 묵직한 동지애를 느낍니다. 아울러서, 풍부한 경륜과 내공으로 책의 미관을 갖춰주신 김양섭 전무님, 그리고 뛰어난 눈썰미와 심미안으로 책의 맵시를 더해주신 조윤수님께도 이를 데 없이 깊은 감사를 느낍니다.

2018년 4월
서울역사편찬원 서울역사자료실에서

9

1970년대에 세종대왕기념사업회가《세종실록》국역본을 내놓은 것을 계기로, 세종과 세종시대에 관한 창작물이 폭포수처럼 쏟아졌습니다. 50년도 되지 않는 짧은 기간에 놀랍도록 신선하고 창의적인 강연·연재물·영화·드라마·공연·만화·저술·논문 등이 무더기로 탄생했습니다. 양적으로만 풍성한 것이 아니라 질적인 면에서도 뭉클한 감동과 참신한 교훈을 주는 것들이 무수히 많습니다. 이 책 역시 그 가운데 하나가 되기를 바라며, 책의 색다른 점을 소개드립니다.

첫째로, 이 책은 필자가 2016년에 『세종식 경청』을 출간하고 두 번째로 내놓는 세종 연구서입니다. 세종대왕 즉위 6백 주년에 맞춰서, 그동안 관심을 보인 사람이 많지 않았다고 생각되는 세종의 '사대외교' 행적을 나름 깊숙이 추적해보았습니다.

둘째로, 태조 이성계가 1392년에 조선을 건국하기 전부터 세종 재위 32년까지 약 60년 동안의 실록 기사들을 간추렸습니다. 앞의 역사를 알아야 세종의 천신만고와 고군분투의 맥락이 보다 더 뚜렷해지기 때문입니다. 선대의 임금들 중에서도 태종의 행적을 특히 많이 담았습니다. 조선이라는 나라는 태종이 길을 열고 세종이 기틀을 다졌다는 것이 역사가들의 일반적 인식이고, 세종의 재위 초반 4년은 태종이 상왕으로서 국정을 주도하였기 때문입니다.

셋째로, 실록에 있는 세종의 중요한 발언들을 가능한 한 많이 소개하였습니다. 말은 곧 마음의 소리言爲心聲(언위심성)라서, 본인의 육성을 최대한 싣는 것이 세종을 제대로 소개하는 길이라고 믿었습니다. 민감한 문제를 놓고 신하들과 격의 없이 난상토론을 벌인 경우나, 눈앞의 이익이나 달콤한 유혹을 일축하고 정도正道를 택했던 상황들은 가급적 전부 담았습니다. 내용이 긴 것은 줄거리가 훼손되지 않는 한도에서 축약하여 실었습니다.

넷째로, 《세종실록》의 행간에 숨겨진 재미난 '비밀'들을 다양한 단서와 증거들을 동원하여 설득력 있게 파헤쳤습니다. 아울러서, 실록을 읽으면서 발견한 실수와 오류들을 지적해 놓았습니다. 상황의 전개를 기록한 기사에 명백한 모순이 있거나, 당연히 같아야 할 것이 다르게 되어 있는 경우들도 눈에 띄는 대로 지적해놓았습니다.

다섯째로, 실록에 없는 역사 지식들을 다양하게 담아서 읽는 재미가 더해지게 하였습니다. 실록에 등장하는 주역들의 발언에 인용된 옛날의 역사 · 책 이름 · 관직 · 물건 · 장소 · 인물 등 가운데 독자에게 유익한 보양식이 될 만한 것들을 풍성하게 골라서 간략하게 보충설명을 달았습니다.

여섯째로, 실록에 수록된 관련 상황들의 맥락을 입체적으로 이해할 수 있도록 하였습니다. 실록에 등장하는 주역들의 중요한 발언을 소개할 때마다, 당사자의 이름 앞에 당시의 직책을 달아서, 특정의 상황에서 그 사람이 왜 그런 말을 하였는지를 알 수 있게 하였습니다.

일곱째로, 원문을 궁금히 여기실 분들이 있을 것을 감안하여, 실록 기사들의 일자를 빠짐없이 적었습니다. 기사 전체를 인용한 경우뿐만 아니라, 긴 내용을 압축하여 인용한 경우에도 맨 마지막에 '묘호 00년/00월/00일' 형식으로 적었습니다. 두 개 이상의 기사를 인용한 경우는 쉼표(,)로 구분하여 차례로 적었습니다.

여덟째로, 독자들이 역사적 사실들을 쉬우면서도 정확하게 이해할 수 있도록, 옛날식 용어와 어법을 오늘날의 사용법에 맞췄습니다. 세종대왕기념사업회가 펴낸 《세종장헌대왕실록》 국역본과 북한사회과학원 민족고전연구소가 펴낸 《이조실록》의 〈세종〉편 국역본을 동시에 읽으면서 번역이 어색한 부분들을 꼼꼼히 다듬었습니다. 양쪽의 번역이 전혀 다르거나, 양쪽 모두 번역이 애매한 경우에는 원문의 맥락을 살펴서 명확하게 고쳤습니다.

아홉째로, 호칭 사용의 형식적 제약을 상관하지 않았습니다. '세종'도 '태종'도 본인들이 죽은 뒤에 붙여진 묘호廟號이지만, 생전의 이야기에도 '태조', '정종', '태종', '세종', '문종' 등을 썼습니다. 저자가 이야기를 풀기에 편하고, 독자들이 읽기에도 쉬울 것으로 헤아렸기 때문입니다.

열째로, 이 책의 출간을 기획하면서 네 권의 책을 더 써보기로 마음을 먹었습니다. 세종 즉위 6백 주년에 맞춰서 『세종의 통痛』, 『세종의 원怨』, 『세종의 한恨』, 『세종의 인仁』을 연속해서 출간해볼 생각입니다. 네 권 모두 이미 초고 집필을 마친 상태라서 계획대로 내놓을 수 있으리라 봅니다.

『세종의 통痛』에서는, 조상으로부터 물려받은 강토疆土를 수호하기 위해 숱한 역경과 시행착오를 겪은 노고에 초점을 맞췄습니다. 『세종의 원怨』에서는, 재난과 사고들이 동시다발로 일어나고 백성들의 탈선이 비일비재하였던 시대 상황을 다각적으로 조명해보았습니다. 『세종의 한恨』에서는, 최상의 금수저로 태어나고도 친가·외가·처가의 풍비박산으로 더없이 불우하였던 가정환경과 괴로웠던 투병생활을 간추려보았습니다. 『세종의 인仁』에서는 평생 형사정책을 공부한 경험을 토대로, 죄를 짓고 갇힌 자들을 친자식처럼 염려하며 '옥獄이 텅 빈 세상'을 지향하였던 뭉클한 휼형恤刑 흔적을 짚어보았습니다.

고명하신 독자님의 애정 어린 관심과 따뜻한 성원을 기대합니다.

2018년 4월

목 차

16

제 1 부

황제 皇帝

좌지우지 후안무치
左之右之　　厚顔無恥

명(明)나라의 영락제, 홍희제, 선덕제, 정통제, 경태제 등이 천자(天子) 행세를 하며 조선의 태종과 세종에게 화자, 미녀, 요리사, 여가수, 말, 소, 매, 토표(스라소니) 등을 요구하였던 북경 자금성의 태화전(太和殿)

[선유]

명나라 황제가 보낸 사신이 도착해서 말하였다. "황제께서 저에게 구두로 '조선에 가거든 왕에게, 「나이 어린 여자를 선발해놓으면 내년 봄에 사람을 보내 데려오겠다.」고 전하고, 또, 「음식을 만들 줄 아는 여자종들도 함께 뽑아서 들여보내라.」고 전하라.'고 지시하셨습니다."(세종실록 8년 3월 12일)

[선유]

명나라 황제가 보낸 칙사가 와서 임금을 모시는 지신사에게 말하였다. "황제께서 나에게 사리舍체를 가져오라고 구두로 지시하셨는데, 내가 늙고 병이 들어 빨리 돌아가야 하겠으니, 속히 구해줬으면 좋겠소."(세종실록 1년 8월 22일)

[칙서]

전에 내가 오랑캐를 정벌할 때 왕이 말 1만 필을 들여보내 나라에서 쓸 수 있게 해줬던 일을 매우 고맙게 생각한다. 이번에 소감 해수에게 은과 비단을 주어서 조선에 보내 그 값을 지불하게 하였으니 수령하기 바란다. 아울러서 해수가 나가는 편에 또 칙서를 주었으니, 받는 즉시 말 1만 필을 들여보내 나라의 용도에 쓰이게 하라.(세종실록 5년 8월 18일)

[칙서]

요동 도사가 주둔군이 밭갈이하는 데 쓸 소가 없다며, 조선의 소를 살 수 있게 해주기를 요청하여, 내가 산동 포정사에게 칙서를 내려, 베와 비단을 조선 국경과 가까운 곳에 가져다 놓고 명령을 기다리게 하였다. 그러니 조선 국왕은 밭을 갈 수 있는 소 1만 마리를 요동으로 보내고 값을 받아가게 하라. 소 값은 영락 연간의 전례를 따라 비단과 베로 지급하면 관과 민이 함께 편리할 것이다.(세종실록 14년 5월 29일)

1。
꽃다운 청춘들을 제 맘대로 데려갔다

조선과 국경을 공유하였던 명明나라의 역대 황제들은 조선의 임금과 백성에게 피를 빠는 악마였고 살을 씹는 괴물이었다. 명나라를 건국한 홍무제(주원장)는 물론이고 그 뒤의 황제들도 마치 정복자나 점령군처럼 조선을 핍박하고 착취하였다. 태종과 세종 연간에는 주원장의 넷째 아들 주체朱棣가 22년간 황제(영락제)로 있으면서 천인공노할 악행들을 반복했다. 수시로 사신을 내보내 나이 어린 소년과 소녀들을 멋대로 뽑아간 만행은 일제강점기에 일본이 우리나라 젊은이들을 전쟁터와 탄광과 공장 등으로 끌어갔던 것과 맥락이 같다. 그래서 마찬가지로 중국의 진정성 있는 반성과 자발적 속죄를 요하는 일이다.

《고려사》와 《조선왕조실록》에 따르면, 명나라의 황제들은 이성계가 정권의 실세였던 고려 공양왕 3년(1391) 10월부터 세종 16년(1434) 9월까지 44년 동안 이 땅의 꽃다운 젊은 남녀 268명을 제 입맛대로 골라서 데려갔다. 어린 화자 149명, 미녀 21명, 하녀 48명, 요리사 42명, 여가수 8명을, 마치 맡긴 물건 찾아가듯이 데려다가 소모품처럼 쓰고 버렸다. 한 해 동안 무려 43명의 소년 소녀를 데려간 적도 있었다. 명나라의 선덕제가 죽은 뒤에 남녀 53명이 돌아오기도 하였으나, 일부에 불과할 뿐이다. 황제의 후궁이 되었다가 황제가 죽자 함께 순장殉葬되거나, 억울하게 누명을 쓰고 참혹하게 죽은 경우가 허다하였다.

소년들을 데려가더니 소녀들을 원했다

1392년에 이성계가 고려를 무너뜨리고 조선을 세우던 무렵 중국 대륙의 주인은 명明나라였다. 명나라는 한족漢族 반란군인 홍건적 출신의 주원장朱元璋(홍무제)이, 양자강 이남에서 세력을 키워 몽골의 원元나라를 북쪽으로 밀어내고 1368년에 금릉金陵(남경=난징)에서 시작한 왕조였다. 그렇게 명나라를 세운 주원장이, 조선이 건국되기 직전인 1391년 4월에 고려의 공양왕에게 칙서를 보내 말 1만 필과 환관 이백 명을 요구하였다.

환관은 생식기관이 불완전한 고자鼓子로서 궁중에 뽑혀 들어가 복무하던 남성을 일컫던 말이다. 나이가 어린 고자는 화자火者라고 불렀다. 환관이나 화자는 선천적 혹은 후천적으로 생식기관이 온전하지 못한 신체 특성으로 인해, 여성들이 많은 궁궐에 발탁되어 다양한 직책과 역할을 담당하였다. 주원장이 그런 남성 이백 명을 보내라고 한 것이고, 그것도 공식 외교문서가 아닌 말口을 통해서였다.

하지만 중국에 대한 사대事大와 조공朝貢이 외교의 근간이었던 당시의 국제질서하에서는, 나라와 백성이 짓밟힐 각오하고 사생결단하지 않으려면 싫어도 따라야 하였다. 사대는 약자가 강자를 섬기는 것이다. 조공은 중국과 국경을 공유하였던 동서남북의 나라들이 정기적으로 사절을 들여보내 물품을 바치던 것을 말한다. 한마디로, 사대와 조공은 옛날에 중국의 중원을 지배하던 왕조들이, 자기들이 세계의 중심국가中華(중화)임을 나타내기 위해 적용한 패권주의霸權主義

(hegemonism) 외교 방식을 함축한 말이다.

패권주의란 국제정치에 있어서 어떤 국가가 경제력이나 무력으로 다른 나라를 압박하는 외교 노선을 말하며, 패도주의覇道主義라고도 한다. 중국은 예전부터 주변국들에게 사대와 조공을 강요하고, 거부하는 국가에 대하여는 가혹한 응징을 가하였다. 그리고 중국이 주변국가에 요구한 물품 목록에는 멀쩡하게 살아 있는 '생사람'이 포함되었다.

그런 연유로, 주원장으로부터 환관 이백 명을 요구받은 공양왕은 6개월 뒤에 급한 대로 환관 스무명을 뽑아서 보내주었다.《고려사》 1391년/4/25, 10/26 환관들을 들여보낸 직후에 황제의 사신이 어린 소녀들을 구하러 나온다는 소문이 퍼져서, 딸을 가진 집에서는 나이가 어린데도 서둘러 혼인을 시켰다. 혹시라도 명나라에 뽑혀갈 것을 겁내서, 급한 마음에 미처 자라지도 않은 철부지 딸을 대충 예禮를 갖춰서 혼인시킨 집들이 부지기수로 많았다.《고려사》 1391년/11/미상

뜬소문 한마디에 온 나라가 공포에 떨었던 것은, '공녀貢女'라는 이름으로 원元나라에 처녀들을 바쳤던 데 따른 여파였다.《고려사》에 따르면, 1275년(충렬왕 1)에 처녀 열 명을 보낸 것을 시작으로, 공민왕 초기까지 80여 년 동안 수많은 처녀를 원나라에 바쳤다. 주로 13세에서 16세 사이의 소녀들을 보내서, 딸이 열 살만 되어도 혼인을 시키는 조혼 풍습이 생겼다. 뽑혀가지 않으려고, 어린 소녀가 머리를 깎고 승려가 되거나, 겁에 질려서 스스로 목숨을 끊는 사례도 많았다고 한다.

생식기관이 불완전한 아들을 둔 부모들도 똑같은 공포를 느껴야 하

였다. 심지어는 주원장이 요구한 환관 이백 명을 채우려고 멀쩡한 사내아이들을 강제로 거세去勢하는 비극까지 있었던 모양이다. 얼마 지나지 않아서 주원장이 공양왕의 즉위를 축하하는 칙서와 예물을 보내면서, 거세를 중지하라는 내용을 함께 적어서 보냈다.

> 듣자하니 고려에 환관이 드물어 소년들을 거세해서 보내기도 한다던데, 만약 사실이면 금하게 하라.《고려사》 1391년/12/12

고려가 사라진 뒤에도 상황이 바뀌지 않았다. 1392년 7월 17일에 조선의 시조로 등극한 이성계는, 1년쯤 뒤에 주원장에게 글을 보내 자신의 조선 개국과 초대 국왕 즉위에 대한 인준을 요청하였다.태조 1년/8/29 두 달쯤 뒤에 주원장이 조선 창업과 자신의 국왕 즉위를 승낙하는 칙서를 보내오자, 정도전을 명나라 수도(금릉=남경=난징)에 들여보내, 사대와 조공을 약속하는 글을 주원장에게 바치게 하였다.태조 1년/10/25 이로써 조선과 명나라 사이에 '갑을 관계'가 성립되어, 이후 명나라에 지성으로 사대와 조공을 바치는 힘든 역사가 지속되었다.

일단 공식적으로 '갑을 관계'가 성립되자, 명나라의 후안무치한 '갑질'이 한도 끝도 없이 반복되었다. 태조 재위 3년 4월에 주원장이 말 1만 필과 함께, 요동에 간첩을 파견한 배후자 스물다섯 명을 잡아서 보내라는 요구를 보내와, 칙서를 가져온 사신들이 들어갈 때 환관 다섯 명을 딸려서 들여보냈다.태조 3년/4/4, 5/20 이후 명나라가 황제 승계 문제로 혼란을 겪으면서 명나라에 대한 사대와 조공이 한층 더 힘들고 복잡해졌다. 사신들의 농간이 극심하였기 때문이다.

1398년에 주원장이 70살의 나이로 세상을 떠나자 황태손이던 주윤문이 16살 나이에 천자 자리를 물려받아 건문제建文帝가 되었다. 윤문은 황태자였던 부친 의문태자朱標(주표)가 1392년에 병으로 죽어서 황태손이 되었었다.

앞서 주원장은 생전에 자신의 아들들을 여러 방면의 제후로 내보냈다. 그런데 주원장의 손자인 건문제가 권신들의 꼬임에 속아 숙부들의 세력을 누르려다가, 넷째 숙부이자 연왕燕王이던 주체朱棣의 반란을 불러와, 1402년에 수도 남경과 황제 자리를 빼앗겼다.

연왕이 황제의 군대와 맞서 싸울 때 조선은 황제를 도왔다. 하지만 전쟁은 연왕이 이겼다. 4년간의 대결 끝에 마침내 어린 조카를 죽이고 스스로 천자(영락제)가 된 주체는 조선의 국왕에게, 꽃다운 소년 소녀들을 요구하였다. 태종 이방원이 왕위에 오르고 3년째 되던 해 11월에, 앞서 전라도 김제에 살다가 환관으로 뽑혀 들어간 한첩목아가 명나라 사신으로 와서 영락제의 요구를 말로 전했다.

나이가 젊으면서 몸에서 냄새가 나지 않는 화자火者 육십 명을 들여보내라.태종 3년/11/1

화자는 열두 살에서 열여덟 살 안팎 사이의 불임 소년을 뜻하던 말이다. 어린 화자를 한꺼번에 육십 명이나 요구한 것도 기가 막히지만, '몸에서 냄새가 나지 않는 화자'라는 조건은 화자들을 가축처럼 여겼다는 뜻이다. 하지만 사대와 조공을 약속하였기에, 아무런 항의도 하지 못하고 소년 화자 서른다섯 명을 뽑아서 한첩목아로 하여금 데려가게 하였다. 태종 3년/윤11/17

그런데 6개월쯤 뒤에 한첩목아가 명나라 관원들과 함께, 앞서 자신이 데리고 들어간 화자들 가운데 일부를 데리고 다시 와서, 명나라 예부에서 조선왕에게 보낸 자문各文을 내놓았다. 자문이란, 조선 시대에 중국과 외교적인 교섭·통보·조회 등을 하고자 할 때에 주고받던 공식 외교문서를 일컫던 말이다. 당시 한첩목아가 가져온 자문에는 화자들을 다시 뽑아서 보내라고 적혀 있었다.

한첩목아가 데리고 들어온 서른다섯 명 가운데 두 명이 병으로 죽어서 서른세 명을 황제에게 보였더니, 몸이 불결한 자들이 섞여 있다며 깨끗한 자들로 다시 뽑아오라고 하셨다. 태종 4년/4/18

자문을 확인한 태종은, 전국의 감사에게 명을 내려, 화자 열 명을 뽑아서 올려 보내게 하였다. 태종4년/4/19 그렇게 선발한 열 명에다 앞서 화자로 뽑혀 들어갔다가 돌아온 열 명을 더하여, 합계 스무 명을 한첩목아로 하여금 다시 데려가게 하였다. 태종 4년/5/26, 6/2 다음 해 4월에 영락제가 다시 또 사신을 내보내, '몸이 깨끗하고 쓸 만한 화자를 가능한 한 많이 뽑아 보내라.'고 요구해와, 여덟 명을 뽑아서 사신이 들어갈 때 딸려 보냈다. 태종 5년/4/6, 7/25 그것으로 끝이 아니었다.

3년쯤 뒤에는 영락제의 명을 받은 황엄·전가화·해수·한첩목아·기원 등 다섯 명이, '앞서 조선에서 들여보낸 말 3천 필의 값을 지불한다.'는 칙서를 가지고 사신으로 왔다. 그런데 칙서 이외에 야수의 속내를 함께 가져왔다. 서울에 도착하여 의식에 따라 칙서를 전달한 황엄은 태종에게 문서가 아닌 구두로, 북경을 출발할 때 영락제로부터 듣고 온 특별지시를 전하였다.

조선에 가거든 국왕에게 말하여, 어여쁜 여자 몇 명을 뽑아서 데리고 오라.태종 8년/4/16

소위 선유宣諭라고 하는 것이다. 선유는 임금이나 황제의 명령이나 지시를 문서가 아닌 말로써 알리던 것을 말한다. 하지만 실록에서는 황제가 칙서나 조서詔書 혹은 고명 같은 것을 내보내면서 그것을 가져가는 사신을 통해 상대국의 왕에게 구두로 어떤 요구나 지시를 전하는 의미로 사용되었다. 구두로 전해진 황제의 요구나 지시 자체를 선유라고 하기도 하였다.

선유는 사신이 도착하여 칙서 등을 전하는 자리나 연회석상 등에서 임금에게 직접 전달되었다. 그런데 이처럼 정식 외교문서 없이 말로만 통하는 소통 방식으로 인하여 말할 수 없는 적폐가 초래되었다. 뒤로 가면서 구체적인 상황들이 다양하게 드러날 것이다.

황엄으로부터 영락제의 요구를 청취한 태종은 그날로 미녀 선발을 담당할 진헌색進獻色을 설치하였다. '진헌색'에서 '진헌'은 임금이나 황제에게 예물을 바친다는 뜻이다. '색'은 특수임무를 전담하기 위해 한시적으로 설치하였던 기관에 붙여지던 호칭으로, 오늘날 널리 사용되는 'Task Force(TF)'와 유사한 개념이었다.

신속하게 진헌색을 설치한 태종은 곧바로 대신들에게 임무를 분담시키고, 각 도에 경차관敬差官을 내보내 미인들을 뽑아오게 하였다. 경차관이란 지방에 특별한 사안이 생겼을 때 임금이 조정의 관원에게 특별한 임무를 주어서 지방(도)에 파견하던 관원을 일컫던 용어다. 뒤에 가서 '어사御使'로 호칭이 바뀌었다. 경차관이 수행한 임무의 종류는 왜구 토벌 등 군사 문제에서부터, 곡식의 수확 상황 조사나 이재민 구제 같은 민생문제, 그리고 피의자 신문 같은 사법 업무에 이르기까지 매우 다양하였다.

전국 각 도에 경차관을 파견한 다음에는 전국에 금혼령을 선포하고 미녀들을 뽑도록 하였다. 천민이나 노비가 아니면서, 나이가 13세부터 25세 사이인 양가집 처녀 중에서 미색이 있는 여자들을 뽑되, 노비가 없는 양반과 서민의 딸은 제외하게 하였다. 아울러서 나라에서 경차관을 내보냈다는 소문에 민심이 동요하거나 어린 딸을 몰래 혼인시키는 것을 막기 위해 경차관들에게 특명을 내렸다.

지정받은 도道에 도착하면 감사의 지시를 기다리지 말고 곧바로 차사원差使員을 지명하여 규정에 따라 역마를 주어 각 고을에 보내서 수령의 보고를 받게 하라. 만약 영令을 어기고 딸을 혼인시켰거나 숨긴 자가 있으면 수령까지 사법절차에 회부하라. 위반자가 4품

이상이면 감사에게 보고하고, 5품 이하이면 경차관이 사법절차를 직접 진행하라.태종 8년/4/16

차사원은 특수 임무의 수행을 위하여 임시로 차출된 관원을 일컫던 말이다. 정3품 이하의 당하관 중에서 임명하였으며, 중앙에서 지방으로 파견되는 경우와, 각 도에서 중앙으로 보내는 경우가 있었다.

금혼령을 선포하고 한 달이 채 안 되어 태종이 왕비(원경왕후)와 함께 중궁전에서 친히 처녀들의 선을 보았다. 영의정부사 하윤과 좌의정 성석린이 창덕궁 광연루 아래에 들어가 서울 안에서 뽑혀온 처녀들 가운데서 일흔세 명을 선발하였다.태종 8년/5/11 일주일쯤 지나서 태종이 광연루 아래에 나아가 친히 처녀들을 선발하였다.태종 8년/5/19 닷새 뒤에 태조 이성계가 승하하여 나라가 국장 준비로 바쁜 가운데도 처녀 간택을 멈추지 않았다.

전국 각지에서 미녀로 선발된 서른 명의 처녀가 서울로 올라왔는데, 경상도 여섯 명, 전라도 네 명, 충청도 세 명, 개성 유후사 열두 명, 경기도 네 명, 황해도(풍해도) 한 명이었다. 그 가운데서 의정부의 정승들이 7명을 뽑았다. 부모의 3년 상이 끝나지 않았거나 형제가 없는 외동딸들은 돌려보냈다.태종 8년/6/3

열흘쯤 뒤에 칙서를 가져온 사신들을 경복궁으로 초청하여 두 정승과 함께 마음에 드는 처녀들을 고르게 하였다. 사신 황엄이, 데려갈 만한 미인이 없다며 심술을 부렸다. 경상도의 처녀들을 뽑아온 박유를 결박하고, "나라의 절반인 경상도에 미색이 왜 없겠느냐?"고 다그쳤다. 박유가 감정을 품고서 일부러 못생긴 처녀들을 뽑아왔다고 억지를 썼다. 박유에게 곤장을 치려고 하다가 그만두더니, 눈을 부라리며 가마에 걸터앉아서 정승에게 모욕을 주었다.

태종이 보고를 받고서 지신사 황희를 성급히 보내, 가까스로 황엄의 분노를 진정시켰다. '어린 처녀들이 부모 곁을 떠나게 된 것을 상심하여, 끼니를 거르지 않고 꼬박꼬박 먹어도 음식 맛을 몰라서 외모가 수척해졌다.'고 상황을 설명한 뒤에, 처녀들을 중국식으로 화장을 바꿔서 다시 고를 것을 권하니, 황엄이 비로소 화를 풀었다.

그런데 처녀들이 끌려가지 않으려고 짐짓 연기를 펼치자, 황엄 등이 또 다시 분통을 터뜨렸다. 평성군 조견의 딸은 중풍 환자처럼 입을 삐뚜름하게 하고 있었다. 이조참의 김천석의 딸도 또한 중풍 환자처럼 머리를 흔들었다. 전 군자감 이운로의 딸은 장애인처럼 다리를 절룩거렸다.

그러자 태종이 조견과 이운로에게 딸을 잘못 가르친 죄를 물어서 각각 개령(경북 김천)과 음죽(경기 이천)으로 귀양을 보내고, 김천석의 직무를 정지시켰다. 그런 다음에 각 도에 공문을 보내고 순찰사들을 파견해 처녀들을 다시 뽑아오게 하였다. 태종 8년/7/2

지난번에 감사, 도순문사, 경차관 등이 처녀들을 신경 써서 선발하지 아니하여 보고에서 빠진 자가 많다. 수령과 품관, 아전, 하급 관원, 향교 생도 및 일반 백성의 집에 미녀가 있으면 모두 선발하여 정결하게 머리를 빗기고 단장시켜 사신의 검열을 기다리도록 하라.

만일 처녀를 숨기고 내놓지 않았거나, 꾀를 써서 선발을 피하게 한 자가 있으면, 예외 없이 엄하게 다스려라. 통정(정3품 문관) 이하는 순찰사가 직접 사법절차를 진행하고, 가선(종2품 문무관) 이상은 중앙에 보고하되, 모두 '왕명을 거역한 죄'를 적용하여 직첩(관직 임명장)을 회수하고 가산을 몰수하라.태종 8년/7/3

순찰사들이 한강을 건너 남쪽으로 떠나는데, 황엄이 사람을 내보내 엿보게 하였다.태종 8년/7/3 이틀 뒤에 황엄을 다시 경복궁으로 초청하여 중국식으로 치장한 처녀들을 보여주었다. 황엄이 한 명씩 살펴보고 나서, '쓸 만한 처녀는 서너 명뿐이라.'고 투덜대며 서른한 명을 고르더니, 인원이 너무 적다며, 자신이 직접 지방에 가서 처녀를 뽑겠다고 하였다. 하지만 태종이 허락하지 않았다.

이틀 뒤에 한첩목아와 기원이 지방에 가려고 하직 인사를 하러 대궐에 들어오자, 태종이 두 사람에게 지방에 가지 말라고 하였다. 지방에 가본들 모두 농가의 자식들뿐이라서 미녀를 고르기가 어려울 것이라고 알아듣게 구슬렸다. 두 사람이 돌아가서 황엄에게 그대

〈그림 1〉 영락제(永樂帝. 1402~1424)

로 전하니, 황엄이 펄쩍 뛰었다. 고래고래 고함을 지르면서, 자기들이 지방에 가겠다고 한 것은 임금을 떠보기 위해서였다며, 조만간 명나라로 돌아가겠다고 겁박하였다. 태종이 듣고서 지신사 황희를 보내 공손한 말로 듣기 좋게 만류하니, 황엄이 마침내 화를 풀었다.태종 8년/7/5

같은 날 사간원에서 네 가지 재변災變을 내세워, 처녀를 숨긴 자 외에는 처벌하지 말 것을 건의하였다. 첫째로, 사신이 서울 근교에 도착하던 날 지진이 있었다. 둘째로, 전국 각지에서 처녀들을 뽑아 올리기 시작한 이래로 음산하고 요사스러운 기운이 천지에 번졌다. 셋째로, 순찰사들을 떠나보낸 뒤로 여름과 가을의 환절기에 황충이 벼를 갉아 먹었다. 넷째로, 선선한 바람이 연일 불어 재앙에 속하는 이변異變이 반복하여 나타났다.태종 8년/7/5

떠나는 자도 울고 보내는 자도 울었다

사간원의 건의가 받아들여졌는지에 대한 기사는 실록에 보이지 않는다. 하지만 처녀 간택은 멈추지 않고 계속되었다. 전국에서 미녀로 뽑혀온 여든 명을 황엄 등이 경복궁에서 40여 일 동안 연달아 여섯 차례 심사하여 최종적으로 일곱 명을 골랐다.태종 8년/7/9, 7/15, 7/20, 7/26, 8/6, 8/19 그런데 이때에 황해도 평주(평산)의 지평주사 권문의가 간택된 딸을 보내지 않으려고 관원을 속여서 한바탕 소동이 일었다.

처음에 황해도 순찰사 여칭이 돌아와서 황엄에게, '문의의 딸이 권집중의 딸보다 자색이 못하지 않다.'고 슬그머니 일러주었다. 황엄이 듣고서 권씨의 딸을 속히 보기를 원했는데, 문의가 딸의 병을 칭탁하고 고의로 시간을 끌었다. 의정부에서 지인知印 양영발을 보내 독촉하니, 문의가 마지못해서 딸을 치장시켜 보내는 척하다가, 영발이 말을 달려 돌아오니, 딸을 머물게 하고는 이내 보내지 않았다.

황엄이 듣고서, 주변 사람들에게 들리도록, "국왕이 저 정도의 하급 관리도 제재하지 못하니, 세도가에 미색이 있다 한들 부모가 내놓으려 하겠는가?"라고 중얼거리자, 태종이 전해 듣고 문의를 순금사의 옥에 가뒀다. 그럼에도 불구하고 4~5일이 지나도록 문의의 딸이 서울에 도착하지 않았다. 황엄이 다시 악을 써대며 심통을 부리자, 태종이 황해도 순찰사 여칭을 순금사에 가뒀다. 태종 8년/8/28, 9/3

이후로 사신들이 경복궁에서 두 차례 더 처녀들을 살펴보고 그중에서 오십 명을 골랐다. 며칠 뒤에 사신들이 다시 경복궁에서 세 차례 처녀들을 보고 마흔네 명을 골랐다. 태종 8년/9/5, 9/13, 9/18, 10/3, 10/6 닷새 뒤에, 창덕궁에 거처하던 태종이 경복궁에 가서 사신 황엄과 전가화와 함께 처녀들을 보고 최종적으로 다섯 명을 뽑아 술과 과일을 내려주었다. 잇따라서 채단으로 지은 중국식 여자 의복을 나눠주고는 대궐로 돌아와 승정원의 대언(승지)들에게 황엄의 여자 보는 안목을 비웃었다.

황엄이 뽑은 처녀들의 인물이 너무 형편 없다. 임씨의 딸은 꼭 관음보살의 화상 같고 애교와 자태가 없으며, 여씨는 입술이 넓고 이마는 좁은데, 그런 여자가 무슨 미인이냐?태종 8년/10/11

그러면서도 다섯 처녀의 집에 혼수비용으로 쌀과 콩 30석과 상포 1백 필씩을 내려주었다. 황엄이 처녀들에게 필요한 물품의 목록과 동행할 사람들의 명단을 적어서 태종에게 보냈다. 물품 목록에는 추위에 대비한 방한용 모자, 버선, 솜옷 등이 포함되어 있었다.태종 8년/10/26 며칠 뒤에 처녀 권씨 등 다섯 명이 중궁전에 나와 하직 인사를 드리니, 왕비(원경왕후)가 후하게 위로하였다.태종 8년/11/3

열흘쯤 뒤에 예문관 대제학 이문화를 진헌사로 임명하여 사신들과 함께 처녀들을 데리고 명나라로 출발시켰다. 이때에 태종이 '처녀를 진헌한다.'는 말을 쓰지 않으려고, 황제에게 종이를 바치러 들어가는 행차처럼 가장시켰다. 앞서 황제가 요구해온 종이 2만 1천 장 가운데 두꺼운 흰색 종이 6천 장을 포장해 보내서, 처녀들이 탄 가마들이 가려지게 한 것이다.

진헌사로 발탁되어 종이를 가지고 출발한 이문화는 뽑혀가던 다섯 처녀 가운데 한 명의 큰아버지였다. 이문화 이외에 네 명이 물품 책임자로 따라갔다. 세 명은 처녀들의 부친이었고, 한 명은 한 처녀의 친오빠였다. 한 처녀의 부친은 병으로 따라가지 못했다.

종이 뭉치와 더불어서 이문화가 가지고 들어간 주문奏文(국왕이 황제에게 보냈던 공식 외교문서)에는 다섯 처녀의 생년월일, 출생시간, 부친의 관직, 본관이 차례대로 적혀 있었다. 그 뒤로 하녀 열여섯 명과 화자 열두 명을 함께 보낸다는 문구가 짧게 덧붙여져 있었다. 처녀 다섯 명은 모두 현직 관원들의 딸이었으며, 18세 한 명, 17세 두 명, 16세 한 명, 14세 한 명이었다. 처녀들이 출발하던 날 부모 형제와 친척의 울음소리가 큰길을 메우자, 길창군 권근이 그 광경을 시로 써서 남겼다. 태종 8년/11/12

> 황제가 미녀를 그리워하다가 만 리 밖에서 뽑아 보내라 하네.
> 화려하게 꾸민 수레를 타고 멀고 먼 길 떠나갈 제,
> 아득하게 멀어진 저편, 고국산천 보이질 않네.
> 부모님을 하직하면서 목이 메어 말을 못하고,
> 하염없이 흐르는 눈물은 씻어도 자꾸만 쏟아지네.
> 서글프게 작별하면서 서로 헤어져 떠나버린 뒤에,
> 푸르게 뒤덮인 저 산봉우리들은 꿈속에서도 잊지 못하리.

이보다 먼저 동요가 있었는데, 권근이 또 시를 지어 다음과 같이 해설하였다.

> 보리가 익으면 보리를 달라고 하고,
> 해가 저물면 계집아이를 찾게 마련이지.
> 저기 저 나비들도 또렷한 눈이 있어,
> 아직 꽃이 피지도 않은 나뭇가지를 찾아오누나.

그런데 권근의 시를 읽노라면 두 가지 의문이 떠오른다. 첫째로는, 명나라에도 화자와 미녀가 많았을 터인데, 굳이 언어와 문화가 다르고 거리도 먼 조선의 화자와 처녀들을 데려간 이유가 무엇일까? 의문을 푸는 것은 그다지 어렵지 않아 보인다. 역지사지로 명나라의 관점에서 기대할 수 있는 이점을 떠올려보면, 명나라의 노림수를 금세 알 수 있다.

한마디로, 국정에 개입하여 나라를 어지럽힐 가능성을 없애면서 동시에 정보원으로 활용할 속셈으로 조선의 처녀와 화자들을 데려갔을 개연성이 다분하다. 중국의 역사를 살펴보면 역대의 수많은 황제가 동족 출신 후궁이나 궁녀에 의해 목숨을 잃었다. 중국 최초의 통일국가였던 진秦나라가 환관 조고趙高의 농간으로 15년 만에 멸망한 사례가 대표적 본보기이다.

또, 중국의 역대 왕조마다 주변 국가에서 나이 어린 화자들을 뽑아다가 중국어와 중국의 문화를 가르쳐서 중국 관원과 함께 모국에 사신으로 내보냈다. 그들을 통해 황제의 의중이 상대 국가에 정확히 전달되게 하고, 상대 국가의 정국 동향과 국왕의 통치능력 등을 속속들이 파악하였다.

둘째로는, 관원이 아닌 양민이나 천민의 딸들 중에도 미인이 많았을 것인데, 왜 하필 관원의 딸들만 뽑아서 데려갔을까? 그 이유는 고급 정보를 들을 수 있다는 이점 때문이었을 것이다. 처녀들이 명나라에 들어갈 때마다 아버지나 오빠가 동행하였다. 따라가면서 보호자역할을 하였겠지만, 목적지에 도착해서는 명나라 조정에 많은 정보를 주었을 것이다. 황제는 처녀들의 아버지나 남자 형제에게 명나라의 관직을 주었다. 관직을 받은 이들은 나라로부터 귀인 대접을 받으며, 명나라에 뽑혀간 딸과 소식을 나눴다.

이야기를 다시 되돌려서, 이문화가 소년 소녀 서른 명을 데리고 명나라로 출발하고 5개월쯤 지나서 다섯 처녀의 소식이 전해졌다. 그해 5월에 태조가 죽어서 명나라의 영락제가 조문 사절을 보내준 것에 감사를 표하러 들여보낸 영안군 이양우와 여천군 민여익이 돌아와, 마침 순행 차 북경에 머물던 영락제가 처녀 권씨와 그녀의 오빠 등에게 벼슬을 내려준 사실을 자세하게 보고한 것이다.

2월 9일에 황제가 북경에 거둥하여 우리나라에서 들여보낸 다섯 처녀 가운데 권씨가 먼저 부름을 받고 들어가서 현인비顯仁妃로 책봉되었으며, 권씨의 오빠 영균은 품계가 3품인 광록시 경 벼슬과 함께, 두꺼운 채색 비단 60필, 무늬 없는 두꺼운 채색 비단 3백 필, 비단 10필, 금 2덩이, 은 10덩이, 말 5필, 안장 2틀, 옷 2벌, 지폐 3천 장을 받았습니다. 나머지 네 처녀의 보호자들 역시 벼슬을 받아서, 임첨년은 4품 관직인 홍려 경이 되고, 이문명과 여귀진은 4품 관직인 광록 소경이 되었으며, 최득비는 5품 관직인 홍려 소경이 되었습니다. 또, 네 사람 모두 영균과 거의 똑같이 예물을 받았으며, 이문화와 이첨년의 먼 조카뻘 되는 김화도 말 2필과 안장 1틀을 받았습니다. 태종 9년/4/12

이양우와 민여익이 돌아오고 20여 일쯤 지나서, 태감 황엄·감승 해수·봉어 윤봉 등 세 명이 황제가 조선의 국왕과 왕비에게 특별히 내리는 예물을 가지고 사신으로 왔다. 황엄이 서울에 이르러 구두로 영락제의 요구를 전하였는데, 앞서 들여보낸 다섯 처녀에 대한 혹평과 더불어서, 미녀 두 명을 더 들여보내라고 적혀있었다.

지난해에 너희들이 들여보낸 처녀들은 모두 그다지 곱지가 않았다. 살찐 여자는 너무 뚱뚱하고, 마른 여자는 너무 홀쭉하고, 작은 여자는 너무 작아서 마음에 들지 않았지만, 너희 국왕의 성의를 생각해서, 비妃로 봉할 자는 비로 봉해주고, 미인美人으로 봉할 자는 미인으로 봉해주고, 소용昭容으로 봉할 자는 소용으로 봉해주었다. 그러니 혹시 뽑아놓은 처녀가 더 있거든, 한두 명을 다시 들여보내라.태종 9년/5/3

2주일쯤 지나서 황엄과 해수가 명나라로 돌아갔다. 태종이 모화루에 나아가 전송하면서, 전년에 뽑은 처녀들에게 시집가는 것을 허락해줄 것을 요청하니, 황엄이 허락하면서 말하기를, "만약 절세의 미인을 얻거든 즉시 보고하되, 반드시 다른 일을 핑계대고 아뢰도록 하라." 하였다.태종 9년/5/25 그로부터 80일쯤 지나서 호조참의 오진에게 아래와 같은 주문奏聞을 주어서 명나라에 들어가 황제에게 바치게 하였다.

본국에서 도성都城과 전국의 여러 고을에 사는 임금의 일가친척과 문무 양반 및 군인과 백성들의 집을 샅샅이 뒤져서 미녀 2명을 뽑아놓고 들여보낼 기회를 기다리는 동안, 우선 먼저 두 처녀의 생년월일과 아버지의 직업·성명·본향을 자세히 적어서 보내드립니다. 한 명은 전 조봉대부朝奉大夫 지선주사 정윤후의 딸인데, 나이는 18세이고 임신년(1392) 10월 17일 해시亥時에 태어났으며, 본향은 동래현입니다. 한 명은 수의교위修義校尉 충좌시위사 후령 부사직 송경의 딸인데, 나이는 13세이고 정축년(1397) 5월 14일 묘시卯時에 태어났으며, 본향은 여산현입니다.태종 9년/8/15

그로부터 3개월쯤 뒤에, 황엄과 기보가 앞서 영락제가 요구한 말 수출을 재촉하러 와서는, 미리 뽑아놓은 정씨 처녀와 송씨 처녀 가운데 정씨만 데리고 돌아가면서, '정씨도 얼굴이 곱지 못하니, 미녀를 다시 뽑아놓고 기다리라.'는 말을 남기고 갔다.태종 9년/10/21, 11/6, 11/13, 11/16

그런데 정씨를 데리고 북경으로 출발했던 황엄이 황해도 용천참에 이르러, 정씨를 그곳에 놓아두고 자기 혼자만 명나라로 들어갔다. 그때 명나라 조정으로부터 해수라는 인물이 와서 황엄에게 황제의 칙서를 주었다. '처녀를 그대로 두고 오라.'는 지시였다. 황엄이 해수를 만나보고 나서 곧바로, '날씨가 너무 추워서 처녀를 데려갈 수 없으니, 화창한 봄에 다시 와서 데려가겠다.'며, 정씨로 하여금 몸을 잘 가꾸게 할 것을 당부하더니, '미녀를 더 뽑아놓으라.'는 말을 남기고 가버렸다.

태종이 일찍이 승정원의 대언(승지) 김여지에게, 명나라에 전쟁이 벌어졌는데 미녀를 데려가는 것이 앞뒤가 맞지 않는다며, '반드시 처녀가 가다가 도중에 돌아올 것이라.'고 예견했었다. 그런데 황엄이 정말로 정씨를 놓아두고 가버리니, 사람들이 태종의 선견지명에 탄복하였다.태종 9년/11/18 처녀 정씨는 다음 해 10월에 명나라로부터 전가화와 해수가 사신으로 나와서 데리고 들어갔다. 정씨의 부친인 정윤후와 더불어서, 어린 화자 두 명과 하녀 네 명을 함께 딸려서 보냈다.태종 10년/10/1, 10/9, 10/17, 10/28

태종 재위 17년 4월, 명나라 영락제에게 새해를 축하하러 북경에 들어갔던 원민생이 돌아와, 황제가 미녀를 요구한다고 은밀히 아뢰었다. 민생의 보고를 청취한 태종은 곧바로 전국에 금혼령을 선포함과 동시에 진헌색을 설치하였다.태종 17년/4/4 이어서 의정부 찬성 김한로와 판한성부사 심온을 제조로 임명하여, 각 도에 사람을 보내 미녀를 뽑아오게 시키고는, 의령부원군 남재와 좌의정 박은에게 명을 내렸다.

처녀를 반드시 널리 구하여 내가 위를 섬기는 뜻에 맞게 하라.태종 17년/4/8

10여 일 뒤에, 의정부에 명을 내려, 황제에게 진헌할 처녀들에 대한 심사를 담당하게 하고, 전국 각 도에 경차관과 내관을 파견하여 미녀를 뽑아오게 하였다.태종 17년/4/19, 4/20 전국에서 미녀로 뽑혀온 처녀들 가운데 태종이 먼저 다섯 명의 후보를 선발한 다음에, 의정부·육조·사헌부·사간원의 관원들과 지신사 조말생, 내관 노희봉 등으로 하여금 처녀들의 등급을 매기게 하니, 종친부의 부령副令을 지내고 죽은 황하신의 딸과 지순창군사를 지내고 죽은 한영정의 딸을 상등으로 뽑았다. 황씨는 용모가 아름답고 빛이 났으며, 한씨는 얼굴이 예쁘고 몸매가 늘씬하였다.태종 17년/5/2, 5/9, 6/26

2개월 남짓 지나서 명나라 태감 황엄과 소감 해수가 처녀들을 데려가기 위해 사신으로 왔다.태종 17년/7/13 나흘 뒤에 태종이 두 사신을 경복궁 경회루로 초대해 잔치를 베푼 뒤에, 근정전으로 옮겨가 황씨와 한씨를 포함한 십여 명의 처녀를 보여주고, 마음에 드는 자를 고르게 하였더니, 한씨 처녀를 1순위로 뽑았다.태종 17년/7/16

20일 뒤에 황엄과 해수가 한씨와 황씨와 더불어서 시녀 각 여섯 명씩과, 화자 각 두 명씩을 데리고 북경으로 출발하였다. 도총제 노귀산이 진헌사가 되고 첨총제 원민생이 주문사가 되어 사신들을 따라가고, 한씨의 오빠 부사정 한확과 황씨의 형부 녹사 김덕장이 보호자로 동행하였는데, 길가에 나와 두 처녀의 행차를 구경하던 사람들이 모두 눈물을 흘렸다.태종 17년/8/6

북경에 들어가던 도중에 황씨가 복통을 일으켜 의원이 여러 가지 약을 써도 아무 효험이 없었다. 그래서 밤마다 몸종의 손으로 배를 문지르게 하였더니, 어느 날 밤에 방에서 소변을 볼 때에 음부에서 가지만한 크기의 살덩이 같은 물건이 가죽에 싸여서 나왔다. 황씨가 몸종을 시켜서 그것을 뒷간에 버리게 하였더니, 황씨의 다른 몸종들과 한씨의 몸종들까지 모두 알게 되었다. 하지만 사신들은 그런 사실을 까맣게 모르고 눈치를 채지 못해서 아무런 일도 없었던 것처럼 무사히 북경에 도착하였다. 세종 6년/10/17

4개월쯤 지나서, 두 처녀가 들어갈 때 통역으로 따라갔던 최천로가 먼저 돌아와, '영락황제가 한씨를 애지중지하여, 내관 육선재가 황제가 상賞으로 내려준 예물들을 가지고 요동에 이르렀다.'고 보고하였다. 태종 17년/12/6 그로부터 10여 일 뒤에 노귀산 · 원민생 · 한확 · 김덕장 등 네 명이 북경에서 돌아왔는데, 원민생이 황제로부터 듣고 온 말을 그대로 아뢰었다.

지난 10월 초8일에 황씨와 한씨가 통주通州로부터 먼저 들어가고, 신 등은 초9일에 북경에 들어가서 10일에 조현하니, 영락황제가 신을 반갑게 맞아주면서, 황씨가 약을 먹었는지를 물었습니다. 이에 신이, '도중에 병이 심해서 걱정이 많았다.'고 대답하니, 영락황제가, '너희 국왕이 지극한 정성으로 어려운 일을 해낸 것이다. 한씨는 대단히 총명하고 영리하니, 돌아가서 왕에게 그대로 전하도록 하라.' 하더니, 한확에게 광록 소경 관직과 함께 후하게 선물을 주고, 황씨와 한씨의 집에도 금 · 은과 비단 등을 하사하였습니다. 태종 17년/12/20

열흘쯤 뒤에 마침내 육선재가 황제가 태종에게 보내는 예물을 가지고 서울에 왔다. _{태종 17년/12/29} 창덕궁에 이르러 칙서와 예물을 전달한 육선재는, 명나라로 돌아가기 전에 어떤 자리에서, "황씨는 성격이 험악하고 온화한 빛이 없어, 전생에 몹쓸 짓을 많이 저지르고는 그 죄를 갚지 못하고 태어난 여자 같다."고 하였다. 선재가 황씨의 성품과 외모를 거의 혐오하듯이 혹평한 데에는 이유가 있었다.

선재가 북경을 떠나기 전에 영락제가 황씨에게 자신이 첫 남자가 아님을 알고서 그 까닭을 추궁하였다. 황씨가 일찍이 형부 김덕장의 이웃에 사는 노비와 정을 통한 사실을 실토하니, 영락제가 불같이 화를 내며 황씨를 뽑아 보낸 태종에게 문책하는 칙서를 보내려 하였다. 이때에 영락제의 총애를 받던 궁인 양씨가 한씨에게 자초지종을 말해 줘서, 하마터면 외교문제로 비화할 뻔한 위기를 한씨가 슬기롭게 수습하였다.

한씨가 울면서 영락제에게 애걸하기를, "황씨는 집에 있던 처자였는데, 그가 무슨 짓을 했는지를 우리 임금이 어떻게 알 수 있었겠습니까." 하니, 황제가 감동하여 한씨로 하여금 황씨를 벌주게 하여, 한씨가 황씨의 뺨을 때렸다. 그 뒤에, 영락제의 후궁들이 환관과 간통을 하여서 영락제가 연루자 2천8백 명을 직접 처단할 때에, 황씨도 국문을 받고 참형을 당했다. _{세종 6년/10/17}

이야기를 다시 되돌려서, 육선재가 다녀가고 8개월쯤 지난 1418년 8월에 세자(충녕대군)에게 왕위를 넘겨준 태종은 명나라 영락제에게 사후 인준을 청하는 글을 보내, 4개월쯤 뒤에 회신을 받았다. _{세종 즉위}

년/9/13, 1년/1/19 그런데 영락제가 태종의 선위를 인준하는 고명과 세종의 즉위를 축하하는 칙서를 동시에 보내면서, 어린 화자와 종이를 요구하는 선유를 보내왔다.

황엄이 황제의 선유를 받들어, 화자 마흔 명과 불경을 인쇄할 종이 2만 장을 요구하였다.세종 1년/1/19

황엄이 도착하고 일주일 뒤에 사신을 위해 연회를 개최한 자리에서 세종이 황엄에게 화자 이야기를 꺼냈다. 화자를 삼사십 명 뽑기는 하였으나, 보낼만한 자는 서른 명이 안 된다고 말을 건네자, 황엄이 듣고 나서, '스무 명이면 충분하다.'고 하였다. 황엄의 심중을 확인한 세종은 20일쯤 뒤에 총제 원민생에게 두꺼운 종이 1만 8천 장과 조금 얇은 흰 종이 7천 장을 주어서, 화자 스무 명을 데리고 명나라에 들어가 영락제에게 바치게 하였다.세종 1년/1/26, 2/11

3년 남짓 지나서 상왕 태종이 죽자 세종이 마침내 명실상부한 국왕이 되었다. 그다음 해에 세자(훗날의 문종)를 책봉하고 명나라 영락제에게 인준을 청하였다. 얼마 뒤에 회신이 왔는데, 영락제가 얼토당토않은 요구를 보내왔다. 세종이 명나라 사신들의 전용 숙소인 태평관에 행차하여 사신으로 나온 해수와 진경을 위해 환영연을 열었는데, 그 자리에서 해수가 황제의 선유를 전하였다.

노왕이 생전에 부렸던 환관 30~50명을 들여보내라.세종 5년/8/18

'노왕'은 태종을 높여서 지칭한 것이었다. 태평관은 숭례문 근처에 있었으며, 오늘날은 그 자리에 퍼시픽 타워(Pacific Tower) 빌딩이 세워져 있다(세종대로 9길 41, 300쪽 지도 참조). 그런데 영락제의 요구가 참으로 엉큼하고 교활해 보인다. 환관을 요구하면서 굳이 '노왕이 생전에 부렸던 내시들'로 자격을 한정한 것은, 요즘 식으로 말하면, 태종의 일거수일투족이 담긴 궁궐의 녹화 영상이나 컴퓨터의 기억장치(하드디스크)를 빠짐없이 보내라는 것과 똑같은 것이었기 때문이다.

하지만 머리 회전이 누구보다 빨랐던 세종은 영락제의 속셈을 곧바로 알아채고, 해수에게 사람을 보내, 황제의 선유를 따르기가 곤란하다고 전했다. 태종 때의 환관들이 모두 나이가 너무 많고, 젊은 자들은 모두 어리석어 부릴 수가 없다고 이유를 달았다. 해수가 그 말을 듣고는, 자기는 단지 황제의 교지를 전했을 뿐이라며, '어떤 환관을 보낼 것인지는 임금이 알아서 할 일이라.'고 얼버무리자, 각 도에 명을 내려 화자 서른 명을 뽑게 하였다. 세종 5년/8/19

보름쯤 뒤에 지신사 조서로와 총제 원민생이 화자 열일곱 명을 두 사신에게 보이니, 해수가 두루 살펴보고 나서, 모두 집으로 돌려보내게 하였다. 하나같이 우매해 보이고 나이도 너무 어려서 데려가도 쓸모가 없다는 것이었다. 원민생이 옆에 있다가, '칙서가 오자마자 임금께서 곧바로 각 도에 사람을 보내 뽑아온 자들이고, 대궐에는 내시가 많지 않다.'고 대꾸하자, 해수가 퉁명스럽게 면박을 주었다.

내가 태평관에 머물면서 어찌 궁중의 사정을 알겠는가. 황제께서

이 나라에 뛰어나게 영리하고 슬기로운 화자가 많음을 아시고 뽑
아오라 하셨으니, 전국을 찾아보면 쓸 만한 자들이 어찌 없겠는
가.세종 5년/9/3

그러자 원민생도 밀리지 아니하고 말에 가시를 섞어서 한 마디 던
졌다. 해수가 말을 마치자마자, '전하께서 황제를 지성으로 섬기시는
데, 나이 어리고 영리하여 부릴만한 자가 있다면 왜 보여주지 않겠느
냐.'고 핀잔을 주어서, 감정의 균형을 맞추었다.

그다음 날 세종이 세자와 백관을 거느리고 사신들의 숙소인 태평관
을 방문하여 환송연을 열어주고, 하루 뒤에 해수로 하여금 재차 화자
들을 보게 하였다. 조서로와 원민생을 시켜 화자 열일곱 명을 다시 보
여주니, 해수가 하오대 등 열네 명을 골랐다. 그다음 날 해수와 진경
이 명나라로 출발하고, 화자들은 사흘 뒤에 첨지사역원사 배온이 데
리고 북경으로 들어갔다. 해수가 선발한 열네 명에다 이전에 뽑아놓
은 열 명을 더하여 스물네 명을 들여보냈다. 모두 11살부터 21살 사이
의 젊은이들이었다.세종 5년/9/5, 9/6, 9/9

다음 해 7월에는 영락제가 입맛을 돋궈주는 별미 식품들을 요구하
면서, '처녀와 더불어서 요리사들을 뽑아서 보내라.'고 선유를 보냈
다. 그보다 앞서 여진족 추장인 양목답올 검거와 관련하여 황제에게
보고할 것이 있어서 북경에 들여보낸 총제 원민생이 귀국하는 길에
황제로부터 직접 듣고 와서 아뢴 것이다. 그런데 그 내용이 철부지 어
린아이의 소꿉장난 같았다.

황제가 제게 말하기를 '노왕은 지성으로 나를 섬겨서 건어물에 이르기까지 진헌하지 않은 것이 없었다. 그런데 소왕은 나를 지성으로 섬기지 아니하여, 전에 노왕이 부리던 환관들을 보내라고 하였더니, 다른 내시들을 모아서 들여보냈다. 이제 짐이 늙어서 입맛이 없으니 밴댕이와 붉은 새우젓과 문어 같은 것을 올리도록 하라. 권비權妃가 살았을 적에는 진상하는 식품이 모두 마음에 들었는데, 그녀가 죽은 뒤로는 상차림, 술酒 양조, 의류 세탁 등이 모두 마음에 들지 않는다.'고 하였습니다. 이때에 황제 옆에 서 있던 내관 해수가 저에게 '미모가 빼어난 처녀를 2명쯤 들여보내라.'고 하니, 황제가 만족스런 표정으로 크게 웃으면서, '나이가 20살부터 30살 사이이면서 요리에 능하고 술도 잘 빚는 하녀 5~6명도 아울러 뽑아 보내라.'고 하였사옵니다.세종 6년/7/8

'노왕'은 태종을 말한 것이고, '소왕'은 세종을 말한 것이다. 권비는 앞서 명나라에 뽑혀 들어가 영락제의 후궁이 된 권영균의 누이 권씨를 말한 것이다. 원생이 말을 마치자 세종이, '앞서 다른 환관들을 모아서 들여보낸 일로 황제가 화를 낼 줄 알았다.'고 하더니, 처녀 두 명을 신경 써서 선발해 들여보낼 뜻을 밝혔다.

곧바로 이어서 세 정승과 육조의 판서들을 불러서 의견을 들어본 뒤에, 전국에 금혼령을 내리고 진헌색을 설치하였다. 또, 각 도 감사에게 명을 내려서, 황제에게 바칠 은어·연어·문어 등을 철따라 잡아 간이 맞게 말려서 올리게 하였다.세종 6년/7/8

그로부터 닷새 뒤에 진헌색의 건의를 받아들여 처녀 신고에 관한 법령을 바꿨다. 전에는 맹인과 무녀들을 시켜서 양반 집의 딸들을 신고하게 하였던 것을, 전·현직을 막론하고 동서 각 품관에게 각자 자신과 형제 및 친족의 딸들을 닷새 안에 모두 신고하게 하였다. 지방관아의 노비와 각급 품관과 아전 집의 딸들은 각 도의 감사가 직접 살펴보고 신상명세를 파악하여 공문으로 올리게 하였다.

아울러서, 딸을 숨기고 신고하지 않았거나, 나이가 비슷한 다른 처녀를 내놓은 자들에 대한 엄정한 사법처리를 지시하였다. 모두 '어명을 어긴 죄'를 적용하여, 가산을 몰수해 고발인을 포상하는 재원으로 쓰게 하고, 마음을 써서 고찰하지 아니한 수령과 감사도 엄히 다스리게 하였다.세종 6년/7/13

처녀들을 간택할 때에, 종실의 친척, 고려의 왕씨, 귀화인, 대역 죄인의 딸은 대상에서 제외하게 하였다.세종 6년/7/20 또, 각 도의 감사들로 하여금 처녀들과 함께 딸려 보낼 화자를 뽑아 화장을 시켜서 역마에 태워 올려 보내게 하였다. 경상·전라·충청·강원도는 각 두 명씩, 경기도와 황해도는 각 한 명씩, 합계 열 명을 할당하여, 15살에서 20살 사이이면서 건강하고 영리한 자들을 골라서 보내게 하였다.세종 6년/7/22

3일 뒤에 진헌색 별감과 내시를 각 도에 나눠보내 감사들이 뽑아놓은 처녀들을 데려오게 하였다.세종 6년/7/25 일주일쯤 뒤에 지신사 곽존중이 세 정승 및 육조의 판서들과 더불어서 서울에서 뽑힌 처녀들을 의정부에 모아놓고 스물여덟 명을 골랐다. 오위五衛의 사직(정5품)이던 우주의 딸이 일등으로 뽑혔다.세종 6년/8/3 오위는 조선 초기부터 중기까지 유지되었던 중앙군사조직을 말한다. 그 편제는 중위인 의흥위, 좌위인 용양위, 우위인 호분위, 전위인 충좌위, 후위인 충무위 등으로 짜여있었다.

우주의 딸이 일등으로 뽑히던 그날 세종이 친히 각 관청의 여종 중에서 처녀들을 시종할 하녀들을 뽑았다. 다음 날은 친히 편전에서 처녀 스물여덟 명을 보았다. 나흘 뒤에 세 정승, 육조 판서, 지신사가 의정부에서 처녀들을 심사하여 일곱 명을 더 뽑았다. 모두 합하여 서른다섯 명이 선발된 가운데, 세종이 열 명을 골랐다.세종 6년/8/4, 8/8, 8/9 10여 일 뒤에 의정부와 육조에서 경기 유후사 관내의 미녀들을 뽑아와 아뢰니, 세종이 두 차례에 걸쳐서 편전에서 후보들을 골랐다. 인원에 관한 기록은 없다.세종 6년/8/20, 8/21, 8/25

닷새 뒤에 의정부와 육조에서 다시 또 충청도와 경상도의 미녀들을 뽑아와 아뢰니, 세종이 지신사 곽존중을 보내 술을 내려주었다.세종 6년/8/30 그런데 북경으로 들여보낼 처녀들을 최종적으로 결정하기 직전에, 꿈속에서나 있을 법한 기적이 일어났다. 친히 군대를 거느리고 자금성을 벗어나 몽골군을 토벌하러 떠났던 영락제가 졸지에 횡사橫死한 것이다.

9월 1일에 평안도 감사로부터, '명나라의 영락제(64세)가 7월 18일에 야전에서 죽었다.'는 보고를 접한 세종은, 그날로 뽑아놓은 처녀와 화자들을 모두 역마에 태워서 집으로 돌려보냈다.세종 6년/9/1 명나라에는 청천벽력이었을 변고가 조선에는 크나큰 축복이 된 것이니, 세상이 돌아가는 이치는 참으로 신기하다고 할 것이다.

운수가 대통하여 부모 형제 품으로 되돌아간 소년 소녀가 모두 몇 명인지는 알 수가 없다. 그리고 애석하게도 기쁜 소식만 전해진 것은 아니었다. 40일쯤 뒤에 영락제의 부고장을 가지고 사신들이 나와서, 영락제가 죽었을 때 궁녀 30여 명이 순장된 사실을 알려주었다. 태종 연간에 뽑혀 들어간 한영정의 딸(한확의 여동생) 한씨도 함께 묻혔다고 하였다. 나머지 다른 처녀들도 잔혹하게 참변을 당했다고 하였다. 세종 6년/9/1, 9/27, 10/11, 10/15, 10/17

황제가 바뀌었어도 변한 것이 없었다

영락제가 죽었다고 하여 소년 소녀 진헌이 없어진 것이 아니었다. 아니, 오히려 선유를 통한 요구가 더 많아졌다. 영락제가 죽은 뒤에 그의 장남이자 세자였던 주고치朱高熾(46세)가 홍희제로 등극하였다. 홍희제는 성품이 침착하고 독서를 좋아한 데다 행동에 절도가 있어서 조부 주원장이 극진히 사랑했었다. 통치능력도 출중해서, 선대 황제 때 억울하게 옥에 갇힌 신하들을 사면해주고, 백성들과 더불어 호흡 하며 나라를 잘 다스렸다. 하지만 비만증으로 일찍 건강을 잃어 황제 노릇을 2년도 채 못하였다.

홍희제가 기력이 쇠하여 사경死境을 헤매자 다음 해인 1425년(세종 7) 7월 장남이자 세자였던 주첨기朱瞻基(27세)가 선덕제로 즉위하였다.

명나라의 다섯 번째 황제다. 선덕제는 전에 조부인 영락제의 총애를 받아 그의 지방 순행과 정벌 전쟁에 자주 동행하였었다. 황제로 즉위한 이듬해 숙부인 한왕漢王 주고후朱高煦가 반란을 일으키자 친히 토벌군을 지휘해 항복을 받았다. 1426년(세종 8)에는 명나라를 침공한 몽골군을 격퇴하였다. 하지만 조선에 대하여는 조부가 저질렀던 몹쓸 짓을 똑같이 따라했다.

황제가 된 주섬기는 다음 해 3월 조선에서 화자로 뽑혀 들어간 윤봉과 백언을 사신으로 내보냈다. 조선에서 선덕제의 즉위를 축하하는 사신을 보내준 데 대해 감사를 표하는 칙서와 예물을 보내온 것이다. 그런데 그것은 구실일 뿐이었다. 서울에 도착하여 의식에 따라 칙서를 전달한 윤봉은, 황제의 선유가 있었다며, 그 자리에서 구두로 내용을 전하였다.

> 조선에 가거든 왕에게, '나이 어린 소녀들을 뽑아 놓으면 내년 봄에 사람을 보내 데려오겠다.'고 전하라. 또, '음식을 만들 줄 아는 여자 종들도 함께 뽑아서 들여보내라.'고 하라. 세종 8년/3/12

윤봉의 말을 통해 선덕제의 요구를 청취한 세종은 곧바로 전국에 금혼령을 선포하고 실무를 전담할 진헌색을 설치하였다. 소녀들을 뽑는 방식은 2년 전에 처녀들을 선발하면서 적용하였던 방식을 똑같이 따르게 하였다. 그에 따라 서울은 자진신고 방식을 채택하여, 집집마다 10살부터 16살 사이의 딸들을 빠짐없이 적어서 그해 3월 20일까지 제출하게 하였다.

모든 품계의 문무 관리, 한성 오부에 살면서 군역을 지고 있지 않거나 관직을 맡고 있지 않은 사람, 그리고 모든 양인의 가정이 그 대상이었다. 친딸이거나 친형제의 딸이거나 친척의 딸이거나를 불문하고, 그 이름과 나이와 부모와 조상과 주소 등을 상세히 적어서 내도록 하였다.

반면, 지방은 대궐에서 각 도에 파견한 내사와 승전색 각 한 명이 현지의 감사와 함께 딸이 있는 가정들을 방문하여 후보를 고르게 하였다. 모든 품계의 문무 관리, 관직을 맡고 있지 않은 사람, 그리고 모든 아전의 가정을 직접 방문하여 자격요건을 갖춘 처녀들을 뽑게 하였다. 서울도 지방도, 조선에 귀순한 고려 왕조의 왕씨 집안 딸들과, 나라에 죄를 지은 사람의 딸은 선발 대상에서 제외하게 하였다.

교활하고 간사한 마음을 품고, 고의로 속임수를 썼거나 처녀 간택을 방해한 자는 엄벌에 처하게 하였다. 그 대상은, 나이가 너무 많다거나, 너무 어리다거나, 병에 걸렸다고 속이고 자신의 딸이나 일갓집 딸을 선발 대상에서 빠지게 하였거나, 관원이 핑계나 구실을 내세워 책임을 미루고 처녀를 뽑아 보내지 아니한 경우 등이었다. 적발된 자가 정3품 이하이면 전례에 따라서 곧바로 붙잡아 가두고 직접 사법절차를 진행하고, 2품 이상이면 중앙에 보고하게 하였다. 세종 8년/3/14

같은 날 전국의 감사에게 명을 내려, 처녀들과 함께 딸려보낼 화자들을 뽑도록 하였다. 충청·경상·전라·황해·평안도에는 각 다섯 명씩, 경기·함길·강원도에는 각 세 명씩 할당하여, 화장을 시킨 뒤에 역마에 태워 올려 보내게 하였다. 선발 방법은 나이가 어리고 영리한 소년을 가려서 뽑도록 하였다. _{세종} 8년/3/14

다음 날 지신사 곽존중에게 명하여 진헌색에 술을 내려주고, 그다음 날 편전에서 친히 진헌할 처녀들을 뽑았다. _{세종} 8년/3/22, 3/23 닷새 뒤에 다시 또 지신사 곽존중을 보내 진헌색에 술을 내려주고, 며칠 지나서 친히 편전에서 처녀들을 뽑았다. _{세종} 8년/3/28, 4/6 그다음 날은 호조로 하여금, 전례에 따라서, 지방에서 뽑혀 올라온 처녀들에게 양식, 소금, 장醬, 어물 등을 주도록 하였다. _{세종} 8년/4/7

이때에 지사간원사 고약해가 세종에게, '황제가 열 살짜리를 원하더라도, 열네 살이 넘은 처녀를 보내자.'고 건의하였다. 그 이유로 두 가지를 제시하였다. 첫째는, 《주자가례朱子家禮》에 '여자는 14살에서 20살 사이에 시집갈 수 있다.'고 되어 있고, 둘째는, 아무것도 모르는 어린아이가 부모 형제와 멀리 떨어지면, 반드시 원망을 초래하여 화기和氣를 상할 염려가 있다는 것이었다. 하지만 세종은 고약해의 말을 칭찬해주었을 뿐, 약해의 건의를 따르지는 않았다. 처녀들을 뽑아서 보내는 것은 혼인을 하는 것이 아니어서 상관이 없다는 것이었다.

두 나라 사이에 서로 혼인을 하는 것이면 《주자가례》대로 따르는 것이 옳겠지만, 이번 일은 황제의 눈앞에서 심부름할 아이들을 구하는 것이라 나이를 높일 수가 없다. 그러나 어린 소녀가 부모와 형제와 멀리 떨어지면 반드시 원망이 쌓여서 화기和氣를 상하게 할 수 있다는 말은 매우 가상하다. _{세종} 8년/4/9

그다음 날 사신 윤봉이 대궐에 들어와 허리띠와 활을 바쳐서, 임금이 경회루에서 연회를 개최하였다. 이때에 윤봉이 세종에게, 황제가 자기에게, '차茶를 사용하여 밥을 지을 줄 아는 하녀들을 뽑아오라고 하였다.'고 전하자, 세종이 듣고서, '이미 스무 명 넘게 후보를 뽑아놓았다.'고 대답하였다.세종 8년/4/10 단둘이서 마주한 그날 그 자리에서 모종의 밀지密旨에 관한 대화가 오갔는데, 그 내용을 뒤의 제5장에 상세히 파헤쳐 놓았다.

일주일쯤 지나서, 이후로 명나라에 들여보낸 화자의 부모가 죽으면 그 친척이 월일을 갖추어 즉시 관청에 알리도록 하는 법을 세웠다. 예조의 건의를 수용한 것이다. 그보다 앞서, 명나라에 들여보낸 화자의 부모가 죽으면 친척들이 그 사실을 여러 해 뒤에 관청에 알리거나, 아예 알리지 않는 경우가 이따금씩 있었다.세종 8년/4/16

그로부터 이틀 뒤에 두 사신을 대궐로 오게 하여 처녀 열한 명을 뽑았다.세종 8년/4/18 그다음 달에도 두 사신을 연이틀에 걸쳐서 대궐로 오게 하여 처녀들을 뽑게 하였다.세종 8년/5/5, 5/6 며칠 뒤에는 진헌색으로 하여금, 명나라에 들여보낼 처녀들의 집에 대한 사람들의 출입을 제한하게 하였다. 처녀의 조부모, 외조부모, 친형제, 숙질 등을 제외하고, 누구도 드나들지 못하게 하였다.세종 8년/5/9

윤봉이 처녀들을 데리고 명나라로 돌아가기에 앞서, 세종이 경회루에서 연회를 열었다. 명나라에 보내려고 뽑아놓은 하녀들로 하여금 대접할 음식들을 만들게 하였다.세종 8년/5/22 일주일쯤 뒤에 윤봉이 먼저 북경으로 출발하였다. 한 달 남짓 지나서 상호군 김시우가 11살부터 16살 사이의 소녀 다섯 명을 데리고 북경으로 떠났다. 상호군 김시우가 함께 가져간 주본에는, 다섯 명의 신상명세 이외에, '차茶를 사용하여 밥을 지을 줄 아는 하녀 여섯 명을 선발해 놓았다가 사신이 오면 딸려서 보내겠다.'는 내용이 적혀 있었다.세종 8년/7/1

4개월쯤 지나서, 김시우의 통역사로 북경에 따라갔던 전의가 먼저 귀국하여 윤봉의 서찰을 바쳤다. 서찰을 읽어본 세종은 서울과 지방에 금혼령을 선포하고 처녀들을 뽑게 하였다. 그 서찰에 처녀들을 바치라는 내용이 들어 있었던 것이다.세종 8년/11/18 사흘 뒤에는 각 도의 감사에게 명을 내려, 처녀들과 함께 딸려서 들여보낼 화자들을 미리 뽑아놓고 기다리게 하였다.세종 8년/11/21

12월로 접어들어 9일째 되던 날부터 이후 55일 동안 무려 열여섯 차례에 걸쳐서 세종이 친히 편전에서 황제에게 진헌할 미녀 후보들을 뽑았다. 모두 합해서 몇 명을 뽑았는지는 알 수 없으나, 다음 해 2월 3일에 마지막으로 미녀 후보를 선발한 뒤에도, 18세가 넘은 처녀에 대해서만 혼인을 허락하였다.세종 9년/2/6

그로부터 50일쯤 뒤에 선덕제가 여러 가지 서적書籍을 보내준 것에 감사를 표하고, 아울러서 선덕제가 낙안주樂安州를 평정한 것을 축하하러 북경에 들어갔던 운성군 박종우가 돌아와, 창성 · 윤봉 · 백언 등 세 명이 4월 초4일에 압록강을 건널 것이라고 아뢰었다.

종우가 보고를 마치자 세종이 이르기를, "(황제의) 초상初喪 중에 사람을 시켜 처녀를 구하는 것을 보니 사정이 몹시 급한 모양이다. 아직까지 처녀들을 데려가지 않은 것은 (홍희황제의) 상기喪期가 지나기를 기다렸던 까닭일 것이다." 하였다. 이때에 예조판서 신상이 아뢰기를, "뽑아놓은 처녀들 중에서 지방에서 올라온 사람만 급료를 주고, 본래 서울에 사는 사람은 급료를 주지 마소서." 하니, 세종이 듣고서, 7월까지 급료를 주더라도 1백여 석이면 충분할 것이라며, 서울에서 뽑힌 처녀들에게도 똑같이 급료를 주게 하였다. 세종 9년/3/23

한편, 화자를 뽑는 과정이 여의치가 않았던 것 같다. 다음 해 3월에 어명을 내려서, 화자를 뽑으려 할 때에 화자인 자식을 숨기고 내놓지 않는 자는 '처녀를 숨긴 자를 처벌하는 법'으로 다스리게 하였다. 세종 9년/3/25

한 달이 채 안 되어 명나라로부터 창성·윤봉·백언이, '말 5천 필을 수출하라.'는 칙서를 가지고 사신으로 왔다. 3일 뒤에 총제 원민생과 지신사 정흠지가 내시 열두 명을 사신들이 머무는 태평관으로 데리고 가서 사신들에게 보여주었다. 세종 9년/4/21, 4/24

내시는 생식기관에 이상이 있어 궁궐에 뽑혀 들어가, 내시부에 속해 있으면서 임금 혹은 왕세자의 시중을 들거나 청소나 경비 같은 일을 담당하던 남성들을 일컫던 말이었다. 따라서 '내시 열두 명을 사신들에게 보여주었다.'는 것은 새로 뽑아들인 어린 화자들이 아니라, 이미 뽑아서 궁궐의 각처에 배치하였던 사람들을 데려갔었다는 뜻으로 해석이 가능하다.

그다음 날 세종이 사신들을 편전(사정전)으로 초대해 처녀를 고르게 하니, 총제 성달생을 비롯한 현직 관원의 딸 일곱 명과 요리를 담당할 하녀 열 명을 뽑았다. 열 명이 함께 명나라로 끌려갈 일을 걱정하고 통곡을 그치지 않았다. 실록에 '처녀들도 같이 울었다.'는 기록은 없으나, 처녀들도 당연히 통곡을 하였을 것이다. 세종 9년/4/25

다음 날 세종이 원민생을 시켜 사신에게 중간 크기의 검劍을 선사하고, 화자 열두 명을 다시 보이게 하니, 사신이 두 명을 제외시키고 열 명을 골랐다. 세종 9년/4/26

이틀 뒤에 재차 세 사신을 편전으로 청하여 뽑아놓은 일곱 처녀를 다시 확인하게 하였다. 아울러서 관원들에게 임무를 분담시켜, 진헌할 처녀들이 거처할 집을 수리하는 일 등을 살피게 하였다. 또, 전년 11월 18일에 선포한 금혼령을 부분적으로 해제하여, 14살이 넘은 처녀는 혼인할 수 있게 허락하였다. 세종 9년/4/28, 5/1

이때에 사신들이 일곱 처녀와는 별도로 한확의 여동생을 뽑아서 나중에 들여보내게 하였다. 큰언니가 먼저 뽑혀 들어가 영락제의 후궁이 되었다가 순장되자, 사신들이 한씨의 막내 동생 역시 미색이라며 특별히 발탁한 것이었다. 그 한씨가 마침 병이 나서 오라비 한확이 약을 주자, 한씨가 약을 먹지 않고, "언니를 팔아서 이미 부귀가 극진한데 무엇을 더 바라고 약을 쓰려 하느냐."고 독설을 퍼부었다. 그뿐만 아니라, 시집갈 때 가져갈 혼수품으로 마련해둔 침구를 칼로 찢어버리고, 지녔던 재물도 모두 친척들에게 나눠주었다. 세종 9년/5/1

며칠 뒤에 세종이, 그의 딸이 명나라에 들여보낼 처녀로 간택된 평안도 절제사 성달생을 서울로 불러 올렸다. 세종 9년/5/4 딸이 명나라에 들어갈 때 딸려서 보내기 위해서였다. 두 달쯤 뒤에 지신사 정흠지를 시켜 창성과 윤봉에게 처녀의 좌석 차례를 물었다. 창성이 대답하기

를, 성씨가 첫 번째이고, 그다음은 차씨·안씨·오씨·정씨·최씨·노씨 순이라고 하였다.세종 9년/7/14

며칠 뒤에 중궁이 일곱 처녀와 그들의 어머니와 친척들을 경회루에 초대하여 연회를 열었다. 함께 따라갈 요리사 열 명과 하녀 열여섯 명은 마루 아래에서 음식을 먹었다. 처녀 성씨와 차씨에게는 하녀를 세 명씩 배정하고, 나머지 다섯 처녀에게는 두 명씩 배정하였다. 밤에 날씨가 맑고 고요한데 처녀들의 울음소리가 궁궐 밖에까지 들리니, 듣고서 슬퍼하지 않는 이가 없었다. 처녀들과 함께 명나라에 들여보낼 화자 열 명이 궁궐에 들어오니, 세종이 각자에게 의복을 주었다.세종 9년/7/18

다음 날 세종이 사신과 더불어 상림원(궁중 농장)에 나아가 일곱 처녀를 만나본 뒤에, 그들의 어미에게 곡식을 내리고 친척들에게 관직을 주었다.세종 9년/7/19 다음 날 일곱 처녀가 근정전 앞에서 덮개가 씌워진 가마에 나누어 들어가니, 사신이 직접 자물쇠를 채우고 요리사와 하녀들은 말에 태웠다. 가마가 건춘문을 나가 명나라로 향하자, 부모와 친척들이 길을 막고 슬프게 울다가 떠나보내고, 구경꾼들도 따라서 눈물을 훔쳤다.

중군 도총제이자 중궁의 외사촌인 안수산과 공조판서 성달생이 진헌사가 되어, 처녀·요리사·하녀·화자들을 바치는 주본을 가지고 따라갔다. 그 주본에는 일곱 처녀를 선발한 과정과 각 개인의 신상명세가 적혀 있었다. 17살이 두 명, 14살이 한 명, 13살이 한 명, 12살이 두 명, 11살이 한 명이었다. 진헌사가 같이 가져간 다른 주본들에는 차茶를 사용하여 밥을 지을 줄 아는 처자 열 명, 하녀 열여섯 명, 화자 열 명의 이름이 적혀 있었다.세종 9년/7/20

다음 날 세종이 사람을 시켜서, 북경으로 출발한 처녀들을 뒤따라가 금비녀 한 벌과 부채 스물일곱 자루를 전하게 하였다. 처녀 오씨와 최씨가 각각 비녀와 부채를 잃어버렸고, 하녀들은 모두 부채가 없었기 때문이었다.세종 9년/7/21 마흔세 명의 소년 소녀들을 통곡 속에 떠나보낸 세종은 신하들 앞에서 겸연쩍게 심경을 밝혔다. 누가 묻지도 않았는데, 뽑혀 들어간 처녀들과 그들의 부모 형제에게 미안한 마음을 자진해서 고백한 것이다.

어제 처녀들이 명나라로 떠날 때 어미와 딸들이 서로 이별을 애통해하는 것을 차마 볼 수가 없었다. 그러나 처녀들을 들여보내도 나라가 해를 입는 것은 아닐뿐더러, 황제를 가까이서 모시는 신하도 아니면서 황제의 허물을 간諫하기도 곤란하여 어쩔 수 없이 명령대로 따랐다. 만약 처녀들을 보냄으로써 나라가 해를 입는다면, 내가 어떤 방법으로든지 황제에게 이야기하였을 것이다.세종 9년/7/21

통곡하는 소녀들을 그대로 보낼 수밖에 없었던 이유를 궁색하게 변명한 세종은 처녀들을 데려간 사신들의 교활한 잔꾀를 꼬집었다. 사신이, 일곱 처녀를 일곱 개의 가마에 따로따로 태우면 행렬이 20여 리까지 늘어져 곤란하다며, 네 가마에 나누어 태우려고 하였다는 것이었다. 얼른 생각하면 부담을 덜어주려고 한 것 같지만, 실은 북경에 도착할 때까지 사람들의 이목을 최대한 피해서 황제에게 칭찬을 받으려고 머리를 쓴 것이라는 이야기였다.세종 9년/7/21

세종이 말을 마치자 이조판서 허조가 금혼령을 전면 해제할 것을 건의하였다. 처녀들을 이미 뽑아서 들여보냈으니, 앞서 부분적으로 해제하고 남은 부분을 마저 해제하자는 것이었다. 하지만 세종은 따르지 않았다. 만약 허가하게 되면, 백성들이, 이미 뽑아 놓은 한씨를 들여보낼 때에 소녀 몇 명을 더 뽑을 것을 예상하여, 열 살 미만의 딸들을 혼인시키려 할 것을 염려하였기 때문이다.

> 내가 명나라에 잘 보이기 위해서 고의로 금혼령을 해제하지 않는 것이 아니라, 어린 여자 아이를 너무 일찍 혼인시키는 것이 이치에 어긋나기 때문이다. 사신이 돌아가면서 내게, '소녀 한두 명을 더 뽑을 수 있으면 한씨와 함께 들여보내라.'고 하기에, 내가 '황제의 칙서가 없어서 따를 수 없다.'고 하였더니, 사신도 이해하였다.세종 9년/7/21

세종이 말을 마치자 허조가 나서서, '백성들이 그런 말을 들으면 안심을 할 것이라.'고 호응해주었다. 일주일쯤 뒤에 명나라로 들어가던 처녀 세 명이 노상에서 병이 났다는 보고가 들어와, 세종이 내관 이귀와 의원 전인귀를 보내 진료하게 하였다.세종 9년/7/29 이후로 한동안 소식이 없더니, 한 달쯤 뒤에 진헌사로 따라가던 안수산이 처녀와 사신들의 상황을 자세하게 알려왔다.

처녀와 사신 일행이 이달 17일에 요동에 도착하니, 그곳의 지휘가 왕진과 유청 등으로 하여금 유하柳河에서 맞이하게 하였습니다. 하녀와 요리사들은 집처럼 생긴 수레 여덟 채에 나눠 태우고 성에 들어가서 숙소를 정했으며, 처녀들은 입국 수속이 덜 끝나서 아직 머물러 있습니다. 윤봉이 말하기를, '북방이 평정되지 않아서 황제가 남방 행차를 정지하였으니 황제의 생일(성절일)에 황제를 뵙는 것이 좋겠다.'고 하였으며, 백언은 19일에 쌍두마차를 타고 먼저 북경으로 떠났습니다. 그리고 왕진이 말하기를, '처녀들을 영접하려고 내관 세 명이 광녕에 도착하였으며, 두 명은 옥전현에서 기다린다.'고 하였습니다.세종 9년/8/26

두 달쯤 뒤에, 세자(훗날의 문종)가 선덕황제를 알현하러 북경으로 출발하였는데, 요동 도사가 사신으로 보낸 범영과 유정이, '들어오지 말라.'는 칙서를 가지고 입국하였다.세종 9년/10/25 닷새 뒤에 세종이 대신들에게, 전에 사신으로 나와서 악명을 떨쳤던 황엄의 소식을 들려줬다. 사신을 따라온 수행원 황철로부터 하루 전에 들었다며, '황엄이 죽은 뒤에 관槨이 잘리는 죄를 입었고, 그의 아내와 노비는 관에 몰수되어 종이 되었다.'고 알려주자, 모두가 놀라는 표정을 지었다.

그뿐만 아니라, '조선에서 명나라에 뽑혀 들어가 궁녀 권씨를 독살한 혐의로 능지처참된 여씨 여인의 이야기도 들려주었다. 전에 윤봉으로부터 들었다며, "아무런 죄가 없는 여씨가, 영락제 때 명나라 궁중을 제 마음대로 주물렀던 황엄의 무함을 받아 억울하게 죽은 사실이 마침내 밝혀져, 나라의 수치가 좀 씻어졌다."고 하였다.세종 9 년/10/30 수백 명의 환관이 황엄의 무함을 받아 억울하게 누명을 쓰고 떼죽음을 당할 때, 여씨 여인도 함께 죽임을 당한 참극의 전모가《세종실록》6년 10월 17일자 기사에 상세히 적혀 있다.

다음 해 2월에 처녀들을 인솔하여 명나라에 들어갔던 공조판서 성달생이 서울의 세종에게 글을 보내왔다. 황제가 사신으로 나왔던 백언을 어용감 소감으로 임명하고 관리의 복장(모자, 허리띠, 의복)을 내려 주었다고 적혀있었다. 백언이 조선에서 요리사로 뽑혀간 처녀를 시켜 술·과일·두부를 만들어 올리자, 황제가 흡족하게 여기고 특별히 은전을 베풀었다고 하였다.세종 10년/2/11 그로부터 일주일쯤 뒤에, 매鷹(응)를 가지고 북경에 들어갔던 이사검이 돌아와, 성달생과 안수산이 명나라에 억류된 사실을 아뢰었다.

사검의 보고를 접한 세종은 신하들에게 자초지종을 들려주었다. 세종의 설명에 따르면, 처녀들을 데리러 나왔던 창성과 윤봉이 명나라로 돌아가서 서로 시기하여 안수산과 성달생을 억류하였다. 두 사람의 하직 인사를 기다리던 명나라 예부에서 담당관을 불러서 두 사람을 조속히 보내라고 호통을 쳤는데도, 창성과 윤봉이 따르지 않았다. 대신 두 사람에게 '서둘지 말라.'며 계속 보내주지 아니하자, 성달생이 울면서 사검에게 간곡하게 호소하였다.

나는 직위가 판서까지 이르렀으니 관직에 대한 미련은 조금도 없소만, 80살인 노모를 반 년이 넘도록 뵙지 못하여 마음이 매우 안

타까우니, 그대가 귀국하면 전하께 나의 이 말을 꼭 아뢰어 주시오. 세종 10년/2/17

사검으로부터 들은 이야기를 신하들에게 자세히 들려준 세종은 이후로 성달생 문제가 복잡하게 꼬일 가능성을 우려하였다. 명나라 예부와 황실 내관들 사이에 알력이 심할 뿐만 아니라, 함께 처녀들을 데리고 들어간 안수산과 성달생 사이도 원만하지가 못하다고 넘겨짚었다. 그러면서도 성달생에 대한 신뢰를 표하였다. '다른 사람은 몰라도 성달생은 체류 연장을 요청했을 리가 없다.'며, 황제와 인척이 된 사람들 가운데 더 머무르기를 희망한 자가 있었을 가능성을 언급하였다.

그로부터 보름쯤 뒤에 세종이 예조판서 신상에게, 처녀 세 명을 치장할 수 있는 분량의 천을 미리 염색해놓고 기다리라고 명을 내렸다. 명나라에서 반드시 사신이 나올 것이라고 일러주더니, 전에 데려갈 처녀들을 뽑아놓고도 낭패를 겪은 사례를 들려주었다. 그때 마침 장마가 닥쳐서 처녀들을 치장할 천들을 염색하지 못하여 결국 처녀들을 들여보내지 못하였는데, 그때의 일로 사신들이 아직까지 앙심을 품고 있다는 것이었다. 세종 10년/3/2

한 달쯤 뒤에, 딸들을 데리고 함께 북경에 들어갔던 성달생·정효충·노종덕·안복지·오척·차효생·최지손이 마침내 돌아왔다. 세종이 성달생을 편전에서 인견하고, 사흘 뒤에 경회루 아래에서 위로하는 연회를 베풀었다. 진헌사로 북경을 다녀온 지돈녕부사 안수산과, 황제의 인척이 된 성달생 등 일곱 명이 참석하고, 왕세자와 여러 종친이 배석하였다. 세종 10년/4/1, 4/4

사신들의 탐욕으로 고통이 가중되었다

안수산과 성달생 등을 위해 경회루 아래에서 환영연을 개최하고 3개월쯤 뒤에, 명나라 사신이 의주에 왔다는 보고가 올라왔다. 태감 창성과 윤봉이 내사 이상과 함께 황제의 칙서를 가지고 왔다는 것이었다. 세종 10년/7/7, 7/8 그런데 이때 사신들이 미녀와 더불어서 '거세한 환관'을 데려갈 것이라는 말이 함께 전해졌던가 보다. 세종 10년/7/10 세종이 처녀를 뽑기 위해 전국에 금혼령을 내리더니, 판부사 허조와 찬성 권진을 불러서, 거세한 환관을 들여보낼 마음이 없음을 내비쳤다.

> 듣자하니, 황제가 거세한 환관을 보내라는 칙서를 보냈다던데, 우리나라 궁중에는 본래 거세한 환관이 없으니, 사실대로 회신을 보내는 것이 어떻겠는가. 세종 10년/7/13

세종이 말을 마치자 판부사 허조가 나서서, 칙서를 가지고 오는 사신들에게, 명나라에 돌아가서 황제에게 그대로 보고하게 하자고 하였다. 궁중에서 모든 것을 바르게 처리하여 감추거나 숨길 것이 없으니, 명나라가 알면 안 될 일이 없다는 것이었다.

의정부 찬성 권진이 그 말을 받아서, 거세하지 않은 환관이라도 보내자고 하였다. 거세한 환관이 없다고 하여도 황제가 믿지 않을 것이라고 이유를 붙이니, 세종이 환관들을 각 도에 파견해 나이 어린 화자를 뽑게 하였다. 세종 10년/7/13

일주일쯤 뒤에 세 사신이 서울에 도착하더니, 이틀 뒤에 숙소를 나가서, 전년에 와서 선발해놓은 한씨 처녀를 보러갔다. 세종 10년/7/19, 7/21 20일쯤 뒤에는 창성과 윤봉이, 딸이 명나라로 뽑혀간 공조판서 성달생의 집을 방문하였다. 얼마 뒤에 달생의 모친이 세상을 뜨니, 윤봉이 사람을 보내 제사를 올리게 하였다. 세종 10년/8/8, 8/22

사신들이 돌아갈 날이 다가오자 중궁이 사신들을 따라 명나라로 들어갈 처녀 한씨를 경회루 아래로 초대하여 송별연을 베풀었다. 세종 10년/10/1 이틀 뒤에 사신이 선발한 화자 네 명을 먼저 북경으로 출발시켰다. 그다음 날 사신 셋이서 처녀 한씨와 화자 두 명을 데리고 북경으로 향하였다. 세종 10년/10/3, 10/4

총제 조종생이 진헌사로 들어가고 한씨의 오빠인 광록시 소경(명나라 황제가 내려준 벼슬) 한확도 함께 따라갔다. 양갓집 부녀자들이 한씨의 행차를 바라보며, "언니가 들어가 순장된 것도 애석한 일인데, 동생이 또 간다."고 탄식하며 눈물을 흘렸다. 한씨를 일컬어 '산 송장'이라고 수군거리는 사람이 많았다. 세종 10년/10/4

한씨 처녀가 명나라로 떠나고 10여 일 뒤에 세종이 승정원의 대언(승지)들에게 한씨 처녀가 어디쯤 가고 있는지를 물었다. 좌대언 김자가, 평안도 안주에 도착하였다고 대답하니, 세종이 한씨 처녀를 데리고 들어가던 명나라 사신들의 무례한 행동을 개탄하였다.

> 태종 때에 황엄이 처녀들을 데리고 들어갈 때는, 공경하고 두려워하기를 황후나 비빈을 대하는 것처럼 하였다던데, 이번에 한씨를 데려가는 창성·윤봉·이상 등은 거만하고 무례하기가 이를 데 없다. 도중에 한씨가 병을 얻으니 창성 등이 말을 탄 채로 가마의 창문을 만지기도 하고, 한씨와 마주 앉아 손을 잡기도 하고, 때로는 한 방에서 있기를 청했다고 한다. 아무리 내관이라도 무례하기가 이를 데 없다.세종 10년/10/16

6개월쯤 뒤에 소경 한확이 귀국하면서, 명나라에 뽑혀간 화자 백언이 그의 모친에게 보내는 비단과 함께, 2년 전 7월에 창성과 윤봉 등이 명나라로 데려간 일곱 처녀의 서신을 가지고 왔다. 하나같이 겹으로 된 주머니에 편지와 함께 머리털을 깎아서 넣었으며, 모두 고생하면서 지낸다는 내용이 적혀 있었다. 편지를 펼쳐본 어버이와 형제들이 머리털을 움켜쥐고 눈물을 쏟으니, 좌우의 사람들이 얼굴을 가리고 따라 울면서 크게 한숨을 쉬었다.세종 11년/4/12

하지만 선덕황제의 안중에는 그들의 원망 어린 눈물과 절망 섞인 한숨 같은 것은 손톱만큼도 없었다. 뽑혀간 일곱 처녀의 편지와 머리털이 도착하고 한 달이 채 못 되어 창성과 윤봉이 또 사신으로 나오더니, 어린 내시 여덟 명, 노래와 춤에 능숙한 어린 소녀 다섯 명, 식욕을 돋우는 음식을 만들 줄 아는 처녀 스무 명을 요구하였다. 이번에는 황제의 선유도 없이, 사신이 직접 종이에 써서 건네주었다. 어쩔 수 없이, 노래하며 춤추는 소녀 다섯 명을 뽑아서, 기생 여섯 명과 맹인 세 명으로 하여금 한 차례에 세 명씩 돌아가며 날마다 대궐로 들여서 다섯 명을 가르치게 하였다.세종 11년/5/2, 5/3 그런데도 창성과 윤봉이 해도 너무할 정도로 변덕과 잔꾀를 부리자, 세종이 마침내 분통을 터뜨렸다.

창성과 윤봉이 처음에는, '나이가 어리고 노래와 춤에 능숙한 아이들을 뽑고자 한다.'고 해놓고는, 이제 와서, '노래와 춤은 장차 들어가서 배울 것이니, 노래와 춤 실력이 좀 떨어져도 인원이 많으면 좋겠다.'고 한다. 만약 명나라에 데려가서 노래와 춤을 가르칠 것이면, 명나라에도 소녀가 많을 터인데, 어째서 우리나라 아이들이 필요하겠는가. 이 자들의 속셈이 여자 아이들을 되도록 많이 데려가서, 여러 사람에게 자랑하고 황제에게 잘 보이려고 하는 것이 틀림없다.

일전에 사신이 요리를 담당할 하녀의 숫자를 물어서, 내가 '열 명을 들여보내겠다.'고 하였더니, 창성이 열 명을 더 보낼 것을 요구하였다. 그래서 내가, '요리를 맡기려면 반찬과 음식을 만들 줄 알아야 될 터인데, 미리 가르쳐놓은 아이들이 없다.'고 하였더니, 창성이 말하기를, 요리법을 몰라도 들어가면 배울 것이라고 하였다. 그 말을 내가 다시 반박하자 윤봉이 웃으면서 잠자코 있었으니, 이 또한 창성의 뜻이 오로지 많은 것을 자랑하는 데에 있음을 뜻하는 것이 일주일 뒤에 세종이 신하들에게 물고기젓갈을 주본에 기록하는 일에 대하여 의견을 물었다. 반찬을 보살필 여종과 노래를 부를 여자아이들과 더불어서, 매·개·술·잣·물고기젓갈·새우젓 등을 같이 바치면서, 사신이 사사로이 준비한 물고기젓갈은 주본에 함께 적기가 곤란하다고 판단한 것이다. 우의정 맹사성이 듣고서, '비록 개인적으로 마련하여 사사로이 건사하였어도 반드시 주본에 기록하자.'고 하였다.세종 11년/5/14

이틀 뒤에 세종이 두 사신을 편전으로 초대하여 다례茶禮를 행하고나서, 사신들이 돌아갈 때 딸려서 보내려고 뽑아놓은 처자들을 보여주었다. 두 사신이 설매를 비롯한 여자 가수 여덟 명, 중비를 비롯한 여자 요리사 여덟 명, 그리고 내은이를 비롯한 술 빚는 여자 두 명을 보더니, 술 빚는 여자 두 명을 더 요구하여, 즉시 두 명을 더 뽑았다.세종 11년/5/16

이후 몇 명을 더 뽑아서 두 달 동안 노래·요리·술 빚는 기술 등을 가르쳤다. 최종적으로 여자 가수 여덟 명, 요리사 열한 명, 어린 화자 여섯 명을 선발하여 대궐로 초대해 음식을 대접하였는데, 모두 슬피 흐느끼기만 하고 아무것도 먹지를 않았다. 대궐을 나올 때에 낯을 가리고 울먹여서 부모와 친척들이 부축하여 데리고 나오는데, 곡성이 뜰에 가득하여 보는 사람들이 모두 눈물을 쏟았다.

처음에 세종이 여가수 여덟 명, 요리사 열한 명, 어린 화자 여섯 명을 경복궁 근정전으로 불러서 여가수들의 노래를 들었다. 한 처녀가 '이번에 가면 다시 오지 못하리라.'는 뜻으로 부른 노래의 가사가 몹시 처량하고 원망으로 가득 차서, 세종이 슬프게 여겼다.세종 11년/7/18

그다음 날 좌군 동지총제 권도로 하여금, 화자 여섯 명, 차茶를 사용하여 밥을 지을 줄 아는 여자 열두 명, 음악을 배울 어린 하녀 여덟 명을 함께 데려가게 하였다. 권도는 명나라에 상서로운 토끼가 출현한 것을 축하하는 글을 가지고 북경에 들어가는 길이었다.세종 11년/7/19 가엾은 청춘들을 그렇게 떠나보낸 세종은 명나라에 들여보낸 남녀의 부모와 그 주인 등에게 적절하게 보상할 것을 지시하였다.

> 이번에 명나라에 들여보낸 여자 가수 가운데 개인의 노비인 자들은 그 부모의 신역身役을 모두 면해주고, 그들의 주인들에게 비슷한 또래의 관노비를 대신 주도록 하라. 또 뽑혀 들어간 여자들의 부모들에게 관노비 2명씩을 봉족奉足으로 주게 하라. 뽑혀 들어간 여자가 관공서의 종인 경우도 그 부모의 신역을 면해주고 봉족을 2명씩 주게 하라. 요리사로 뽑혀간 여자들의 부모도 신역을 면해주고 봉족 2명씩을 주게 하라. 다만, 부모 양쪽이 모두 살아 있는 경우는 봉족을 1명만 주게 하라.세종 11년/7/20

봉족제도는 현역 군인으로 징집되었거나 혹은 여러 가지 나랏일에 동원된 사람에게, 예비역으로 편입된 사람을 경제적 후원자로 지정하여, 징집 혹은 동원된 사람의 양식과 의복 등을 책임지게 하였던 것을 말한다.

젊은이들을 들여보내고 한 달이 안 되어 반가우면서도 당황스러운 일이 생겼다. 명나라 황제로부터, '사신이 물품을 청하여도 칙서에 적혀 있지 않으면 주지 말라.'는 칙서가 온 것이다. 나오는 사신마다 황제가 적어 보낸 물품 목록보다 훨씬 더 많은 것을 갈취해가자, 누적된 원성이 황제의 귀에까지 들어간 모양이었다. 칙서를 가져온 사람은 세종의 이복동생으로, 황제에게 금과 은의 조공을 면제해줄 것을 청하러 북경에 들어갔던 공녕군 이인이었다. 세종 11년/12/13

그런데 칙서가 개봉되자, 조정 전체가 혼란에 빠졌다. 주지 말라 하였으니 주지 않는 것이 옳은 것인지, 그럼에도 불구하고 사신이 나오면 푸짐하게 챙겨서 보내는 것이 국익을 위하는 길인지를 놓고 격론이 벌어진 것이다. 이전까지는 은근히 그런 칙서가 와주기를 바랐었는데, 막상 원하던 칙서가 오니까 임금과 대신들이 중심을 잃고 허둥대며 어찌할 바를 몰랐다. 이에 대한 구체적 내용은 뒤의 제6장에 자세히 다뤄져 있다.

뜻밖에 도착한 칙서를 놓고 한바탕 찬반 논쟁을 벌이고 얼마 지나지 않아서, 경기 감사 이명덕과 사헌부 관원들 사이에 충돌이 빚어졌다. 발단은 명나라에 들여보낼 처녀를 뽑는 과정에서 사소한 기록 착오가 생긴 데서 비롯되었다. 처음에 경기 감사 이명덕과 그의 경력(부관) 이계장이 처녀의 명단을 올려 보내면서 한 처녀의 출생 연도를 잘못 적었다. 사헌부에서 두 사람을 함께 탄핵하자, 명덕과 계장이 사헌부에 글을 보내, '사헌부 관원들은 어리석고 음흉하다.'고 염장을 질렀다. 그러자 사헌부 관원들이 그 글에 발끈하여 대판 싸움이 벌어졌다. 세종 11년/12/14, 12/25, 12/28

세월이 3년쯤 지나고 나서, 명나라 태감 창성이 내관 이상과 장봉과 함께 칙서를 받들고 온다는 소식이 또 전해졌다. 보고를 접한 세종은 도승지 안숭선으로 하여금, 사신들이 도착하기 전에 미리 정해야 할 사항 세 가지를 의정부와 육조의 판서 이상 관리들과 의논하여 아뢰게 하였다. 그 첫 번째는, 사신이 와서 칙서 없이 황제의 선유를 빙자하여, 말로 '처녀 진헌'을 요구할 경우에 따른 대응책에 관한 것이었다.

일찍이 창성이, '처녀 진헌 같은 문제는 칙서에 적기가 난처해서 말로 전달하는 것이라.'고 말한 적이 있는데, 창성의 말이 꼭 터무니없다고 할 수는 없다. 그래서 이번에 와서도 칙서 없이 말로 처녀를 요구하면서, '드러내서 요구하기가 곤란하여 말로 전하는 것이라.'고 하면, 사실상 거절하기가 어려울 것이다. 그러나 만약 문서 없이 말로 전하는 요구를 그대로 들어주면 나쁜 선례가 될 것이니, 어떻게 하면 좋겠는가. 세종 15년/10/11

도승지 안숭선이 임금의 고민을 전하자, 병조판서 최사강이, '내용을 들어봐서 정말로 드러내서 말하기 껄끄러운 부탁이면 들어주자.'고 하였다. '칙서에 없는 것을 주지 말라.'고 한 황제의 칙서를 괜히 들춰서 사신의 심기를 건드리지 말자는 것이었다. 반면, 맹사성·안순·이맹균·조계생·정흠지 등은 '칙서에 없는 것을 주지 말라.'고 한 황제의 칙서를 가리면 안 된다고 하였다. 반드시 먼저 그 칙서를 상기시킨 다음에, '드러내서 말하기가 난처해서 칙서에 적지 않은 것으로 간주하고 들어주는 것이라.'고 하고, 요구를 따르자고 하였다.

세종이 도승지에게 토론을 지시한 두 번째 안건은, 숙련된 요리사를 구하기가 어려운 고민을 해결할 방법에 관한 것이었다. 당시 조선은 궁중의 요리사들이 모두 남자이고 여자들은 요리에 관여하지 않았다. 그래서 전에 여자들을 요리사로 뽑아서 보냈더니, '3년이 지나서야 겨우 요리를 제대로 하더라.'는 이야기를 들었다며, 자신이 생각해 둔 묘책을 내놨다.

> 당장 급하게 뽑아서 보내려고 하면 적임자들을 찾을 수가 없을 것이니, 차라리 '외모가 단정하고 영리한 처자들을 뽑아서 보내겠다.'고 회신하는 것이 어떻겠는가. 또, 말로는 데려다가 음식을 시킬 것이라고 하지만, 실제로는 무슨 일을 시킬는지 알 수가 없으니, 그냥 '외모를 보고 뽑아서 들여보내겠다.'고 회신하는 것이 나을 것 같기도 하다.세종 15년/10/11

도승지로부터 임금의 생각을 전해들은 대신들은 이구동성으로 지지 의사를 나타냈다. 세종이 도승지에게 토론을 지시한 세 번째 안건은, 전에 화자로 뽑혀 들어가 황제의 신뢰를 두텁게 받고 있던 윤봉과 관련된 것이었다. 그러나 이때에 윤봉은 사신으로 나오지 아니하여,

나중에 윤봉이 나왔을 때 재론하기로 하였다. 아울러서 첫 번째 안건에 대한 논의 결과에 대해서도 아무런 결말을 짓지 아니하고, 사신이 도착한 뒤에 재론하기로 하였다.

이틀 뒤에 창성·이상·장봉이 서울에 와서 의식에 따라 칙서를 맞이하니, '요리를 할 줄 아는 여자 여남은 명을 들여보내라.'고 적혀 있었다. 칙서를 확인한 세종은 곧바로 요리사 스무 명을 뽑게 하여, 사신들이 명나라로 돌아갈 때 중추원 부사 이맹진으로 하여금 데리고 따라가게 하였다.세종 15년/10/13, 11/13, 11/16

다음 해 3월에는, 예조의 건의를 수용하여, 사신으로 명나라에 들어가는 관원들에게, 북경에 체류하는 동안 사적인 교제를 하지 못하게 하였다. 미녀·화자·요리사·가수·하녀 등으로 명나라에 뽑혀 들어간 남녀의 부모나 형제들이, 명나라 사신이 왔다가거나 조선의 사신이 북경을 들어가는 인편에 서신을 부치거나 말을 전하면서, 국가의 기밀을 누설하는 사례가 많았기 때문이었다.

개중에 부득이 서로 통해야 할 일이 있으면, 미리 그 구체적 내용을 나라에 보고한 다음에 통역으로 북경에 들어가는 사람에게 주어서 전해지게 하라. 전과 같이 은밀히 편지를 보내거나 전달받는 자는 모두 군사기밀을 누설한 죄로 다스려라. 통역으로 북경에 들어간 자가 위임받고 가는 사무 이외의 나라 소식을 말한 경우에도 또한 이 조문으로 다스리도록 하라.세종 16년/3/21

3개월쯤 뒤에 강상부 등이 임금의 명을 받고 명나라에 사신으로 들어갔다가, 조선에서 뽑혀 들어간 명나라 내관과 사적인 대화를 나눈 죄로 처벌을 받았다. 처음에 진응사 정발·통역 강상부·서장관 백효삼이 북경에 나아가 입궐하니, 화자로 뽑혀 들어간 정선이 상부를 보고 울면서 인사를 건넸다. 상부가 일찍이 화자들에게 중국어를 가르쳤고, 정선도 또한 그에게 배운 까닭이었다.

상부도 울면서 인사를 받고 나서, 당시 명나라에 요리사로 들어가 있던 자기의 첩 종제의 안부를 물었다. 정선이 종제가 죽은 사실을 알려주더니, 뒤에 사사로운 말을 덧붙였다. 자기는 정발이 사금司禁이었을 때부터 정발을 알았다는 것이었다.

사금은 나라의 큰 의식이 있을 때 전殿의 섬돌 위나 궁궐의 뜰에 여러 가지 의장을 설치하는 일을 맡아보던 벼슬아치를 일컫던 말이다. 그런데 세월이 한참 지나서 정발과 상부가 의금부의 옥에 갇혔다. 두 사람이 북경에 갔을 때 정선과 대화를 나눈 사실이 불거졌기 때문이었다. 정발 등은 서울로 돌아와 정선을 만나서 대화한 일을 아뢰지 않았는데, 매를 바치러 가는 진응사를 따라 북경에 갔던 정현이 돌아와 그 사실을 아뢴 것이었다.

조사를 거쳐서 상부는 곤장 1백 대를 돈으로 바치고, 정발은 공신의 후손이라서 처벌을 면하였다. 아울러서 당시 서장관으로 따라갔던 효삼도, 상부 등이 명나라에 들어간 내관과 대화를 나누도록 방치한 죄로 곤장 60대를 선고받고 돈으로 대신 바쳤다.세종 16년/6/15

그런데 3개월쯤 후에 세종이 돌연 태도를 바꾸었다. 혈육이 명나라에 들어간 사람들의 사사로운 통신을 처벌하지 말도록 한 것이다. 황태자의 생일이 다가와 호조참의 박신생을 축하사절(천추사)로 들여보내면서 그와 같이 지시를 내렸다. 상부 등을 처벌한 것을 후회하면서, 본국에서 들어간 내관을 만나면 자유롭게 대화를 나누고 돌아와서 자세히 아뢰라고 지침을 주었다.

> 앞서 통역 강상부가 북경에 갔을 때에 정선과 대화를 나누고도 돌아와서 아뢰지 아니하여 죄를 주었으나, 우리나라에서 들어간 내관이 우리나라 사람을 보고 서로 말하는 것은 인정상 떳떳한 것이다. 만약 북경에 들어갔다가 우리나라에서 들어간 내관을 만나서 서로 대화를 나누게 되면, 편안하게 듣고 와서 자세히 아뢰도록 하라.세종 16년/9/11

3개월 뒤에, 박신생의 통역으로 북경에 들어갔던 김자안이 먼저 돌아와, 박신생이 칙서 세 통을 싸 가지고 나온다고 아뢰었다. 그 첫 번째가 반찬 만드는 처자들을 보내라는 것이라고 하자, 세종이 기민하게 움직였다. 자안의 보고를 듣자마자 승정원으로 하여금 여러 관청의 여종 중에서 20살 이하인 자들을 선발하게 하였다.세종 16년/12/8 뽑아온 여종들이 요리를 시키기에 적합해 보이지 아니하자, 형조와 유후사(개경)에 명하여 다시 뽑게 하였다.

나이가 12살부터 30살 사이의 처자들 중에서 요리 솜씨가 있는 자들을 선발하라. 각 관청의 여자종이 양민 남자에게 시집가서 낳은 처자, 기생이 낳은 처자, 보충군의 누이들, 각급 관리들이 집에서 부리는 여자종, 자질이 낮은 기생과 의녀, 지방 각 고을의 여자종으로서 서울에 살고 있는 처자들 중에서 뽑도록 하되, 만약 숨기고 신고하지 않는 자가 있으면 그 일족과 가까운 이웃을 '어명을 어긴 죄'로 다스려라.세종 16년/12/13

10여 일 뒤에 박신생이 칙서 세 통을 가지고 북경에서 돌아오니, 과연 그중 하나의 칙서에 김자안이 보고한 대로 쓰여 있었다. '먼젓번에 반찬과 음식을 만드는 요리사로 들여보낸 처자들이 모두 음식 솜씨가 뛰어날 뿐만 아니라, 만드는 속도가 빠르고, 특히 두부를 만드는 실력이 탁월하다.'라는 칭찬으로 시작하여, '처자들을 더 보내라.'는 요구로 마감되었다.

영리한 처자 열 명을 더 뽑아 요리가 능숙하게 가르쳐서 들여보내라.세종 16년/12/24

칙서의 내용을 확인한 세종은 곧바로 요리 솜씨가 있으면서 영리한 처자 십여 명을 뽑게 하여, 그들을 궐내에 모아 놓고 사옹방으로 하여금 여러 가지 반찬 만드는 법을 가르치게 하였다. 사옹방은 임금의 수라와 대궐 안의 식사 공급을 관장하던 관서였다.

그런데 한 달쯤 지나서 뜻밖에도 선덕황제의 부음과 유언이 전해졌다. 서른일곱 살이던 선덕제가 즉위한 지 12년 만에 갑자기 세상을 뜬 것이다. 소식을 접한 세종은 곧바로 강의와 실습을 중단하고 처자들을 모두 집으로 돌려보냈다.세종 16년/12/26, 17년/1/29

선덕제의 죽음은 십여 명의 처녀들뿐만 아니라, 조선 전체에 크나큰 축복이 되었다. 아홉 살이던 황태자가 새 황제로 등극한 관계로 선덕제의 미망인이 섭정을 맡아서, 더 이상 조선의 젊은이들을 요구하지 않았다. 명나라로부터 요구가 없으니 소년 소녀를 뽑아서 들여보낼 이유도 없었다. 명나라의 국가적 불행이 조선에게는 천우신조가 된 것이니, 악인이 망하고 선인이 흥하는 세상 이치가 더없이 절묘하다.

〈표 1〉은《고려사》와《조선왕조실록》을 토대로, 이성계가 정국을 주도했던 고려 공양왕 3년(1391) 10월부터, 세종 16년(1434) 9월까지 명나라에서 조선의 젊은이들을 데려간 기록을 정리한 것이다. 44년 동안 조선의 소년 소녀 2백68명을 화자 · 미녀 · 요리사 · 가수 · 하녀 등으로 뽑아서 강제로 데려갔음을 보여준다. 데려간 인원을 비교해보면, 화자 1백49명, 하녀 48명, 요리사 42명, 미녀 21명, 가수 8명순으로 빈도가 높다. 세종 9년(1927)에는 한 해 동안 무려 마흔세 명의 젊은이를 데려갔다.

( ) 안의 수치는, 뽑혀서 북경까지 갔다가 퇴짜를 맞고 되돌아왔거나, 명나라로 들여보내려고 뽑아놓았거나 혹은 들여보내려고 뽑는 과정에서 황제(영락제, 선덕제)가 죽어서 집으로 돌려보낸 인원을 나타낸 것이다. 말하자면 명나라의 청천벽력이 조선에 꿈 같은 기적이 되어

〈표 1〉 명나라가 조선의 젊은이들을 강제로 데려간 기록(태조~세종)　　단위 : 명

순번	시기	화자	미녀	요리사	여자 가수	하녀
1	공양왕 3년(홍무 24년) 10월	20	–	–	–	–
2	태조 3년(홍무 27년) 5월	5	–	–	–	–
3	태종 3년(영락 1년) 윤11월	(35)	–	–	–	–
4	태종 4년(영락 2년) 5월	20	–	–	–	–
5	태종 8년(영락 6년) 11월	12	5	–	–	16
6	태종 10년(영락 8년) 10월	2	1	–	–	4
7	태종 17년(영락 15년) 8월	4	2	–	–	12
8	세종 1년(영락 17년) 2월	20	–	–	–	–
9	세종 5년(영락 21년) 9월	24	–	–	–	–
10	세종 6년(영락 22년) 9월	(10)	(2)	(6)	–	–
11	세종 8년(선덕 1년) 7월	–	5	–	–	–
12	세종 9년(선덕 2년) 7월	10	7	10	–	16
13	세종 10년(선덕 3년) 10월	6	1	–	–	–
14	세종 11년(선덕 4년) 7월	6	–	12	8	–
15	세종 15년(선덕 8년) 10월	–	–	20	–	–
16	세종 16년(선덕 9년) 9월	–	–	(10)	–	–
합 계		149	21	42	8	48
17	세종 17년(선덕 10년) 1월			[–37]	[–7]	[–9]

서 극적으로 불행을 면한 행운아의 숫자인 셈이다.

　17번 [ ] 안의 앞에 '빼기(–)' 표시가 붙여진 숫자는, 선덕제가 죽어서 뒤를 이은 어린 정통황제 대신 수렴청정을 맡았던 태황태후가 돌

려보낸 인원을 나타낸 것이다.

돌아온 사람들을 따뜻하게 품어주었다

선덕황제의 부고와 유언이 전해지고 3개월쯤 지나서, 그때까지 명나라에 뽑혀 들어갔던 여자 53명이 단체로 귀국한다는 보고가 올라왔다. 세종으로서는 듣던 중 반가운 소식이었지만, 또 다른 고민이 생겼다. 여인들을 돌려보내준 태황태후에게 감사하는 글을 보내야 할 것인지 판단이 서질 않았기 때문이다. 감사를 표하였다가 선대 황제들의 잘못을 드러내는 결과를 초래할까 봐 한동안 갈피를 잡지 못하다가, 형식적으로 답신만 보내기로 가닥을 잡았다. 세종 17년/4/8

그로부터 18일 뒤에, 명나라에 미녀로 뽑혀 들어간 처녀들의 몸종으로 따라갔던 하녀 아홉 명, 여가수 일곱 명, 요리사 서른일곱 명이 돌아왔다. 나이 어린 황제를 대신하여 국정을 관장하던 태황태후가 자비를 베푼 것이었다. 앞서 화자로 뽑아서 명나라에 들여보낸 이충 · 김각 · 김복 등 세 명이 53명의 여인을 인솔하고 왔다. 사신들이 가져온 정통제의 칙서에, 여인들을 돌려보낸 이유와 그녀들의 생계를 부탁하는 말이 적혀 있었다.

부녀 김흑 등 53명이 오래 북경에 머물러 있어서, 짐이 그들이 고향을 생각하는 것을 불쌍히 여기고, 또 부모 형제가 보고 싶어 할 것을 생각하여, 내관 이충과 내사 김각·김복 등을 보내 돌려보낸다. 왕은 그들을 모두 집으로 돌려보내 처소를 잃는 일이 없게 하고, 이충 등은 성묘를 마친 뒤에 다시 북경으로 오게 하라.세종 17년/4/26

칙서의 내용을 확인한 세종은 돌아온 전원에게 각종 특혜를 줄 것을 지시하였다. 전원에게 쌀·콩·술·과실·생선·고기 등을 차등 있게 주어 친족들을 대접하게 하고, 사헌부로 하여금 그들의 음주를 금하지 말게 하였다. 아울러서, 신분이 사노비였던 이들은 관노비로 전환시켜 주인에게 돌려주어서, 자유롭게 생업을 꾸려가도록 해주었다.

처녀들의 몸종과 가수와 요리사 등은 본래 사노비였지만, 공노비로 전환하여 본래의 주인에게 돌려주어서, 잡일에 시달리지 않고 편안히 생업에 종사하게 하라.세종 17년/4/26

칙서의 첫머리에 언급된 김흑은, 조선에서 뽑혀가 영락제의 후궁이 되었던 한씨 부인(한영정의 딸, 한확의 여동생)의 몸종으로 북경에 들어갔던 여인이었다. 영락제가 죽어서 함께 순장된 한씨가 죽기 직전에, 다음 황제인 홍희제에게 유모만은 꼭 살려주기를 간절히 요청하여, 극적으로 목숨을 건진 행운아였다. 그런 김흑이 임금과 대신들 앞에서 홍희제의 미망인이 자신을 '공인恭人'으로 봉하면서 내려준 고명을 내놓으며, 여인들이 돌아오게 된 사연을 털어놓았다.

한씨가 죽은 뒤로 날마다 성심으로 태황태후를 모셨는데, 대우가 대단히 후하여 내려주시는 것이 무수히 많았습니다. 하루는 태황태후께, '늙은 것이 과분하게 은혜를 입었사오나, 고향에 돌아가고 싶다.'고 여쭈었더니, 태후께서 허락해 주셨습니다. 그래서 제가 반찬을 만들던 요리사들과 노래를 부르던 여가수들도 함께 보내줄 것을 청하였더니, 태후께서 들으시고, '그들이 와있는 줄을 몰랐다.'고 하시고는, 모두 보내줄 것을 명하셨습니다. 하직하는 날에는 태후께서 친히 저의 손을 잡으시고 울면서 작별을 하셨습니다. 세종 17년/4/26

홍희제의 미망인인 태황태후가 김흑에게 내려준 '공인恭人' 호칭은 정·종 5품의 문관과 무관의 정실부인에게 내려주던 외명부의 작호爵號였다. 그리고 김흑이 내놓은 고명에는 김흑 본인의 노고와 더불어서 한씨 부인이 생전에 어질고 맑은 마음으로 황제를 섬겼다는 내용이 간략하게 적혀 있었다.

너 김씨는 고 강혜 장숙 여비康惠莊淑麗妃(한씨)의 유모였다. 여비麗妃(고려에서 온 왕비, 즉 한씨)는 공손히 선황제(영락제)를 섬겨서 '어질고 정숙하다.'는 칭송을 듣다가, 영락황제께서 승하하시자 몸을 버려 순장되어, 조정에서 봉작과 시호를 내려서 어질었던 행실이 빛나게 하였다. 너는 옛날에 그녀를 뒷바라지한 공로가 있어서 특별히 공인恭人으로 봉하는 것이니, 이 광영을 공경하기를 게을리하지 말

라.세종 17년/4/26

고명을 읽어본 세종은 이틀 있다가 도승지 신인손으로 하여금, 승문원 제조提調 황희와 허조에게 가서, 일곱 가지 사항을 의논하여 결과를 아뢰게 하였다. 제조란 중앙의 각 사司 또는 청廳의 기관장이 아니면서 그 기관의 최고 책임자 노릇을 하던 고위 관료를 일컫던 말이다. 세종이 황희와 허조에게 지시한 내용은 주로 돌아온 여인들에 대한 보안 교육에 관련된 것이었다.

첫째로, 요리사들이 돌아올 때에 태황태후가 후하게 위로하여 보내주었으니, 사신이 돌아갈 때에 태후께서 그녀들을 어여삐 여기고 아껴주신 뜻을 말하면 어떻겠는가. 둘째로, 대개 궁중의 일은 철저하게 비밀을 지켜야 하는데, 이번에 나온 여인들이 아무 말이나 함부로 퍼뜨릴 수도 있으니, 비밀을 누설한 경우에는, 말한 자와 물은 자를 함께 처벌하면 어떻겠는가. 셋째로, 사신 이충의 아비 이호와, 김각의 사촌동생 윤자중과, 김복의 형 김연우 등에게 벼슬을 주면 어떻겠는가. 넷째로, 한씨의 유모였던 김흑이 너무도 가여워서 모시와 무명 등을 좀 주고 싶은데, 몇 필을 주면 좋겠는가.세종 17년/4/28

황희와 허조가 의논을 거쳐서 결과를 아뢰었다. 사신의 아비에게는 7품을, 형제에게는 8품을 각각 제수하고, 김흑에게는 모시와 무명을 2필씩 주고, 그 나머지 하녀들에게는 모시와 무명을 한 필씩 주자고 하니, 세종이 그대로 따랐다. 아울러서 예조로 하여금, 돌아온 여인들에 대한 입단속에 각별히 신경을 쓰도록 하였다.

이번에 나온 여자들이 명나라 조정에 있어서 궁중의 일을 익히 보아서 자세히 알 것인데, 궁궐의 일은 비밀을 유지하여야 한다. 만일 친척이나 친구 가운데 명나라 궁중의 일을 묻는 이가 있어서, 무식한 하녀들이 앞뒤를 분간하지 않고 모두 들려주면, 조심하고 비밀을 지켜야 하는 뜻에 어긋나니, 여자들에게 단단히 주의를 주어라. 아울러서 다른 사람들이 그녀들을 찾아가지 못하게 하라. 만약 비밀을 누설한 사실이 드러나면, 물은 자와 대답한 자와 말을 전파한 자를 모두 엄벌에 처하게 하라. 세종 17년/4/28

다음 날 명나라에서 돌아온 요리사와 여가수 등이 각각 비단 한 필씩을 바치니, 답례로 물품을 차등 있게 내려주었다. 세종 17년/4/29 보름쯤 뒤에 세종이 김흑 등을 대궐로 불러서 이야기를 나눈 뒤에 음식을 먹여서 내보내게 하였다. 김흑 등이 각각 비단 등을 바치니, 쌀·콩·무명을 차등 있게 내려주었다. 세종 17년/5/14

보름쯤 뒤에 앞서 화자로 뽑혀서 명나라에 들어간 김덕매의 어미가 덕매가 보내준 비단 한 필을 바치니, 무명 17필을 내려주었다. 이때에 도승지 신인손 등이 아뢰기를, "이후로는 그런 물건을 바치지 말게 하옵소서." 하니, 세종이 듣고서 그대로 따랐다. 세종 17년/6/1

2.
불교 유물을 뺏어가고 찬불을 강요했다

　명나라의 영락제는 불교에 대한 믿음이 지나쳐서 조선의 오래된 불교 유물들을 무더기로 쓸어갔다. 황제로 등극하고 3년쯤 지나서 사신을 내보내 제주 법화사의 아미타삼존 동불상銅佛像을 강제로 가져갔다. 그다음 해에는 전국의 주요 사찰과 왕실에서 보관하고 있던 불사리佛舍利 7백57개를 강제로 가져갔다. 11년쯤 뒤에 태종이 왕위에서 물러나고 세종이 즉위한 직후에 다시 또 사신을 내보내 불사리 5백58개를 뺏어갔다. 사람을 너무 많이 죽여서 참회하려고 그랬는지 몰라도, 대국의 체모를 벗어난 야만적 약탈이었다. 이웃나라 백성의 영혼을 짓밟은 문화파괴였다. 당시 불교라는 종교는 4세기에 처음 전래되어 1천 년 이상 국교의 지위를 지키며 백성의 정신세계를 떠받쳐온 기둥이었다.

　그뿐만 아니라 조선의 국시國是가 유교인 줄을 뻔히 알면서도 불교 서적들인 《제불여래보살명칭가곡諸佛如來菩薩名稱歌曲》과 《신승전神僧傳》을 무더기로 보내서 국가정책의 역주행을 압박하였다. 전자는 영락제 때에 부처와 보살 등의 이름을 운율에 맞춰 외우기 쉽게 편곡한 것이다. 흔히 줄여서 《명칭가곡》이라고 불렸다. 후자는 한漢나라 이래로 괴이하고 허망했던 수도승들의 요망한 말과 이상야릇한 행적들을 모아놓은 것이다. 그런 책들의 영향으로, 영락제의 숭불 행보에 편승하여, 몰래 명나라에 잠입하여 모국의 억불정책을 일러바친 승려들이 있어서, 국가의 외교와 정치가 혼란을 겪었다.

불상과 불사리들을 주인처럼 가져갔다

1406년(태종 6) 4월 명나라의 영락제가 황엄 · 양영 · 한첩목아 · 기원 등을 사신으로 임명해 칙서를 보내왔다. 영락제가 반란을 일으켜 조카를 죽이고 스스로 황제에 오른 것이 1402년(태종 2) 7월 17일이니까, 천자가 되고 4년 남짓 지나서 약탈 본색을 드러낸 것이다. 이때 영락제는 마흔여섯 살이었고, 태종 이방원은 그보다 일곱 살이 적은 서른아홉 살이었다.

> 짐이 돌아가신 부모님의 은덕을 드러내 밝혀서 널리 퍼지게 하는
> 제사 의식을 거행하려고, 사례감 태감 황엄 등을 특사로 보내 그대
> 나라의 탐라에 가서 동불상 몇 좌를 구해오게 하였으니, 잘 도와서
> 짐의 뜻에 부응하라. 태종 6년/4/19

다음 날 태종이 태평관에 이르러 사신들의 도착을 환영하는 연회를 열었다. 중간에 황엄이 많이 취하였다며 먼저 방으로 들어갔다. 연회장에 남아있던 한첩목아가 태종에게, 제주 법화사의 아미타삼존불을 가져갈 의향을 내비쳤다. 원나라 때 양공이 만든 것이니, 명나라로 가져가는 것이 마땅하다는 것이었다. 그 말을 묵묵히 듣고 있던 태종이 한첩목아를 쳐다보며, '마땅히 가져가야 하겠지만, 바다를 건너다가 부처의 귀에 물이 들어갈까 걱정이라.'고 희롱삼아 대꾸하니, 한첩목아를 비롯한 모든 사람이 크게 웃었다. 태종 6년/4/20

황엄 등이 친히 배를 타고 제주에 가서 아미타삼존불을 가져오겠다고 하는 것을 태종이 가지 못하게 막았다. 대신 급히 관원들을 제주에 보내 법화사의 아미타삼존불을 육지의 나주로 옮겨놓게 하였다. 그보다 앞서 어떤 신하가 태종에게, '황제가 제주를 빼앗으려고 황엄 등으로 하여금 제주의 형세를 보게 한 것이라.'고 일러줬기 때문이었다. 태종 6년/4/20

3개월쯤 뒤에 마침내 아미타삼존불이 명나라 사신들의 전용 숙소인 서울의 태평관에 도착하였다. 태종이 인사 차 태평관을 방문하니, 황엄이 통역을 시켜서 태종에게, 먼저 불상에 예禮를 행한 뒤에 자기와 만날 것을 요구하였다. 황엄의 말을 들은 태종은, 통역을 시켜서 황엄에게, '나는 천사를 보려고 온 것이지 불상을 보려고 온 것이 아니라.'고 전하게 하였다. 또, 불상이 명나라에서 온 것도 아니니 굳이 절을 해서 공경을 표할 이유가 없다며, 불상에 절할 뜻이 없음을 분명히 하였다.

그런데 신하들이 따라주지 않았다. 태종이 황엄의 요구를 거절하고 나서 지신사 황희로 하여금 자신의 처신이 옳은 것인지를 의정부에 물어보게 하였다. 돌아온 대답은 '황엄의 청을 따르라.'는 것이었다. 황제가 부처를 우러러 공경하여 멀리까지 사람을 보내서 불상을 구하고, 또 황엄은 태생이 어리석은 사람이니, '못 이기는 척하고 예를 행하라.'고 권하자, 태종이 흥분한 어조로 정승들의 비굴한 마음가짐을 질책하였다.

내가 두 정승(하윤, 조영무)을 믿고 절을 하지 않으려고 하였더니, 모두가 '절을 하라.'고 하는 것은 무슨 까닭인가? 여러 신하 중에 의義를 지키는 사람이 한 사람도 없다는 것을 알았다. 신하들이 황엄 한 명을 이처럼 겁내니, 의義를 지켜 임금을 어려움에서 구할 수 있겠는가? 고려의 충혜왕이 원元나라에 잡혀 갔을 때, 신하들 가운데 구원하려고 나서는 자가 한 명도 없었는데, 내가 위태롭게 어려움에 처하여도 역시 똑같을 것이다. 또 임금은 행동이 신중해야 하는 것인데, 내가 만일 불상에 절을 한다면 예절에 벗어나는 것이 아니겠는가?태종 6년/7/18

좌의정 하윤과 우의정 조영무를 따끔하게 꾸짖은 태종은, 통역인 이현을 통해, 불상에 절을 할 의사가 없음을 다시 한 번 황엄에게 분명히 전하였다. '번국(제후국)의 화복禍福은 불상이 아니라 천자의 손에 달려있는 것이니, 천자의 사신을 만나기에 앞서 내 나라의 불상에게 먼저 절을 하기는 곤란하다.'고 하였다.

황엄이 듣고서 하늘을 한참 쳐다보더니 미소를 띠며 곧바로 입실을 청하였다. 태종이 들어가 황엄과 차만 마시고 불상에 절을 하지는 않았다. 며칠 뒤에 황엄 등이 아미타삼존불을 받들고 명나라로 돌아갔다. 그 뒤에 불상을 가져간 대가로 서적과 약재 등을 보내왔다.태종 6년/12/22

그다음 해에는 황엄과 기원이 다시 황제의 특사로 나와서 나라 안의 불사리佛舍利를 싹쓸이해 가져갔다. 처음에 황제가 불교 유물을 요구하는 칙서를 가지고 황엄이 나온다는 소식이 전해졌다. 황엄이 도착하면 불교의 삼보三寶 중에서도 으뜸으로 치는 부처의 사리舍利를 청할 것이라는 정보가 미리 전달된 것이다. 불교의 삼보란 불佛·법法·승僧을 말한다. 불佛은 부처이고, 법法은 부처의 가르침이고, 승僧은 부처의 가르침을 따르는 승려이다.

보고를 접한 태종은 조정의 관원들을 각 도에 파견하여 합계 4백54개의 사리를 거둬들였다. 충청도로 갔던 사재 소감 한유문은 45개를, 경상도로 갔던 전 좌랑 하지혼은 1백64개를, 전라도로 갔던 전 정언 김위민은 1백55개를, 강원도로 갔던 종부 부령 이당은 90개를 모아왔다. 태종 7년/5/14

그런데 황엄과 기원이 서울에 도착하여 내놓은 황제의 칙서에, '태조 이성계가 가지고 있다가 천보산 등지에 보관한 사리들을 모셔오고 싶다.'고 적혀있었다. 보고를 접한 이성계(태상왕)가, 황엄과 기원을 덕수궁에 초대하여 잔치를 열고 보관하던 사리 3백3개를 내주었다. 황엄이 감격하여 머리를 조아리며 사리들을 넘겨받고 예물을 바쳤다. 태종 7년/5/18, 5/20

보름쯤 후에 황엄과 기원이 명나라로 돌아가는 편에, 태종이 수집한 4백54개와 태조가 가지고 있던 3백3개를 합하여 총 7백57개의 사리를 정성껏 포장해 보냈다. 태종 7년/6/6 사리들을 가지고 명나라로 돌아가던 황엄이 개성의 광리사를 지나다가 쇠를 녹여서 만든 각수관음불상을 빼앗아서 가지고 갔다. 태종 7년/6/16 부처를 끔찍이도 섬겼던 영락제에게 바쳐서 칭찬도 받고 신임도 얻기 위함이었다.

태종이 왕위에서 내려오고 세종이 즉위한 직후에도 황엄이 다시 사신으로 와서 전국의 사찰에서 보배로 간직하던 사리들을 모조리 가져 갔다. 당시 황엄은 태종의 선위와 세종의 즉위를 윤허하는 황제의 칙서를 가지고 왔었다. 그런데 황제의 명령이 있었다며, 지신사 원숙에게 사리를 달라고 하였다. 태종의 퇴진과 세종의 즉위를 인준해준 대가로 사리를 요구한 것이다.

> 황제께서 구두로 나에게 사리를 가져오라고 지시하셨는데, 내가
> 늙고 병이 들어 빨리 돌아가야 하겠으니, 속히 구해줬으면 좋겠
> 소.세종 1년/8/22

지신사로부터 황엄의 요구를 전해들은 세종은 예조판서 허조에게 명하여, 전국에 사람을 파견해 사리를 구해오게 하였다. 그런데 태조 이성계가 생전에 흥천사 석탑 속에 넣어둔 유물들은 주고 싶지 않았던 모양이다. 내시 김용기로 하여금 밤에 몰래 그것들을 모두 대궐 안에 있던 문소전의 불당으로 옮기게 하고, 그 대신 석가여래의 머리뼈에서 나온 사리 네 개를 탑 속에 넣어두게 하였다.

문소전은 태조 이성계와 그의 정비인 신의왕후의 위패를 봉안하였던 사당의 이름이다. 문소전 불당으로 옮긴 유물은, 석가여래가 살았을 적에 치아에서 나왔다는 사리 네 개, 석가여래의 정수리 뼈, 패엽경貝葉經, 가사袈裟 등이었다.세종 1년/8/23

패엽경은 종이가 없던 시절에 인도인들이 나뭇잎에다 불경을 적은

것이다. 범어 패다라貝多羅, 즉 나뭇잎이라는 뜻에서 온 말로 패다貝多, 또는 패다라엽貝多羅葉이라고도 한다. 가사는 승려가 장삼 위에, 왼쪽 어깨에서 오른쪽 겨드랑이 밑으로 걸쳐 입는 의복을 말한다. 흔히 법의法衣라고 부르며, 종파에 따라 가사의 색깔과 형식이 각기 다르다.

며칠 지나지 않아서 전국 사찰의 승려들이 연달아 부처의 뼈와 사리를 가지고 서울에 와서 궁궐로 향하자, 예조판서 허조가 승려들을 창덕궁 돈화문 안으로 들이지 말 것을 청하였다. 세종이 옳게 여기고, 사리들을 돈화문 밖에서 받아서, 흥천사 석탑에 있던 유물들을 옮겨 놓은 문소전의 불당에 보관하게 하였다.세종 1년/8/27

그런데 사흘 뒤에 세종이 돌연 '양심 고백'을 했다. '하늘을 속일 수는 없다.'며, 몰래 옮겨놓은 사리들도 모두 내줄 뜻을 밝힌 것이다.세종 1년/8/30 세종이 세자를 거쳐 임금이 되기 전부터 '바른 마음'을 가르치는 유교 경전과 성리학 이론에 밝았던 점을 상기하면, 세종의 정직은 하나도 이상한 것이 아니다. 그럼에도 불구하고, 양심 고백의 맥락이 어딘가 석연치가 않다. 조금 뒤에 그 이유가 밝혀진다.

다음 날 황엄이 흥천사에 가기를 원하여 세종이 병조참판 이명덕과 지신사 원숙 등을 딸려 보냈다. 황엄이 절에 이르더니 부처에게 공양을 올리고 승려에게 잿밥을 먹였다. 그 뒤에 사리각 안으로 들어가서 석탑에 올라가더니, 새로 넣어놓은 사리 네 개를 확인한 뒤에 직접 봉인하였다. 황엄이 석탑에서 내려와 원숙에게 사리들의 유래를 물었다. 그곳에 있던 유물들이 4일 전에 은밀히 바꿔쳐진 사실을 몰랐던 원숙이, 황엄에게 자신이 알고 있던 지식을 자세하게 들려주었다.

속설에 따르면, 석가여래가 살아 있을 때 치아 위에 났었던 것인데, 신라 때 자장법사가 서역을 방문해 문수보살을 뵙고 얻어온 것이라고 합니다. 본래는 경상도 통도사에 있던 것을, 병자년(1396)에 신덕왕후(태조의 계비 강씨)께서 세상을 떠나시자 우리 강헌왕(태조 이성계)께서 흥천사를 지어서 왕후의 극락왕생을 빌게 하시고, 사리들을 통도사로부터 옮겨오게 하셨습니다.세종 1년/9/1

그런데 며칠 전에 세종이 내시 김용기에게 흥천사 사리탑의 유물들을 빼돌리게 시킨 것이 태종의 뜻이었던 모양이다. 황엄이 흥천사를 다녀온 바로 그날 태종이, 몰래 옮겨놓은 유물들도 황엄에게 내줄 뜻을 내비쳤다. 바로 전날 세종이 '하늘을 속일 수 없다.'며 같은 말을 하였을 때 이미 태종의 그림자가 어른거렸다. 여하튼지 간에 세종도 함께 있는 자리에서 태종이 지신사 원숙으로 하여금, 세 정승에게 가서 빼돌린 유물들도 함께 내주는 방안에 대한 의견을 물어보게 하였다. 사신이 사리를 보고 공경을 다하였다는 말을 듣고 부끄러워서 견딜 수가 없다고 하였다.

석탑에 있었던 사리는 석가여래가 살아 있을 때에 그의 치아 위에 났던 것을 태조께서 가져다 두신 것이라, 내가 몰래 석가여래의 정수리 뼈에서 나온 것으로 바꿔놓았소. 그런데 다시 생각해보니까, 황제가 그 사실을 모르고 사리를 공경하며 섬긴다면 내가 하늘을 속이는 것이 될 것이오. 또, 만약 태조께서 살아계셨다면 틀림없이 내주셨을 것이니, 종묘에 고하고, 석가의 치아에서 나왔다는 사리도, 석가의 정수리 뼈에서 나왔다는 사리도, 패엽경도, 가사도 모두 내줄 생각이오. 아울러서 유물들을 바꿔친 일을 황엄에게 사실대로 고백할 생각이니, 정승들은 의견을 말해보시오.세종 1년/9/1

불교를 싫어하던 영의정 유정현이 즉각 지지 의사를 표하였다. 하지만 좌의정 박은 등은 다른 의견을 내놨다. 태조가 공경하던 것을 모두 내주는 것은 곤란하다며, '석가의 치아에 나왔다는 사리' 두 개에다 다른 사리 두 개를 얹어서 정수리 뼈에서 나왔다는 사리 네 개와 함께 주고, 패엽경과 가사는 주지 말자고 하였다.

그뿐만 아니라 유물을 바꿔치기 한 사실을 사신에게 알리지 말자고 하였다. 유정현이 듣고는 태도를 바꾸어 박은 등의 의견을 지지하자, 태종이 묘수를 찾아냈다. 이명덕·원민생·원숙 등을 황엄에게 보내 유물들을 바꿔친 사실을 실토하면서, 석가의 치아와 정수리 뼈에서 나왔다는 사리 여덟 개만 내주되, 그 시점을 오래 전으로 각색한 것이다.

석가여래의 치아에서 나왔다는 사리는 원래 통도사에 있던 것을 부왕께서 흥천사에 석탑을 세우시고 그곳으로 옮겨서 안치하신 것이오. 부왕께서 승하하신 뒤에 내가 궁궐 북쪽에 사당(문소전)과 불당을 지어서, 석가의 치아에서 나왔다는 사리를 그곳으로 옮기게 하고, 흥천사 석탑에는 석가여래의 정수리 뼈에서 나왔다는 사리 네 개를 넣어두게 하였소. 그런데 원숙이 그런 사실을 모르고 흥천사 석탑의 사리들을 '석가여래의 치아에서 나왔다는 사리들'이라고 소개하였다고 하니, 몹시 부끄럽고 민망하여, 불당에 옮겨둔 '석가의 치아에서 나왔다는 사리'와 '정수리 뼈에서 나왔다는 사리'도 아울러 내주도록 하겠소.세종 1년/9/2

태종이 착안한 묘수는 두 가지였다. 하나는, 황엄에게 사리들을 바꿔친 일을 고백하면서, 바로 며칠 전에 있었던 일을 마치 상당히 오래 전에 있었던 일처럼 꾸민 것이다. 또 하나는, 문소전의 불당으로 옮겨 놓은 유물들 가운데 패엽경과 가사는 내주지 말도록 한 것이니, 유물들을 주면서도 임금과 신하의 체면을 지켜준 태종의 판단력이 돋보이는 장면이다. 그러한 속임수를 알 리가 없었던 황엄은 태종의 말을 전하러 간 대신들에게 더없이 흡족한 반응을 보였다.

제가 마땅히 전하께 아뢰어서 석탑에 있던 것과 대궐에 두었던 사리들을 모두 황제께 올리게 할 것이니, 변명하실 필요가 없고 의심하고 염려하실 것도 없습니다. 나흘쯤 뒤에 노왕(태종)을 찾아뵙고 석가여래의 치아에서 나왔다는 사리들을 살펴보겠습니다.세종 1년/9/2

같은 날 세종이 사신의 숙소인 태평관에 거둥하여 사신들을 위해 연회를 열었다. 그 자리에, 다른 임무를 띠고 서울에 와있던 왕현이라는 명나라 사신도 동석하였다. 중간에 황엄이 취해서 먼저 객실로 들어가자, 왕현이 슬며시 사리 네 개를 내놓으며, 황엄에게는 비밀로 해줄 것을 부탁하였다. 당시 왕현은 영락제가 죽은 자의 영령을 위로하는 뜻으로 내려준 제사를 받들고 나와 있었다. 황제로부터 제사를 받은 사람은, 그의 딸이 명나라에 뽑혀 들어가 황제의 후궁이 되었던 고정윤후였다. 세종 1년/2/14

사흘 뒤에 지신사 원숙과 우대언 이수를 전국의 사리들을 모아둔 문소전의 불당에 보내 석가여래와 보살의 사리를 선택하게 하였다. 세종 1년/9/5 그다음 날 형조판서 김점이 눈치 없이 끼어들었다가 대신들 앞에서 망신에 가까운 핀잔을 들었다. 어느 승려의 부탁을 받고 세종에게, '흥천사 석탑 속에 두었던 사리들은 명나라에 보내지 말고 그대로 두자.'고 하였다가 세종에게 무안을 당한 것이다.

처음에 축구라는 승려가 김점에게, '석탑 속에 두었던 사리 네 개는 신라 때부터 보배로 전해져 왔을 뿐만 아니라, 이제까지 기묘하게 신비스러운 일이 많았으니, 남겨 두어서 법문의 보호가 되게 해 달라.'고 부탁하였다. 김점이 축구의 소망을 그대로 세종에게 아뢰었으나, 세종은 따르지 않았다. 대신, 황제를 속일 수는 없을 뿐만 아니라, '사리와 재난은 서로 관련이 없는 것'이라고 알아듣게 타일렀다.

승려들로서는 그런 말을 할 수도 있겠지만, 국가의 체통이 있으니 따를 수가 없다. 또, 천자가 사리를 구하니 당연히 나라에서 귀하게 보관해온 것들을 보내서 지성을 표하는 것이 옳을 것이다. 더구나 황제가 우리에게 사리가 있다는 사실을 알고 있는데, 단지 소원을 이루게 해주는 영험이 있다는 이유로 몰래 감춰서 황제를 속이면 되겠느냐. 그리고 사리들을 바쳐도 우리나라에는 아무런 재난이나 괴변이 없을 것이니 염려하지 말라.세종 1년/9/6

세종이 말을 마치자 김점이 더 이상 대답을 잇지 못하였다. 승려인 축구의 청탁을 들어주려다가 임금 앞에서 낯을 붉힌 김점은, 그의 딸이 태종의 후궁이었던 덕으로 고위직을 두루 거쳤다. 하지만 실록에는 언동이 신중하지 못했던 인물로 기록되어 있다.

김점이 의정부 참찬 시절에, 세종이 편전에서 정사를 보고 술상을 마련한 자리에서, 예조판서 허조와 논쟁을 벌인 적이 있었다. 김점이 먼저, '우리 임금도 중국의 황제처럼 모든 정사를 직접 처리하여야 한다.'고 말한 것이 화근이었다. 그때 김점은 발언할 적마다 지리하고 번거로우며 얼굴에 노기를 나타내고, 허조는 서서히 반박하되, 낯빛이 화평하고 말이 간략하여, 세종이 허조를 옳게 여기고 김점을 그르게 여겼다.세종 1년/1/11

그뿐만 아니라 나라의 고위직에 있으면서 백성들의 송사에 관한 말을 비롯하여 여러 가지 보고 들은 자질구레한 일들을 모두 아뢰었다. 어떤 때는 자랑을 있는 대로 늘어놓으며 잠시도 말을 멈추지 않고 늦도록 국사를 아뢰어 대신들의 미움을 샀다.세종 1년/10/24 외동 아들의 감기를 핑계하고 왕실의 의료를 전담하는 내약방 의원을 사사로이 청하였다가, 죄 없는 언관들이 세종의 질책을 듣게 만든 적도 있었다.

언관들이 꾸중을 들은 이유는 김점의 요청을 옆에서 듣고서도 규탄하지 않았기 때문이었다. 세종 1년/12/11

이야기를 다시 되돌려서, 황엄을 문소전의 불당으로 오게 하여 석가여래의 잇몸 사리 네 개와 전국에서 수집한 사리 5백50개를 보여주니, 황임이 하나씩 머리 위로 높이 들어 극진한 공경을 표하였다. 이어서 이명덕·원민생·원숙 등에게 부처에게 시주를 해줄 것을 요청하더니, 사리들을 받들고 숙소인 태평관으로 돌아갔다. 세종 1년/9/7

그다음 날 이명덕·원민생·원숙 등이 황엄과 함께 흥천사에 갔다. 부처에게 시주를 행한 뒤에, 석탑을 열고 석가여래의 머리뼈에서 나온 사리 네 개를 꺼내서 숙소인 태평관으로 받들고 갔다. 세종 1년/9/8 그로부터 열흘 뒤에 세종이 총제 원민생에게 수집한 사리 5백58개와 그것을 보내는 주문奏文을 주었다. 민생이 그것들을 가지고 황엄을 따라서 북경에 들어가 영락제에게 바쳤다.

영락 17년(세종 1) 8월 17일 사례감의 태감 황엄이 사신으로 와서 전해준 성지聖旨에 이르기를, '조선국의 모든 석탑과 절들의 탑 안에 들어있는 사리가 몇 개이든지 수효를 따지지 말고 모두 다 들여보내고, 탑이 없는 절에 보관된 사리들도 모두 들여보내라.'고 하여, 이 뜻을 받들어 신의 아비와 신은, 선조 강헌왕(태조 이성계)이 생전에 위하였던 석가의 사리 여덟 개를 비롯하여 전국 각지에 사람을 풀어서 거둬들인 부처와 보살의 사리 여러 개와 생전에 이름을 떨친 명승들의 사리들을 바치옵니다. 좌군 동지총제 원민생에게 사리들을 주어서, 황제께서 내보내신 사신을 따라서 가지고 들어가 게 하였사오며, 사리의 수효는 모두 합하여 5백58개입니다.세종 1 년/9/18

　앞서 태종 7년(1407) 6월에 들여보낸 7백57개까지 합하면 모두 1천 3백15개의 사리를 영락제에게 빼앗긴 셈이니, 그러고서도 진신사리 가 아직까지 곳곳에 남아 있는 것이 놀랍다. 아울러서 '신앙의 위력' 이 새삼 대단하게 느껴진다. 어명을 어기면 목숨을 잃을 수도 있다는 것을 잘 알면서도, 사찰에서 보관하던 사리들을 내놓지 않거나 빼돌 린 승려들이 많았다는 뜻이기 때문이다.

찬불가를 보내 국론분열을 야기하였다

　1417년(태종 17) 12월 명나라의 영락제가 《명칭가곡》 1백 본과 더불 어서 《신승전神僧傳》 3백 본과 《책력册曆》 1백 본을 보내왔다. 명나라에 사신으로 들어갔던 노귀산·원민생·한확·김덕장 등이 귀국하는 편 에 선물로 보내준 것이다.

　새해의 달력인 《책력》을 제외하고, 나머지 두 가지는 영락제가 명 나라 백성들에게 날마다 외우게 하고, 명나라 주변의 조공 국가들에 나눠준 것이다. 전자는 부처와 여러 보살의 이름을 모아 음률을 붙 여서 읽게 한 책이다. 후자는 한漢나라 이래로 괴이하고 허망했던 수

도승들의 요망한 말과 이상야릇한 행적을 모아서 엮은 책이다.^{태종 17년/12/20}

그런데 영락제가 조선에 《명칭가곡》을 보낸 것은 조선의 국시國是를 노골적으로 무시한 행동이었다. 조선의 숭유억불 노선이 옳았다는 뜻이 아니다. 불교의 교리를 무시해서도 아니다. 단지, 황제의 위세로 타국의 국정을 어지럽힌 것이 틀렸다는 것이다. 주지하듯이 이성계와 이방원을 비롯한 건국세력들은 불교국가였던 고려의 모순과 폐단에 항거해 유교국가인 조선을 세웠다. 그런 나라의 국왕에게 부처를 찬양하는 노래책을 대량으로 보냈으니, 공들여 차린 밥상에 잿가루를 뿌린 격이었다.

하지만 사생결단의 각오로 맞서지 않으려면 따르는 시늉이라도 해야 하였다. 영락제로부터 《신승전》 3백 본과 《명칭가곡》 1백 본을 하사받은 태종은, 책들이 도착한 당일에 곧바로 불교의 각 종파에 속한 여러 사찰에 책들을 골고루 배포하였다. 중앙의 여러 관청과 고위 관료들에게도 나눠주었다.^{태종 17년/12/20} 명나라 백성들처럼 매일같이 그것을 읽으며 부처의 공덕을 찬양하라고 명하지는 않았어도, 유교국가의 군왕으로서, 틀림없이 그 책의 배포가 불러올 파장에 신경이 쓰였을 것이다.

아니나 다를까. 9개월쯤 뒤에 태종이 왕위에서 물러나고 세종이 새 임금으로 즉위하면서 《명칭가곡》을 둘러싸고 임금과 신하들 사이에 논쟁이 벌어졌다. 억불 내지는 척불을 지지하는 대신들과, 호불 내지 친불 성향이 강한 대신들의 격돌이 불꽃을 튀겼다. 서로 다른 마음을 품고 있다가, 새 임금이 즉위하자, 너도나도 오랫동안 감춰온 민낯을 드러낸 것이다. 게다가 세종이 어진 정치를 표방하며 매사를 유연하게 처리하자, 오랫동안 태종의 눈치를 보아온 신하들의 기가 살아났다. 누가 시키지도 않았는데 각자 알아서 '언론의 자유'를 구가하였다.

가장 먼저 평소 말이 너무 많아서 조정 대신들의 눈총을 받았던 의정부 참찬 김점이 세종 앞에서 명나라에 들어가서 겪은 일을 꺼냈다. 자기가 일찍이 명나라에 사신으로 갔을 때, 영락황제가 《명칭가곡》을 주었다며, '명나라의 사신이 오면 우리의 전통 음악과 섞어서 연주해 주자.'고 하였다. 하지만 세종은 따르지 않았다. 단지 높여주는 것은 몰라도, 연주까지는 곤란할 뿐만 아니라, 설령 연주를 하더라도 음률이 달라서 사신이 이해하지 못할 것이라고 하였다. 세종 즉위년/8/20

결국 앞뒤 생각 없이 경솔하게 말을 꺼낸 김점이 어색하고 민망하게 말문을 닫았다. 그런데 보름쯤 지나서, 김점에게 체면을 회복할 기회가 찾아왔다. 명나라 영락제가, 앞서 태종이 세자를 양녕대군에서 충녕대군으로 바꾼 것을 인준하는 칙서를 보내면서, 《명칭가곡》 1천본을 함께 보내온 것이다. 사신 육선재로부터 책들을 인수한 세종은 황제에게 감사를 표하는 글을 곡진하게 적어서 예물과 함께 들여보냈다. 세종 즉위년/9/8

영락제가 보내온 《명칭가곡》 1천 부를 어떻게 처리하였는지에 대하여는 실록에 관련 기사가 보이질 않는다. 어쩌면 태종의 끔찍한 광기狂氣에 떠밀려서 책들이 창고에서 조용히 잠을 잤을는지도 모를 일이다. 그 사이 태종이, 병조 지휘부가 군 통수권자인 자신에게 군사에 관한 일을 보고하지 않은 일을 빌미로, 병조판서 박습, 병조참판 강상인, 이조참판 이관, 총제 심정, 영의정부사 심온 등을 처형한 참극이 있었기 때문이다. 불교의 다섯 계율戒律 중에서도 으뜸인 '불살생不殺生 (살아있는 생명을 죽이지 말라)'이 나라님의 살기殺氣에 의해 무참하게 짓밟힌 상황에서 부처를 찬양하는 책이 설 자리는 좁을 수밖에 없었을 것이다.

참고로, 태종은 세자를 장남인 양녕대군에서 셋째인 충녕대군으로 바꾸고 두 달 뒤에 왕위를 넘겨주면서, '국방업무는 계속 내가 관장하겠다.'고 선언하였다.태종 18년/8/10 또, 왕위에서 물러나고 40일쯤 뒤에는, 간사하고 교활한 자가 있어서 새 임금이 30세에 이를 때까지 자신이 군사를 살펴 보좌할 것이라고 선언하고, 죽을 때까지 병권을 쥐고 있었다.세종 즉위년/9/22

명나라 사신 육선재가 《명칭가곡》 1천 부를 가져오고 3개월 반쯤 지나서, 《명칭가곡》의 존재가 수면 위로 떠올랐다. 그 발단은, 태종의 퇴진과 세종의 즉위에 따른 황제의 고명을 청하러 북경에 들어갔던 박신 등이 귀국하여, 두 임금이 위로연을 개최한 자리에서, 박신이 《명칭가곡》 이야기를 꺼낸 데서 비롯되었다.

명나라의 원로들은 모두 《명칭가곡》을 부르고 궁중의 사람들도 그것을 불렀사옵니다.세종 즉위년/12/26

박신이 말을 마치자 태종이 곧바로 행동을 취하였다. 즉석에서 지신사 원숙에게 명하여, 악공과 기생들로 하여금 명칭가곡을 익히게 하고, 그 일을 사신에게 알리게 하였다. 아울러서 음률에 밝았던 공조판서 맹사성으로 하여금 《명칭가곡》에 실린 곡조들 가운데 우리의 전통음악인 '진작眞勺'에 어울리는 곡조를 뽑게 하였다. 진작이란 고려시대의 속가俗歌 가운데 가장 빠른 곡조를 말한다. 1진작 · 2진작 · 3진작 · 4진작의 형태를 갖추고 있는데, 1진작의 속도가 가장 느리고 가락도 가장 복잡하다. 2 · 3 · 4진작으로 갈수록 속도가 빠르고 가락이 간단하다.

태종이 기민하게 움직이자 세종도 신속하게 행동에 들어갔다. 그날로 태종의 뜻을 받들어, 명나라의 사신이 지나오는 유후사(개경) · 경기 · 황해 · 평안도 주州 · 군郡의 승려들에게 《명칭가곡》을 익히게 하였다. 사신이 도착한 뒤에 《명칭가곡》을 연주하는 대신, 명나라 사신이 통과하는 지역의 승려들로 하여금 《명칭가곡》을 암송하게 하여, 영락제가 그것을 보낸 뜻에 부응하는 모습을 보이기 위함이었다. 세종즉위년/12/26

그런데 보름쯤 후에, 말이 헤펐던 의정부 참찬 김점과 매사에 깐깐하였던 예조판서 허조가 《명칭가곡》 문제로 다시 또 맞붙었다. 앞에서, "김점은 발언할 적마다 지리하고 번거로우며 얼굴에 노기를 나타내고, 허조는 서서히 반박하되, 낯빛이 화평하고 말이 간략하여, 임금이 허조를 옳게 여기고 김점을 그르게 여겼다."고 하였던 바로 그 이야기다.

세종이 편전에서 정사를 보고 간소한 술자리를 차린 자리에서 수다쟁이 김점이 말문을 열었다. 세종에게 건의를 올리듯이, '정사를 처리할 때 중국 황제의 법도를 따라야 할 것이라.'고 말하자, 허조가 끼어들어, '명나라의 법이라도 본받아야 할 것이 있고 본받으면 안 되는 것도 있다.'고 반론을 펼쳤다.

김점이 다시, '반드시 황제의 법도를 따라야 한다.'고 하더니, 세종에게, '명나라는 황제가 불교를 섬기고 받들어 신하들이 모두《명칭가곡》을 암송한다.'고 아뢰었다. 그뿐만 아니라, 불교를 싫어하는 신하들조차도 황제의 뜻을 따르기 위해 하나같이《명칭가곡》을 외우고 읽는 것 같았다고 하였다. 그러자 허조가 야멸찬 한마디로 김점의 말문을 막았다.

불교를 존중하고 신앙으로 삼는 것은 제왕의 성덕이 아니라서崇
信釋敎 非帝王盛德(숭신석교 비제왕성덕), 신은 따르지 않습니다.세종 1
년/1/11

그해 12월에 영락제가 또《명칭가곡》30궤를 보내왔다. 태종의 선위를 인준해준 것에 감사하는 글을 가지고 북경에 들어갔던 경녕군 이비, 의정부 참찬 정역, 형조참판 홍여방 등이 돌아오는 편에 선물로 보낸 것이다.

한 궤짝에 몇 권의《명칭가곡》이 담겼었는지는 알 수가 없다. 다만, 막연하나마 짐작을 해볼 수는 있다. 만약 한 궤짝에 10권씩 담겼다면 3백 권을 가져왔을 것이고, 스무 권씩 담겼었다면 6백 권을 가져왔을 것이다. 이비는 귀국하면서 영락제로부터 《명칭가곡》 외에도 많은 것을 받아왔다. 세종 1년/12/7, 12/18

이비가 귀국한 직후에 태종과 세종이 세 사람을 낙천정에 초대해 위로연을 열었다. 그 자리에서 자연스럽게 《명칭가곡》이 화제에 올랐다. 먼저 정역이 말문을 열어서, 황제가 지극히 독실하게 불도佛道를 숭상하니, 따라서 부처를 존경하는 뜻을 표하자고 제안하였다. 황제가 일찍이 하사한 《명칭가곡》 등을 명나라의 예에 따라 누각을 지어서 간직하고, 사람들로 하여금 외우고 읽게 하자고 하였다. 한 번으로 그치지 아니하고 재삼 제안하였지만, 태종도 세종도 따르지 않았다. 태종은 정역의 말에 공감을 표하였으나, 그의 말을 따르지는 않았다.

경의 말은 옳으나, 거짓으로 높이는 것은 의義에 합치된다고 할 수 없다. 그중에 상서로운 것이 있으면 시가를 짓고 연주를 시켜서 황제의 덕德을 찬양하는 것이 마땅하다. 세종 1년/12/8

태종이 말을 마치자 세종도 똑같이 따라서, '거짓으로 높이는 것은 속이는 것이라.' 하고, 반대를 표하였다. 그런데 정역의 제안에 대하여 태종과 세종이 함께 '정직'을 내세워 일축한 대목은 두 임금의 주체의식을 짐작게 한다. 황제의 모든 뜻을 맹목적으로 따르지는 않았다는 뜻이기 때문이다. 더 나아가, 영락제의 연달은 《명칭가곡》 선물이 조선의 두 임금과 조정을 혼란에 빠지게 하였을 개연성을 떠올리게 만든다. 군신 사이에 의견 차이가 컸다는 뜻이기 때문이다.

정역과 두 임금 사이에 《명칭가곡》을 보관할 누각을 세우자거니 말자거니 옥신각신을 하고 며칠 있다가, 태종의 입에서 영락제의 광신적 숭불 행태를 혹평하는 말이 튀어나왔다. 영락제가 오죽이나 극성으로 부처를 섬겼으면, 태종이 그의 숭불 행보를 중국 역사상 가장 유별나게 불교를 섬긴 황제로 전해지는 소량蕭梁보다 우위에 놓았다. 누가 보아도 지나치다 싶을 정도로 불교에 빠졌던 영락제의 숭불 행각을 역사상 최악의 광신도狂信徒보다도 더 심하다고 악평을 한 것이다.

영락황제는 부처를 섬기는 마음이 소량蕭梁보다 더 심하다. 《명칭가곡》을 외우는 소리가 명나라 전국에 퍼져 있고, 부처에게 꽃을 바치는 장면과 부처의 신통력을 그린 그림들이 파다하여, 일시에 풍습이 쏠려서 맹목적으로 따르고 있다.세종 1년/12/10

소량은 중국 남북조 시대에 남조의 세 번째 왕조로 강남에 건국되었던 양梁나라(502~557년) 무제武帝의 별칭이다. 양나라 황실의 성姓이 소蕭씨였던 데서 붙여진 칭호다. 48년간 황제로 있었던 소량은 백성을 끝없이 수탈하다가, 만년에 이르러서는 부처를 앞세워 백성들을 우롱하고 재물을 거둬들인 악덕 군주였다. 심지어는 자신의 참배를 위해 동태사同泰寺라는 절을 거대하고 화려하게 지어 놓고, 고행하는 승려처럼 복장을 갖춰 입고 아침저녁으로 가서 예불을 올렸다.

하루는 무제가 황제 자리에서 물러나 불교에 귀의하겠다며 동태사로 들어가자, 대신들이 사원에다 거액을 시주하고 가까스로 데리고 나왔다. 그런 장난 같은 소동을 네 차례나 벌였다. 그때마다 대신들이 그를 데려오느라고 동태사에 바친 돈이 모두 4억 전이나 되었다. 네 번째로 궁으로 돌아오던 날은, 밤에 사람을 보내서 동태사에 불을 지르고, 마귀의 소행이라며 백성들에게서 비용을 거두어 그 자리에다 거대한 불탑을 세웠다.

그런데 태종이 참다가 못해서 영락제의 행태에 대한 거부감을 드러냈는데도, 예조에서 정역의 제안을 거드는 건의를 올렸다. 앞서 서울과 지방의 승려들에게 《명칭가곡》을 암송하는 수준까지 익히라고 한 명령이 유야무야되었다며, 그 이행을 촉구하기 위한 세 가지 개선 방안을 세종에게 올린 것이다. 세종 1년/12/12

첫째로, 서울 안의 여러 절은 승록사僧錄司가, 지방의 절들은 유후사(개경)와 각 도의 감사가, 매 분기의 마지막 달에, 《명칭가곡》을 외우고 익힌 일과를 조사하여 장부에 적어서 연말 보고 때 예조에 제출하게 한다. 승록사는 불교행사 기획, 도첩度牒(승려 증명서) 발급, 승려에 대한 벼슬 제수, 승과僧科 시험 관장 등을 비롯하여, 불교에 대한 모든 일을 맡아보던 관아의 이름이었다. 태종 5년(1405)에 예조 산하에 설치되었다가 세종 6년(1424)에 폐지되었다.

둘째로, 《권선서勸善書》·《음즐서》·《신승전》 등을 더럽히거나 훼손한 자에게는 엄하게 벌을 가한다. 《권선서》는 도교道教의 교리에 따라, 선善을 권장하고 악惡을 징계해야 한다고 주장하던 책이다. 《음즐서》는 사람에게 음덕陰德을 베풀기를 권유하는 글을 모아서 엮은 책이다. 《신승전》은 앞에서 이미 소개하였다.

셋째로, 《명칭가곡》을 외우는 자에게만 승과僧科 시험 응시자격을 준다. 문과 시험 응시자격에 《문공가례文公家禮》 암송이 포함된 것과 균형을 맞추자는 것이었다. 《문공가례》는 중국 송나라 주자朱子=文公가 가정에서 지켜야 할 예의범절에 관해 저술한 책으로, 흔히 《주자가례》로 널리 알려져 있다. 관혼상제에 관하여 자세히 수록되어 있으며, 왕족에서부터 일반 서민에 이르기까지 반드시 지켜야 할 덕목들이 상세히 실려 있다.

예조의 건의를 읽어본 세종은 즉석에서 흔쾌히 윤허하였다. 그로부터 4개월쯤 뒤에 명나라에서 보내온 《명칭가곡》을 《음즐서》와 함께 서울과 각 도의 여러 절에 나눠주게 하였다.세종 2년/4/3 아울러서 승과 시험 응시자격에 '《명칭가곡》 암송'을 포함시켰다. 하지만, 숭유억불 노선을 수정한 것은 아니었다. 영락제의 압박으로 마지못해 겉으로만 불교를 위하는 시늉을 낸 것에 지나지 않았다.

그로부터 4년쯤 뒤에 영락제가 친히 군대를 이끌고 북원北元을 토벌하러 나섰다가 야전에서 횡사하면서 《명칭가곡》 논쟁도 시들해졌다. 바로 뒤의 홍희제와 선덕제 연간에는 《명칭가곡》에 관한 실록 기사가 단 한 건만 보일 뿐이다.세종 16년/5/25 그나마도 전후 상황에 대한 아무런 설명도 없이, "황제가 내려준 《명칭가곡》 1백35벌을 선종禪宗과 교종敎宗에 나눠주었다."라고만 적혀 있다.

하지만 명나라의 영락제가 《명칭가곡》을 대량으로 보냄으로써 여러 가지 악재惡材가 생겼다. 심지어는 임금과 정부의 불교 홀대에 불만을 품은 승려들이 나라를 버리고 영락제를 찾아가 망명을 신청하는 사례도 생겼다. 그런 상황에서 불교계의 성추문이 불거져서 상황이 복잡하게 꼬였다. 태종이 수습책으로 사찰의 노비들을 거둬들인 조치가 불교계의 반발을 촉발시켜, 승려들을 진정시키는 문제가 시급한 현안으로 급부상하였다.

영락제의 《명칭가곡》 하사가 조선의 불교음악에 긍정적 영향을 미쳤다는 주장도 있다. 《명칭가곡》에 실린 가곡들이 조선의 불교가곡佛敎歌曲 정립에 영향을 미쳤다는 연구결과가 바로 그것이다. 그 가운데는 세종이 만년에 대궐 안에 내불당을 짓게 하고 낙성식에 맞춰서 지은 찬불가 일곱 곡이 《명칭가곡》의 가사들을 차용한 것이라는 통찰도 있다. 그러나 이 책은 명나라가 조선을 핍박하고 국정을 좌지우지한 증거들을 밝히는 데에 목적이 있으므로, 영락제의 《명칭가곡》 하사가 불러온 몇 가지 악재만 다루기로 한다.

명나라로 달아나 망명하는 승려가 생겼다

세종이 보위에 오르고 1년 남짓 지나서 수도권 유명 사찰 실력자들의 성추문 의혹이 불거졌다. 왕실의 각종 불사를 도맡았던 회암사의 승려 가휴와 정후를 비롯하여 진관사의 승려 사익과 성주 등 수십여 명이 절에 소속된 여종들과 일상적으로 음행을 저질렀다는 것이었다.세종 1년/11.16, 11/28 각각 경기도 양주와 서울의 북한산 자락에 자리한 회암사와 진관사는, 국가의 척불정책에도 불구하고 왕비를 비롯한 왕실 여인들의 배려로 각별한 보호와 특혜를 누리던 사찰들이었다.

그와 같은 두 사찰의 성추문을 보고받은 태종은 세종을 앞세워 사찰의 노비들을 모두 거두게 하였다. 불교계에 대한 응징의 성격이 짙었다. 그렇지 않아도 기회를 벼르고 있던 차에 불교계에서 구실을 제공하자, 기다렸다는 듯이 칼을 뽑은 것이었다.

> 승려들이 항상 부녀와 가까이 있었으니, 어찌 범하지 않고 견딜 수가 있었겠는가. 내가 일찍이 승려들로 하여금 여자종을 부리지 못하게 하는 법을 세우려고 한 것도 그런 까닭이었다. 여자종들은 먼 곳에 살게 하고 남자종들을 번갈아가며 부리게 하는 것이 옳을 것이다. 하지만 가장 바람직한 대책은 토지만 주고 노비는 가지지 못하게 하는 것일 것이다. 그렇게 하면 성추문 같은 것이 생기지 않을 것이다. 그리고 승려들이 직접 나무를 하고 밥을 짓는다고 해서 나쁠 것도 없다.세종 1년/11/27

태종이 겉으로는 웃으면서 농담처럼 말을 하였지만 마음속에는 확고한 결심이 서 있었다. 여러 신하가 모두 어전에서 나가려 할 때에, 유정현·박은·이원·변계량·허조·조말생·원숙을 남게 하더니, 좌우를 물리치고 사찰노비 회수를 전격 지시하였다.

사찰노비 회수는 내가 평소에 하고 싶었던 일이다. 하지만 승려들이 중국에 들어가 윤이#彝와 이초李初 사건과 같은 변을 일으킬까 봐, 도리어 승려들의 사역을 면해주어 그들의 마음을 위로하였다. 그런데 이번에 자기들 스스로가 꼼짝 못할 빌미를 제공하였으니 누구를 원망하겠느냐. 사헌부를 시켜 상소하게 하고, 의정부와 육조에서도 사찰노비 회수를 청하도록 하라.세종 1년/11/27

태종이 언급한 '윤이와 이초 사건'은 친원파와 친명파가 대립하던 고려 말엽에 있었던 무고 사건을 말한 것이다. 고려의 시중侍中이던 이성계가 창왕을 폐위하고 공양왕을 즉위시킨 직후에, 파평군 윤이와 중랑장 이초가 명나라에 들어가 홍무황제(주원장)에게, '이 시중이 왕족이 아닌 자신의 인척을 왕으로 삼고 반대자들을 숙청하였다.'고 일러바친 것이 그것이다.《태조실록》 1권, 총서 111번째 기사

태종이 말을 마치자 독실한 불교신자였던 의정부 참찬 변계량이, 남자종은 놓아두고 여자종만 없애자고 제안하였다. 하지만 우의정 이원이 그르게 여겼고, 세종도 따르지 않았다. 다음 날 해가 밝자 전날 태종이 지시한 대로 의정부, 육조, 사헌부가 동시에 상소를 올렸다. 상소마다 승려들의 비리를 따갑게 규탄하는 말과 함께, '사찰의 노비들을 모두 회수하라.'는 내용이 적혀 있었다.세종 1년/11/28

상소가 모두 모아지자 세종이 세 의정과 대사헌에게 특명을 내려서, 서울과 지방의 사찰 노비를 모두 거둬들이게 하였다. 노비들이 맡아서 해주던 허드렛일들을 승려들이 직접 하라는 뜻이었고, 예외가 없었다. 태조 이성계의 위패가 봉안된 개경사(양주), 태조의 정비 신의

왕후의 위패가 봉안된 연경사(개경), 태종의 넷째 아들이자 세종의 남동생인 성녕대군의 위패가 봉안된 대자암(고양)의 노비도 모두 거두었다. 다만, 오직 한 곳, 서울 준수방의 정업원淨業院만 제외시켰다. 후궁 또는 궁녀였던 여인들이 왕이 죽은 뒤에 모여 있고, 남자종은 드나들지 않았기 때문이었다. 세종 1년/11/28

곧바로 역풍이 일었다. 성추문 의혹은 사실이었지만, 열심히 수행에 힘쓰던 승려들이 정부의 획일적 징벌에 반발했다. 그 가운데 강경파들은 노비 회수를 '불교탄압'으로 받아들였다. 일부는 불교를 끔찍이 위하던 명나라의 영락제를 찾아가 모국의 척불 정책을 일러바쳤다.

태종과 세종이 동시에 위기의식을 느끼고, 승려들을 진정시킬 방안을 모색하였다. 그 첫 번째 조치로, 드나드는 승려가 특히 많은 회암사 등에 토지를 더 주어서 승려들의 불안감을 덜어주게 하였다. 태종이 그와 같이 조치를 취하기 전에 조말생과 원숙에게 두 가지를 이야기하였다.

하나는, 사찰들의 노비를 모두 거둬들인 여파로, 승려들 사이에 '장차는 절의 토지를 거둬들여 불도가 영영 끊어지게 될 것이라.'는 믿음이 확산될 가능성을 예견한 말이었다. 또 하나는, 마음 같아서는 불교를 송두리째 없애고 싶지만, 그 업業이 이미 오래되어서 갑자기 없앨 수가 없으니, 회암사 같은 이름난 절에는 토지를 더 주어서, 그들의 마음을 위로하는 것이 최선이라는 이야기였다. 세종 1/11/29

조말생과 원숙이 그 말을 듣고 한목소리로 힘을 실어주자, 이틀 뒤에 왕지王늡를 내려서 사찰 노비를 빼앗을 수밖에 없었던 사정을 설명하고, 양주의 회암사에 특별히 밭 1백 결을 주게 하였다. 회암사는 전국에서 출입하는 승려가 가장 많던 사찰이었다.세종 1년/12/1

그로부터 9일 뒤에 태종과 세종이 병조참의 윤회와 지신사 원숙을 수강궁(지금의 창경궁) 편전으로 불러서, 촛불을 켜고 긴급대책회의를 열었다. 좌우의 신하들을 모두 물리치더니, 승도들이 황제를 만나러 명나라에 들어가지 못하게 막을 방도를 물었다. 태종이 먼저 걱정스러운 어조로, 시간이 흐를수록 명나라에 망명하는 승려가 늘어날 가능성을 언급하였다.

오늘 주상이 나에게 승려 서른 명이 도망쳐서 명나라로 들어간 사실을 보고하였다. 명나라 황제는 부처를 지나치다 싶을 정도로 끔찍하게 섬기고 백성도 그대로 따르고 있다는데, 우리나라는 앞서 이미 절의 토지와 노비를 거두고 열에 하나 정도만 남긴 상태에서, 이번에 또 절의 노비들을 다 뺏었으니, 비록 그들이 스스로 자초한 것이라도 어찌 원망이 없겠는가. 그들이 이미 희망을 잃은 상태에서 황제가 불도를 숭상한다는 말이 들려오니, 반드시 명나라로 도망쳐서 말을 꾸며 이간질하는 자들이 생길 것이다. 더구나 황제가 불교를 유별나게 숭상하고 신봉하는데, 우리나라는 불교를 홀대하니, 승려들이 우리나라를 벗어나 명나라로 들어가려고 할 것은 의심할 여지가 없는 것이다.세종 1년/12/10

위에 인용한 태종의 말 가운데 '앞서 이미 절의 토지와 노비를 거두고 열에 하나 정도만 남긴 상태'라는 문구의 맥락을 알려면 이전의 불교개혁을 돌아볼 필요가 있다.

먼저, 조선의 불교개혁은 개국 초에 정도전이 주자학적 관점에서 불교를 비판한 『불씨잡변』 등에 의해 강하게 제기되었지만 가시적인 성과를 거두지 못하였다. 불교를 극진히 섬겼던 태조 이성계가 태종 8년 5월까지 살아 있었기 때문이었다. 태조 역시 불교에서 비롯된 폐습들을 청산할 생각을 가지고 있었지만 불교 교단을 억압하거나 승려들을 핍박하지는 않았다.

태조의 뒤를 이은 정종 역시 불교에 대해 호의적인 입장을 보였다. 그러나 태종은 불교의 뿌리를 뽑기라도 할 듯한 기세로 불교개혁을 추진하였다. 1400년 11월에 정종으로부터 보위를 물려받고 두 달도 안 되어서, 문하부에서 불교개혁에 관한 상소를 올렸다. 오교五敎와 양종兩宗으로 나뉘어 있는 불교의 교단들을 모두 없애고 사찰에 딸린 토지와 노비를 모두 몰수하여 국가 공용으로 삼자는 내용이었다. 태종이 상소를 읽어보고 태조의 불심을 핑계로 소극적인 반응을 보였지만, 사실은 태종의 뜻에 따른 상소였다. 태종 1년/1/14, 윤3/22, 윤3/23

1년 남짓 뒤에 서운관에서 불교혁파론을 상소하자 그대로 받아들여 사찰의 토지를 군대에 예속시켰다. 태종 2년/4/22 태상왕이던 이성계가 소식을 듣고 추상같은 노기를 드러내며 반발을 보였다. 사찰의 토지를 되돌려주고, 승려들을 억압하지 말고, 부녀자들의 사찰 출입을 금하지 말 것을 강력하게 요청하자, 나름 효자가 되고자 하였던 태종이 백기를 들었다.

하지만 1년쯤 시간이 흐르자 사헌부의 관리들이 사찰에 예속된 토지를 몰수할 것을 강력하게 건의하였다. 태종이 받아들이지는 않았으나 방향은 이미 정해져 있었다.태종 3년/6/6 1년쯤 뒤에 사간원에서 상소를 올려서 부녀자들의 사찰 출입을 금지할 것을 건의하자, 그대로 윤허하였다.태종 4년/12/8

9개월쯤 뒤에 충청도 감사가, 폐지한 사찰들의 전답과 노비를 모두 국가에 귀속시킬 것을 건의하니, 그대로 받아들이고, 3개월쯤 지나서 전국 각지의 사찰에 소속된 토지와 노비를 모두 거둬들였다.태종 5년/8/29, 11/21

이로써 불교가 존폐의 위기에 처하게 되자 승려들이 집단행동에 나섰다. 1406년 2월에 조계종 승려 성민을 비롯한 승려들이 절의 수를 줄이고 토지와 노비를 몰수한 조정의 처사를 철회해줄 것을 요구하고, 승려 수백 명이 대궐문 앞에 마련된 신문고를 울려서 불교탄압을 멈춰줄 것을 요구하였다. 하지만, 태종은 도리어 탄압의 강도를 높혀서, 불교 교단 내에 남겨둘 사찰과 승려, 노비, 전답 등의 수량을 확정하고, 종단마저도 축소시켰다.태종 6년/2/26

재위 6년(1406) 3월에 의정부에서 극히 일부를 제외하고 대다수의 사찰을 모두 폐쇄하는 불교개혁안을 마련하여 아뢰자, 태종이 그대로 받아들여 조선 전역에 모두 합하여 2백42개의 사찰만 남고, 수많은 사찰들이 동시다발로 사라졌다.태종 6년/3/27

이야기를 다시 되돌려서, 자신이 불교를 박대한 사실까지 인정하며 신하들에게 불교계의 반발과 승려들의 망명 가능성에 대해 우려를 표명한 태종은, 승려들이 스스로 위안을 느끼고 마음으로 기뻐할 만한 두 가지 '당근'을 내놨다.

첫째로, 서북면과 황해도 등 사신이 내왕하는 곳에 승려와 노인들을 모아서 황제가 하사한 《명칭가곡》과 《음즐서》 등을 항상 읽고 외우게 하였다. 옛날의 왕들도 때로 변고를 제압하기 위하여 임시방책을 썼다고 구실을 붙였다.

둘째로, 황제가 불교를 섬겨서 크게 복福을 얻고 신통한 일이 여러 번 나타난 것을 찬양하는 시와 노래를 지어서 기생들에게 가르치게 하였다. 이처럼 당근 정책을 지시하고 나서는 앞날을 낙관적으로 전망하였다.

명나라 사신이 우리나라에 와서, 도로를 지날 때에 불경을 외우는 자들을 보고, 연회에서 가무할 때 황제의 덕을 칭송하는 자들을 본다면, 황제가 듣고서 우리나라가 황제의 마음을 본받는다 하여 기뻐할 것이다. 그러므로 설령 명나라로 도망쳐서 이간질을 하는 자가 생겨도 황제가 곧이 듣지 않을 것이다. 세종 1년/12/10

위와 같이 기대효과를 자신한 태종은 윤회와 원숙에게, 전국 각지에 지정해둔 자복사慈福寺의 논밭을 승려가 많은 사찰들에 나눠줄 뜻을 밝혔다. 자복사란 조선 시대에 국가에 복이 있기를 기원하기 위하여 각 지방에 정책적으로 지정하였던 절을 일컫던 말이다. 주로 전부터 내려오던 유명 사찰들을 골라서 종파별로 나누어 지정했었다. 그런 자복사를 주요 사찰에 분배할 의사를 밝힌 태종은 원숙에게 특명을 내렸다.

불교의 교리가 두려워서 자복사의 논밭을 나눠주려는 것이 아니다. 불교를 배척한다 하여 천자가 군사를 일으켜 쳐들어올 리도 없을 것이다. 다만 승려들의 반발을 무마하기 위해 임시방편을 쓰려는 것이니, 변계량·허조와 세 정승과 비밀리에 대책을 숙의하여 그 결과를 세종으로 하여금 보고하게 하라.세종 1년/12/10

원숙 등이 곧바로 물러나와 변계량과 허조와 더불어 논의를 시작하자, 독실한 불교도였던 변계량이 사찰노비 환원을 제안하였다.

전하의 말씀이 매우 옳으니, 불경을 외우고 부처를 받드는 일은 당연히 거행할 것이나, 그들의 불만을 없애서 도망치지 않게 하는 것이 시급하니, 속히 사찰의 노비들을 다시 돌려줘서 승려들의 마음을 편하게 해줘야 할 것이오. 그런 연후에 평안도와 함길도에 명하여, 승려들이 국경을 넘어가지 못하게 하고, 황제에게 글을 보내, 명나라로 도망친 승려들의 송환을 청하는 것이 마땅할 것이오.세종 1년/12/10

계량이 말을 마치자 예조판서 허조가 강력하게 반대를 표하였다. 먼저, '전하의 천 가지 만 가지 생각이 장구한 계획에서 나온 것이어서, 신하들이 따라잡기가 어렵다.'고 자락을 깔더니, '불도를 숭상하고 불경을 외우게 하라는 명령만 이행하고, 노비들은 돌려주지 말자.'고 하였다. 대신 서울 안의 사찰에 거주하는 승려들에게 위로하는 뜻으로 얼마쯤의 현금을 지급하자고 제안하였다. 그들의 대부분이 양반집 자제들이라 직접 나무를 하고 물지게를 지라고 하면 원망을 품을 것이라고 하였다. 회의를 마친 뒤에 원숙이 변계량 등과 함께 세 정승의 집을 차례로 찾아가 은밀하게 대화를 나눈 뒤에, 그 결과를 종합하여 다음 날 세종에게 아뢰었다.

영의정 유정현은, '승려들과 원로들에게 가곡을 외우게 하고, 또 노비가 꼭 필요한 절들은 선별적으로 노비를 주는 것이 좋겠다.'고 하였습니다. 좌의정 박은과 우의정 이원은, 《명칭가곡》 같은 책을 존숭하지 않을 수 없다며, '승려들로 하여금 외우게 하는 것이 옳다.'고 하였습니다. 그뿐만 아니라, 황제도 우리나라가 불교를 믿지 않는 것을 알 것이니, '설령 이간질하는 자가 있어도 황제가 믿지 않을 것이라.'고 하였사옵니다. 앞서 황제가 제주의 아미타삼존불을 가져갈 때, 상왕(태종)께서 부처에게 절을 하지 않았던 일을 황엄이 필시 황제에게 아뢰었을 것이라고 하였습니다.세종 1년/12/11

원숙이 세종에게 보고한 내용 가운데는 박은과 이원이 각기 별도로 제안한 내용도 포함되어 있었다. 박은은 세 가지 대안을 제안하였다. 첫째로, 태조 이성계가 생전에 창건한 서울의 흥천사·흥덕사·흥복사에는 땔감을 공급할 노비를 필요한 만큼 나눠주자. 둘째로, 모든 노비들을 승록사에 배속시켜 윤번제로 돌아가며 절들에 땔감을 공급하게 하자. 셋째로, 국가의 복을 빌게 하려고 전국 각지에 지정해둔 자복사들의 논밭을 흥천사를 비롯한 지방의 청정 사찰들에 나눠줘서 승려들의 생계에 보탬이 되게 하자.

반면 이원은, 서울에 머물러 있기가 어려워 지방의 절에서 살려는 승려들은 희망대로 지방에 살게 하고, 서울 안의 절들을 창고나 학교로 활용하자고 하였다. 이원의 말 중에는 영락제의 불심을 의심하는 내용도 들어 있었다. 황제가 진정으로 불교를 믿는다면 살생을 피해야 할 것인데, 사냥을 나가서 짐승을 죽이고, 범법자를 죽이기도 하여, 진짜 본심이 의심된다고 한 것이 그것이다. 영락제의 불심에 대하여 의혹을 제기한 이원은, '흔들리지 말고 정도正道를 지키자.'고 동료 대신들을 북돋웠다.

원숙의 보고를 차분히 경청한 세종은 그 내용을 그대로 태종에게 아뢰었다. 세종이 보고를 마치자 태종이, 예조로 하여금 절에서 노비를 신청하는 데 필요한 기준과 절차를 마련하게 하였다. 남자종들을 승록사에 이속시켜 각 사찰로부터 신청을 받아서 윤번으로 돌리자는 의견을 받아들인 것이다. 세종 1년/12/11

해가 바뀌어 다음 해 첫 달이 저물어가던 1월 하순에 세종이 새로이 호조판서에 임명된 김점을 불러서, 서울 안에 있는 오교五敎 양종兩

宗과 중앙의 여러 관아에 노비를 나눠주는 방안을 의논하였다. 오교는 불교의 다섯 종파를 말하며, 조선 초기의 오교는 열반종·남산종·화엄종·법상종·법성종 등이었다. 양종은 교종敎宗과 선종禪宗을 아울러서 일컫던 말이다.

먼저 세종이 김점에게 서울 안에 있는 오교 양종과 각사에 노비를 배정할 방도를 물으니, 김점이 의견을 내놨다. 자은종과 천태종은 성 안에 절이 없으니, 장의사와 중흥사를 양종에 나누어 붙이고, 다른 예에 따라 노비를 나누어 정하자고 하였다. 세종이 듣고 나서, '건원릉(태조 이성계)의 개경사와 제릉(태조의 정비 신의왕후)의 연경사도 도성 밖에 있다는 이유로 노비를 주지 않으면서, 장의사와 중흥사에만 노비를 주기는 곤란하다.'고 하니, 김점이 의견을 수정해서 제안을 내놨다.

경고사는 비록 작은 절이나 자은종에 속해 있으니 노비를 붙여주고, 성안에 절이 없는 천태종은 모화루 동쪽에 소재한 천태종 소속의 작은 초막草幕을 절로 개축하게 해서 노비를 주면 어떻겠습니까. 세종 2년/1/26

하지만 세종은 김점의 수정 제안도 따르지 않았다. 대신 스스로 다른 대안을 내놓으며 의견을 수렴하여 아뢰라고 지시하였다. 사찰의 노비를 거두면서, 도성 바깥에 있는 절은 규모가 아무리 크도 기도 노비를 준 예가 없을 뿐더러, 절을 다시 짓게 해서까지 노비를 주는 것은 옳지 않다는 것이었다.

도성 안에 절이 두 개인 종파가 있으면 하나를 도성 안에 절이 없는 종
파에 붙여서 노비를 주는 것이 옳을 것 같으니, 지신사 원숙에게 의정부와
더불어 다시 의논하여 아뢰라고 하라.세종 2년/1/26

스스로 해법을 제시한 세종은 곧바로 대신들을 불러 모아 각 종파
의 사찰들을 합병하여 토지를 나눠주는 방안을 토론에 부쳤다. 먼저
영의정 유정현이 나서서, 나라에 복이 있기를 빌기 위해 전국 각지에
지정해둔 자복사들을 모두 없애고, 주변의 산수가 빼어난 절들에 토
지 1백 결씩을 주어서 승려들을 모아 불법을 닦게 하자고 하였다. 박
은이 듣고 나서 정현의 의견을 비판하며 다른 대안을 내놓았다.

각 종宗의 보고에 따르면, 아직 남아 있는 절들은 모두 평지에 위치
하여 산수가 빼어난 절이 하나도 없으니, 금강산의 표훈사처럼 깊
은 산속에 세워진 명산대찰을 가려서 토지 5~6백 결을 주는 것이
좋을 것 같습니다.세종 2년/1/26

이원이 듣고 나서 의견을 내기를, '여러 종파를 선종禪宗과 교종敎宗
두 종파로 통합하여, 주변 풍광이 빼어난 절들만 골라서 양종에 나눠
붙이자.'고 하였다. 또, '그밖에 촌락에 소재한 절들은 모두 없애고,
절들이 소유한 토지를 남은 절들에 나눠주자.'고 하였다. 이원이 제안

을 마치자, 세종이 명을 내려, 절들을 합치는 방안에 대한 각 종파의 의견을 물어서 아뢰게 하였다. 세종 2년/1/26

불교가 적폐 청산의 표적이 되었다

두 임금과 대신들의 반복적인 토론과 개선 노력에도 불구하고, 불교계의 동요가 좀처럼 가라앉지 않았다. 설상가상으로, 노비와 토지를 강제로 빼앗긴 데 불만을 품고, 불교를 극진히 받드는 명나라의 영락제를 찾아가 망명을 신청하는 승려들이 계속 생겼다. 법명이 적휴適休였던 승려는 동료 여덟 명과 더불어서 몰래 명나라에 잠입하여 전원이 망명을 택하였다.

명나라로 도망쳐 달아난 적휴는 동료인 신내 등 여덟 명과 함께 평안도 묘향산에 살다가, 북경으로 영락제를 찾아가기로 마음을 먹었다. 가서 불법을 받들지 않는 조선의 실정을 일러바치고 영원히 망명하여 그곳에서 불도를 닦을 심산이었다. 마침내 압록강을 건너 요동으로 잠입한 적휴 일행은, 자신들이 조선을 벗어나 명나라를 찾아간 이유와 궁핍한 사정을 간곡하게 적어서, 그곳을 다스리던 도사都司에게 올렸다.

우리들은 조선의 금강산 · 오대산 · 묘향산 등지를 옮겨 다니며, 소나무껍질과 풀뿌리로써 양식을 삼았습니다. 소나무에 둘린 덩굴과 나무껍질을 옷으로 두르고 부지런히 도道를 닦으며 지내다가, 어느 달 어느 날에 친히 황제를 뵙고 성은을 입어 편안히 도를 닦아, 뜨거운 곳에서 찬 것을 생각하듯이 같은 세상에 살기를 원하였습니다. 다행히 하늘의 문이 열려 뗏목을 타고 강을 건너와 3월 14일에 이 땅에 도착해보니, 신령한 학을 타고 먼 공중에서 내려온 느낌이고, 큰 바다에 빠졌다가 고운 배를 만난 기분이어서, 그 기쁨을 다 말하기가 어려울 정도입니다. 하지만 가진 돈이 한 푼도 없고, 다만 법보인 정광여래의 사리 두 개와 고려의 왕사王師였던 나옹화상의 사리 한 개를 모시고 왔기에, 이를 바치고자 합니다. 삼가 바라옵건대, 대인께서 우리들의 깊은 뜻을 황제께 아뢰어서 우리들로 하여금 불법을 널리 펼 수 있게 도와주시기 바랍니다.세종 3년/5/19

적휴의 행적이 국내에 알려지자 의금부에서 적휴의 사촌형 상강, 적휴의 스승 처우, 적휴의 제자 신행, 적휴의 매제 이극 등을 차례로 잡아다 옥獄에 가두었다. 네 사람 모두 적휴처럼 출가한 불자들이었다.세종 3년/5/19, 5/21, 5/24

하지만 의금부에서 상강·처우·신행·이극 등이 하나같이 적휴가 나라를 벗어나 요동으로 달아난 상황을 알지 못한다며, 모두 풀어줄 것을 건의하자, 전원을 석방하게 하였다.세종 3년/6/18

그 사이 예조에서, 신연·신휴·홍적·혜선·신담·홍혜·신운·해비·적휴 등 아홉 명이 요동으로 달아났다며, 황제에게 송환을 요구할 것을 건의하여, 판승문원사 조숭덕을 주문사로 임명하였다.세종

그로부터 9일 뒤에 두 임금이 유정현 · 박은 · 이원 · 변계량 · 조말생 · 윤회 · 김익정 · 권도 · 곽존중 · 조숭덕 등과 더불어 양주에 있던 풍양궁 연못의 수정水亭에 나아가 정사를 보면서, 영락제에게 적휴 등의 송환을 요청하는 문제를 논의하고, 이틀 뒤에 조숭덕에게 주본을 주어서 북경으로 들여보냈다. 세종 3년/6/29

조숭덕이 가지고 들어간 주본에 따르면, 적휴는 출가하기 전에 경상도 합천군의 아전으로 있다가, 부역을 면하려고 이름을 적휴라 일컫고 편법을 써서 승려 신분을 취득하였다. 그 후에 일이 발각되자 평안도 묘향산의 내원사에 은신한 상태에서 동료들을 꾀어서 함께 명나라로 달아난 것이었다. 세종 3년/7/2

조숭덕이 주문을 가지고 서울을 출발하던 날, 사간원에서 세종에게 장문의 글을 올려 승려들에 대한 강력한 규제를 건의하였다. 그 글은, 승려들이 허탄하고 무망한 화복응보설로 선善을 권장한다며 거리낌 없이 마을을 돌아다니며 어리석은 백성을 유혹하여 재물을 빼앗는다고 몰아세웠다.

그뿐만 아니라, 승려들의 행태를 방치하면 별의 별 일이 다 생길 것이라고 엄포를 놓았다. 심한 자는 오로지 신도들의 시주에 의지해 자신의 이익을 구하기 때문에, '한 사람이 농사를 짓는데 열 사람이 밥을 먹고, 한 사람이 길쌈을 하는데 열 사람이 옷을 입어서 굶고 떠는 백성이 많은 것이라.'며, 승려 단속의 시급함을 역설하였다.

오늘날의 승려들은 스승인 부처의 허황된 논리에 현혹되어, 하늘의 도리를 무시하고, 윤리를 없애고, 어버이를 떠나고, 군신 간의 의義마저 단절하고 세상을 정처 없이 떠도는 까닭으로, 적휴처럼 사사로이 붕당을 맺어 몰래 다른 나라로 넘어가는 자가 생기는 것입니다. 그래도 적휴는 다행히 길에서 우리나라 사신의 행차와 마주쳐 도주의 궤적이 드러났지만, 그 이전이나 이후에 적휴 같은 자가 더 없었다고 누가 장담할 수 있겠습니까. 승려들의 외국 출입은 결코 작은 일이 아니오니, 그 폐단을 조기에 없애야 합니다. 만약 그대로 두게 되면, 승려들이 자유로운 방랑생활을 핑계대고 외국을 드나드는 사례가 잇따라 생길 것이며, 죄를 짓고 도망을 다니는 자가 삭발을 하고 승복을 걸쳐 본색을 숨기고 사변을 일으킬 가능성도 배제할 수 없습니다.세종 3년/7/2

이날 사간원에서 올린 상소문에는, 과도기적 조치로 승려들의 출가와 그 이후의 생활을 세세하게 규제하는 법안까지 포함되어 있었다. 하지만 세종은 사간원에서 올린 법안을 받아들이지 않았다.

그로부터 한 달쯤 뒤에 형조에서, 불교의 승려들이 죽으면서 제자 승려(법손)에게 물려주는 이른바 '법손노비'들을 모두 관노비로 삼자고 건의하였다. 세종이 듣고서 그 내용을 태종에게 상세히 아뢰니, 태종이 '법손노비들을 너무 성급하게 거둬들이지 말라.'고 지시하였다.

근년에 사찰에 있던 노비를 모두 거둬들여 관노비로 삼았는데, 승려들이 여러 해 동안 부리던 노비들을 일시에 모조리 빼앗으면, 훗날 군신 사이에 물의가 생길 수 있다. 내가 부처를 믿어서가 아니라, 어진 마음이 부족하여 누구를 너무 심하게 미워하면 난亂이 생기는 법이다. 옛날에 환관들을 모조리 없애려고 하였다가 변란을 초래한 사례가 수없이 많다.세종 3년/8/3

태종이 말을 마치자 동부대언 곽존중이 절충안을 제시하였다. 기회를 잃으면 안 된다며, '승려들이 노비 문제로 법을 위반하면 그에 대한 응징으로 법손노비를 거둬들이자.'고 하자, 태종이 공감하는 반응을 보였다. 이틀 뒤에 형조판서 허지 등이 상소를 올렸다. 법손노비를 둘러싸고 벌어지는 불자들의 악행을 조목조목 나열하여 불교 사찰들에 대한 엄격한 규찰을 건의한 것이다.

조계종의 승려 원목과 청민 등은 자신들이 부리던 김봉이 소송을 제기한 것을 미워하여, 사사로이 잡아다가 여러 가지 형벌을 가했으며, 묶어서 궤짝 속에 가두어 생명이 끊어지게 하였으니, 어쩌면 그토록 참혹할 수가 있습니까. 그들이 스승으로 섬기는 자비와 은혜의 도의가 어디에 있다 하겠습니까. 원목과 청민의 극악무도는 사람의 생명에 큰 해악을 미쳐서, 불자들 가운데 계율을 지키고 도에 나간 자라면 반드시 속으로 이를 갈 것입니다. 승려가 되려면, 친척도 버리고, 애정도 끊고, 세상을 떠나 산속으로 들어가는 것이니, 비록 부모가 부리던 노비일지라도 사용하면 아니될 것인데, 법손노비야 더 말할 것이 있겠습니까. 청하건대, 법손노비를 모두 관에 속하게 하고 그들에게서 태어난 남자종은 형편에 따라 각 종파의 도회소에 배속시켜, 승려가 소송이나 형벌에서 빠지는 일이 없게 하고, 오직 청정과 자비로운 은혜만 있게 한다면, 승도들에게도 매우 다행한 일이 될 것입니다.세종 3년/8/5

형조의 상소문을 읽어본 세종은 의정부와 육조에 의견을 물었다. 모두가 한목소리로 형조에서 아뢴 대로 따를 것을 권하니, 그대로 따르게 하였다. 그런데 며칠 뒤에 명나라에 들여보낸 사신의 통역으로 북경에 따라갔던 선존의가 임무를 마치고 돌아와, 전에 태종이 우려하였던 소식을 아뢰었다. 적휴와 더불어 명나라로 도망친 승려들이 영락제의 특명에 따라 남경南京(난징)의 천계사天界寺에서 불도를 닦고 있다고 보고한 것이다.세종 3년/8/9

남경은 명나라의 수도였으며 '금릉金陵'이라고도 불렸다. 대부분의 중국 왕조가 북방에서 시작하여 중원을 통일하였으나, 주원장은 양자강 이남에서 흥기하여 몽골의 원나라를 몰아내고 1368년에 남경에서 명나라를 창건하였다. 그런데 명나라의 세 번째 황제가 된 영락제가 수도를 북경으로 옮겼다. 북방 이민족의 침입에 효과적으로 대처하기 위해서였다. 그해는 영락제가 황제가 된 지 19년째 되던 1421년이었으며, 조선의 세종이 즉위한 지 3년째로 접어든 해였다.

이야기를 다시 되돌려서, 선존의의 보고는 태종과 세종에게 크나큰 배신감을 안겨주었을 개연성이 높다.세종 3년/8/9 대국의 황제가 죄를 짓고 피신한 자들을, 단지 그들이 불자佛子라는 이유로, 조선 국왕의 공식 송환 요청을 묵살하고 사사로이 망명을 받아주었다는 뜻이기 때문이다.

하지만 사태의 심각성을 냉철하게 인식한 세종은 불교계의 환심을 살만한 특단의 조치를 취하였다. 법손노비 정책을 승려들에게 유리하도록 결정한 것이다. 형조에 특명을 내려서, 법을 세우기 전에 자신의 제자들에게 법손노비를 주었거나, 은혜를 입은 자에게 법손노비를 준 경우에는 예외적으로 소유를 허락하게 하였다. 다만, 법을 세운 뒤에 관을 속여서 문서를 꾸민 경우만 엄벌로 다스리게 하였다.세종 3년/9/11

하지만 대신들의 반발 기류가 강했기 때문이었는지, 그 이상의 관용은 베풀지 않았다. 그뿐만 아니라 불교개혁에 속도를 붙여서, 불교계의 허례와 허식들을 하나씩 폐지하였다. 뒤에 가서는 명백하게 친불 내지는 호불 행보를 보인 행적이 실록에 고스란히 남아 있지만, 즉위 초반에는 가혹하게 생각될 정도로 척불에 힘을 쏟았다.

대표적 본보기로, 나라에서 주도하던 연종환원年終還願을 폐지한 조치를 들 수 있다. 연종환원은 매년 연말에 임금이 내시별감을 사찰과 산천에 보내서 나라의 복을 기원하던 국가 차원의 불교의식이었다.

그럼에도 불구하고 세종은 조정의 척불론자들을 앞세워 연종환원의 폐지를 전격 결정하였다. 재위 3년째 되던 해 연말에 예조에서 연종환원 계획을 아뢰자, 세종이 독실한 불교신자였던 의정부 참찬 변계량에게 눈짓을 하면서 넌지시 마음을 떠봤다.

연종환원은 나라의 복을 기원하는 일이니, 불교를 숭상하는 시작이 된다. 요사이 선왕先王(태종) 내외분의 제사를 제외하고 부처를 섬기는 일을 거의 폐지하였더니 번거로움이 많이 덜어졌다. 연종환원은 곧 임금인 나의 복을 비는 일이니, 설령 복을 얻는 이치가 있더라도 구차하고 추잡하게 비칠 것인데, 하물며 복을 빈다고 복이 얻어질 리가 만무하니, 폐지하면 어떻겠는가. 세종 3년/12/13

변계량이 입을 다물고 대답하지 아니하자, 이조참판 원숙이 나서서, 자기도 이치가 그러한 줄을 알면서도, '임금을 위한 행사라서 감히 말을 꺼내지 못했다.'고 고백하며, 폐지를 지지하였다. 그 뒤로 다른 발언이 나오지 아니하자, 신하들이 대부분 퇴장한 뒤에, 남아 있던 신하들의 마음을 넌지시 떠봤다.

세종이 연종환원을 임의로 없앨 마음을 슬쩍 내비치니, 지신사 김익정이 듣고서, '임금이 마음으로 정하면 되는 것이라.'고 거들었다. 세종이 그 말에 고무되어, 사찰에 가서 임금의 복을 비는 일을 즉시 없앴다. 다만, 높은 산과 바다와 넓은 강과 냇물에 제사를 지내는 것은 허용하게 하였다.

그다음 해 4월에는 고려 때부터 연례행사로 행해져온 경행經行을 없앴다. 경행은 매년 봄과 가을의 중간 달仲月(2월과 8월)에 질병과 재액을 물리칠 목적으로 각 종파의 불자들을 모아서 《반야심경》을 암송하며 도성의 거리를 돌아다니던 불교 축제였다. 깃발과 일산日傘(햇빛가리개)을 늘어세우고 앞에서 향불을 피우고 나발을 울리면서 시가행

진을 벌였다. 경행이 열릴 때면 2품 이상의 관원이 향불을 받들고 같이 행진하였으며, 감찰이 배치되어 함께 걸으며 향불을 살폈다.세종 4년/2/19

경행을 폐지한 이후로 세종이 추진한 불교개혁은 억불抑佛을 넘어서 척불斥佛 수준에 이르렀다. 전국 각 도에 산재한 폐쇄된 절의 구리 그릇들을 서울로 운반하여 돈으로 주조하게 하였다.세종 5년/10/10 4개월쯤 뒤에는 사헌부 대사헌 하연 등이 상소를 올려서, 불교를 확실하게 혁신하였던 태종의 뜻을 잘 받들어 한층 더 과감하고 파격적인 사찰 축소와 승려들에 대한 엄격한 관리 감독을 강력하게 주문하였다.

세종이 상소를 읽어보고 의정부와 육조에 의견을 물으니, 이조판서 허조 한 사람을 제외하고 모든 대신이 사찰의 즉각적 폐지를 지지하였다. 허조가 나서서, '불교를 없애더라도 점차로 없애야 한다.'고 주장하니, 세종이 그 말에 공감을 표하였다.

불법이 처음부터 이단異端이었다면 나라에 이익이 없는 것이 분명하다고 하겠으나, 그 법이 세상에 퍼진 지가 이미 오래되었으니, 사람들이 어떻게 그것이 이단이고 쓸데없는 것이라는 것을 깨달을 수 있겠는가. 나도 또한 불교를 급작스럽게 없애기는 어렵다고 생각한다.세종 6년/2/7

하지만 대신들은 기다려주지 아니하고 계속해서 대종의 불교개혁을 내세워 확실하고 신속한 불교개혁을 요구하였다.세종 6년/3/21 우연

일 수도 있겠으나, 4개월쯤 지난 세종 6년 7월 18일에 명나라의 영락제가 죽은 뒤로 불교에 대한 대접이 '괄시'에서 '멸시'로 바뀌었다. 전국의 여러 사찰들을 폐쇄하고 그곳에 있던 불교 유물들을 나라에서 골동품 내지 고물처럼 모아들였다.세종 7년/9/2 폐쇄한 사찰에서 경작하던 토지를 모두 평민들에게 나눠주었다.세종 8년/10/27

하지만 뒤에 가서 흐름이 바뀌었다. 세종 12년 10월에, 9년 전에 폐지하였던 연종환원을 부활시켰다.세종 12년/10/24 세월이 15년 쯤 더 흘러서 세종이 장성한 두 아들과 왕비가 연달아 죽는 비극을 겪은 뒤로는, 불교정책이 친불親佛 혹은 호불好佛을 넘어 숭불崇佛 수준까지 이르렀다. 종국에 가서는 세종이 불교에 귀의하였다는 주장도 있다.

따라서 세종의 불교정책에 대하여도 심도 있는 탐구가 필요하지만, 이 책에서는 더 이상의 논의를 생략하고자 한다. 주제가 중요하지 않기 때문이 아니라, 책의 출간 목적이 조선에 대한 명나라의 수탈과 착취를 조명하는 데 있기 때문이다.

3。
말(馬)들을 뺏어가 자주 국방을 막았다

고급의 이동수단이면서 편리한 운반수단이던 말馬을 명나라에서 모조리 빼앗아갔다. '강요된 말馬 수출'이 반복되었다. 고려 말엽 공양왕 시절부터 1450년 2월 세종이 세상을 뜰 때까지 60년 동안 6만 마리 이상의 말을 억지로 사갔다. 매년 평균 1천여 마리의 말을 강탈당한 셈이다. 오늘날의 상황에 비유하면, 같은 숫자만큼의 고급 승용차를 빼앗긴 것과 같다. 값을 받기는 하였으나, 조선의 임금과 관원과 백성들은 명나라에 들여보낼 말의 수효를 채우느라 등골이 빠졌다. 또, 명나라에 말을 들여보내느라 나라의 군사력을 증강하지 못했다.

원인은 명나라와 원元나라의 전쟁이었다. 13세기 중반부터 14세기 중반까지 동東아시아를 지배하다 주원장이 이끄는 한족 반란군에 밀려 북쪽으로 옮겨간 원元제국은 끊임없이 반격을 시도했다. 제국의 마지막 황제였던 순제順帝는 주원장의 공격을 피해 북경을 버리고 북쪽의 개평開平과 응창應昌으로 쫓기면서도 줄기차게 명나라를 괴롭혔다. 연속적인 참패로 제국의 구심점이 완전히 사라진 것 같다가도, 세월이 지나면 다시 또 세력을 키워서 거세게 명나라를 쳤다. 그래서 명나라가 그들에게 지지 않으려고 끝도 없이 조선의 말을 빼앗아갔다.

조선 창업 이전부터 말을 요구하였다

아직 조선이 건국되기 이전인 고려 공양왕(1389~1392년) 연간에 명 明나라의 태조 주원장(홍무제)이 일방적으로 말 수출을 요구해왔다. 처음에 원元나라의 중정원사였던 환관 한룡과 황독만이 명나라 예부의 자문咨文을 가지고 고려의 수도이던 개경에 왔다. 그 자문에 '말 1만 필을 팔라.'는 주원장의 일방적 요구가 오만하게 적혀 있었다.

> 짐이 고전을 살펴보니, 고려는 예로부터 말이 많이 나는 나라이다. 지금 변방을 지키는 말이 부족하여, 고려 출신인 환관을 보내 왕과 신하들에게 나의 뜻을 명백히 전하노라. 관원들과 부잣집에서 말 1만 필을 사서 관원과 부잣집의 자제들로 하여금 요동까지 가져다 주게 하고, 내가 있는 곳(금릉=남경=난징)에 와서 값을 받아가게 하라. 또 각 관아에서 부릴 환관 이백 명이 필요하다. 고려는 멀리 동쪽 바닷가에 있어서, 우리에게 바칠 만한 토산물도 신통치 못하고, 우리가 데려다 쓸 만한 인재도 없으니, 나의 명을 따르는 신하라는 사실을 무엇으로 증명하겠는가? 나라는 부유하고 백성은 조밀하니, 나의 요구들이 크게 무리가 되지는 않으리라 믿는다.《고려사》
> 1391년/4/25

어처구니없는 요구였지만, 주원장은 두 가지를 보내라고 하였다. 하나는, 관원들과 부잣집에서 말 1만 필을 사서 관원과 부잣집의 자

제들을 시켜서 요동까
지 가져다주고, 말 값
은 자기가 있는 금릉
(남경=난징)에 와서 받
아가라는 것이었다.
또 하나는, 명나라 관
아에서 부릴 환관 이
백 명을 보내라는 것

〈그림 2〉 요동(遼東)

이었다. 그런데 환관 요구에 대하여는 앞의 제1장에서 자세히 다뤘기
에, 여기서는 말馬 수출을 강요한 부분만 다루기로 한다.

　사전에 한마디 상의도 없이 '아닌 밤중에 홍두깨'처럼 일방적으로
보내온 요구였지만, 무너져가던 고려가 선택할 수 있는 길은 하나뿐
이었다. 명나라는 드넓은 영토와 막강한 군사력을 지닌 대국이어서,
국가의 패망을 각오하고 결사항전을 선택하지 않는 한, 다른 길이 없
었다. 결국 40일쯤 뒤인 6월 4일에 1천5백 필을 보낸 것을 시작으
로, 8월에 2천5백 필, 12월에 1천 필을 보내 그해에만 5천 필을 보냈
다.《고려사》 1391년/8/19, 12/1

　전국의 인구가 5백만 명 수준이던 나라가 말 5천 필을 모으느라
얼마나 많은 사람이 얼마나 많은 고생을 하였을지는 불문가지다. 게
다가 말 1천 필을 요동까지 길어서 끌어다주고 돌아오는 상황을 한
번 상상해보라. 말 두 필당 한 사람씩 따라갔다면 매번 5백 명 이상이

산을 넘고 강을 건너서 그 먼 길을 다녀왔을 것이다. 세 필당 한 사람씩 따라갔어도 3백3십 명 이상이 매번 다녀왔을 것이다. 그들이 지나는 고을의 수령과 백성들은 그 많은 말과 사람을 먹이고 재우느라 허리가 휘었을 것이 분명하다.

도중에 폭염, 폭우, 폭풍, 천둥, 번개, 벼락, 폭설, 진눈깨비 같은 것이라도 만났었다면 사람과 말들의 고통이 몇 배로 커졌을 것이다. 도적떼를 만나서 가져가던 말들을 빼앗기고 사람까지 상할 때도 있었다. 부주의 혹은 고의로 중대한 잘못을 저질러 귀양을 가거나 옥에 갇히는 사람도 있었다. 그러므로 명나라가 조선의 말들을 강제로 사간 것은 백성의 피를 뽑아간 것이라고 할 수 있다. 그와 같은 잔혹한 착취가 한두 번으로 그친 것이 아니다.

그런데 명나라 사람들도 고려에서 자기네 나라에 말을 보내주느라 많은 고초를 겪는다는 것을 알기는 알았던 모양이다. 말 수출을 요구한 주원장이, 마치 선심을 쓰듯이, 말의 요건을 완화하는 취지로 칙서를 보내왔다.

1만 필을 채우기가 어려우면 반드시 수컷이 아니라도 상관이 없다. 암말이나 거세한 말이라도 보내지 않는 것보다 나을 것이다.고려사 1391년/12/12

주원장이 크게 호의를 베푼 것 같지만, 크게 달라질 것은 없었다. 그래서 다음 해 2월과 5월에, 한 번에 1천 필씩 합계 2천 필을 보내주고, 7월에 '조선朝鮮'을 창업한 이성계가 3천 필을 더 보내서, 명나라가 당초에 요구한 1만 필을 모두 채워주었다.태조 1년/8/27, 11/9

그럼에도 불구하고 다음 해 5월에 주원장이 이성계에게 조선에서 들여보낸 말들을 타박하는 글을 보내왔다. 조선에서 요동에 사람을 들여보내 베와 비단과 금과 은으로 명나라 장수들을 매수하고 여진족 5백여 명을 꾀어서 압록강 너머 조선의 영토로 데려왔다고 트집을 잡으며, 말 이야기를 함께 적어서 보낸 것이다.

> 말로는 신하라 일컬으며 조공을 바치는 척하지만, 조선에서 들여보낸 말들이 도착할 때마다 사육사들을 시켜서 길을 들여 보면, 하나같이 달리는 속도가 느리고, 오래 타서 피로에 지친 것들이 대부분이다.태조 2년/5/23

주원장의 글을 받아본 이성계는 명나라에 보내준 말들이 느리고 피로에 지치게 된 이유를 적어서 회신을 보냈다. 들여보낸 말들이 부실한 것은 기후 때문이며, 많은 숫자를 보내다 보니 느리고 약한 말들도 간혹 섞였을 것이라고 적어서 보내주었다.태조 2년/6/1 그 직후에 명나라 예부가 말 9천8백80필에 대한 대가로 비단과 무명 1만 9천7백60필을 보내왔다.태조 2년/6/1 그 이후에 어이없는 상황이 벌어졌다.

바로 다음 해 4월에 주원장이 또 다시 '말 1만 필을 바치라.'는 내용을 말로써 전해와, 곧바로 진헌관마색을 설치하고 진ㆍ현직 관원으로부터 말을 차등 있게 거둬들였다.태조 3년/4/4, 4/6 한 번에 5백~1

천 필씩 8회에 걸쳐서 5천5백 필을 들여보냈다.태조 3년/6/16, 8/21, 9/5, 4년/4/22, 5/11, 8/18, 9/18, 5년/4/26 그런데 그다음 해에 주원장이 죽는 바람에 나머지 4천5백 필은 들여보내지 않았다.

하지만 잘 된 일이 아니었다. 명나라에서 이미 보내준 말들의 값을 보내지 않았다. 처음에 말을 팔라고 하였을 때도 말 값에 관한 언급이 없었고, 5천5백 필을 들여보낸 이후로도 말 값을 보내온 흔적이 보이질 않는다. 결과적으로 명나라만 말 수입을 빌미로 일거양득을 취한 셈이 되었다. 한 푼의 비용도 들이지 아니하고, 조선이 기병騎兵을 양성해 요동을 공격할 여지를 막으면서 자기네 군사력을 기르는, 이중의 이익을 거둔 것이다.

반면, 자주국방에 써야 할 말들을 모조리 내어준 이성계는 세자 책봉을 둘러싸고 자식들 사이에 싸움이 벌어져, 불명예를 안고 왕위에서 내려왔다. 결정적 계기는 '1차 왕자의 난'이었다. 조선의 창업을 사실상 주도하고도 푸대접을 받은 이방원은 자신의 사병私兵을 동원하여 자신을 핍박하던 세력과 동생들을 제거하였다. 정도전·남은·심효생·박위·유만수·장지화·이근 등을 일시에 살해하고, 자신의 이복동생이자 세자였던 방석을 폐위하여 귀양 보내는 도중에 죽였다. 방석의 동복형同腹兄인 방번도 처단하였다.

이성계의 뒤를 이은 정종과 태종이 명나라에 말 값을 요구할 수 있는 형편도 아니었다. 주원장의 뒤를 이은 건문제가 넷째 숙부인 연왕燕王 주체와 싸우다 패해서 죽었기 때문이다. 더구나 양쪽이 싸울 때 조선은 황실을 도왔으니, 조카를 죽이고 스스로 천자가 된 주체(영락제)에게 말 값을 요구할 처지도 아니었다. 설령 요구하였더라도 악명이 높았던 영락제가 순순히 주었을 리가 없다.

조선에서 명나라의 황실을 도왔다는 이야기는 군마를 보내준 것을 일컬은 것이다. 양쪽이 무려 4년 동안이나 치열하게 다툴 때, 명나라 황제의 군대가 주체의 군대에 밀려서 쫓기고 있다는 소식이 들리자, 태종이 황실의 안위를 염려하여 자진해서 건문제에게 말 3천 필을 보내준 적이 있었다. 태종 1년/9/1

그런데 이방원이 명나라에 말들을 보낼 때 변변찮은 개체들이 섞여서 들어갔다. 그래서 기병들이 보병보다도 뒤떨어지는 상황이 벌어지자, 건문제가 부실한 말 60여 필을 되돌려 보냈다. 들여보낼 때 중간에 바꿔쳐진 말들이었다. 말을 바꿔치기한 사람은 관마색의 최고책임자였던 판삼군 조영무와 총제 유용생이었다. 전라도와 경상도에서 바친 말들이 모두 좋아보이자, 두 사람이 친한 사람의 나쁜 말들과 바꿔준 것이다. 태종 1년/2/30

범인이 한 사람 더 있었다. 말들을 명나라로 들여가던 사윤 공부가 의주에서 말들을 점검할 때에, 황해도 사람이 돈을 얹어서 나쁜 말로 좋은 말을 바꾸자고 제안하자, 공부가 돈을 받아 챙기고 그 청을 들어주었다. 태종 1년/8/12

그런데 태종으로부터 3천 필의 말을 기증받은 건문제가 태종에게 조선으로부터 말 1만 필을 사겠다고 하였다. 숙부인 연왕과의 싸움에 투입하기 위함이었다. 황제 명의의 칙서를 보내지 않고, 병부에 명령을 내려, 자신의 지시를 자문의 형태로 바꿔서 조선왕에게 보내게 하였다.

조선은 말馬이 많이 생산되어 전일에 국왕이 호의로 말 3천 필을 보내줬는데, 이미 요동 도사에게 명하여 관군에게 주어서 타게 하였다. 지금 다시 전쟁에 투입할 말들이 필요하여, 사람을 시켜 비단·베·명주·약재를 실어 보내고, 태복시 소경 축맹헌과 예부 주사 육옹을 시켜 좋은 말 1만 필을 사오게 하였으니, 병부는 조선의 국왕과 담당 관원에게 문서를 보내서, 관원과 백성들의 말을 그곳의 가격대로 사오게 하되, 저들에게 손해가 없게 하라.태종 1년/9/1

보름 뒤에 명나라 조정의 국자감생 송호·상안·왕함·유경 등 네 명이 말 값으로 각종 비단 9만여 필과 약재를 국경까지 가져와서, 수레 1백50량과 소와 말 3백 마리를 투입해 서울로 실어왔다.태종 1년/9/15 다시 또 보름쯤 뒤에 명나라 조정의 국자감생 동섬이 나머지 말 값을 가지고 서울에 왔다. 의정부에서 말을 상등과 중등으로 구분해 사들여서 명나라에 보내주기로 하고, 명나라에서 받은 말 값의 배분기준을 정하였다.태종 1년/10/3

같은 날 태종이 판승추부사 조영무에게 명하여 진헌할 말들을 모으게 하였다. 위로 후궁 소생의 아들들로부터 아래로 9품 관원에 이르기까지 품계에 따라 말을 내게 하여 사신들의 숙소인 태평관으로 보냈다. 감생 동섬이 말의 털색깔을 기록하고, 수의사 두 사람이 4척 이상의 말들만 뽑아서 중등으로 매기고, 3척 이하는 퇴짜를 놓았다.

그로부터 이틀 뒤에 명나라의 감생 왕함이 1천 필을 몰고 명나라로 들어간 것을 시작으로, 같은 해 11월 11일까지 모두 여섯 차례에 걸쳐서 6천 필의 말을 들여보냈다. 태종 1년/10/5, 10/16, 10/28, 11/11, 2년/2/29, 3/23

그 사이 10월 16일에 두 번째로 1천 필을 보내면서, 1만 필은 벅차니 5천 필로 줄여달라는 취지의 자문을 적어서 축맹헌에게 주었다. 축맹헌이 자진하여 접반사에게, 나라의 형세가 갑자기 1만 필을 준비하기가 어려운 사정을 황제에게 전할 뜻을 밝혔기 때문이었다.

> 우리나라는 본래 말이 많이 나지 않는 데다가, 삼면이 바다에 접한 관계로 왜구들이 자주 출몰하여 기병騎兵이 부족하면 강토를 지키기가 곤란하니, 1만 필은 보내기가 어렵고 5천 필은 보낼 수 있겠습니다. 태종 1년/10/16

2월 29일에 다섯 번째로 1천 필의 말을 들여보낸 직후에도 이조전서 여칭을 명나라에 들여보내, 나라의 영토가 좁고 말이 적어 수출하기가 어려운 사정을 호소하게 하였다. 태종 2년/3/3 하지만 황제의 윤허가 있기 전에는 말을 계속 보내야 하였기에, 우여곡절을 숱하게 겪으며 여섯 번째까지 운송을 마쳤다. 그런데 일곱 번째로 1천 필을 들여보내기 직선에 녕나라 병부兵部로부터, '말을 그만 보내도 좋다.'는 회신이 왔다. 황제의 명령을 대신 보낸 것이었다.

우리 병부에서 황제의 지시에 따라 조선으로부터 수입하기로 한 말 1만 필 가운데, 현재까지 7천 필의 값을 이미 보내주었다. 만약 조선에서 1만 필을 채우기가 어려우면, 무리하게 채우려고 하지 말고, 말을 사러 조선에 가 있는 우리 조정의 사신을 돌려보내라.태종 2년/3/24

그런데 회신이 도착하자 대신들 사이에 논쟁이 벌어졌다. 명나라에서 값을 계산한 7천 필 가운데 아직 들여보내지 않은 1천 필을 마저 보낼 것인지 말 것인지를 두고 의견이 갈린 것이다. 처음에 의정부의 내서 사인(정4품) 이지직과 사간원의 좌정언(정6품) 전가식이 태종의 여러 가지 허물을 지적하고 고칠 것을 청하는 상소를 올리면서, 말 수출을 중단할 것을 함께 건의하였다.

군정에 필요한 것들 가운데 말보다 더 중요한 것이 없습니다. 그런데 명나라 조정에서 말 값을 선불로 지불하고 말들을 사가는 것은, 이익을 안겨주는 척하면서 좋은 말을 가져가기 위함이니, 천자로서 제후를 대접하는 도리가 아닙니다. 전하께서 지극정성으로 사대하시는 마음으로 황제의 명을 성심껏 받들어, 백성들부터 말들을 사들여 차례를 나누어 진헌하시는 것은 예절상 옳은 일이라고 생각합니다. 하오나 나라가 좁고 작아서 기르는 말이 적을 수밖에 없는 형편에 끝없이 말들을 보낸다면 말이 다 없어져서 나라의 힘이 기울어질 수도 있습니다. 만약 긴급한 사태라도 닥치게 되면 무엇으로 대응을 하시겠습니까? 원컨대, 이미 판매한 말들 이외에 더 이상은 말을 팔지 못하게 막으시고, 남은 말 값을 모두 명나라에 돌려보내소서.태종 2년/4/1

태종이 읽어보고 의정부에 내려서 사평부 및 승추부와 더불어 의논하게 하였더니, 1천 필을 마저 보내야 한다는 의견이 대세를 이뤘다. 그 이유는, 7천 필을 보내기로 약속하고 이미 6천 필을 사서 들여보낸 마당에 나머지 1천 필을 보내지 않으면, 앞서 6천 필을 들여보낸 공이 사라진다는 것이었다. 또, 뚜렷한 이유 없이 남은 말 값을 되돌려 보내기도 쉽지가 않다고 하였다.태종 2년/4/1

이틀 뒤에 서북면 도순문사 이빈이 급보를 보내왔다. 말 값을 가지고 입국하였다가 말 2백 필을 압령하여 요동으로 들어가던 명나라 조정의 국자감생 유영이 중간에 개주참에서 2백여 무리의 도적떼를 만나서 말들을 모두 **빼앗겼다**는 것이었다. 보고를 접한 태종은 의안대군 이화와 판승추부사 조영무를 불러서 유영이 도적을 만난 일과 명나라 사신들의 행태를 개탄하는 말을 털어놓았다.

이번에 변을 당하게 된 것은 모두가 사신으로서 적합한 사람이 아니기 때문이다. 축 소경은 일이 끝나자마자 명나라로 돌아가버렸고, 손 소경은 뇌물을 받을 생각으로 말이 좋지 않다고 트집을 잡았으며, 유 감생은 평양에 이르러서 병을 핑계대고 드러누워 세월을 지연시키다가 마침내 이 지경에 이른 것이다.태종 2년/4/3

지신사 박석명이 듣고서, '중국 조정의 사람들은 대부분 그와 같다.'고 하였다. 아울러서, 서쪽에서는 연燕이 반란을 일으켰고, 북쪽에는 흉노가 있고, 중간에는 도적떼가 있는데도, 그들의 침략을 막을 생각은 하지 않고, 도망친 군사들만 추격한다고 혀를 찼다. 요동을 지키는 서 총병 역시 지략이 얕아 보인다고 깎아내렸다.

태종이 듣고 나서, '단목지는 술과 밥만 좋아하는 소인이라.'고 폄하하자, 지신사 박석명이 가세하고 나섰다. 근래에 명나라에서 나오는 사신은 모두 똑같다며, '중국에는 참으로 사람이 없다.'고 개탄하자, 태종이 석명의 말을 받아서, 명나라 사신 가운데 나라를 근심하는 선비는 축맹헌뿐이라고 하였다. 그가 일찍이 자신에게, '육옹 때문에 천하를 잃어버릴 뻔하였다.'고 말한 적이 있다고 하였다.

얼마 지나지 않아서 서북면 도순문사 이빈이 다시 또 긴급하게 장계를 올려 보냈다. 도적의 정체는 연燕과 싸우다 패한 군사들이고, 그 수가 이백여 명에 불과하였다고 적혀있었다. 손 소경이 기병 1백여 기를 이끌고 압록강을 건너가 종적을 찾아보았으나 이미 모두 요동으로 돌아갔다는 내용도 있었다.

이빈의 장계를 읽어본 태종은 만약의 위험을 염려하여 말 수출을 중지시켰다.태종 2년/4/4 이빈의 보고에 등장하는 손 소경은 축맹헌과 육옹에 뒤이어서 병부의 자문을 가지고 서울에 온 손봉을 일컬은 것이다.태종 2년/2/2

하지만 이후로 특이한 동향이 감지되지 아니하자, 한 달쯤 지나서 일곱 번째로 1천6백24필의 말을 들여보냈다. 그 이후에 9백9필을 더 모아서 들여보냈다. 결과적으로, 명나라 건문제의 요구가 도착한 태종 1년 9월 1일부터 약 8개월 동안 8회에 걸쳐서 8천5백33필의 말을 수출한 셈이 되었다. 태종 2년/5/1

영락제는 조선의 말들로 달단과 싸웠다

말을 수입하기 위해 사신으로 나왔던 축맹헌·육옹·손봉 등이 모두 명나라로 돌아가고 얼마 지나지 않아서, 건문제가 명나라 백성에게 동원(징집)령을 내린 조서의 사본이 이르렀다. 사은사로 명나라에 들어가던 박돈지가 도중에 금릉(남경=난징)으로 통하는 행로가 막혀 되돌아오면서 베껴온 것이다.

> 짐은 황실 조상의 귀하고 지엄한 명령을 공경히 받들어 하늘과 땅의 신령을 정성껏 섬겨왔다. 그런데도 연왕燕王이 도리를 어기고 마음대로 방패와 창를 움직여 만민을 포악하게 해쳐서, 여러 번 군사를 일으켜 토벌하였다. 근자에 여러 장수들이 군율을 잃어서, 도적의 군사가 회수淮水(중국의 3대 하천 가운데 하나)를 침노하여 강을 건너 대궐까지 넘봐서, 대장군으로 하여금 군사를 거느리고 소탕하게 하였다. 너희들 사방의 도사·포정사·안찰사와 여러 부府 및 위衛의 문무 신하는 나라가 위기에 놓인 것을 익히 들었을 터이니, 각기 충성심과 용맹을 발휘하여, 뜻있는 선비와 건장하고 용감

그러나 태종이 박돈지를 통해 건문제의 조서를 접한 8월 1일 무렵, 건문제는 이미 이 세상에 없었다. 자신의 숙부이자 연왕燕王이던 주체에게 목숨을 포함한 모든 것을 빼앗기고, 황제가 된 지 5년 만에 역사의 무대에서 사라졌다.

반란을 일으켜 조카를 제거한 주체는 1402년(태종 2) 7월 17일에 스스로 명나라의 황제가 되어서 원元나라의 후신인 달단韃靼(달달=타타르) 토벌에 총력을 기울였다. '달단'이라는 이름은 1388년 이후 북원北元이 쇠퇴하고 몽골이 몇 개의 부족연합체로 갈라진 이후에도 명나라에 강력하게 저항하였던 세력의 호칭이었으며, 달달 혹은 타타르라고도 하였다.

박돈지를 통해 북방의 소요를 전해들은 태종은 서둘러 비상 대책을 강구하였다. 명나라와 달단의 전쟁이 심상치 않음을 직감하고 군정軍丁의 등록을 골자로 하는 성적법成籍法을 제정하였다. 만약의 경우에 대비하기 위함이었다. 그보다 앞서 승추부의 제안이 있었다. 그 내용은, '백성의 수를 파악하여 갑옷을 입혀서 싸움에 내보낼 사람과 그들을 도와줄 세대를 가려서 지정하는 일이 당장 시급하니, 서울과 지방의 모든 백성에게 호패를 나눠주고 기록부를 만들자.'는 것이었다. 조정 대신들과 각 관청의 의견이 분분하였으나, 승추부의 제안을 취하

였다. 태종 2년/8/1, 8/2

 그런데 다음 해 4월에 황제가 된 영락제가 병부의 자문 형식을 빌어서 말 2천1백93필을 더 보내라고 요구해왔다. 전임 황제인 건문제가 앞서 사신들을 조선에 내보내 말을 사가면서, 말 값으로 지불한 돈(비단)에 비해 그만큼의 수효를 덜 받았으니, 마저 들여보내라는 것이었다.

 작년에 우리 조정에서 태복시 소경 축맹헌 등에게 비단 등을 주어서 조선국에 가서 말 1만 필을 사오게 하였는데, 우리가 이미 지불한 말 값을 따져보면, 조선에서 우리에게 말들을 더 보내주셔야지 계산이 맞습니다. 그래서 이번에 조선에서 보낸 사신이 우리 수도(금릉=남경=난징)에 와서 조공을 바치고 돌아가는 편에 문서를 보내드리니, 받으시는 대로 곧 말 2천1백93필을 사서 요동 도사에게 보내주시기 바랍니다. 아울러서 들여보낸 말들의 털색깔과 나이를 기록하여 보내주시기 바랍니다. 태종 3년/4/8

 병부의 자문을 확인한 태종은 그날로 진헌관마색 설치를 지시하였다. 10여 일 지나서 판중추부사 조영무와 명나라에 말을 보내주는 데 필요한 사항들을 점검하더니, 지신사 박석명을 의정부에 보내, '황제의 은혜가 매우 중하니 늦어도 7~8월까지는 수효대로 들여보내라.'고 특명을 내렸다. 이후 두 달이 채 안 되어, 병조전서 설미수로 하여금 말 2천5백48필을 한꺼번에 북경까지 몰고 가서 넘겨주게 하였

다. _{태종 3년/4/8, 4/24, 6/3}

그로부터 4개월 반쯤 뒤에, 설미수가 말들을 넘겨주고 귀국하면서 명나라 병부의 자문을 받아와서 내놓았다. 그 안에, '조선에서 들여보낸 말의 수효와 명나라에서 보낸 금액을 따져보니 52필이 모자라는데, 특별히 은혜를 베풀어 묵인하겠다.'는 글이 적혀 있었다. _{태종 3년/10/20} 그동안 여덟 차례에 걸쳐서 들여보낸 말이 모두 11,081필인데도, 말 값을 박하게 따져서 말의 수를 부풀리고, 선심을 쓰는 척 생색을 낸 것이다.

엄밀히 따지면, 그전에 영락제의 부친인 주원장이 조선에서 말을 5천5백 필이나 가져가고 말 값을 내지 않았으니, 명나라 쪽에서 오히려 값을 더 내야 할 처지였다. 그런데도 자기네가 받아야 할 말이 더 남았다고 한 것이니, 총력을 쏟아서 말을 보내준 태종으로서는 고생한 보람은 고사하고 분통이 터졌을 것이 분명하다.

3년 반쯤 뒤에 명나라로부터 영락제가 안남(베트남)을 평정했다는 조서가 왔다. _{태종 7년/5/1} 그로부터 4개월쯤 뒤에, 영락제가 '말 3천 필을 팔라'는 요구를 해왔다. 사신으로 북경에 들어갔던 설미수가 서장관으로 데려갔던 정치를 먼저 들여보내 황제의 선유를 아뢰게 한 것이었다. _{태종 7년/8/29}

조선 시대에는 명나라에 매년 네 차례에 걸쳐서 정기적으로 축하 사절을 들여보냈다. 각각 성절사聖節使, 천추사千秋使, 정조사正朝使, 동지사冬至使 등으로 불렸다. 각각 황제의 생일, 황태자의 생일, 새해 첫날, 동지에 도착할 수 있도록 각 사절단을 출발시켰다. 설미수는 명나라에 단물體泉(예천)이 샘솟고 감로甘露가 내린 상서祥瑞를 축하하는 사신으로 북경에 들어갔었다.

설미수의 보고를 접한 태종은 곧바로 명을 내려 진헌관마색을 설치하고, 의정부 참찬 유양·공조판서 유용생·총제 김계지 등 세 명을 제조로 임명하였다. 열흘쯤 뒤에 설미수가 귀국하여 명나라 예부에서 보낸 자문을 내놓았다.세종 7년/9/10 자문을 확인한 태종은 보름쯤 뒤에 상호군 장대유로 하여금 2백 필의 말을 요동에 끌고 가서 넘겨주게 한 것을 시작으로, 약 5개월에 걸쳐서 한 번에 2백~4백 필씩 아홉 번을 보내주고 말 값을 받았다.태종 7년/9/27, 10/12, 10/18, 8년/2/4, 2/13, 2/20, 2/24, 2/26, 2/30

2년쯤 지나서 영락제가 달단을 정벌하려고 원정군을 보냈다는 소식이 들려왔다. 북방의 소란이 심상치 않다고 판단한 태종은 상호군(정3품) 이유를 함경도와 평안도에 보내, 현지인들에게 만약의 사태에 대비하게 하였다. 명나라 패잔병들의 집단 입국을 비롯하여, 명나라와 달단 간의 격전이 조선에 미치게 될 여파를 예상하여 선제 대응을 지시한 것이다.

상국에 군사가 일어났으니 달단 부락의 동쪽에 있는 자들이 반드시 난을 피해 우리 쪽으로 밀려올 것이다. 지금은 비록 먼 북방에 깊숙이 틀어박혀 살고 있어도 형세가 궁하면 필시 우리나라로 넘어올 것이다. 만일 북쪽 군사가 이 /면 남쪽의 사람들이 우리나라로 밀려들 것이니, 이를테면, 큰물이 내려갈 때에 지류가 모두 차는 것

그로부터 두 달쯤 뒤에, '명나라가 조선에 군사 10만과 장수 두 사람을 청하여 함께 달단을 협공하려 한다.'는 소문이 전해졌다. 명나라와 달단의 싸움에서 달단이 우세를 점하고 있다는 것이었다. 명나라 총병관인 기국공 무성후가 관중에서 달단 군사와 겨루다 군사가 모두 사로잡히자, 영락제가 여러 방면의 군사를 불러 모아 다음 해 2월에 친히 북벌에 나설 것이라고 하였다.

달단의 황제는 대군을 거느리고 명나라의 관중구자關中口子 밖에 주둔하고 있었다. 관중은 섬서성 관중분지의 지명이다. 그곳으로 연결된 네 관문의 중앙에 위치하여 관중關中이 되었다. 관중으로 들어가는 네 관문은 동쪽의 함곡관, 남쪽의 무관, 북쪽의 소관, 서쪽의 산관이다. 구자는 군사 진지가 갖춰진 검문소 내지는 출입국관리소를 뜻하던 말이다.

소문을 접한 태종은 모든 내용을 기정사실로 간주하고 전국 각 도에 순찰사를 파견하여 군사들을 점검하게 하였다. 만약 달단이 명나라를 이기는 날에는 명나라를 지원한 조선을 가만두지 않을 것으로 판단했기 때문이었다.태종 9년/10/12

그런 상황에서 영락제가 다시 또 말 수출을 요구하였다. '형편이 되는 대로 말을 보내면 값을 치르겠다.'고 칙서를 보내왔다.태종 9년/10/21 칙서를 확인한 태종은 말 1만 필을 보내기로 하고 곧바로 진헌관마색을 설치하였다. 이어서 서울과 지방의 관원들에게 말을 분담시켰다.태종 9년/10/22 그런데 북쪽의 상황이 심상치 않게 돌아가고 있었을 뿐만 아니라, 조선의 안보를 지키는 문제가 발등의 불처럼 시급한 현안으로 대두되었다.

가장 먼저, 통역으로 북경에 들어갔던 공명의가 귀국하여 북쪽의 전쟁이 명나라에 불리하게 돌아가고 있다고 아뢰었다. 달단의 군사가 북경에서 멀지 않은 곳까지 진격하여, 영락제가 위태로운 상황에 처했다고 하였다. 비슷한 무렵, 서북면 도순문사로 평안도에 나가 있던 박은이, 요동에서 온 사람에게서 들었다며, '황제의 군사들이 달단을 두려워하여 성城 안으로 피신하였다.'고 급하게 알려왔다.태종 9년/11/6

며칠 뒤에 다시 또 서북면 도순문사 박은으로부터, 요동 군인이 계속하여 넘어온다며, 대응책을 묻는 장계가 올라왔다. 의정부에서 먼저 받아보고 토론을 거친 뒤에 태종에게 대책을 아뢰니, 태종이 듣고서 그대로 윤허하였다.

> 만약 소수의 인원이 밤을 이용하여 강을 건너오면 그대로 받아들이고, 만일 떼를 지어 넘어오려고 하면 진로를 막아서 강을 건너지 못하게 하라.태종 9년/11/10

그 무렵 명나라 조정에서 전에도 사신으로 내보낸 적이 있는 해수가 의주에 이르러 갖은 행패를 부리고 돌아갔다. 앞서 처녀 정씨를 데리러 나왔던 사신에게 '(나라가 전쟁 중이니) 성씨를 그대로 두고 오라.'는 칙서를 전한다는 구실로 왔던 것인데, 사실은 조선의 동향을 염탐

하러 왔었다는 풍문이 떠돌았다. 명나라 조정에서 '조선이 군사를 일으켜 달단을 돕는다.'는 첩보를 입수하고, 조선의 반응을 떠보려고 해수를 보내 짐짓 난동을 부리는 척하고 연기를 펼치게 하였다는 것이었다. 태종 9년/11/18

풍문을 전해들은 태종은, 나라가 위기 상황에 놓였다고 판단하고 곧바로 국정 전반을 전시 태세로 전환시켰다. 가장 먼저 군량을 비축키 위해 신하들에게 도움말을 요청하였다. 사간원에서 공신전의 환수 등을 진언하였다. 태종 9년/11/19 두 번째로는, 궁궐 수비를 담당하는 우부대언 허지를 의흥부에 보내서 5일 동안 연속하여 병서兵書를 강의하게 하였다. 태종 9년/11/29 의흥부는 궁궐수비대의 근무를 관장하던 관서였다.

세 번째로는, 군량을 보충하기 위해 각급 관원과 서민들에게 차등적으로 쌀을 내게 하였다. 신하들에게 명하여, 쌀을 거둬서 보관할 장소와 일을 관장할 관원을 속히 결정하여 연말이 되기 전에 다 거두게 하였다. 태종 자신도, '종친들을 독촉하여 남들보다 먼저 쌀을 내게 하겠다.'고 약속하였다. 태종 9년/12/6 네 번째로는, 황해도 평주(평산) 등지의 국둔전과 호급 둔전을 회복시키고, 전쟁 대비 · 농사 · 학업 이외의 잡역을 모두 중지하게 하였다. 태종 9년/12/13

그로부터 두 달이 채 안 되어, 두만강 일대에 거주하던 야인들이 동북면(함길도) 경원부에 침입하였다. 여진부족인 올적합 김문내와 갈다개 등이 알타리(오도리)와 올량합 여진부족의 군사 3백여 기騎와 결탁하여 경원부에 쳐들어와, 병마사 한흥보가 맞서 싸우다 전사하였다.

그 외에도 아군 열다섯 명이 전사하고, 말 5필이 죽었다. 또, 적군이 목책 바깥의 건물에 불을 질러, 그곳에 비축해 두었던 것들이 거의 다 타버렸다. 태종 10년/2/3

보고를 접한 태종은 길주 찰리사 조연에게 복수를 명하고, 청주 이북의 군마 1백50필을 징발하여 보냈다. 태종 10년/2/10, 2/15, 2/22 명을 받은 조연은 전투지원 절제사 신유정과 김중보와 더불어 경원 병마사 곽승우 등을 거느리고 두만강을 건너가 통쾌하게 원수를 갚았다. 태종 10년/3/6, 3/9 이때를 전후하여 동북면에서 있었던 일들에 대하여는 곧 이어서 출간할 『세종의 통痛』(강토 수호)에서 자세히 다루기로 하고, 여기서는 명나라와 달단의 전쟁만 다루기로 한다.

경원부에 야인들이 쳐들어와 태종이 조연을 시켜서 복수전을 벌이고 있을 때에, 명나라로부터 말을 빨리 들여보내라는 독촉이 왔다. 말 수출을 위한 통역으로 요동을 들어갔던 박무가 명나라 관원으로부터 독촉하는 말을 듣고 와서 보고를 올린 것이었다. 태종에게 명나라의 독촉을 전달한 박무는, '달단 군사가 조금 뜸하여 요동의 성城에 지키는 군사가 없고, 백성들이 이전처럼 들에서 소와 양을 기른다.'고 아뢰면서, 명나라 관원으로부터 듣고 온 말을 보고하였다.

명나라 내사內史가 신에게 말하기를, '황제가 너희 나라 임금과 친하기를 부자父子 사이처럼 하시는 것은 너의 나라 신하가 모두 아는 바이니, 조선에 돌아가거든 보내기로 약속한 말들을 속히 들여

또 이때에 요동 지휘 방준이 의주에 와서 말 수출을 재촉하여, 태종
이 호조참의 오진을 의주에 보내 방 지휘를 위해 연회를 열게 하였다.
그와 동시에 사역원 판관 강유경을 시켜서 말 5백36필을 요동까지 끌
어다주게 하였다. 1만 필 가운데 열 번째 운마運馬였다.태종 10년/2/6

일주일 뒤에, 황제에게 신년을 축하하러 북경에 들어갔던 유정현
등이 돌아와 명나라와 달단과의 전황과 진헌마에 대해 아뢰었다. 그
내용에 따르면, 유정현 등이 북경에 이르니, 황제가 조선에서 말 1만
필을 팔기로 한 일을 언급하며 정현 등을 매우 후하게 대하였다. 그런
데 정현 등이 하직하고 돌아올 때에 황제가 특별한 임무를 주었다.

황제의 지시를 그대로 보고한 유정현은 북경에서 보고 들은 이야기
를 상세하게 아뢰었다. 영락제가 2월 15일에 친히 달단을 정벌하려고
각 방면의 군사를 모으고 있는데, 각 방면의 성城에 젊은 남자가 남아
있지 않고, 노약자와 부녀자도 성 밖으로 나오지 못한다고 하였다. 그
뿐만 아니라 궁궐을 수비하는 군사들도 선 채로 식사를 하고, 바깥의

군사는 수레로 전쟁 물자를 운반하더라고 보고하였다.

　태종이 듣고 나서 정현에게 전쟁의 원인을 물었다. 달달이 먼저 명나라를 침략한 것인지, 아니면 황제가 먼저 가서 치려고 하는 것인지를 질문하자, 유정현이 대답하기를, '달단이 와서 침노하였다는 말은 듣지 못하였다.' 하고, 현지에서 듣고 온 소문을 보고하였다.

> 기국공이 궁궐수비대를 거느리고 적에게 패하였기 때문에, 황제가 그 수치를 씻으려고 장차 정벌하려는 것이라고 들었사옵니다.태종 10년/2/13

　정현의 보고를 청취한 태종은 영락제의 대응 전략을 깎아내렸다. 상대방이 먼저 공격을 해오면 어쩔 수 없이 맞서 싸우는 것이 옳겠지만, '스스로 먼저 백성들을 수고롭게 하여 궁벽한 곳까지 쳐들어가는 것은 옳지 않다.'고 하더니, '만일 이기지 못하면 반드시 천하의 웃음거리가 될 것이라.'고 우려를 나타냈다.

　그로부터 백일쯤 지나서 영락제가 북정을 위해 친히 전선을 향해 떠났다는 소식이 전해지자, 태종이 서천군 한상경에게 예물을 주어 영락제가 마무는 행재소에 보냈다.태종 10년/5/24 그런데 다행인지 불행인지 몰라도, 영락제의 군대가 달단의 군대를 이겼다. 예물을 가지고 영락제의 행재소를 찾아가던 한상경이 요동에 이르러, 영락제가 그 사이 달단을 물리치고 반포한 승전조서(5월 20일자)를 기록하여 보내왔다. 그 내용을 읽어본 태종은 조준의 아들이자 자신의 둘째 사위인

조대림을 북경에 들여보내 승리를 축하하게 하였다. 태종 10년/7/11

그 후 북방이 조용해지면서 명나라의 말馬 요구도 중단되었다. 앞서 영락제의 요청을 받고 보내준 말들의 값도 차질 없이 받았다. 영락제의 칙서가 도착한 날로부터 3개월쯤 뒤인 11월 15일부터 다음 해 2월 말까지 3개월 반 동안, 한 번에 4백~7백 필씩 열아홉 번에 걸쳐서 1만 필을 보내주고 말 값을 정상으로 받았다. 태종 10년/3/7, 10/9, 11/1, 11년/1/20

이후로 북방 지역에서 더 이상 전쟁이 벌어지지 아니하자, 태종이 퇴진의 길을 선택하였다. 국왕이 된 지 18년 만에 돌연 상왕으로 물러나고 스물두 살이던 세자(충녕대군)를 전격 보위에 앉혔다.

하지만 왕위를 물려받은 세종은 순탄치가 못했다. 갑작스럽게 세자가 된 지 두 달 만에 제왕 수업도 못 받고 왕이 되어 모든 것인 낯선 상황에서 얼떨결에 날벼락을 맞았다. 부왕 태종이 느닷없이 장인에게 역모 혐의를 씌워서 처가를 쑥대밭으로 만든 것이다.

그뿐만 아니라, 즉위한 지 1년도 되지 아니하여 부왕이 대마도 정벌을 추진하여, 나라가 더없이 어수선하였다. 그해 연말경 백부인 정종이 세상을 떴다. 그다음 해에는 한창 무더운 여름철에 모후(원경왕후)가 세상을 떠서 연달아 국상을 치르느라 건강에 치명상을 입었다.

하지만 그런 와중에도 부왕 태종으로부터 열심히 정치를 배우고 있는데, 통역으로 북경을 들어갔던 선존의가 돌아와 북방의 전쟁 소식을 아뢰었다. 달단이 명나라의 변방을 침노하여, 영락제가 요동의 군사들로 하여금 수비하게 하였다고 보고하였다. 세종 3년/8/9

한 달쯤 지나서 명나라의 내사 해수가 영락제의 명을 받고 말을 사기 위해 급하게 오고 있다는 소식이 전해졌다.세종 3년/9/5 보고를 접한 세종은, 의주로 영접사를 보내면서, 사신이 물어볼 것으로 예상되는 질문들을 미리 골라서 답변할 말들을 맞춤식으로 일러주었다. 지난 날 부왕(태종)이 명나라에 말들을 팔면서 고초를 겪는 것을 익히 보아서, 혹시라도 차질이 생기지 않도록 미리 치밀하게 작전을 짠 것이다.

만약 사신이 제주에 말이 얼마나 있는지를 물으면, '큰 말 종자는 왜구의 침입으로 멸종되고, 작은 말밖에 없다.'고 대답하라. 만약 말의 가격을 물으면, 전례에 의하여 적당히 대답하라.세종 3년/9/6

보름쯤 뒤에 해수가 서울에 도착하였다. 수신인이 국왕인 세종 대신 상왕인 태종으로 적힌 칙서에는, '소감 해수에게 칙서를 주어 그대의 아들에게 이르게 하였으니, '말 1만 필을 들여보내 북벌에 쓸 수 있게 해주면 말 값을 보내겠다.'고 쓰여있었다.

칙서를 받은 뒤에 세종과 태종이 함께 태평관에 거둥해 환영연을 열던 도중에, 태종이 해수에게 영락제의 요구를 따를 뜻을 밝혔다. 결코 쉬운 일이 아니지만, 힘을 다하여 말 1만 필을 차질 없이 보내겠다고 약속하니, 해수가 '참으로 옳은 말씀이라.'고 칭송하였다.세종 3년/9/21

그날로 진헌관마색을 실치한 태종은 찬성사 소연·칠원군 윤자당·병조판서 조말생·판한성부사 조비형 등을 제조로 임명하고, 15

명의 관원에게 말馬의 마릿수를 분담시켜 1만 마리를 채우게 하였다. 서울과 지방의 문무 관원을 비롯하여, 계약직·염장·역승·도승까지 관직의 품계에 따라 차등을 두어 말馬을 내게 하고, 무녀나 장의사도 말을 내도록 하였다.

지역별로는 서울 2천47필, 개성 유후사 2백40필, 경기도 6백60필, 충청도 1천2백3필, 전라도 1천8백8필, 경상도 2천1백72필, 황해도 8백94필, 함길도 5백46필, 평안도 8백56필, 강원도 1천42필을 거두게 하였다. 만약 마릿수를 채우기가 어려우면, 군軍이나 민간에 적절히 분담시켜 1만 필을 반드시 채우게 하였다.세종 3년/9/21

며칠 뒤에 해수가 관마 여남은 마리를 가져다 보더니, 제조 조비형에게, '말이 작아서 등에 올라타면 두 발이 땅에 닿겠다.'며 코웃음을 쳤다. 비형이 듣고 있다가, '큰 말은 본국의 소산이 아니라.'고 말해주었다. 해수가 듣고는, 있는 대로 인상을 쓰면서, '재상들이 타고 다니는 말을 보니 준마가 많더라.'며, 큰 말들로 다시 뽑아오라고 압박하였다.세종 3년/9/26

그 외에도 일일이 말하기가 어려울 정도로 극심하였던 해수의 안하무인과 오만방자함을 모두 감내하며, 약 두 달 동안 열심히 말을 거둬들였다. 1회에 3백~5백 필씩 모두 열여덟 차례에 걸쳐서 1만 필의 말을 요동 도사가 있는 곳까지 끌어다주었다.세종 3년/10/2~11/28 말 값은 그 뒤에 말 1만 마리를 한 차례 더 보내준 뒤에 합해서 받았다. 그 사이에 우여곡절이 참으로 많았다.

구체적 상황들은, 말들을 이끌고 요동에 들어갔던 대호군 선존의가 임무를 마치고 귀국하면서 도중에 세종에게 올려보낸 글에 상세히 담겨있다. 그 글에는, 선존의가 요동에 이르러 말을 도사에게 넘기는 과정에서, 도사가, '말들이 늙고 작다.'며 많은 말들을 퇴짜놓아서, 선존의가 조선에서 말들을 신경 써서 고른 과정을 알아듣게 설명하여 마침내 통과시킨 이야기가 자세하게 적혀 있다. 말 이야기 뒤에는 북쪽의 전쟁 상황을 간략히 적었다.

3위衛에 주둔하던 달단 군사가 요동을 쳐들어가 약탈을 벌이고 세 보루堡壘의 사람들을 죽이니, 도독 무개 등이 군사를 거느리고 격퇴하였으며, 이후로 군사들을 더 모아서 방비에 힘쓰고 있습니다.세종 3년/11/22

3위는 명나라 조정이 요동에 최고 군정기관으로 요동 도사를 설치하고 그 아래에 군사 운용과 지방행정을 겸하는 스물다섯 개의 '위소衛所'를 두었던 곳들 중에서 세 곳을 말한 것이다. 각각의 지명은 건주위·야인위·모련위였으며, 주로 올량합과 알타리(오도리) 여진족이 집단으로 모여서 살았다. 보루는 적의 침입을 막기 위하여 돌이나 통나무 등으로 튼튼하게 쌓은 구축물을 말한다.세종 3년/11/22 두 달 뒤에 말을 가져다주러 요동에 들어갔던 구경부가 돌아와 북방의 긴박한 상황을 보고하였다.

달단 군사 사십만 명이 심양(봉천)에 진을 치고 버티고 있어, 요동성

의 문이 낮에도 닫혀 있었으며, 우리나라에서 보낸 말을 북경으로
보내다가 중간에서 사백여 필을 빼앗겼습니다.세종 3년/12/12

다시 두 달쯤 뒤에는 정조사를 따라 북경에 들어갔던 통역 섭공분
이 돌아와, '달단이 명나라 국경을 침략하여 길이 막혔다.'고 보고하
였다.세종 4년/2/13

한 달이 채 지나지 않아서, 그해 3월 15일에 영락제가 북방을 정벌
하려 한다는 소식이 전해졌다. 황제가 요청한 말 1만 필을 모두 보냈
음을 알리러 북경에 들어갔던 호조참의 허해가 도중에 사람을 보내
정보를 알려왔다. 그때 태종과 세종은 황해도 우봉과 임강 등지에서
강무講武를 하고 양주 풍천에 머무르고 있었다.세종 4년/3/9

강무란 매년 봄과 가을에 임금이 대신들과 더불어 군사들을 거느리
고 군사훈련을 겸한 사냥 놀이를 하던 것을 말한다. 예정했던 강무 일
정을 마치고 대궐로 돌아온 세종은 의정부와 육조로 하여금 국경수비
를 강화할 방안을 토론하여 아뢰게 하였다.세종 4년/3/21

이후 명나라 사람들이 달단의 공격을 피해서 조선으로 넘어오는 사
례가 날로 늘었다. 얼마 있다가, '달단의 군사가 명나라 국경을 침범
하여, 4월 21일에 황제가 친히 원정에 나설 것'이라는 소식이 전해졌
다. 통역으로 요동에 들어갔던 김시우가 돌아와서 그와 같이 보고하
였다. 그다음 날 평안도 감사로부터, 명나라 백성 열세 명이 달단을
피해서 평안도 지역으로 넘어와 모두 요동으로 돌려보냈다는 보고가
올라왔다.세종 4년/4/17, 4/18

잠시 멈췄다가 다시 말들을 요구했다

나라의 북쪽 국경 너머에 전운이 짙게 드리워 나라가 위기에 처했는데, 태종이 세상을 떠났다.세종 4년/5/10 그래서 나라 전체가 슬픔과 충격에 빠져서 국장 준비에 여념이 없는데, 요동으로부터 전쟁을 피해 국경을 넘어오는 인원이 늘어났다. 요동 백성 이생길과 박인길 등 사십여 명이 달단의 난을 피하여 평안도 강계에 이르렀다.세종 4년/5/16 그 이후로 달단의 공격에 밀렸거나 군영을 이탈한 명나라의 패잔병들이 잇따라 살 길을 찾아서 조선으로 밀려들었다.

그 무렵 영락제의 생일을 축하하러 북경에 들어갔던 오승과, 수출한 말馬 1만 필의 명세를 전하러 들어갔던 허해 등이 구사일생으로 살아서 왔다. 두 사람 모두 낮에는 산에 올라가 사방을 관망하고 밤을 이용해 돌아왔다고 하였다. 달단이 요동·광녕·산해위 등지를 헤집고 다니며 노략질을 자행하여 움직일 수가 없었다는 것이었다.세종 4년/5/25

그와 같은 불편과 긴장을 겪었으면서도 명나라와 달단의 재격돌에 관한 정보들을 수집하여 가지고 왔다. 북경 이북과 서북의 감숙 등지까지 모두 달단이 석권해, 3월 22일에 영락제가 친히 대군을 거느리고 정벌에 나섰다고 하였다. 또, 영락제가 전선으로 떠나면서, 여러 방면에 조서를 내려, 군마를 최대한 많이 동원하여 자신이 있는 곳으로 보내게 했다고 하였다.

바로 다음 날 요동 사람 문장명의 아내가 달단의 난을 피해서 자녀들을 거느리고 의주 강변에 이르렀다.세종 4년/5/26 며칠 뒤에 또 요동의 남녀 스물세 명이 달단의 난을 피해 평안도 창성에 도달하였다.세종 4년/6/2 이후로도 계속해서 피난민이 몰려올 것이 예상되자, 나라에서 대응책을 마련하여 국경의 지휘관들에게 내려주었다.

> 요동 사람이 도망쳐 넘어오면 양식을 나눠준 뒤에 여러 차례로 나
> 누어 다시 요동으로 데려다줘라. 무기를 들고 집단으로 넘어오면,
> 방어를 맡은 장수가 요새를 단단히 지켜 입경을 차단하라. 만일 함
> 부로 국경을 넘어오면 상황에 따라 대처하라.세종 4년/6/8

그 무렵 태종의 부고를 알리러 북경에 들어갔던 이발이 표문만 전해주고 부고는 전하지 못한 채 그대로 들고 되돌아왔다. 명나라 예부에서 흉사를 알리는 부고를 행재소에 보낼 수 없다며 이행의 방문을 막았기 때문이었다. 이발 등이 북경에 이르렀을 때 영락제는 달단을 정벌하러 군사를 거느리고 북쪽으로 진군하고 있었다.세종 4년/8/13

보름쯤 뒤에 명나라 백성 서른세 명이 달단의 난을 피해 평안도로 도망쳐와 모두 요동으로 돌려보냈다. 20일쯤 지나서, '영락제가 몽골에 있는데 머지않아 북경으로 귀환할 것이라.'는 소식이 들렸다. 한 달 반쯤 뒤에, 황제가 북쪽의 침략자들을 토벌하고 대궐로 돌아와 반포한 조서가 이르렀다. 명나라의 두 번째 승전 소식을 접한 세종은 곧바로 사신을 들여보내 영락제의 북방 평정을 하례하였다.세종 4년/8/30, 9/21, 11/7, 11/19 하지만 달단이 굴복한 것이 아니었다. 한 달쯤 뒤에 달

단이 요동 등지를 공략한다는 소식이 또 들렸다.세종 4년/윤12/24

다음 해 2월, 황제가 다시 또 친히 군사를 거느리고 정벌하려 한다는 소식이 전해졌다. 황제에게 새해를 축하하러 들어간 진하사의 서장관으로 따라갔던 이세형이 북경에서 돌아오면서 정보를 가져왔다. 그보다 앞서 수만 명의 달단 군사가 중원을 공격하였다고 보고하였다.세종 5년/2/17

6개월이 채 안되어 평안도 절제사 최윤덕이 명나라 사신이 나오고 있다고 급히 보고를 올렸다. 소감 해수와 예부 낭중 진경이 수행원 스무 명을 거느리고 궤짝 사십여 개를 가지고 7월 27일 용봉참龍鳳站에 이르러 유숙하고 있다고 하여, 세종이 즉시 판한성 권진을 원접사로 삼아 선온을 가지고 가게 하였다.세종 5년/7/30

용봉참은 명나라가 구련성九連城과 심양瀋陽 사이에 설치하였던 여덟 역참, 즉 동팔참東八站 가운데 한 곳이었다. 그 여덟 곳은 탕참湯站 → 개주참開州站(봉황성, 봉성) → 사열참斜烈站(진동보) → 용봉참龍鳳站(진이보) → 연산참連山站 → 첨수참甛水站 → 두관참頭館站 → 요양遼陽 등이었다. 각 역참에는 숙소와 수비병이 있어 그곳에 투숙하면 신변의 안전이 보장되었다. 선온은 임금이 신하에게 내려주는 술과 음식을 일컫던 말이다.

바로 다음 날 통역으로 북경에 들어갔던 김언용이 돌아와, 명나라에서 두 사신을 내보낸 이유를 아뢰었다. 사신들이 오는 목적은 세자(뒤의 문종) 책봉에 대한 인준을 청했던 일로 오는 것인데, 영락제가 상차 달단을 정벌하려고 말 1만 필을 요구한 칙서를 가지고 온다는 것

이었다. 세종 5년/8/1

언용의 보고를 접한 세종은 곧바로 세 정승과 육조의 판서들을 불러서, 말 1만 필을 보내줄 일을 걱정하였다. 전년에 이미 1만 필의 말을 들여보내 더 보내줄 말을 거두기가 어려울 것을 염려한 것이다. 세종이 걱정스러운 어조로 염려를 드러내자, 세 정승과 육조의 판서들도 뾰족한 묘책을 내놓지 못하고, '부득이하여 명령에 응하게 되면, 풀이 마르기 전에 한두 번 보내는 것이 옳을 것이라.'고 얼버무렸다.

하지만 칙서가 온 이상 따라야 하였기에, 즉시 관마색을 설치하고, 좌·우의정과 영돈녕 권홍·참찬 김여지·병조판서 조말생·인수부윤 이종선 등을 실무책임자로 임명하였다. 그다음 날 아침조회가 끝나서 다른 재상들은 모두 물러갔는데 이조판서 허조가 말馬 이야기를 꺼내더니, 영락제에게 말의 수효를 줄여줄 것을 요청하자고 제안하였다. 세종 5년/8/2

명나라에서 작년에 이미 1만 필의 말을 가져가서, 나라의 말이 예

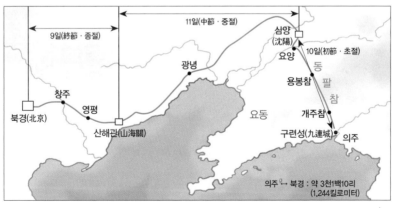

〈그림 3〉 동팔참(東八站)

전보다 많이 줄어들었을 뿐만 아니라, 말들이 활기차지도 못하다는 것이었다. 또, 전에는 사대부 집이면 말이 두서너 필 이상씩 있었고, 서민들의 집에도 충실한 말들이 있었으나, 지금은 사대부 집에도 한 필에 지나지 않는다며, 국가의 방위력이 위축될 가능성을 염려하였다.

말은 군정軍政의 급선무인데, 충실한 말 2만 필을 골라서 보내면 2만의 기병이 줄어들게 되어, 신은 밤에도 잠을 자지 못할 정도로 걱정이 큽니다. 우리 태조께서 고황제高皇帝(주원장) 때에도 말을 한번에 3천~4천 필씩 보낸 적이 없었으니, 반으로 줄여줄 것을 주청하여, 5천 필만 바치는 것이 어떻겠습니까. 부득이하여 다 보내야 한다면, 내년에 보내는 방법도 가능할 것입니다. 영락황제가 하는 일 가운데 도리가 아닌 것이 많사온데, 북쪽이 계속 소란하여 전쟁이 그치지 않는다면, 작고 좁은 나라로서 끝없는 요구를 어떻게 다 따르겠습니까. 또, 만약 황실의 천명이 다하여 달단이 승리를 거둔다면, 우리가 끝까지 명나라를 섬길 수가 없게 되고, 다시 들어선 나라도 반드시 같은 수효만큼 말들을 요청할 것이니, 지금 주청하여 감하지 않으면 만세의 걱정이 될 것입니다.세종 5년/8/2

허조가 앞장을 서니 병조판서 조말생이 가세하여 거들었다. 허조와 조말생이 편전을 나간 뒤에 세종이 승정원의 어싯 내언(승지)에게 의견을 물으니 모두가, '황제의 요구대로 따르자.'고 하였다. 허조의 말은 깊이 생각하고 먼 앞일을 헤아린 계책이라 할 수 있고, 또, 평안도 사람들이 이중고를 겪을 것이 분명하지만, 세종이 즉위하고 오래 되지 않았으니 황제의 지극한 은총을 잊으면 안 된다는 것이었다. 세종 5년/8/2

대언들이 대답을 마치자 세종이 고민에 빠졌다. 허조의 말대로 5천 필로 감축해 줄 것을 청할 것인지, 아니면 형편이 어려워도 황제의 요구대로 따를 것인지, 정하기가 어려웠기 때문이다. 하지만 선택을 하여야 하였기에, 한참 저울질을 하다가, 승정원의 권고대로, 특명을 내려 명나라에 보내줄 말을 분담케 하였다.

2년 전의 전례를 그대로 따라서, 서울 2천50필, 유후사 2백50필, 경기도 6백50필, 경상도 2천2백 필, 전라도 1천3백50필, 충청도 1천2백 필, 강원도 8백 필, 황해도 8백 필, 함길도 5백 필, 평안도 6백 필을 분담시켜, 합계 1만 4백 필을 거두게 하였다. 자원해서 말을 바치는 경우도 받아주게 하였다. 세종 5년/8/4

장차 말을 바칠 때를 대비하여, 평안도 감사에게 명을 내려, 동팔참 길가의 들에 있는 풀을 태우지 못하게 하였다. 세종 5년/8/13 그다음 날은 명나라에 보낼 말의 먹이로 사용할 콩을 의주로 옮기게 하였다. 명나라에 들여보내는 말 1만 필이 의주에 도착하면 동팔참에서 먹일 사료로 콩을 주어야 하는데, 서울에서 의주 사이의 각 고을과 의주 창고에 저장된 콩만으로는 부족하였기 때문이었다. 세종 5년/8/14 며칠 지나서 황제가 조선의 세자 책봉을 승낙하는 칙서와 더불어서 '말 1만 필을 팔라.'는 칙서가 도착하였다.

작년에 내가 달단을 정벌할 때 왕이 말 1만 필을 들여보내 국가에서 쓸 수 있게 해줬던 일을 매우 고맙게 생각한다. 이번에 소감 해수에게 은과 비단을 주어서 조선에 보내 그 값을 지불하게 하였으니 수령하기 바란다. 아울러서 해수가 나가는 편에 또 칙서를 주었으니, 받는 즉시 말 1만 필을 들여보내 국가의 용도에 쓰이게 하라.세종 5년/8/18

이틀 뒤에 세종이 친히 관마색에 나아가 명나라에 보내주려고 모아들인 말들을 살펴보았다.세종 5년/8/20 같은 날 통역 김을현으로 하여금 여러 털색깔의 말 7백 필을 요동까지 끌고가서 도사에게 넘겨주게 하였다. 이후 약 두 달에 걸쳐서, 1회에 1천 필씩 모두 일곱 차례로 나누어 7천 필 안팎의 말을 들여보냈다. 2년 전의 경험 덕분이었는지, 이때는 7천 필의 말을 열 차례로 나누어 1개월 남짓 만에 모두 들여보냈다.세종 5년/8/20, 8/26, 9/2, 9/8, 9/14, 9/23, 9/26, 10/8, 10/15, 10/20

말을 7천 필쯤 들여보냈을 즈음, 명나라 영락제가 친히 6군을 거느리고 7월 24일에 북쪽으로 달단을 정벌하러 떠났다는 소식이 전해졌다.세종 5년/10/8 말 수출을 위해 통역으로 요동을 들어갔던 김을현이 돌아오면서 정보를 가져왔다.

한편, 열 차례로 나누어 요동으로 말들을 보내는 과정에서 요동 관리들이 수없이 애를 먹이고 까탈을 부렸디. 매 회마다 한 딜씩 시간이 걸려서 힘들게 요동까지 가져다준 말들 가운데 7백26필을 되돌려보냈다. 말들이 늙어서 기운이 없다고 트집을 잡은 것이다.

보고를 청취한 세종은, 그런 상황에서는 1만 필을 채우기가 어렵다고 판단하고, 요동 도사에게 국내의 어려운 사정을 전하고 협조를 구하였다. 상호군 김시우를 요동에 들여보내, '말의 징발과 운송의 어려움을 황제에게 알릴 터이니, 병에 걸린 말을 제외하고 들여보내는 말들이 도착하는 대로 받아 달라.'고 부탁하였다. 아울러서 되돌아온 말들을 보충하기 위해, 세 차례에 걸쳐서 8백24필을 더 들여보냈다.세종 5년/10/14, 10/22, 6년/1/19, 1/22, 1/25, 2/2

그 사이, 명나라로부터 말 값으로 받아다가 말을 바친 사람들에게 나눠줄 비단과 무명의 분량을 정하였다. 관마색에서 신축년(1421)과 계묘년(1423)의 말 값을 기준으로 산출하게 하였다. 중마中馬 상중등은 마리당 비단 세 필에 무명 두 필, 중마 하등과 하마 상등은 비단 두 필에 무명 세 필, 소마 중하등은 비단 두 필에 무명 한 필씩을 쳐서 나눠주게 하였다. 주고받기 전에 분실되었거나, 돌아오는 길에 사고로 죽었거나, 도망쳐 달아난 말에 대하여는 마리당 비단 한 필씩을 주게 하였다.세종 6년/1/10

그다음에는 명나라로부터 말 값을 받아올 방법을 정하였다. 요동에서 받은 비단과 베를 일단 황해도 금천군의 조읍포로 옮긴 뒤에, 경기 우도의 수참선으로 하여금 교동과 강화의 병선에 나누어 싣고서 서울 서강까지 운반하는 것으로 하였다. 경기 감사 유사눌의 건의를 따른 것이었다.세종 6년/1/11

병조참의 유연지와 통역사 판사 김을현 등을 요동에 보내 말 값을 받아왔다. 2년 전에 보내준 1만 필까지 합한 2만 필의 값으로, 비단과 명주를 합하여 8만 8천2백90필이었다. 품목별로는 각각 생실로 짠 폭넓은 비단 4만 9천8백65필, 붉은 비단 1천6백1필, 남색 비단 3백1 필, 초록 비단 9백3필, 청색 비단 3백4필, 넓게 짠 무명 3만 5천3백6 필이었다. 세종 6년/2/17 요동에서 받은 말 값을 황해도로 운반하다가 황해도 백성 열세 명이 죽어서, 희생자의 유족들에게 각각 쌀과 콩 4석 씩을 주게 하였다. 세종 6년/3/11

이 무렵, 영락제의 북방 평정을 하례하러 명나라에 진하사로 들어 갔던 우군 도총제 권희달이 북경 현지에서 소동을 일으켰다. 사신으로서의 예의와 체통을 망각하고, 명나라 사람들과 외국인들이 함께 북경의 외국 사신 숙소인 회동관에 모였을 때, '조선에서 진헌한 말들은 똥을 싣고 다니던 말이라.'고 큰소리로 떠벌린 것이다.

그뿐만 아니라 희달이 또 명나라 황제의 궁정에 들어가서는, 명나라 관원들과 여러 나라 사신이 보는 앞에서 팔뚝을 걷어붙이며 주먹을 쥐고 말 운반책인 김신복을 강제로 쫓아냈다. 희달의 추태가 국내에 전해지자 조정이 발칵 뒤집혔다. 세종 6년/3/21

3개월쯤 뒤에 명나라에 사신으로 들어갔던 예조판서 신상이 임무를 마치고 귀국하면서, 영락제가 친히 군대를 이끌고 북벌에 나설 것이라는 소식을 가져왔다. 신상의 보고를 접한 세종은 즉시 동지총제 현귀명에게 예물을 주어서 영락제의 행재소에 보냈다. 예물로는 베와 무명을 섞어서 1백 필과 인삼 1백 근 이외에, 털색깔이 각기 다른 말 10필을 가져가게 하였다. 세종 6년/6/12

한 달쯤 뒤에 실로 충격적인 초대형 소식이 전해졌다. 친히 달단(몽골군) 토벌에 나섰던 영락제가 야전에서 악천후를 만나 졸지에 횡사한 것이다. 그때 영락제의 나이는 65살이었다. 황태자이던 아들이 새 황제(홍희제)로 즉위하였다. 하지만 불과 1년 만에 죽고, 그의 아들이 다시 황제(선덕제)가 되어서, 신년을 축하하러 하정사를 들여보내면서 종마 50필을 가져가게 하였다.세종 8년/9/21 그다음 해 4월에 선덕제가 '말 5천 필을 팔라.'고 칙서를 보내왔다.

칙서가 도착하는 대로 말 5천 필을 골라서 들여보내 국가의 전쟁에 쓸 수 있게 해주면 마땅히 값을 치를 것이니, 왕은 나의 지극한 마음을 알아주기 바라오. 특별히 부탁하오.세종 9년/4/21

이전의 경험을 살려서 짧은 기간에 5천 필 가까운 말들을 요동으로 보내주었다. 5월 11일부터 6월 16일까지 한 달 남짓한 기간에 걸쳐서 한 번에 6백 필씩 여덟 차례로 나누어 보냈다. 마지막 아홉 번째는 다 채우지 못한 2백 필에다 퇴짜를 맞고 되돌아온 49필을 모두 채워서 들여보냈다.

4개월쯤 뒤에 세자(훗날의 문종)가 명나라에 가게 되어, 황제에게 예물로 바칠 말 50필, 교대로 타고 갈 말 25필, 짐을 싣고 갈 말 24필을 가져가게 하였다. 대호군 윤중부와 사직 황보신을 비롯한 필수요원 스물네 명과 하인 두 명을 딸려서 보냈다.세종 9년/10/13

3년쯤 지나서 여진부족인 알타리(오도리)와 올량합으로부터 몸집이 큰 몽골말을 구하여 번식시키게 하였다.세종 12년/4/17 4개월 뒤에는 진헌할 말의 크기를 미리 정해놓았다.세종 12년/8/24 일주일 뒤에, 병조참판 정연을 천추사로 임명하여 황태자의 생일에 맞춰서 말을 가지고 들어가게 하였다. 정연이 북경으로 출발하기에 앞서, 세종이 친히 정연에게 말 진헌에 관한 예상 질문과 모범 답변을 일러주었다.

> 만약 명나라 예부에서, '종마와 진헌마는 모두 큰데, 이것은 어찌 이같이 작으냐.'고 묻거든, '제주에서 방목되던 몽골말의 종자가 본래 적은 데다가, 세월이 오래 지나면서 토종말과 서로 섞였습니다. 3년마다 정기적으로 바치는 종마와 특별한 일이 있을 때 바치는 별진마는 엄격히 골라서 비교적 큰 편입니다. 그러나 조공으로 바치는 말들까지 엄격히 고르면, 몽골말의 숫자가 적어서 뒤를 잇기 어려울 것 같아, 토종말만 골라왔습니다.'라고 대답하라.세종 12년/9/1

이후로는 명나라로부터 '말을 수출하라.'는 요구가 오지 않았다. 당시 명나라 황제였던 선덕제가 북벌에 총력을 기울여 원나라의 잔존세력을 거의 제압하였기 때문이었다. 결과적으로 조선으로서도 북방의 대규모 전쟁에 따른 공포와 불안을 덜 수 있었다. 북방에서 원나라의 영향력이 사라진 틈을 타서, 야인野人이라고 통칭하던 여러 부류의 여진부족이 조선의 동북면(함길도)과 서북면(평안도)의 국경을 교란하였으나, 조선의 군사력이 절대적으로 우세해 문제가 없었다.

오랜만에 나라가 안정을 되찾자 세종은 백성의 삶에 도움이 될 만한 발명과 창작에 전력을 집중하여 눈부신 성취를 이루었다. 그런데 보위에 오른 지 20년이 가까워지자 세종이 조만간 왕위에서 물려날 마음을 먹은 듯한 언동을 보였다.

재위 18년에 국정운영 방식을 '육조직계제'에서 '의정부서사제'로 바꾸어 세 정승에게 권한을 대폭 넘기더니, 그다음 해에는 인사·국방·외교 등을 제외한 나머지 국정을 세자에게 맡기려 하였다. 즉위한 이래로 줄곧 열정을 쏟았던 경연도 중지하고, 급기야는 봄과 가을에 많은 군사를 거느리고 야외에 나가 군사훈련을 실시하는 강무講武 행사마저도 세자에게 넘기려고 하였다.

세종은 왜 그랬을까? 여러 가지 추정이 가능할 것 같은 상황에서, 유력한 해답이 될 수 있을 법한 생각 하나가 섬광처럼 머릿속을 스친다. 혹시 훈민정음을 창제할 시간을 벌려고 그랬었나? 그 무렵 세종은 건강 상태가 극도로 나빴다. 그런데도 5~6년 뒤에 매우 과학적이면서 누구나 배우기 쉽고 쓰기 쉬운 훈민정음을 창제하였다. 그러므로 거의 최악의 상황이었던 세종의 건강 상태와 훈민정음 창제의 무게감을 연계시키면, '자신의 죽음을 예감하고, 죽기 전에 기필코 문자개량을 이루기 위한 「시간 벌기」였다.'는 가설을 세워봄직하다.

한편, 세종이 훈민정음을 창제하고 그에 대한 해례본까지 완성하여 책자로 출간한 이후로 북쪽의 국경지역에 다시 또 전쟁의 기운이 감돌았다. 원元나라의 후예들이 다시 세력을 키웠던 것이다. 그보다 앞서 북원北元은 명나라와의 싸움에서 여러 차례 패한 뒤에 정치적 분열과 내분으로 동몽골(6만호)과 서몽골(4만호 오이라트족)로 갈라졌다. 동몽골은 다시 남북으로 갈라져 각각 3개의 독립국을 형성하였다.

그 후 서몽골의 탈탈불화脫脫不花라고 하는 자가 오이라트족의 세력을 키워서 탈환이라는 자에게 통치를 맡겼다. 탈환이 권한을 마음대로 휘두르다 1443년(세종 25)에 죽었다. 탈환이 죽기 전부터 그의 아들인 야선也先이 그의 무리를 이어받아 아비처럼 전권을 휘둘렀다.세종 24년/8/12 야선의 세력이 점차 강대해지면서 다시 몽골제국의 부활을 외치며 명나라를 거세게 공략하였다. 야선의 성장은 명나라뿐만 아니라 조선에도 심각한 위협이 되었다.

세종 재위 24년 5월 초엽에 함길도 절제사 이세형으로부터, '달단의 독토올왕篤吐兀王 등 열여섯 명이 몽고 황제의 칙서를 가지고 4월 16일에 아적랑이阿赤郞耳에 이른 것을, 의리로써 거절하고 받아들이지 않았다.'는 보고가 올라왔다. 달단의 사신이 자기네 황제의 칙서를 가지고 조선을 찾아온 것이었다.

보고를 접한 세종은 황희·신개·하연·황보인과 승문원 제조 권

〈그림 4〉 조선 초기의 여진부족 구분(중국 기준)

제 · 김종서 · 정인지 · 유계문 · 안지 등을 불러서 명나라 황제에게 그 사실을 알려야 옳을는지를 토론에 부쳤다. 대신들 모두가 한목소리로, '작은 일이 아니니 마땅히 알려야 한다.' 하니, 즉시 첨지중추원사 이변을 주문사로 임명하여 주본을 들여보냈다. 세종 24년/5/4, 5/9, 8/12, 8/15 그로부터 5년쯤 뒤인 1447년(세종 29) 6월에 평안도 감사에게 야선의 동향에 관한 유시諭示를 내렸다.

통역 김신이 요동으로부터 돌아와서 아뢰기를, '야선이 이끄는 달단의 대군大軍이 겨울철에 해서海西 야인을 공격하려고 황하黃河에 군사들을 주둔시키고 있으며, 요동에서는 그들의 공격에 대비하여 전투태세를 가다듬고 있다.'고 하였다. 내 짐작으로는 야선이 이미 삼위三衛를 무지르고 해서 야인까지 치려고 하여서, 여러 부족의 야인들이 겁이 나서 감히 편안하게 살기가 힘들 것 같다. 그리고 야선이 다시 일어나서 이와 같이 세력을 키웠으니, 앞으로 어떤 변란이 일어날는지 예측하기가 어렵다. 경은 이러한 사정을 깊이 유념하고 비밀리에 여러 가지 일들을 빈틈없이 챙기도록 하라. 세종 29년/6/27

정예 군사 10만 명을 요청하기도 하였다

4개월쯤 뒤에 중국인들을 압송하러 요동에 들어간 통역사 김유례가 야선의 동향에 관한 정보를 급히 알려왔다. 야선이 군사 수만을 거느리고 황하강 상류에 주둔하고 있는데, 황제가 요동을 지키는 장수들에게, '야선이 장차 조선까지 쳐서 흔들 것이라.'고 칙서를 내렸다는 것이었다.

유례의 보고를 접한 세종은 영의정 황희, 좌의정 하연, 우의정 황보인, 좌찬성 박종우, 우찬성 김종서, 좌참찬 정분, 우찬성 정갑손, 병조판서 김효성, 참판 이승손, 도진무 이견기·민신·이양·하한 등을 불러 대응책을 토론에 부쳤다.

> 야선이 요동을 버리고 멀리 우리나라를 치는 일은 없겠지만, 그러나 우리나라에서 지난번에 그 나라의 조서詔書를 받지 아니하여, 혹시 그 일로 인하여 앙심을 품고 군사를 보낼는지도 모르니, 동북면(함길도)과 서북면(평안도)의 방비를 늦추면 안 된다. 마병馬兵은 보내기가 어려우니, 국경 인근의 군郡·읍邑에 보병과 화포를 증강하여 성城을 지키며 기다리게 하면 어떻겠는가.세종 29년/10/29

대신들에게 질문을 던진 세종은 오래 침묵을 유지하며 다양한 의견을 듣기만 하였다. 일주일 뒤에 도승지 이사철과 좌부승지 안완경을 의정부에 보내서, 야선의 군사가 우리 국경에 나타날 경우에 따른 대응책을 논의하여 아뢰게 하였다

> 만약 야선이 직접 군사를 거느리고 우리 국경에 이르러, 부하 상수에게 많은 군사를 붙여서 곧장 서울로 진군시키려고 하면, 아군 장

수가 임기응변으로 저지하겠지만, 혹시 저쪽에서 무시하고 따르지 않으면 어떻게 대처하라고 하는 것이 좋겠는가.세종 29년/11/6

모두가 말하기를, '형세를 보아서, 저쪽의 군사가 적고 오로지 화친하고자 하는 것이면 마땅히 앞서 의논한 대로 따르도록 하고, 만일 군사가 많고 또 침략할 기미가 보이면 성문을 닫아걸고 굳게 지키게 하자.'고 하였다. 아울러서 여러 고을의 주민과 물건들을 성안으로 옮기고 들판의 곡식을 모두 거두게 하자며, 단계적인 대응전략을 내놓았다.

남도 군사를 징발하여 보내기로 한 계획을 앞당겨 추진하면서, 저들에게 사람을 보내, '묵은 원한도 없는데 무엇 때문에 갑자기 사이를 벌리려고 하느냐.'고 전하는 것입니다. 그런 뒤에도 저쪽에서 싸우자고 나오면, '우리도 군사와 무기가 충분할 뿐만 아니라, 편안히 지내던 아군을 움직여 피로한 군사들과 맞서면 우리가 절대로 유리하다.'고 하는 것입니다. 그럼에도 불구하고 저쪽에서 공격해오면, 우리도 응전하는 수밖에 도리가 없습니다.세종 29년/11/6

대신들의 의견을 촘촘하게 경청한 세종은 대신들이 제안한 그대로 평안도와 함길도의 감사와 절제사에게 지시를 내렸다. 그 뒤로 야선의 움직임에 관한 별다른 첩보가 올라오지 아니하자, 두 달쯤 뒤에 다시 또 평안도 감사와 절제사에게 경각심을 환기시켰다.

야선의 동태에 대한 확실한 정보는 없으나, 황제의 생일을 축하하러 북경을 다녀온 절일사節日使의 보고에 따르면, 별 일이 없는 듯하다. 경은 이러한 상황을 잘 새겨서, 공연히 소란을 피우지 말고, 주민들이 풍족하게 살 수 있게 해주면서 국경을 엄하게 지키도록 하라.세종 30년/1/6

50일쯤 지나서 좌의정 하연 등을 불러서 야선의 동향에 관한 보고를 독촉하더니, 곧바로 함길도 절제사에게 유시諭示를 내려서, 군역으로 백성을 피로하게 하지 말 것을 당부하였다.

지난겨울에 야선의 군사가 해서海西 지역에 이르렀다. 함길도는 저들의 땅과 경계가 연접하여 정보를 듣기가 수월할 것 같아서, 앞서 정보 수집을 지시하였는데, 어찌하여 아직까지 보고가 없는 것인가. 이제라도 믿을 만한 야인에게 자세한 정보를 물어서 아뢰도록 하라. 그리고 적에 관한 정보도 없으면서 미리 군사를 움직이는 것은 바람직하지 않으니, 우선은 봉화대에서 망을 보거나 봉화를 피워 국경을 잘 지키면서 주민들에게 전처럼 농사를 짓도록 권고하라.세종 30년/2/26

세종이 좌의정 하연 등을 불러서 야선의 동향에 관한 보고를 독촉하고, 동시에 함길도 절제사에게, '군역으로 백싱을 피로하게 하지 말라.'고 지시한 이후로 야선은 이렇다 할 동향을 보이지 않았다. 그런 상태로 1년 반 가까이 별다른 사건이나 변화가 없다가, 세종이 숨을 거두기 6개월 전인 다음 해 9월에 명나라의 정통제로부터 장문의 칙서가 왔다. 조선의 정예군을 요동에 파견하여 야선과 싸우는 자기네 군대를 도우라는 내용이었다.

> 원元나라 잔당의 추장인 탈탈불화 등이 우리 국경을 재차 침범할 것이라고 떠들 뿐만 아니라, '장차 조선의 국경에 쳐들어가 노략질을 저지르고 여진부족과 가축을 약탈할 것이라.'는 첩보가 있다. 그러니 왕은 대장군으로 하여금 정예 병사 10여 만을 거느리고 요동의 여러 장수와 더불어 협공을 전개하여 적을 격퇴하는 데 앞장서게 하라. 요동의 적이 망해서 사라지게 되면 위로는 천도에 부합되고 아래로 인심에 부합할 것이며, 요동뿐만 아니라 조선에도 큰 이익이 될 것이다.세종 31년/9/9

칙서를 읽어본 세종은 곧바로 북경에 사람을 들여보내 정통제에게 군대 파견을 면제해줄 것을 요청하였다. 나라의 3면이 바다인 데다 일본의 섬들인 왜산倭山, 대마對馬, 일기一岐, 화가花加 등지에 기거하는 도적들이 수시로 국경을 침범해 파병이 곤란하다고 적어서 보냈다.세종 31년/9/19

그런데 열흘 뒤에 명나라에서 믿기지 않는 일이 벌어져 세종의 시름이 단숨에 씻어졌다. 황제인 정통제가 달단을 친히 정벌하러 나섰다가 적에게 사로잡힌 것이다. 정통제의 생일을 축하하러 북경으

로 출발한 정척이 요동에 이르러 급하게 그 소식을 보내왔다.세종 31
년/9/29

1449년(세종 31) 동서 몽골 통일에 성공한 오이라트(Oirāt)족의 족장
야선也先이 명나라를 공격하였다. 정통제가 친히 군사를 이끌고 맞아
싸우다가 토목보土木堡 전투에서 대패하여 사로잡혔다. 흔히 '토목의
변'이라고 불리는 사건이다. 황제가 된 지 14년 만에 적의 포로가 되
었지만, 당시 정통제는 스물세 살에 불과한 젊은이였다.

정척의 보고에 따르면, 황태후가 정통제의 서자 견심을 황태자로
책봉하고, 정통제의 이복동생 주기옥을 황제로 등극시켜 연호를 '경
태景泰'로 고쳤다. 아울러서 적에게 잡혀간 정통제를 태상황제라 칭하
게 하였다. 비록 적진에 억류되어 있어도 황제가 죽은 것은 아니어서,
졸지에 한 나라에 두 명의 황제가 공존하는 기현상이 벌어진 것이다.
일주일 뒤에 명나라 황태후가 보낸 조서가 다다랐는데, 거기에는 '8
월 22일에 정통제가 적에게 붙잡혔다.'고 적혀있었다. 세종 31년/10/7

그러니까 세종이 정통제가 구원군 파병을 요청한 칙서를 받고 파병
면제를 청하는 글을 보냈을 때는, 정통제가 이미 적에게 잡히고, 경태
제가 새 황제로 등극한 이후였다. 그런데 정통제의 나포로 인한 충격
이 채 가시기도 전에, 사은사로 북경에 들어갔던 김하가, 놀라운 두
가지 소식을 연달아 알려왔다.

첫째로, 요동 사람으로부터 들은 말이라며, '야선이 군사 3천 명을
붙여서 정통제를 북경으로 돌려보낼 것이라고 한다.'고 아뢰었다. 세종
31년/10/18 둘째로, '정예군 파병을 면해주는 대신 말 2~3만 필을 보내

라는 칙서를 가지고 사신이 나온다.'고 보고하였다. _{세종 31년/12/22}

  김하의 통역으로 북경에 따라갔다가 먼저 돌아온 고용지로부터 김하의 두 번째 보고를 전해들은 세종은 곧바로 하연·황보인·박종우·정분·정갑손·정인지·허후 등을 불러서 보내줄 말의 수효를 토론에 부쳤다. '형편이 어려우니 5천 필을 넘기지 말자.'는 의견이 대세를 이루었다. 도리를 생각하면 적어도 1만 필은 보내줘야 하겠지만, 도리를 따질 때가 아니라고 하였다. 하지만 세종은 '최소한 1만 필은 보내고 싶다.'는 뜻을 강력하게 밝혔다.

지금 명나라에서는 달단 군사가 변방을 침략하여 사람과 말들을 죽이고 잡아가서, 광녕위廣寧衛 같은 곳은 마필이 거의 씨가 말랐다고 한다. 예전에 당唐나라 현종이 수도인 서안을 버리고 피난을 떠날 때는 그 조짐이 미리 나타났지만, 이번 중국의 변란은 뜻밖에 생긴 것으로써, 피폐해진 정도로 말하자면 일찍이 이번처럼 심한 적이 없었다. 그러므로 만약 우리가 말의 수효를 줄여서 보낸다면, 명나라에서 틀림없이, 우리나라가 명나라의 쇠퇴와 달단의 흥성을 보고 장차 두 마음을 가지려 한다고 의심을 품을 것이다. 예로부터 우리나라는 예의의 나라로 칭송받으며 정성껏 중국을 받들어왔다. 심지어는, 송나라가 남쪽으로 밀려나고 중국 전체가 몽골군의 손아귀에 들어갔을 때도 예를 잃어버리지 않고 바다를 건너가서 하례하였다. 또, 현종이 '안록산의 난'을 피하여 촉蜀으로 갔을 때도 신라에서 양자강을 거슬러 올라가 하례하였기에, 현종이 이를 가상하게 여겨서, 지금까지도 아름다운 역사로 전해지고 있다. 이번에 황제가 우리에게 말을 팔라고 요구한 것은 명분과 교화에 관계되는 것으로써, 황제가 변방이 피폐해지는 것을 막으려는 의도에서 비롯된 것이니, 반드시 공경하여 받들어야 할 것이다. 경들은 5천 필만 바치자고 하나, 나는 1만 필을 채우려고 한다. 하지만 헛된 공명심에 취했다가는 치명적인 해를 입을 수도 있는 법이니, 대뜸 1만 필을 보내기로 정하지는 않겠다. 고황제(홍무제, 주원장)·태종황제(영락제)·선덕황제 때도 말을 사간 적이 있으니, 기록을 참고하여 적절한 수효를 정해서 아뢰도록 하라.세종 31년/12/22

이 무렵 세종은 건강이 극도로 악화되어 있었다. 그럼에도 불구하고 북방의 전쟁 동향에 촉각을 곤두세웠다. 승정원에 어명을 내려서, 요동에 들어가 국가 안보와 관련되는 중요한 정보를 알아온 자에게는 그 가치에 상응하는 상을 내리게 하였다. 무직자에게는 관직을 주고, 유직자에게는 품계를 올려주게 하였다. 알아온 첩보의 가치가 떨어지더라도 말馬과 의복으로 섭섭지 않게 포상하게 하였다.세종 31년/12/27 그로부터 일주일 뒤에 김하가 새로 등극한 경태제의 칙서를 가지고 왔다.

지난번에 달단 군사가 북쪽 국경을 침범하였을 때 조정에서 왕의 나라에 군사를 보내라고 칙서를 보냈으나, 짐이 황세가 되어 가상 먼저 그 무리를 무찔렀기에, 이미 왕에게 칙서를 보내 군사를 보내지 말라고 하였다. 그런데 생각해보니, 나라를 보전하는 데는 군사가 제일이고, 군사를 쓰는 데는 말馬보다 급한 것이 없는데, 왕의 나라에서 말이 많이 나니, 칙서가 이르거든 사람을 보내 말 2~3만 필을 북경으로 가져오게 하라. 형편이 되면 더 많이 보내도 좋다. 말들을 들여보내면 값을 쳐서 보내줄 것이고, 결코 헛되게 빚을 지는 일은 절대로 없을 것이다. 이와 같이 하면 우리 조정에 대한 왕의 충성심이 확인될 것이니, 칙서대로 이행하라.세종 32년/1/5

칙서를 확인한 세종은 곧바로 진헌관마색을 설치하고, 우선적으로 5천 필 범위에서 전국의 각 품관에게 거둬들일 말의 수효를 차등 있게 분담시켰다. 아울러서 대신들과 더불어, 경태황제에게 말을 숫자대로 보내지 못하는 사정을 전하는 방안에 대해 의견을 나누었다.세종 32년/1/11 이틀 뒤에는 승문원 제조 하연 · 황보인 · 정인지 · 허후 · 김청 · 정창손 등을 불러서 말을 들여보내기에 적합한 시기 등을 물었다.

옛적에 태조께서 도읍지로 삼을 땅을 살피려고 충청도 · 전라도 · 경상도에 거둥하셨을 때에 명나라 사신이 왔었는데, 오랫동안 밖에서 계시느라 회답을 늦게 하였더니 고황제(주원장)가 잘못이라 하였다. 이제 새 황제가 즉위하여 우리에게 구원병을 요구하고, 그것을 미처 따르기도 전에 또 군마를 요구하는데, 수량대로 바칠 수 없어서 미안한 마음이 크다. 첫 운송은 어느 때 몇 필을 보낼 것이

며, 주문사는 언제쯤 출발시키는 것이 좋겠는가._{세종 32년/1/13}

세종이 말을 마치자 우의정 황보인이, '과거의 전례들을 확인해보니, 첫 번째 운송은 5백 필을 넘기지 않았다.'고 아뢰었다. 세종이 듣고서, 말들을 요동까지만 가져다줄 것인지, 아니면 명나라 조정이 있는 북경까지 가져다줄 것인지에 대해 의견을 물었다. 하연과 황보인이 요동까지만 가져다주자고 하였다.

북방의 달단이 명나라를 공격하여 명나라의 서북 방면이 위급한 상황이지만, 동쪽을 교란하다가 서쪽을 공격하기도 하니, 뜻밖의 환란이 있을는지도 모릅니다. 더구나 3위衛의 달단이 기회를 틈타 슬며시 쳐내려온다면 말들을 북경으로 들여가다가 모두 빼앗길 수도 있으니, 말들을 요동까지만 가져다주는 것이 좋겠습니다._{세종 32년/1/13}

곧바로 반대 의견이 나왔다. 정인지 · 허후 · 정창손 등이 나서서, 칙서에 '사람을 보내 북경까지 가져오게 하라.'고 한 대목이 마음에 걸린다고 하였다. 이해관계를 따질 일이 아니라고도 하였다. 그러자 허후가 다시 나서서, 일단은 황제의 요청에 따라 급히 말을 준비하려는 성의를 알게 하자고 하였다.

구체적 방법으로, 일단 먼저 말 1백 필을 북경까지 보내순 다음에, '나머지 말들은 요동에서 넘겨주겠다.'고 명나라 예부에 알리자고 하였다. 그러자 세종이 결말을 짓기를, 5천 필 모두 북경까지 가져다주는 것으로 하고, 최대한 큰 말을 골라서 보내라고 명을 내렸다.

> 옛날에 태종 때에 명나라에서 말을 청했을 때, 하삼도(충청도, 전라도, 경상도)에서 징발한 말들이 모두 제주도 말이라 몸집이 큰 것을 보고, 대신들이 작은 말들로 바꾸려고 하자, 태종께서 '옳지 않다.'고 지적하시어, 큰 말들을 들여보냈다. 내가 즉위한 뒤에도 명나라에서 말을 요구하였을 때, 전라도의 말은 모두 제주산이라 몸집이 커서 작은 말들로 바꾸려다가 그만둔 적이 있었다. 이번에 보내는 말들도 전에 보냈던 말들보다 몸집이 작으면 안 되니, 경들은 내 뜻을 알아서 마음을 다하도록 하라.세종 32년/1/13

세종이 말을 마치자 황보인이, 말의 치수를 자세히 의논하여 보고하겠다고 아뢰면서, 말들의 상태가 예전과 달라서, 크고 육중한 말들을 준비하기가 심히 어렵다고 하였다. 전에는 전라도에서 도성을 수비하러 올라오는 사람들이 모두 큰 말을 가지고 와서 서울 사람들이 그 말을 사기도 하였는데, 큰 말들을 더 이상 보기가 힘들고, 왜소한 말들만 많다고 하였다.

같은 날 병조에서 의정부를 통해, 명나라에 진헌할 5천 필의 말을 관직과 지역에 따라 배정한 내역을 아뢰었다. 다음 날 관마색에서 진헌할 말들의 등급 기준을 아뢰니, 세종이 보고서 그대로 정하게 하였다.세종 32년/1/13, 1/14 그로부터 사흘 뒤에 예조판서 허후가 다시 나서서 자신이 며칠 전에 건의한 대로 해보자고 재차 제안하였다.

> 명나라에서 말 2~3만 필을 요구하는데, 수량대로 다 바치기가 어
> 렵사옵니다. 그렇다고 하여 섣불리 '말이 없다.'고 하면 반드시 우
> 리가 진헌 시기를 늦추려고 핑계를 대는 것이라고 여길 것입니다.
> 하오니, 먼저 살찌고 건장한 말 1백 필을 골라서 들여보낸 뒤에,
> '말이 없어서 수효대로 바치기가 곤란하다.'고 알리면서, '앞으로 몇
> 차례로 나누어 계속해서 바치겠다.'고 하면, 명나라에서 우리나라
> 가 진력을 다 쏟는 뜻을 알게 될 것입니다.세종 32년/1/17

허후의 의견을 청취한 세종은, 4백 필을 더하여 5백 필을 먼저 들
여보내는 것으로 결정을 내리고, 나흘 뒤에 공조참의 남우량을 시켜
말 5백 필을 북경까지 끌고 가서 넘겨주게 하였다. 아울러서, 황제가
요구한 2~3만 필을 채우기가 어려운 사정을 글로 자세히 적어서 황
제에게 올리게 하였다.

> '말 2~3만 필을 사람을 보내 북경까지 가져오게 하라.' 하신 칙지
> 를 마음을 다해 이행하고 싶사오나, 우리나라 역시 이웃의 적들이
> 자주 말썽을 일으켜서 국경에서 사변이 그치지 않는 사정을 황제
> 께서도 익히 아실 것입니다. 게다가 최근 16~17년 동안 적들의 침
> 략을 막느라, 방비에 쓸 만한 말들을 험준한 시대로 근근이 끌고
> 다니며 사람이 타기도 하고 짐을 나르게 하는 과정에서 많은 수효

가 넘어져 죽어서, 열에 예닐곱 마리는 망실이 되었습니다. 그래서 어쩔 수 없이 사람과 짐을 소로 실어나르는 실정이온데, 소도 또한 손실이 많아서 사람이 몸소 메고 지고 다닙니다. 또, 나라의 사방에 방비가 허술한 곳이 많은데, 동원할 수 있는 말의 수효는 턱없이 부족합니다. 현재의 사정을 헤아려보니, 중앙과 지방의 각급 관원과 일반 백성이 소유한 말들을 모두 거두더라도 요구하신 수효를 채우기가 도저히 어려울 것 같아, 5천 필만 거두어 들여보내고자 하옵니다. 만약 조금이라도 더 여력이 있다면야 어찌 감히 말을 꾸며서 아뢰겠습니까.세종 32년/1/21

그로부터 두 달이 채 안 되어 세종이 승하하였다. 나라 전체가 슬픔에 빠져서 국장 채비를 갖추고 있을 때, 반가운 낭보가 도착하였다. 명나라의 경태제가, '말을 더 이상 보내지 말라'고 칙서를 보낸 것이다. 앞서 말 5백 필을 가지고 북경에 들어간 남우량이 통역을 먼저 내보내 그 사실을 전해왔다.문종 즉위년/3/25

통역사를 통해 남우량의 보고를 접한 문종은, 이미 출발하여 의주에 도달한 5백 필의 말을 평안도의 군사들에게 나눠주게 하였다. 그 말들을 내놓은 백성들에게는, 제주의 말 중에서 흠이 있는 말과 각 목장의 어린 말들을 대신 나눠주게 하였다. 두 달쯤 지나서 남우량이 황제의 칙서를 가지고 귀국하였다.

도적들의 침입이 차츰 줄어들고 있는 데다가 천자의 친척들이 다스리는 제후국들과 민간의 말들이 점차 수도에 모아져서 쓸 만한 말들이 넉넉해졌다. 그러니 왕의 나라에서 이미 들여보내 현재 이 곳에서 부리고 있는 말들을 제외하고, 이 칙서가 도착되는 날까지 들여보내지 않은 말들은 더 이상 보내지 않아도 좋다. 이 칙서와 함께 왕에게 상으로 내리는 예물을 보내니 도착하거든 받도록 하라.문종 즉위년/4/19

경태제의 칙서는 새로 임금이 된 문종의 심적 부담감을 크게 줄여주었을 것이 분명하다. 더구나 칙서를 받았던 무렵은 한참 세종의 국장을 준비하던 중이었으니, 무거운 짐을 벗은 것처럼 마음이 가벼웠을 것이다. 다만, 그해가 마침 종마를 진헌하는 연차라서, 세종의 국장을 치르고 난 뒤에 첨지중추원사 이순지를 시켜 종마 50필을 북경에 들여보냈다.문종 즉위년/10/6

〈표 2〉는 고려 말엽의 공양왕 시절(1391년/4/25)에 주원장의 칙서가 온 시점부터 1450년 2월에 세종이 죽을 때까지 명나라의 강요에 의해 말馬을 수출한 수효를 나타낸 것이다. 약 60년 동안 모두 합하여 61,581필의 말을 강제로 팔았음을 보여준다. 매년 평균 1천여 필의 말을 넘겨주었다는 뜻이다. 오늘날의 상황으로 말하자면, 같은 숫자만큼의 고급 승용차를 징발하여 보내준 셈이다.

태종이 명나라 황실의 군대가 연왕燕王(후의 영락제)의 군대에 밀린다는 소식을 듣고 사신하여 신헌한 3천 필과, 종마 혹은 예불 능의 이름으로 정기적·비정기적으로 진헌한 말들은 제외한 것이다.

<표 2> 명나라의 강요에 의해 수출한 말(馬)의 수효(태조~세종)　　　단위 : 필

순번	시기	명(明)의 요구	수출한 수효	운송 기간	운송 횟수
1	고려 공양왕 3년 6월 ~ 조선 태조 1년 11월	10,000	10,000	17개월	8회
2	태조 3년(홍무 27년) 4월 ~ 5년 4월	10,000	5,500	24개월	8회
3	태종 1년(건문 3년) 9월 ~ 3년 4월	10,000	11,081	9개월	8회
4	태종 7년(영락 5년) 9월 ~ 8년 2월	3,000	3,000	5개월	9회
5	태종 9년(영락 7년) 10월 ~ 10년 3월	형편대로	10,000	5개월	19회
6	세종 3년(영락 19년) 9월 ~ 3년 11월	10,000	10,000	2개월	18회
7	세종 5년(영락 21년) 2월 ~ 5년 9월	10,000	7,000	36일	10회
8	세종 9년(선덕 2년) 4월 ~ 9년 6월	5,000	5,000	40일	8회
9	세종 32년(경태 1년) 1월 ~ 문종 즉위	2~3만	–	–	면제
합 계			61,581		

그런데 이 지점에서 특이한 점 한 가지가 시야에 잡힌다. 태종과 세종의 '일 처리 방식'이 확연하게 달랐다는 사실이다. 태종은 말 1만 필을 5~9개월에 걸쳐서 들여보냈는데, 세종은 똑같은 1만 필을 절반도

안 되는 2개월 동안에 들여보냈다. 5~7천 필 정도는 40일 안에 들여보냈다.

마지막으로, 명나라의 진기한 역사 한 가지만 보태고 '강요된 말馬 수출' 이야기를 마치고자 한다. 다름이 아니라, 친히 북벌에 나서 적의 포로가 되었다가, 동생 경태제가 이미 황제로 등극한 상태에서 달단에 의해 북경으로 돌려보내진 명나라의 정통제는, 태상황제로서 남궁南宮에 유폐되었다.

그러나 1457년(세조 3) 경태제가 병석에 누워있는 틈에 '탈문奪門의 변變'을 통해 천순제天順帝로 복위하여 1464년(세조 10)까지 황제로 있었다. 이를테면 적에게 사로잡혀 황제 자리에서 밀려났다가 7년 만에 반란을 일으켜 다시 8년을 더 황제 노릇을 한 것인데, 달단의 침략이 집요하고 끈질겼음을 상기하면, 말로가 그다지 행복하지는 못했을 것 같다.

4。
소(牛)들을 가져가 경제를 후퇴시켰다

명나라 황제들은 조선의 소牛들을 긁어모아 요동으로 보내게 하였다. 조선 국왕에게 칙서를 보내 농가들이 보유한 소 1만 6천 마리를 강제로 팔도록 하였다. 자기네 백성인 요동의 농민과 군인들이 소가 없어서 밭을 갈지 못해 농사를 짓지 못하는 애로를 해결해주기 위함이었다. 비록 소 값을 지불하였어도 대등한 협상에 의한 정상적 거래가 아니라, 황제의 위세를 이용하여 착하고 양순한 조선 농민들의 생계 수단을 날강도처럼 뺏어간 것이었다.

오래전부터 농사에 의존하는 삶을 살았던 조선에서 소牛는 백성의 삶과 나라 살림을 떠받쳐온 주춧돌이었다. 전국의 농가에 있어서 소는 세상에서 가장 값진 보배 중의 보배였다. 그러므로 소를 강제로 사갔다는 것은 나라의 기둥뿌리를 뽑아간 것과 다름이 없었다. 소의 새끼인 송아지가 태어나서 농사와 운반 등에 쓰일 수 있으려면 아무리 빨라도 2~3년은 지나야 한다. 그 이후에 밭갈이를 가르치는 훈련과정이 별도로 필요하다. 그런 소들을 하루아침에 모조리 모아서 가져갔으니, 백성과 나라의 경제가 얼마나 위축되었을지는 물어보나 마나일 것이다.

농사짓는 소를 강제로 팔게 하였다

1392년 7월 17일에 태조 이성계가 조선의 시조로 등극하고 2년쯤 지나서, 옛날에 진秦나라였던 곳의 제후국인 진왕부秦王府의 어떤 사람이 의주에 와서, 소牛를 수출할 의사를 타진하였다. 태조가 도평의사사에 의견을 물으니, 모두가 회의적인 반응을 보였다. 그러자 태조가 전 밀직(재상) 권균으로 하여금, 자문을 가지고 가서 소를 팔기가 어려운 사정을 말해주고 술과 모시와 삼베를 주어서 보내게 하였다.태조 2년/4/16, 4/17

그로부터 11년쯤 뒤인 1404년(태종 4) 4월 명나라 예부로부터 한 장의 자문이 왔다. 새로 천자가 된 영락제가 자기들에게 조선의 소를 요동에 팔도록 중개 역할을 하라고 지시를 내렸다고 적혀있었다. 영락제가 요동 도사로부터, '땅은 넓은데 농사에 쓸 소가 없다며 요동에서 가까운 조선에 압력을 넣어서 소를 팔도록 해 달라.'는 요청을 받고, 예부에 그대로 지시하여 자문이 온 것이었다.

요동에는 소牛가 적고, 요동과 인접한 조선은 소가 많이 생산된다. 너희 예부는 조선 국왕에게 사람을 보내, 밭을 갈 수 있는 소 1만 마리를 요동 도사에 보내게 하라. 소의 값은 한 마리당 비단 한 필에 무명 4필로 정하게 하라. 소 1만 마리를 두 차례로 나눠서 가져다주게 하라. 만일 소선 사람들이 요동에 와서 물건을 매매하기를 원하거든, 진료 천호소에 시장을 열어 편의를 제공하라.태종 4년/4/18

소를 가진 조선이 소를 팔 의사가 있는지를 물어보라는 말은 단 한 줄도 없다. 소의 가격을 임의로 정해주고 그 값에 팔라고 한 것은 오만의 극치로 보인다. 하지만 따르는 수밖에 도리가 없었다.

자문을 확인한 태종은 다음 날 곧바로 소 수출을 관장할 진헌색을 설치하고, 전국의 전·현직 관원들로부터 품계에 따라 차등 있게 소를 거두게 하였다.태종 4년/4/19 열흘 후인 4월 28일 1차로 1천 마리를 보냈다. 이후 6월 16일까지 약 50여 일 동안 열 차례로 나누어 1만 마리를 모두 보내주었다.

전국의 인구가 5백만 명 수준이던 나라가 소 1만 마리를 모으느라 얼마나 많은 사람이 얼마나 힘이 들었을까? 게다가 매번 소 1천 마리를 요동까지 걸어서 끌어다주고 돌아오는 상황을 한 번 상상해보라. 소 두 마리당 한 사람씩 따라갔다면 매번 5백 명 이상이 걸어서 산을 넘고 강을 건너서 그 먼 길을 다녀왔을 것이다. 세 마리당 한 사람씩 따라갔다면 매번 3백3십 명 이상이 다녀왔을 것이다. 그들이 지나는 고을의 수령과 백성들은 그 많은 말과 사람을 먹이고 재우느라 허리가 휘었을 것이다.

도중에 폭염, 폭우, 폭풍, 천둥, 번개, 벼락, 폭설, 진눈깨비 같은 것이라도 만났었다면 사람과 말들의 고통이 몇 배로 커졌을 것이다. 도적떼를 만나서 가져가던 소들을 빼앗기고 사람까지 상할 수도 있는 일이었다. 부주의 혹은 고의로 중대한 잘못을 저질러 귀양을 가거나 옥에 갇히는 사람도 생길 수 있었다. 그러므로 명나라가 조선의 소들을 강제로 사간 것은 백성의 살을 베어간 것이라고 할 수 있다.

요동에 소 1만 마리를 강제로 수출하고 2년쯤 지나서, 소를 끌어다 주러 갔다가 현지에 정착한 평안도 맹주 사람 김수가 국내로 송환되었다. 김수는 처음에 명나라에 판매하는 소들을 거느리고 요동에 들어갔다가, 병을 핑계대고 그곳에서 살았다. 요동 도사가 호패가 없음을 이유로 검거하여 명나라 수도로 보냈다. 황제가 그를 용서하여 모국인 조선으로 돌려보냈다. 태종 6년/8/4

요동 지역에 농우農牛가 귀하기는 귀했던 모양이다. 한번은 요동의 군인들이 의주에 와서 강제로 빼앗듯이 소를 사갔다. 태종 8년 11월에 명나라로부터 기보라는 인물이 사신으로 왔다가 돌아갈 때에, 그를 영접하기 위해 의주에 왔던 요동 군인들이 밤중에 뿔뿔이 백성들의 집으로 들어가서 무명을 그 값으로 건네주고 소 1백16마리와 말 8필을 강제로 끌고 갔다. 이에 기보가 용무를 마치고 압록강을 건너가던 날 평안도 경력(부관) 이지가 기보에게 소와 말을 돌려받게 해줄 것을 요청하여 어렵사리 승낙을 받았다.

그런데 그 뒤에 요동 도사遼東 都司로부터 우마 값으로 지불한 무명 1,130필을 변상하라고 연락이 오자, 말과 소를 강제로 팔았던 백성 가운데 일부만 나타나고 일부는 종적을 감춰버렸다. 이에 서북면 도순문사가 그대로 장계를 올리니, 태종이 읽어보고는, 나타난 사람들이 변제한 무명은 속히 요동 도사에 보내주고, 금지령을 위반하고 팔아먹었던 소와 말은 관청에서 몰수하도록 지시를 내렸다. 태종 9년/7/17

세종 연간에도 명나라 선덕황세의 강압에 의해 한 차례 요동에 소를 팔았다. 태종이 왕위에서 물러나고 13년째 되던 해 1월 세종이 좌우의 신하들에게, "요동에서 우리나라의 소 1만 마리를 사가려고, 황제에게 우리한테 칙서를 보내줄 것을 청했다고 들었다."고 입을 열었다. 곧바로 이어서, 황제가 그런 칙서를 보내올 경우의 대비책을 물으니, 권진·허조·신상 등이 한목소리로, 민가에 있는 소가 적어서 1만 마리를 모으기가 매우 어려울 것이라고 하였다. 세종이 그 말을 듣고 소를 비싼 값에 사들여 수출하는 방안을 제시하였다.

> 나 역시, 말은 집집마다 있으나 소는 가진 집이 많지 않다고 들었다. 그리고 제주의 백성들은 소를 육지로 내보내는 것을 몹시 싫어한다고 한다. 제주 출신인 고득종은 말하기를, '제주에는 말은 많아도 소는 적을 뿐만 아니라, 민가에서 오로지 소만 믿고 농사를 짓기 때문에, 강제로 내오는 것도 불가하다.'고 한다. 값을 넉넉히 치르고 사들여 보내주면 어떻겠는가.세종 13년/1/28

세종이 말을 마치자 이조판서 권진이, 쌀과 콩을 넉넉히 주고 소를 사들여 요동에서 원하는 대로 보내주자고 제안하였다. 세종이 듣고서 권진에게, 방안을 잘 연구해서 시행할 것을 명하더니, 목장에서 번식하는 말들의 번식이 저조한 이유를 물었다. 의정부 찬성 허조 등이 듣고 있다가, '나라에서 강제로 팔라고 하여서 백성들이 모두 싫어한다.'고 하였다. 대신들의 의견을 계속해서 청취한 세종은, '백성들의 희망대로 따르라.'고 지시하였다.

말로는 희망할 경우에만 산다고 하고, 실제로는 강제로 팔게 하면 좋아할 사람이 어디 있겠는가. 옛날 중국 송宋나라의 왕안석이 모민법募民法을 제정하여 강제로 시행하다가 세상을 어지럽게 만든 적이 있었다. 반드시 백성이 원하는 바를 물어서 정하도록 하라.세종 13년/1/28

모민법은 중국 송宋나라 때 왕안석이 중·소 농민과 상인을 보호하고 국가 재정을 바로잡기 위해 제정했던 법으로, '왕안석의 신법'으로 널리 알려져 있다. 그러나 왕안석의 모민법은 실패로 끝났다. 기득권층의 이익을 억제하여 대지주와 대상인들이 격렬하게 저항했기 때문이다. 왕안석의 신법이 시행되자 구법당舊法黨에 속했던 소동파는 항주杭州로 전출되어 통판通判이라는 한직을 맡았다. 그곳에서 지내는 동안 문학적 재능을 발휘하여 불후의 명작을 수없이 남겼다.

세종이 왕안석의 실패 사례를 인용한 것은, '백성의 이해관계를 외면하고 요동에 보내줄 소들을 사들이면 반발이 따른다.'는 것을 상기시킨 것이다. 또, 백성의 희망을 물어서 정하도록 한 것은, 평소 물어보기를 좋아하였던 습성에서 비롯된 것이라고 할 수 있다. 세종은 조세제도를 합리적으로 바꾸기 전에 전국 투표를 실시하였다. 그 뒤에 무려 17년 동안 토론과 경청을 거쳐 '전분 6등 연분 9등'의 공법貢法 개정안을 확정하였다.

세종이 신하들과 소를 사들이는 문제를 논의하고 2개월쯤 뒤에, 소문으로 들었던 이야기가 현실로 닥쳤다. 앞서 물품을 바치러 들어간 진헌사의 통역으로 북경에 따라갔던 유종수가 임무를 마치고 돌아와, 요동 도사가 황제에게 소 무역 중재를 주청하여, 황제가 수락한 사실을 보고하였다.

> 요동에서 황제에게 우리나라로부터 소 1만 마리를 수입하게 해 줄 것을 요청하여 황제가 이를 허락하였다고 합니다. 소 한 마리당 값은 비단 한 필과 무명 네 필이라고 합니다.세종 13년/3/23

그때 마침 세종이 몸이 편치 아니하여 김종서를 시켜서 대신들에게 의견을 물어보게 하였다. 나라에 소가 몹시 적으니 그 수효를 보내줄 수 없다고 주달할 것인가. 황소는 적고 암소는 많으니, 황소와 암소를 절반씩 보낼 것인가. 아니면 암소를 더 많이 보낼 것인가. 그런데 대답하는 대신마다 의견이 달랐다.

우의정 맹사성은 1만 마리 가운데 3분의 1만 황소로 보내고 나머지는 암소를 보내자고 하였다. 이조판서 권진과 의정부 찬성 허조는, 먼저 황소로 3분의 1을 보낸 다음에, 수량 감축을 요청하자고 하였다. 토론 끝에 맹사성의 의견을 따르기로 하였다. 다음 날 진헌색을 설치하여 소들을 모으게 하였다. 세종 13년/3/24

진헌색을 설치한 다음 날 소를 모으는 일을 조심스럽게 추진하자는 건의가 있었다. 우의정 맹사성·의정부 찬성 허조·참찬 오승·예조 참판 이맹균 등이 합동으로 올린 의견이었다.

이유로 세 가지를 내세웠다. 첫째로, 요동 진무 왕영이 유종수에게, 요동 도사가 황제에게 올린 글을 베끼도록 허락하면서 비밀을 유지해줄 것을 부탁하였다. 둘째로, 황제의 칙서가 도착하기 전에 먼저 진헌색을 설치하면, 뒤에 사신이 나와서 그 이유를 추궁할 수 있다. 셋째로, 미리 소의 수효를 준비해 놓았다가 사신이 오는 즉시 들여보내

〈그림 5〉 조선의 농우(農牛)

면, 요동에서 나라의 어려운 사정을 모르고 소들을 점검할 때 번번이 퇴짜를 놓을 수 있다.

　건의서를 올린 대신들은, 사신이 도착한 다음에 진헌색을 설치할 것을 제안하였다. 하지만 건의를 청취한 세종은 지신사 안숭선을 편전으로 불러서, '공든 탑을 무너뜨릴 수는 없다.'는 입장을 밝혔다. 혹시라도 대신들이 들고 일어나면 요동에 소를 보내주기가 어려워질 것을 염려하여, 먼저 속내를 솔직히 밝혀서 대신들의 지지를 얻어내고자 한 것이다.

　어제 의정부와 육조가 모여서 소 무역 문제를 논의할 때에, 우리나라 소들이 질병으로 많이 죽어서 1만 마리를 채우기가 어려운 사정을 황제에게 알리자고 하는 것을 내가 따르지 않았다. 내가 이제까지 명나라를 지성으로 섬겨왔는데, 이 한 가지 일에 이르러서 거

짓말로 감축을 청한다면 도리가 아닌 것 같기 때문이다. 이런 경우를 두고, '아홉 길의 산을 쌓으면서 한 삼태기의 흙을 아까워하여 이미 이룬 공功을 날려버린다.'고 하는 것이다. 나는 감축을 주청하지 않을 생각이다.세종 13년/3/25

세종이 말을 마치자 지신사 안숭선이, 다시 또 감축을 청하자는 건의가 올라와도 따르지 말자고 하였다. 천하 고금의 일이 '간사할 사邪'와 '바를 정正' 두 글자에 불과한데, 그릇된 도리로 상국을 섬기면 되겠느냐고 하였다. 숭선이 말을 마치자 세종이 숭선을 의정부에 보내, 세 정승과 더불어 소 수출에 필요한 사항들을 의논하여 아뢰게 하였다.

요동에 보내줄 소들을 모으는 데 있어서, 쌀과 베를 주고 민간의 소를 사들이면 어떻겠는가. 또 사신이 도착하기 전에 미리 준비해 두는 것이 좋겠는가, 아니면 사신이 도착한 이후에 준비하는 것이 좋겠는가.세종 13년/3/25

먼저 우의정 맹사성이 안숭선에게 쌀과 베를 주고 소를 사들이는 것에 반대하는 입장을 내놓았다. 아울러서 전례에 따라 관마색을 설치하여 사신이 도착하기 전에 각 도에 소를 배정하여 미리 준비해 놓자고 하였다. 의정부 찬성 허조 · 참찬 오승 · 참찬 이맹균 등이 반대를 표하더니, 전례대로 관마색을 설치하되 사신이 나온 뒤에 설치하자고 하였다. 허조는, 쌀과 베로 먼저 소를 사들이고 뒤에 가서 명나라에서 받게 될 소 값을 국고로 들이는 방식에 대하여도 반대를 표하였다.

요동에서 베를 가지고 와서 우리나라 민간의 소들을 사가는 것은 문제가 없습니다. 그렇지만 우리 쪽에서 먼저 나라 창고의 쌀과 베로 민간의 소들을 사서 들여보낸 뒤에 명나라로부터 대가를 받아서 나라 창고를 채우는 방식은 문제가 있습니다.세종 13년/3/25

지신사 안숭선이 대신들의 의견을 취합하여 가감 없이 그대로 아뢰었다. 그 말을 차분히 경청한 세종은 명나라 사신이 압록강을 건너온 다음에 다시 논하는 것으로 가닥을 잡았다. 소 수출을 전담할 진헌색을 설치하는 문제도 보류하였다가 사신이 도착한 뒤에 다시 거론키로 하였다. 아울러서 적합한 곳에 목장을 설치해 소들을 기르게 하였다. 그보다 앞서 병조에서 아래와 같이 건의를 올렸었다.

소는 국가에 있어 그 용도가 매우 다양한데도 관에서 소를 길러 번식하지 않는 것은 참으로 잘못된 것입니다. 앞으로는 유후사(개성)와 대도호부와 목사牧使의 고을에는 암소 여섯 마리와 황소 세 마리를, 도호부와 지군사 등의 고을에는 암소 네 마리와 황소 두 마리를, 현령·현감 등의 고을에는 암소 두 마리와 황소 한 마리를 배정하여, 나라 창고의 콩을 나눠주어 길러서 번식하게 하고, 회계

에 올려서 사복시로 하여금 관장하게 하옵소서. 다만, 생 짚을 바
치는 경기의 각 고을은 제외하게 하시옵소서.세종 13년/3/28

세종이 듣고 나서 의정부와 육조의 의견을 수렴하여 아뢰게 하였
다. 전국의 각 도마다 목장을 두어 소를 기르게 하자는 의견이 대세로
나타났다. 각 도의 목장을 설치할 만한 곳을 물색해 소를 사서 방목하
여 국가의 용도에도 쓰고 민간에 팔기도 하자는 것이었다. 관이나 민
이나 번식시키는 방법은 다를 것이 없는데, 각 고을에서 나누어 기르
게 하면 반드시 백성이 피해를 받게 된다고 이유를 달았다.

보고를 청취한 세종은 병조에서 아뢴 대로 윤허하고 병조와 사복시
제조에게 지시하여 목장으로 할 만한 곳을 찾아보게 하였다. 마침내
십여 곳이 적합지로 추천되었다. 거의가 전에 소를 키우는 목장이었
다가 정미년(1427)에 폐쇄된 곳들이었다.

경기 양성현의 괴태길관, 수원부의 홍원관, 인천군의 용류도와 무
의도, 남양부의 선감미도, 강화부의 주문도, 황해도 해주의 수압도,
충청도 당진현의 맹관, 태안군의 다리관, 남포현의 진관 등이 추천되
었다. 오래 전에 폐쇄한 바 있는 함길도 안변부의 압융과 용진현의 반
상사눌, 홍원현의 마랑이도, 북청부의 나만북도 등도 포함되었다. 경
상도와 전라도에서도 물과 풀이 모두 풍족하여 방목할 만한 곳을 찾
아서 목장으로 만들게 하였다.

각 도에서 생산되는 생선 및 소금과 각 도 감영의 재물로 소들을
사들이자는 건의를 청취하고, 원안대로 윤허하였다.세종 13년/3/28 이

틀 뒤에 호군 조심을 백령도에 보내 들소를 포획하게 하였다. 세종 13
년/3/30

사신들의 허풍에 깜빡 속을 뻔하였다

소 수출 문제를 사신이 도착한 뒤에 재론하기로 하고 4개월 반쯤
지나서, 명나라 내관 창성·윤봉·장동아·장정안 등이 관군 1백50
명을 거느리고 서울에 왔다. 선덕황제의 명을 받고, 두만강 인근의 모
련위에 가서 해청과 토표 등을 잡기 위해 온 것이었다. 세종 13년/7/14,
8/19

모련위는 명나라가 여진족을 제압할 목적으로 함길도 회령 인근에
설치한 위소衛所였다. 1405년(태종 5) 올량합 여진이 명나라에 항복하
고 조공을 약속한 직후에 설치되었다. 두만강 유역 일대 두문(토문土
門)·수주愁州(종성鍾城)·아지랑귀阿之郎貴(국자가局子街)·동량북東良北(무
산대안茂山對岸) 등지를 포함하였다. 태종 6년/3/6 옛날부터 호마胡馬를 생
산하여 morin(馬)이라는 명칭이 생겼다고 한다. 호마는 '오랑캐의 말
馬'이라는 뜻이다.

네 사신이 서울에서 한참을 체류한 뒤에 해청과 토표 등을 잡으러
모련위로 출발하자, 세종이 대신들을 불러서, 사신들에게 소 수출의
어려움을 들려줄 의사를 밝혔다.

농사는 전적으로 소에 의지할 수밖에 없는데, 저번에 명나라 조정으로부터 우리나라의 소를 요동에 팔도록 할 것이라는 말이 들려서 밤낮으로 근심하였다. 요즘은 그런 소리가 잠잠해졌지만, 명나라 사신이 돌아갈 때에 보내줄 소가 넉넉지 않다고 말하는 것이 어떻겠는가.세종 13년/10/14

영의정 황희 등이 듣고서 적극 거들고 나서자 세종이 자신의 의중을 밝히기를, 장차 사신들에게 어려운 사정을 알리고 소를 팔지 않을 생각이라고 하였다. 두 달쯤 지나서, 모련위로 해청을 잡으러 갔던 창성과 윤봉 등이 서울로 돌아오니, 세종이 대신들을 불러서, 창성과 윤봉에게, 소 1만 마리를 수출하기가 어려운 사정을 말하겠다고 하였다.

우리나라는 본래 소가 많지가 않으며, 특히 근래에는 농사마저 실패하여 백성의 양식조차 부족한 형편이니, 무슨 여력으로 소를 기를 수 있겠는가. 이 때문에 쓸 만한 소가 갈수록 줄어드는 형편인데, 요동에서 우리나라의 소 1만 마리를 사가기를 원한다고 한다. 그 말이 사실이면 우리나라 민간의 소가 모두 사라질 것이어서 염려가 크다. 내가 윤봉에게 먼저 우리나라 사정을 알려주고, 창성이 움직이게 도와달라고 요청하면 어떻겠는가.세종 13년/12/5

세종이 말을 마치자 황희 등이 적극적인 지지를 나타내 분위기가 좋았다. 바로 다음 날 지신사 안숭선이 뜻밖의 희소식을 아뢰었다. 해청과 토표를 포획하러 모련위를 다녀온 윤봉이 자신과 동행했던 원접사 노한에게, '명나라의 한림원에서 황제를 설득하였으니 소를 보내지 않아도 된다.'고 말한 사실을 보고한 것이다. 자신이 명나라로 돌아가면, '황제에게 조선의 사정을 자세히 아뢸 것이라.'고 말한 사실도 보고하였다.

> 윤봉이 노한에게 말하기를, '황제께서 조선으로부터 소와 말 각각 1만 마리씩을 사겠다고 말씀하시어, 한림원에서 아뢰기를, 「조선은 나라가 작아서 해청과 토표를 잡는 일만도 버거우니, 소 수출까지 추진하는 것은 적절하지 않습니다.」라고 하였다. 황제께서 들으시고 옳게 여기시어 칙서를 내리지 않으셨다. 내가 돌아가서 조선에서 소가 생산되지 않는 사정을 자세히 아뢰겠지만, 창대인(창성)에게도 힘써 말해두는 것이 여러 모로 좋을 것이다.'라고 하였습니다.세종 13년/12/6

노한과 안숭선을 통해 윤봉의 말을 전해들은 세종은 며칠 뒤에 영의정 황희 · 좌의정 맹사성 · 우의정 권진 · 의정부 찬성 허조 등을 불러서 사신들을 접대하는 문제를 의논하였다. 그 자리에서, 소 1만 마리 수출의 현실적 어려움을 윤봉에게 말하겠다는 의사를 재차 밝혔다.세종 13년/12/11

그런데 바로 그날, 윤봉이 북경으로 들어가기 전에 자신의 고향인 황해도 서흥에 들르려고 창성이 모르게 대궐에 나아가 하직을 고하자, 편전으로 맞아들여 연회만 베풀고 소 수출에 관해서는 아무 말도 하지 않았다. 대신 일주일쯤 뒤에, 나머지 세 사신이 북경으로 떠나기 하루 전날, 태평관에 나아가 환송연을 개최한 자리에서 소 이야기를 꺼냈다. 창성에게 소 1만 마리를 보내기가 힘든 사정을 말하고, 명나라에 돌아가서 황제에게 감면을 청해줄 것을 부탁하였다.

조선은 땅이 거칠어 물산이 풍부하지 못하고, 더욱이 소는 많지가 않소. 근년에는 거듭된 홍수와 가뭄으로 굶어죽는 백성을 구제하기도 벅차서, 나라에서 소를 기를 만한 여력이 없었소. 이로 인하여 밭을 갈 만한 소의 수효가 적어서 백성의 생업이 매우 걱정스러운데, 황제께서 소 1만 마리를 요동에 팔게 하실 것이라는 말이 들려서, 심적인 부담이 매우 크오. 조선의 민가들 중에 소를 가진 집은 열 집에 겨우 한 집 정도이고, 그나마도 고작 한 마리씩을 가졌을 뿐이오. 그래서 온 나라의 소를 다 모으더라도 1만 마리를 채우기가 어려운 형편이니, 황제께 소 수출을 면제해줄 것을 청해주면 고맙겠소.세종 13년/12/13

세종이 말을 마치자 창성이 즉석에서 호언을 하였다. 임금이 백성에게 폐해를 끼칠 것을 염려하여 하시는 말씀을 어찌 감히 아뢰지 않을 수 있겠느냐며, 북경에 돌아가면 반드시 황제에게 아뢸 것을 흔쾌히 약속하였다. 그뿐만 아니라, 앞서 금과 은을 바치지 않게 된 것도 자신의 공이었다고 생색을 냈다. 또, 황제를 설득할 자신감을 으스대면서, 황제가 조선에 소 수출을 명하게 된 배경을 자세히 들려주었다.

> 소를 팔도록 한 명령은 황제께서 스스로 필요를 느껴서 내리신 것이 아니고, 요동 사람들이 조선의 소를 수입하기를 희망한 데서 비롯된 것입니다. 과거에는 전쟁에 쓰기 위해 두 차례에 걸쳐 말을 사갔지만, 소는 조정에서 쓰려는 것이 아니니, 전하께서는 염려하지 않으셔도 됩니다.세종 13년/12/13

네 사신이 돌아가고 3개월쯤 지나서, 창성·윤봉·장정안 등이 사신으로 오고 있다는 소식이 전해졌다. 황제의 생일을 축하하러 명나라에 들어가 있던 중추원 부사 전시귀가 자세한 내용을 알려왔다. 명나라 관원 장동아가 황제로부터 해청을 잡아오라는 명을 받고 명나라 군사 4백 명을 거느리고 백두산으로 떠났는데, 황제가 그들이 먹을 식량을 조선에서 보내주라고 한 칙서를 가지고 온다고 하였다.세종 14년/3/27

전시귀의 보고를 접한 세종은 며칠 뒤에 지신사 안숭선으로 하여금 윤봉의 친척인 김우림이라는 자에게 상을 내리는 방안에 대해 검토를 지시하였다. 우림이 무슨 일로 북경에 들어갔다가, 듣던 중 반가운 소식을 가져왔다는 것이었다. 뒤에 가서 그 말들이 모두 헛소리로 밝혀지지만, 이때 세종이 신하들에게 '우림이 내게 그와 같이 말했다.'고 들려준 줄거리는 윤봉의 공치사가 전부였다.

윤봉이 사람들을 물리치고 우림에게 말하기를, '병부에서 황제에게 조선으로 하여금 요동에 소를 팔도록 해줄 것을 청할 때에, 내가 곁에 있다가, 「조선은 예전부터 소가 생산되지 않을 뿐만 아니라, 국왕이 요동에서 소를 사가려고 한다는 말을 듣고 수심에 빠졌다.」고 아뢰었더니, 황제께서 병부에 명하시어, 「요동의 주청을 거절하라.」고 하셨다.'면서, 그 말을 은밀히 내게 보고하라고 하였다고 하니, 우림에게 상을 내리고 싶다, 그런데 만약 그 말이 거짓이면 윤봉이 나중에 부끄럽게 여길 것이니, 어떻게 하면 좋겠는가.세종 14년/4/3

세종의 말을 청취한 맹사성·허조·최사강·이명덕 등이 의논을 해보더니, 우림에 대한 포상을 차후로 미루자고 하였다. 윤봉과 창성이 오래 전부터 서로 앙숙으로 지내서, 우림에게 상을 주면, 일이 복잡해질 수 있다고 하였다. 창성이 반드시 소문을 듣고, 황제가 소 수출을 면제해준 것은 자기가 아뢰어서 된 일이고, 윤봉은 아무런 공로가 없다고 우길 수도 있다는 것이었다.

창성이 명나라로 돌아가면서 두세 차례 반복하여 전하께, 자기가 힘써서 잘 해결하겠다고 약속하였으니, 창성은 반드시 자신의 공로라고 주장할 것입니다. 더구나, 지금 창성과 윤봉이 같이 온다고 하니, 본인에게 사실 여부를 물어본 뒤에 상을 주셔도 늦지 않을 것입니다.세종 14년/4/3

세종이 듣고서 그대로 따르더니, 한 달도 더 지나서, 황제에게 수출할 소의 수효를 줄여달라고 주청할 필요성을 다시 거론하였다. 조금만 더 기다렸다가 창성과 윤봉이 오면 부탁한 결과를 들어본 뒤에 대책을 세워도 될 것을, 본인들이 도착하기 전에 미리 먼저 끄집어낸 것이다. 짐작건대, 윤봉과 창성이 빈손으로 입국할 수도 있다는 생각을 하였기 때문이었을 개연성이 다분하다.

> 허조와 최사강 등이 소 수출에 대하여 말하기를, '우리나라는 예전부터 소가 많지 않으니 황제에게 감면을 요청하는 것이 좋겠다.'고 하였는데, 이 제안에 대한 경들의 생각을 말해보시오.세종 14년/5/14

안순과 이맹균이 황제에게 감면을 요청하자고 제안하자, 세종이 승선을 의정부에 보내 세 정승의 의견을 물어보게 하였다. 우의정 권진이, 절반만 보내고 절반은 감면을 청하자고 제안하자, 좌의정 맹사성과 영의정 황희가 반대를 표하였다. 황제의 칙서가 왔을 때마다 소든 말이든 요구한 수효대로 보내주지 않은 적이 없었다며, 감면을 청하지 말자고 하였다. 그래서 세종이 잠시 고민에 빠졌는데, 지신사 안숭선이 돌파구를 열어주었다.

> 산을 아홉 길 쌓아 놓고 한 삼태기 흙을 아껴서 공을 무너뜨린다는 말이 있습니다. 명나라에서는 매번 전하께서 지성으로 사대하신다고 칭송하니, 우리나라에서 소가 생산되지 아니하고, 또, 소가

없으면 농사를 지을 수가 없더라도, 황제의 요구를 거절할 수는 없다고 봅니다.세종 14년/5/14

숭선이 말을 마치자 세종이 자신의 생각도 같다며, 사신이 도착하면 다시 의논하기로 가닥을 잡았다. 이틀 뒤에 우부대언 권맹손이, 명나라에 사은사를 들여보내는 길에 황제에게 배 만드는 기술자와 물소를 청하자고 하였다. 세종이 듣고 나더니, 소 1만 마리를 보내느냐 마느냐에 달린 문제라며, 승문원의 의견을 들어보라고 지시하였다.

물소는 '진기한 새 혹은 기이한 짐승'에 속하여, 황제에게 청하는 것이 부당하다고 여길 수도 있을 것이다. 하지만 물소는 기이한 짐승이 아니고 밭을 갈고 수레를 끄는 일 등에 요긴하게 쓰이는 가축이다. 그렇지만 만약 소 1만 마리를 준비하기가 어려워 감면을 청한다면 물소를 요구하기가 어려울 것이니, 우부대언 이긍으로 하여금 김청을 비롯한 승문원 제조들과 의논하여 결과를 아뢰게 하라.세종 14년/5/16

10여 일 뒤에 세종이 지신사 안숭선을 불러서, 현실적으로 황제에게 감면을 청하기가 곤란한 사정을 털어놓으며, 의정부와 육조의 의견은 어떤지 물어보라고 지시하였다. 그러면서 자신의 생각으로는, 소는 매우 희소한 짐승이라 모으기가 쉽지 않을 뿐만 아니라, 농사에 반드시 필요한 가축이니, 수출할 소의 수효를 절반으로 줄여달라고 요청하는 방안을 내놓았다.

> 명나라 조정에서 번번이 말하기를, '조선의 지성사대는 따를 나라
> 가 없다.'고 한다. 또, 소를 파는 일이 쉬운 일은 아니어도 국가의
> 안위가 좌우될 정도는 아니어서, 경솔하게 감면을 청하였다가 혹
> 시라도 사이가 벌어질까 봐 신경이 쓰인다. 소를 절반만 보내고 절
> 반은 면제해달라고 요구하면 어떻겠는가. 아니면 절반만 보내는
> 대신 값을 받지 않겠다고 적어서 보내면 어떻겠는가.세종 14년/5/28

지신사를 통해 임금의 말을 전해들은 대신들은 각자의 의견을 피력
하였다. 봉여·유맹문·최사의·이징옥 등은, 절반만 값을 받고 보내
주고 나머지 절반에 대해서는 감면을 청하자고 하였다. 소를 절반만
보내고 값을 받지 않겠다고 하면, 명나라 관원들이 모욕감을 느껴서
명나라 조정이 발칵 뒤집힐 것이라고 하였다. 그러자 정초·허조·권
진 등이 가세하여 거들었다.

> 소는 농가의 소중한 가축으로서 민생에 매우 요긴한 짐승이니, 마
> 땅히 감면을 주청하는 것이 옳을 것입니다. 소를 팔라는 것은 황제
> 의 뜻에 의한 것이 아니라, 요동 도사가 황제에게 요청한 데서 비
> 롯된 일이니, 황제의 명에 따라 매鷹(응)를 포획하여 보내는 것과는
> 사원이 다릅니다. 또, 들리는 말로는, 작년에 황제가 우리나라의
> 감면 요청을 수락하였다던데, 금년에 다시 소를 바치라고 칙서를

보낸 것은, 그것이 황제의 생각에서 비롯되지 않았다는 증거입니다. 하오니 소를 절반만 모아서 값을 받고 팔고, 나머지 절반은 감면을 청하면 명나라와 틈이 벌어지는 일이 생기지 않을 것입니다.세종 14년/5/28

최사강이 듣고 나서, '절반만 보내고 나머지 절반은 번식을 시켜서 보내게 해달라고 요청하자.'고 하자, 우의정 맹사성이 반대를 표하였다. 갑신년(1404, 태종 4)에 소를 판매한 이후로 오랜만에 오는 칙서이니, 요구대로 보내주자고 하였다. 지신사를 통해 모든 의견을 전해들은 세종은, 소를 절반만 보내자고 하였던 제안을 거둬들이고, 칙서에 적힌 대로 소를 보내는 쪽으로 방향을 틀었다.

대신들은 소를 절반만 팔고 나머지 절반은 팔지 않는 것으로 하여 사유를 자세히 적어서 황제에게 보내자고 하지만, 칙서를 받아보면 말뜻이 자세하고 간곡하여 거절할 상황이 아닐 것이다. 그래서 나는 요구한 수효대로 다 채워서 보내는 것이 옳다고 본다.세종 14년/5/28

세종이 말을 마치자 지신사 안숭선이, 도리상 어려운 사정을 낱낱이 적기가 어려운 점을 내세워 적극 거들고 나섰다. 이로서 오랫동안 지루하게 이어져온 '소 수출' 논란이 1만 마리를 모두 보내는 것으로 결론이 났다. 돌이켜보면, 세종 13년 1월 28일에 세종이 처음으로,

「요동에서 우리나라의 소 1만 마리를 수입하려고 황제에게 우리한테 칙서를 보내줄 것을 요청하였다.」고 들었다.'고 말한 날로부터 1년 4개월 만이다.

어렵게 애걸하여 힘들게 감면받았다

다음 날 황제가 보낸 3통의 칙서를 가지고 명나라 사신들이 서울에 왔다.《세종실록》에는 이날 네 통의 칙서가 동시에 도착한 것으로 되어 있으나, 네 번째 칙서는 편집상의 오류가 명백하여, 세 개로 쳤다.

도착한 세 통의 칙서에는 모두 실로 기가 막힐 정도로 터무니없는 요구들이 적혀 있었다. 전년에 사신으로 다녀간 창성과 윤봉이 세종의 부탁을 황제에게 전하기는 하였는지 몰라도, 황제가 보낸 첫 번째 칙서에는, '밭 가는 데 쓸 만한 소 1만 마리를 골라서 요동에 팔도록 하라.'고 명확하게 적혀 있었다.

요동 도사가 주둔군이 밭갈이에 쓸 소가 없다며, 조선의 소를 살 수 있게 해주기를 요청하여, 내가 산동 포정사에게 칙서를 내려, 베와 비단을 조선 국경과 가까운 곳에 가져다 놓고 명령을 기다리게 하였으니, 왕은 밭을 갈 수 있는 소 1만 마리를 요동으로 보내주고 값을 받아가게 하라. 소 값은 영락 연간의 전례를 따라 비단과 베로 지급하면 관과 민간이 모두 편리할 것이다.세종 14년/5/29

두 번째 칙서는, 창성·윤봉·장정안 등에게 함길도에 가서 해청과 토표를 잡아오게 하였으니 지원 인력과 교통편 등을 제공하라는 것이었다. 세 번째 칙서는, 명나라 군관인 장동아가 군사 4백 명을 데리고 동북 지역에 가서 공무公務를 수행할 것이니, 조선에서 그들에게 식량을 보내주라는 것이었다.

칙서의 내용이 밝혀짐으로써, 창성이 세종에게 하였던 약속도, 윤봉이 김우림을 시켜서 세종에게 은밀히 아뢰게 하였던 이야기도 모두 거짓이었음이 드러났다. 또, 세종의 입을 통해 확인된 두 사람의 언동은, 양쪽 공히 허세와 허풍이 심한 사람들임을 뒷받침한다.

> 창성과 윤봉이 내게 말하기를, '우리들은 다만 칙서를 전달할 뿐이고, 소를 절반만 보낼 것인지, 정한 수대로 다 보낼 것인지 여부는 전하의 결단에 달린 문제라.'고 하였다. 그들이 연전에 왔다가 돌아가면서, '소 수출에 관한 말을 황제에게 아뢰어서 면제받게 해주겠다.'고 큰소리를 쳤었기에, 그 말이 뜻대로 이뤄지지 않은 것을 부끄럽게 여겨서 그와 같이 말하는 것이 아니겠느냐.세종 14년/6/3

세종이 말을 마치자 의정부 찬성 허조가 소 수출의 불가피성을 언급하였다. 창성과 윤봉이, '요동에 소를 팔지 않게 해 달라.'는 부탁을 황제에게 전하지 않았다고 판단하고 구체적인 방안까지 제시하였다. 한꺼번에 다 보내려면 백성들의 폐해가 클 것이니, 일단 3~4천 마리를 서둘러서 보내주고, 나머지 6~7천 마리는 다음 해에 보내자고 제안하였다.

세종도 지지를 표하였는데, 예조판서 신상이 색다른 제안을 내놨다. 10분의 2만 황소로 보내고, 나머지는 암소로 보내자고 한 것이다. 농민이 부리는 데는 황소가 더 소중하다고 이유를 내세우자, 세종이 암소의 이점을 내세웠다. 황소는 단지 힘을 이용할 뿐이지만, 암소는 새끼를 낳는 이익이 있다고 하자, 신상도 굽히지 아니하고, 민간에 암소는 매우 많으나 황소는 적다고 우겼다.

하지만 세종은 소신을 거두지 않았다. 전날 여럿이 의논한 바에 따라, 황소 4천 마리에 암소 6천 마리를 보내기로 결말을 짓고서, 지신사 안숭선에게, 윤봉이 동생인 윤중부의 집에서 환관 최습에게 소 수출에 대하여 털어놓은 이야기를 상세하게 들려주었다. 세종이 옮긴 윤봉의 말은 처음부터 끝까지 궁색한 변명이고 구차한 핑계였다.

소 수출 면제에 관한 건은 전하께서 직접 황제에게 건의하셨으면 이미 승인이 떨어졌을 것이다. 마침 내가 없는 사이에 황제에게 글이 올라가 그대로 승인이 된 관계로 다시 면제를 건의하지 못하였다. 뒤에 예부상서 호영이 내게 말하기를, '조선은 나라가 작은데, 지금 양곡을 운반하고, 해청과 토표를 잡는 등의 일로 몹시 번거롭고 소란한 마당에, 소 무역까지 더하면 어떻게 되겠느냐.'고 하여서, 내가 '그런 줄 알면서 왜 황제께 건의하지 않았느냐.'고 물었더니, 호영이 말하기를, '황제가 신하들의 말을 따르지 않아서 아뢰기가 어렵다.'고 둘러댔다. 그러더니, 조정의 신하들은 황제의 처사가 모두 옳다고 생각하지 않지만, 소가 생산되지 않는 사정을 자세히 아뢰면 반드시 윤허하실 것이라며, '내키지 않으면, 절반만 감면해 달라고 청하는 방법도 있을 것이라.'고 하였다.세종 14년/6/3

위와 같이 윤봉이 윤중부의 집에서 최습에게 한 말을 자세히 소개한 세종은 윤봉의 말에 대하여 의문을 제기했다. 설령 호영이라는 인물이 천박한 자라고 하여도 조선에서 들어간 환관에게 그와 같이 말했을 리가 없다는 것이었다. 그러면서도 윤봉의 말이 사실일 수도 있을 가능성에 일말의 기대를 거는 듯하더니, '1만 마리를 모두 보내주겠다.'고 쐐기를 박았다. 여러 가지로 황제의 은덕을 입어온 처지라, 명나라에서 30년 만에 다시 부탁한 것을 차마 거절하기가 어렵다고 이유를 달았다.

만약 윤봉의 말이 모두 사실이라면, 우리의 고충을 자세히 적어서 감면을 청하면 황제가 받아줄 것 같기도 하다. 그러나 황제가 우리 나라를 한집안처럼 여겨서, 금과 은의 공납을 면제해주고, 세자에게 양관梁冠을 하사하였으며, 그 외에도 여러 차례에 걸쳐 많은 상을 내려주었다. 게다가 갑신년(1404, 태종 4)에 소를 팔고서 거의 30년이 되었는데, 고충을 내세워 감면을 청하는 것은 도리가 아닌 것 같아서, 칙서대로 보내주는 것이 바람직할 것으로 생각된다.세종 14년/6/3

세종의 말 가운데 '금과 은의 공납을 면제해주었다.'는 이야기는, 그때로부터 3년쯤 전에 세종이 다섯 살 아래 이복동생인 공녕군 이인을 북경에 들여보내, 금과 은의 조공을 면제해줄 것을 청하는 주문을 황제에게 올려서, '조선에서 금과 은이 생산되지 않으면, 토산물만 성심껏 바치도록 하라.'는 회신을 받았던 일을 말한 것이다.세종 11년/7/30, 8/16, 8/18, 9/1, 11/29, 12/13

양관은 조선 시대에 문무 백관이 예복과 제사 복장을 갖출 때 머리에 쓰던 관冠을 일컫던 말이다. 앞이마에서 꼭대기에 이르는 골이 진 세로선을 양梁이라고 이른 데서 생긴 이름이다. 관원의 품계에 따라 차이가 있어서, 1품 관원은 5양관, 2품 관원은 4양관, 3품 관원은 3양관, 4~6품 관원은 2양관, 7~9품 관원은 1양관을 썼다.

하지만 세종이 소 1만 마리를 모두 보내주려고 한 것은 아니었다. 오랜 고민 끝에 신하들이 생각해내지 못한 묘수를 찾아내, 지신사 안숭선으로 하여금 황희와 맹사성과 더불어 의논하게 하였다. 그 내용인즉슨, 소들을 한두 차례 들여보내면 요동에서 틀림없이 몸집이 작다고 트집을 잡아서 일부를 돌려보낼 것이니, 그때 가서 마련하기 어렵다는 뜻을 황제에게 자세히 알리고 감면을 청하자는 것이었다.

황희 등이 가만히 듣고 나서 '더 보탤 말이 없다.'고 감탄조로 말하자, 세종이 영의정 황희와 좌의정 맹사성에게만 의견을 물어보고 다른 대신들에게는 의견을 물어보지 않은 이유를 밝혔다. 누구는 마땅히 감면을 청해야 한다고 하고, 누구는 부분 감면을 청해야 한다고 주장하는 상황에서, 만약 윤봉의 말을 들려주면, 대다수 사람들이 마치

바람에 풀잎 쓰러지듯이, '더 생각할 것도 없이 윤봉의 말대로 감면을 주청하자.'고 할 것 같아서, 재상들에게는 물어보지 않았다는 것이었다. 세종 14년/6/3

며칠 뒤에 진헌색의 건의를 수용하여, 품계가 있는 전·현직 관리, 과전을 받은 사람과 받지 못한 사람, 훈장·무녀·부자·머슴·상인에 이르기까지 등급을 정해서 적절히 소를 분담시켜 1만 마리를 채우게 하였다. 세종 14년/6/7

한 달 남짓 경과한 7월 11일, 제1차로 소 1천 마리를 요동으로 보냈다. 아울러서, 황제의 요구를 거절할 수 없어서 소들을 사들여 들여보내지만, 소를 구하기가 어려운 사정을 자문으로 적어서 요동 도사에게 함께 들여보냈다.

우리나라는 그전부터 소의 생산량이 심히 적고 소들의 몸집도 작은데, 황제의 요청을 차마 외면할 수 없어서 성심을 다하여 조치를 취했습니다. 서울에 있는 각급 관리와 군인과 백성들, 그리고 전국 각 도道·주州·현縣의 관민들에게 영을 내려, 쓸 만한 암소와 황소가 있는 집은 모두 거두어서 여러 번으로 나누어 들여보내게 하였습니다. 그 첫 번째로 1천 마리를 상호군 김을현으로 하여금 들여가게 하였으니, 요동에 도착하면 인수해 주시기 바랍니다. 소들의 털색깔, 성별, 그리고 나이를 상세히 기재하여 함께 보내드리니, 대조해 보시고 회신해주시면 고맙겠습니다. 세종 14년/7/11

그런데 요동에서 소들을 너그럽게 받아줘서, 이후 7월 15일부터 8월 5일까지 약 한 달 동안 소 5천 마리를 더 모아들여 한 번에 1천 마리씩 다섯 차례로 나누어 요동으로 보내주었다.세종 14년/7/15, 7/22, 7/25, 8/1, 8/5 그로부터 두 달쯤 뒤에 황제로부터 '소를 더 이상 들여보내지 말라.'는 연락이 왔다. 명나라에 사신으로 들어갔던 영평군 윤계동과 부사 이중지가 귀국하면서, 명나라 조정으로부터 받아온 칙서를 내놓았다. 7월 11일에 처음으로 1천 마리를 보내면서 요동 도사에게 들여보낸 자문이 그 사이 황제에게 보고된 데 따른 회신이었다.

> 전에 산동 포정사에게 명을 내려, 비단과 베를 국경까지 운반하여 왕의 나라 백성에게 주고 농사지을 소를 사서 요동 주둔군에게 주도록 하였는데, 주문을 받아보고, 왕의 나라에서 농사짓는 소가 많이 생산되지 않는 사정을 잘 알았으니, 이미 사들인 소들만 들여보내고, 더 이상은 보내지 말라.세종 14년/10/6

황제의 칙서가 옴으로써 소 수출로 인한 부담과 시름이 말끔이 씻어졌다. 임금인 세종을 비롯하여 조정의 모든 관원과 백성들이 기쁨을 나눴을 것이다. 그때 건문제의 명을 받고 명나라 관군 4백 명을 거느리고 백두산에서 매를 잡던 장동아에게 조선에서 식량을 보내주라는 칙서를 가지고 사신으로 와있던 장정안과 창성도 칙서에 관심을 보였다.

두 사람이 함길도를 다녀온 다음 날 세종이 지신사 안숭선을 태평관에 보내 문안을 하게 하니, 장정안이 소 수출을 면제받았는지를 물었다. 숭선이, '면하였다.'고 대답하니, 창성이 듣고 있다가, '조선에서 황제에게 요청한 적이 있느냐.'고 물었다. 숭선이 '있다.'고 대답하니, 창성이 다시, 소 수출을 면제한다는 황제의 칙서를 전국에 전파하였는지 여부를 물었다. 숭선이 대답하기를, '이미 하였다.' 하였다.세종 14년/11/16

그 뒤로는 다시 또 요동에 소를 수출한 기록이 보이지 않는다. 더 있어서도 안 될 일이었다. 비록 30년 가까운 시차를 두고 두 차례에 걸쳐 1만 6천 마리를 보내준 것이라도, 당시의 나라 형편에서는 백성의 피를 뽑고 살을 베어서 보내준 것이었다.

〈표 3〉은 《세종실록》을 토대로 태종과 세종 연간에 명나라의 강요에 의해 요동에 팔았던 소의 수효를 집계한 것이다. 두 차례에 걸쳐서 총 1만 6천 마리의 소를 요동에 억지로 팔았음을 알 수 있다.

〈표 3〉 명나라의 강요에 의해 요동에 소(牛)를 수출한 수효(태종~세종)   단위 : 두

순번	시기	명(明)의 요구	수출한 수효	운송 기간	운송 횟수
1	태종 4년(영락 2년) 4~6월	10,000	10,000	50일	10회
2	세종 14년(선덕 7년) 7~8월	10,000	6,000	25일	6회
합 계		20,000	16,000	75일	16회

요동으로 이미 들여보낸 소들의 값을 언제 어떤 방법으로 얼마나 받았는지에 관해서는 실록에 자세한 기록이 없다. 다만, 세종 13년 3월 23일에 유종수가 북경에서 돌아와 보고하면서, '소 한 마리당 비단 1필과 베 4필'이라고 하였으니, 마리당 그 값을 받았을 것이다.

소를 요동까지 가져다주고 현지에서 소 값을 받았을 것이다. 다음해 5월 29일에 창성과 윤봉이 가져온 칙서에, '산동 포정사에게 칙서를 내려 베와 비단을 운반하여 조선의 국경이 가까운 곳에 가져다 놓고 명령을 기다리게 하였으니, 밭을 갈 수 있는 소 1만 마리를 요동으로 보내고 베와 비단을 받아가게 하라.'고 되어 있었기 때문이다.

한편, 명나라 황제들이 더 이상 소 수출을 강요하지 아니하자, 나라에서 기르던 소들을 무상에 가까운 조건으로 분양하였다. 농사용 소를 억지로 넘기고 농사에 애로를 겪는 농민들에게 특혜를 준 것이다. 병조의 건의를 받아들여, 각 섬에 들여보내 방목하던 소들을 희망하는 백성에게 나눠주었다. 3년 뒤에 송아지 한 마리를 바치면 소유권을 넘겨주기로 조건을 달았다. 나눠준 소가 중간에 죽더라도 소 값을 물리지 말고, 다만 가죽과 고기만 거두게 하였다. 만약 자원자가 없으면 민간에 매각하게 하였다.세종 16년/1/24

마지막으로, 세종 연간의 소 수출에 관한 《세종실록》의 기사들을 읽을 때에는 주의해야 할 것이 한 가지 있다. 실록 원본과 국역본 공히, 세종 14년 5월 29일자 기사와, 같은 해 10월 6일자 기사에 동일한 칙서가 동시에 편집된 오류가 그것이다. 남한과 북한의 국역본에는 두 기사의 번역에 표현상 차이가 있으나, 원본은 완전히 동일하다.

전후 관계를 조금만 따져보면 앞의 편집이 오류임이 금세 드러난다. 첫째로, '소 1만 마리를 요동에 수출하라.'고 하면서 '소를 더 이상 보내지 말라.'는 칙서를 함께 보냈다는 것이 상식을 벗어난다. 둘째로, 칙서에 언급된 '주문'은 7월 11일에 첫 번째로 소 1천 마리를 보내면서, 요동 도사에게 보낸 '자문'을 말한 것이다. 6천 마리를 여섯 차례로 나누어 들여보내는 사이에 요동 도사가 그 자문을 황제에게 보고하여 10월 6일에 '소 수출을 중단하라'는 회신이 오게 된 것이다. 셋째로, 그 칙서가 5월 29일에 온 것이면 이후로 여섯 차례에 걸쳐서 소 6천 마리를 요동으로 보내지 않았을 것이다.

5.
황제의 애완용으로 야생들을 잡아갔다

명나라 황제들이 매鷹(응)와 토표土豹(스라소니)를 비롯한 희귀한 야생들을 끊임없이 요구해서 가져갔다. 두 짐승 모두 몸집이 작으면서도 먹이사슬의 정점에 위치하여, 곁에 두고 위엄의 상징으로 삼기 위함이었다. 시시때때로 잡아서 보내라고 요구하여 임금과 백성들이 말할 수 없는 고초를 겪었다. 잡히는 짐승 쪽은 거의 멸종될 위기에 처하였다. 매의 종류 중에서도 특히 해동청의 수난이 심하였다. 아래로부터 위로 힘차게 날아오르는 모습과 사냥 동작이 천하일품이기 때문이었다. 공중에서 날개를 접고 수직으로 낙하해 사냥감을 다리로 차서 떨어뜨려 날카로운 발톱으로 잽싸게 낚아채는 연속동작은 매력 만점이라고 알려져 있다.

창성과 윤봉이라는 사신이 갖은 구실을 달아서 8년을 연속해서 사신으로 나와서는, 많게는 수십 마리씩, 적게는 십여 마리씩 해동청을 요구하여 가져갔다. 황제에게 잘 보여서 칭찬과 신임을 받을 욕심으로 한 마리라도 더 가져가려고 안간힘을 썼다. 심지어는 해동청과 토표를 직접 잡겠다고 많은 군인들을 데려와서 수개월에 걸쳐 서울에서 함길도를 왕복하였다. 매를 많이 잡아주기만 하면 끝나는 것이 아니었다. 매를 한 번 들여갈 때마다 수십 명의 매잡이들이 함께 따라가면서 고초를 겪었다. 북경까지 가면서 야생의 먹이를 포획하여 매들에게 먹이고, 간간히 운동도 시켜서 병에 걸려 죽는 것을 막아야 하였다.

사신이 다녀간 이후로 세종이 변하였다

세종이 즉위하고 3개월쯤 지나서 상왕 태종과 함께 대신들을 불러 모아 회의를 열었다. 명나라에 조공하는 금과 은을 말馬과 베布로 대신하게 해줄 것을 황제에게 요청하는 방안을 의논하였다. 국내에서는 생산되지 않는 금과 은을 계속 바치기가 어려우니 말과 베로 바꾸자고 한 것이다. 그 회의에서 이조판서 정역이, 말이나 베보다 매鷹(응)를 바치자는 의견을 내놨다. 고려 때 원元나라에 매를 바쳤던 예를 따르자고 한 것이나, 태종이 웃으면서 일축하였다.세종 즉위년/11/4

1년 반쯤 지나서, 황제에게 금과 은의 감면을 청하러 북경에 들여보낸 내섬 판사 김시우가 황제에게 올렸어야 할 건의문을 다시 가져왔다. 함께 가져간 다른 문서에 오류가 있어서, 황제로부터 질책만 듣고 되돌아온 것이었다. 그러자 그 사이 의정부 찬성을 거쳐 호조판서가 된 정역이 다시 또 명나라에 조공하는 금과 은을 송골매로 바꾸자고 제안하였다. 이번에도 태종은 송골매의 포획과 사육이 어렵다는 점을 들어 정역의 말을 취하지 않았다.

송골은 재주가 특히 날래서 매우 사랑스럽긴 하나, 얻기가 매우 어렵고, 하루에 꿩을 한 마리씩이나 먹어치워 기르기가 힘든다. 또 길들이기가 쉽지 않아서 한 번 놓치면 매잡이들이 날아간 매를 찾는다는 핑계로 촌락을 헤집고 다니며 막대한 피해를 입혀서 이미 모두 날려 보냈다.세종 2년/5/2

〈그림 6〉 해동청(海東靑)

태종이 말을 마치자 의정부 참찬 변계량이, 역사책에 기록하여 만세의 법으로 삼아야 할 말이라고 치켜세웠다. 6개월쯤 뒤에 태종이 매의 사육과 사냥을 담당하던 내응방內鷹房에 대한 구조조정을 단행하였다. 그곳에서 매를 관리하는 시파치時波赤들이 임금의 총애를 믿고 위세를 부리거나 군역을 피하는 도피처로 악용하는 등의 적폐가 심했기 때문이었다.

하지만 태종은 이후로도 측근들이나 아들인 세종과 더불어서 수시로 교외에 나가 매 사냥을 즐겼다.세종 1년/3/23, 3/25, 3년/10/5 그뿐만 아니라, 태종은 평소 매를 너무도 좋아하여, 자신이 특별히 아끼거나 귀하게 여기는 상대에게 선물로 매를 주기를 좋아하였다. 태종의 그런 취향과 기호가 화근禍根을 키웠다.

처음에 명나라 사신 해수가 '말 1만 필을 팔라.'는 황제의 칙서를 가지고 나왔다. 태종이 해수에게 매와 개를 선물하였다. 그 뒤에 해수가 매를 그린 족자를 요구하여, 그가 명나라로 돌아가기 전에 세종이 매를 그린 족자를 주었다.세종 3년/9/21, 9/26, 10/5 그런데 해수가 명나라로 돌아가, 조선에서 뽑혀간 환관들에게 태종이 준 매와 세종이 준 매의 그림 족자를 자랑하였던 모양이다.

3년 반쯤 뒤에, 전에 조선에서 환관으로 뽑혀 들어간 윤봉이 박실과 함께 사신으로 와서 지신사 곽존중을 통해 '매와 개'를 간절히 요구하여, 세종이 듣고서 각자에게 매 두 마리와 개 한 마리씩을 주게 하였다.세종 7년/2/18, 2/19 이 일을 계기로 세종은 장차 명나라 사신이 나오면 매를 선물로 주고, 황제에게도 매를 보내서 환심을 살 마음을 먹었던 것 같다.

6개월쯤 뒤에 조류들의 산란과 새끼 기르기가 끝나는 가을로 접어들자 평안도와 함길도 감사에게 명을 내려, 매의 종류인 송골·퇴곤·보가을자 등을 잡는 대로 즉시 서울로 보내게 하였다. 또, 누른 매 두 마리를 함께 보내서 참참이 꿩을 잡아서 먹이게 하라고 지시하였다. 오는 도중에 매에게 잡고기를 먹이면 병에 걸릴 것을 우려하였기 때문이었다.세종 7년/9/9

그다음 해 3월 윤봉이 백언과 함께 다시 또 사신으로 왔다. 선덕황제가 조선에서 여러 차례 사신을 들여보내 자신의 황제 등극을 축하해준 것에 감사하는 칙서와 예물을 보낸 것이었다. 하지만 구실일 뿐이고, 실은 미녀들을 뽑아오라고 보낸 것이었다.세종 8년/3/12 그런데 처녀들을 뽑는 과정에서 윤봉이 세종에게 해동청을 요구한 모양이었다. 세종이 영의정 이직과 좌의정 유정현을 슬며시 불러서 조언을 구했다.

> 윤봉이 황제에게 꼭 바치고 싶다며 해동청(해청)을 간절히 요구하는데, 어떻게 하면 좋겠는가尹鳳欲進獻海靑鷹子 言之甚切, 何以處之(윤봉
> 욕진헌해청응자 언지심절, 하이처지).세종 8년/3/26

두 정승이 의견을 말하기에 앞서 세종이 윤봉에게 해청을 선뜻 주기가 곤란한 세 가지 이유를 말하였다. 첫째로, 지난 3년 동안 황제로부터 한 번도 칙서가 온 적이 없었다. 둘째로, 사신의 말만 듣고 매를 바치기가 난처하다. 셋째로, 중국에서 조선을 예禮의 나라로 여기는 마당에 매를 바치면 중국 사람들이 비웃을 수 있다. 세종이 말을 마치자, 이직과 유정현이 답변할 말을 조언하였다.

> 만일 윤봉이 다시 요청하면, '해청이 희귀해서 잡기가 매우 어려우나, 혹시 잡히면 반드시 주겠다.'고 대답하소서.세종 8년/3/26

하지만 세종은 두 정승의 권유를 따르지 않았다. 대신 3개월쯤 시간이 흘러서 윤봉이 명나라로 귀국할 때가 되자 윤봉에게 열다섯 마리의 매를 주었다. 윤봉이 집안에 제사가 있어 고향인 황해도 서흥을 들러서 가겠다며 하직을 고하자, 전 대호군 이사흠으로 하여금 난추니(아골) 세 마리와 누런 매(황응) 열두 마리를 서흥까지 가져다주게 하였다.세종 8년/6/17 그뿐만 아니라, 윤봉이 명나라로 돌아간 뒤로 해청을 포획하는 일에 진력하는 모습을 보였다.

윤봉이 명나라로 돌아가고 40일쯤 지나서 상장군(정3품) 이사검과 대호군(종3품) 이사흠을 채방별감으로 임명하여 각각 함길도와 평안도에 보내 해청을 잡게 하였다.세종 8년/8/1 국방을 맡겨야 할 고급 장교들을 매 포획에 투입한 것이다.

두 달쯤 지나서 의정부 찬성(종1품) 권진이 해청 포획을 중단할 것을 간곡히 청하였다.세종 8년/9/29 권진은 관직에 있으면서 청렴하기로 명성이 높았던 인물이다.세종 17년/4/12 권진은 세 가지 이유를 내세워 세종의 해청 포획을 말렸다. 오늘날의 '자연보호' 개념과는 거리가 멀었으나, 그 말이 매우 곡진하였다.

첫째는, 해청을 포획하기가 쉽지 않다. 둘째는, 설령 해청을 잡더라도 금세 죽는 경우가 많다. 셋째는, 한 번 바치면 계속 요구를 보내와, 나중에는 그 폐단을 감당하기가 어려워질 것이다. 그러니 황제에게 조선은 해청 서식지가 아님을 조속히 알려서 해청 요구를 막아야 한다고 호소하였다. 명나라가 해청을 잡으려고 여러 방면을 헤집고 다닌다는 정보도 함께 아뢰었다.

권진은 해청 포획을 힘써 말렸을 뿐만 아니라, 세종의 급소를 겨냥한 간언諫言을 서슴지 않았다. 잘못 건드리면 목숨을 잃는다는 '왕의 역린逆鱗'을 겁 없이 자극하였다. 황제가 요구하였다고 해서 무조건 해청을 잡아서 바치는 것은 황제의 부도덕에 영합하는 것이라고 하였다. 바르고 착한 것을 진달하고 간사하고 악한 일을 막아야 하는 의리에 어긋난다는 것이었다. 하지만 세종은 따르지 아니하고 궁색한 변명을 내놓았다.

어허, 무슨 말을 그렇게 하는가. 사대를 하려면 마땅히 성심껏 하여야 할 것이고, 황제가 우리나라에서 해청이 난다는 사실을 이미 아는데, 속이면 되겠는가. 백성이 고초를 겪을 것을 나도 잘 알지만, 대의를 생각하면, 민간의 피해는 가벼운 것이고, 사대를 성실하게 하지 않는 것은 무거운 것이다. 황제에게 하기 어려운 일을 권하고, 착한 말을 진달하는 것은 나의 직무가 아니다. 외국의 번왕藩王(제후)은 황제의 허물을 지적할 수 없는 것이다.세종 8년/9/29

　　권진을 가까스로 타이른 세종은 해청을 잡는 일에 더 많은 관심과 노력을 쏟았다. 바로 다음 날 함길도 도사 김소남이 입궐하자, 상호군 이사검을 함길도의 채방별감으로 임명해 현지에 가서 해청을 잡게 한 일을 알려주었다. 아울러서, 해청을 잡아서 올리면 두터운 포상이 있을 것이라며, 소남도 포획에 힘쓸 것을 당부하였다.세종 8년/9/30

　　20일쯤 뒤에는, 함길도와 평안도의 감사와 채방별감 이사검과 이사흠에게 매 포획에 더욱 힘쓰라고 특명을 내렸다. 매를 잡는 사람들이 장차 고생이 심해질 것을 우려하여 매를 잡는 일에 열의를 보이지 않는다며, 매 포획을 독려할 것을 지시하였다.

　　전에는 송골매를 전적으로 맡겨서 잡게 하지 않았는데도 매잡이들이 많게는 대여섯 마리씩, 적게는 두세 마리씩 매년 바쳤었다. 그런데 지금은 매를 잡는 장치까지 곳곳에 설치해놓고도 한 마리도 잡지 못하니, 그 이유가 무엇인가. 틀림없이 도내의 매잡이들이 장차 규례로 될까 봐서 매잡는 일에 힘을 쓰지 않는 까닭일 것이니, 더 엄하게 단속하여 되도록 많이 잡게 하라. 다만, 모진 추위에 매를 잡다가 사람이 상할 수 있으니, 각별히 주의를 기울이도록 하라.세종 8년/10/20

한 달 반쯤 뒤에는 예빈시 윤 윤처성과 오영로를 함길도와 평안도에 찰방으로 파견해, 이사검과 이사흠을 서울로 압송하여 송골매를 빨리 포획해 올리지 않는 이유를 추궁하게 하였다.세종 8년/12/8 이 무렵 세종이 매 포획에 힘쓰던 모습은 마치 무엇인가에 홀린 사람 같았다. 그로 인해 경상도 감사이던 신개가 덤터기를 썼다.

처음에 신개가 지기장현사 임길양이 포획한 매 세 마리를 해청이 아니라며 날려 보냈다고 보고를 올리자, 세종이 의금부 도사를 경상도 감영에 보내 진상을 파악하여 아뢰게 하였다.세종 8년/12/14 보름쯤 뒤에 신개를 경상도 감사에서 파직하고, 후임으로 임명한 최부를 통해 사마상경私馬上京을 지시하였다.세종 9년/1/3

사마상경은 감사나 수령 같은 지방관이 죄를 지었을 때 역마 대신 자기 말을 타고 서울로 올라오게 하였던 것을 말한다. 그러니까 신개의 혐의가 입증되기도 전에 그가 누리던 특혜를 박탈한 것이다. 또, 품계가 종2품인 재상급 관리를 하찮은 매 세 마리 때문에 파면한 것이니, 세종이 해청 포획에 집착한 정도를 짐작할 수 있다. 더구나 신개는 세종이 죽은 뒤에 황희, 허조, 최윤덕과 더불어 종묘에 공신으로 배향되었을 정도로 세종의 신임을 받던 충신이었다.

한 달 남짓 뒤에 경상도 감사 최부가 신개가 날려 보낸 매 두 마리를 붙잡아 바쳤다. 세종이 보고서 해청이 아님을 확인하고, 신개를 불러서, 자신의 승낙을 받지 아니하고 임의로 매를 날려 보낸 잘못을 꾸짖었다. '진짜 해청일 수도 있었던 매들을 임의로 날려 보낸 책임'을 핑계로 삼았으나, 궁색하기가 이를 데 없었다. 세종 자신도 머쓱하고

겸연쩍은 생각이 들었던지, 더 이상 신개의 죄를 따지지 않고 어물쩍 넘어갔다. 세종 9년/1/18

신개만 유탄을 맞은 것이 아니었다. 전 황해도 감사 이명덕과 전 강원도 도사 배소도 의금부에 끌려가 국문을 받았다. 죄목은 송골매를 잡아서 바치라는 명령을 즉시 이행하지 않았다는 것이었다. 세종이 일찍이 각 도에 명하여 황제에게 진헌할 송골매를 잡을 사람을 미리 정해서 힘을 다해 붙잡게 하였는데, 이명덕과 배소가 곧바로 이행하지 않았다. 임무를 교대할 때 인수인계를 제대로 하지 않은 혐의도 보태졌다. 세종 8년/12/27

그다음 날 함길도 찰방 오영로가 이사검을 서울로 압송해 오니, 의금부의 옥에 가두게 하였다가, 며칠 뒤에 풀어주라고 명을 내렸다. 세종 8년/12/28 4일 뒤에는 평안도 감사 이숙묘와 황해도 경력(부관) 이치를 의금부에 가뒀다. 세종 9년/1/4 역시 송골매를 잡지 못했기 때문이었다. 일주일쯤 뒤에 이숙묘, 이명덕, 이사흠, 이치, 배소 등 다섯 명의 직첩(관직 임명장)을 거두고 곤장을 쳐서 지방으로 귀양을 보냈다. 하나같이 송골매 포획에 전력을 쏟지 않은 데 대한 문책이었다. 세종 9년/1/10

40일쯤 뒤에 길주 판관 안위가 입궐하자, 원래 8월부터 시작하던 해정 포획을 7월부터 시작하라고 지시하였다. 황제에게 진헌할 해청을 잡는 일이 매우 걱정된다고 이유를 달았다. 세종 9년/2/21 그로부터 일주일쯤 뒤에, 윤봉이 '말 5천 필을 팔라.'는 칙서를 가지고 나올 것이라는 소식이 전해졌다. 앞서 황제에게 새해를 축하하러 북경에 들

어갔던 한상덕이 돌아오면서 정보를 가져온 것이다.세종 9년/2/19

한상덕의 보고를 접한 세종은 임금의 초상화 제작을 담당하던 도화원圖畫院에 명하여 일곱 종류의 매 그림을 자세하게 그리고 각각 설명을 달게 하였다. 그 그림들을 각 도에 나눠주어, 그림을 보고 매를 잡아 장차 진헌을 해야 할 때에 대비하게 하였다.세종 9년/2/21

첫째는 귀송골貴松鶻이니, 털과 깃, 부리와 발톱이 모두 희다. 눈은 검고, 날개 끝은 검으며, 발톱은 약간 누르다. 옥해청玉海青이라고도 하고, 날개 끝이 완전히 흰 것도 있다.

둘째는 거졸송골居辢松鶻이니, 흰 바탕에 녹두 크기의 검은 점이 있다. 날개 끝이 검으며, 눈도 검다. 부리와 발톱은 푸르고, 다리와 발은 엷은 청색이다. 바로 뒤의 저간송골這揀松鶻과 더불어서 노화해청蘆花海青이라고도 한다.

셋째는 저간송골這揀松鶻이니, 흰 바탕에 개암 크기의 검은 점이 있다. 날개 끝이 검고, 눈도 검다. 부리와 발톱이 약간 검고, 다리와 발은 엷은 청색이다. 앞의 거졸송골居辢松鶻과 더불어서 노화해청蘆花海青이라고도 한다.

넷째는 거거송골居擧松鶻이니, 등의 색깔이 약간 검고, 엷고 흰 녹두 크기의 점이 있다. 가슴과 배 아래가 약간 누르면서 흰 점이 섞여 있다. 눈이 검고, 부리와 발톱도 검으며, 다리와 발은 청색이다. 청해청青海青이라고도 한다.

다섯째는 퇴곤堆昆이니, 털과 깃이 희다. 눈이 누르고, 부리와 발톱

이 검으며, 다리와 발은 누르다. 간혹 깃에 약간 누른 점이 박힌 무
늬가 있는 경우는 모양이 누른 매와 같다. 흰 매라고도 한다.

여섯째는 다락진多落進이니, 깃의 무늬가 모두 흰색이면서 안에 검
은 점이 있다. 눈은 누르고, 모양은 황응黃鷹(누런 매)과 같다.

일곱째는 고읍다손송골孤邑多遜松骨이나, 그 모양과 빛깔을 자세히
알 수 없다.

사흘 뒤에 성산 부원군 이직 · 좌의정 황희 · 우의정 맹사성 · 이조
판서 허조 · 예조판서 신상 · 형조참판 정초 · 예문제학 윤회 등을 대
궐로 불러들여, 지신사 정흠지로 하여금 황제에게 매를 바치는 문제
에 대한 의견을 물어보게 하였다.

전년에 윤봉이 사신으로 왔다가 돌아갈 때, 내가 '해동청을 잡아
바치겠다.'고 호언을 하였는데, 겨우 흰 매 두 쌍을 잡고 해청은 한
쌍도 잡지 못해서 어떻게 해야 좋을지 모르겠다. 해청 대신 흰 매
두 쌍을 진헌하여 지극한 성심을 표하고 싶으나, 희귀종도 아닌데
다 수효도 너무 적어서 마음을 정하지 못하겠다. 명나라에서 매를
받고서 나의 성의로 여겨준다면 다행이지만, 만약 그렇지 못하면
바치지 않느니만 못할 터이니, 어찌하면 좋겠는가.세종 9년/2/24

정흠지가 돌아와 먼저 황희 · 맹사성 · 허조 · 윤회 등의 의견을 아
뢰었다. 그 내용인즉슨, 해동청은 본래 얻기가 어려우니, 쉽게 얻을

수 있는 흰 매로 성심을 표하여도 무방할 것이나, 두 쌍은 너무 적은 것 같아서 마음에 걸린다는 것이었다. 다음으로 정초와 신상의 의견을 아뢰었는데, 보내지 말자는 것이었다. 이유로 네 가지를 들었다. 첫째로, 매를 바칠 시기가 아니다. 둘째로, 흰 매는 너무 흔해서 보내는 의미가 적다. 셋째로, 두 쌍은 수효가 너무 적다. 넷째로, 흰 매는 오래 살지 못한다는 속설이 있다.

지신사 정흠지를 통해 조정의 분위기를 파악한 세종은, 자신의 생각도 대신들의 의견과 같다며, 좀 기다렸다가 8~9월(가을)에 많이 잡아서 바치는 것으로 가닥을 잡았다. 세종이 대신들의 의견을 수렴한 시기는 음력 2월 말이었으니, 매들이 산란을 위해 둥지를 수리하기 시작할 시기로 접어드는 시점이었다.

그해 가을이 가까워지자 세종은 봄에 이야기한 8~9월보다 한 달쯤 앞서 각 도에서 기르고 있던 매들을 모아들였다. 먼저 강원도 감사에게 명을 내려, 도내 각 고을에서 기르고 있는 누런 매 가운데 몸집이 큰 것들을 골라서 보내게 하였다. 며칠 뒤에는 함길도 감사에게, 보리가 익거든 진헌하기에 적합할 만큼 품질이 좋고 몸집이 큰 난추니(아골)와 누런 매(황응)들을 골라서 보내게 하였다. 충청도 감사에게도, 도내에서 기르고 있는 난추니 네 마리를 기온이 서늘한 야간에 서울로 보내게 하였다. 세종 9년/7/5, 7/11, 7/13

사신 윤봉이 밀지(密旨)로 매를 요구했다

세종은 왜 그런 행동을 보였을까? 윤봉에게 매를 주지 않을 것처럼 두 정승에게 방법을 묻기까지 하였던 세종이, 무엇 때문에 윤봉에게 매를 열다섯 마리씩이나 주었을까? 또, 윤봉이 다녀간 뒤로 그토록 열심히 매를 잡으려고 한 까닭은 무엇일까?

이유는 윤봉의 요구가 황제의 뜻이었기 때문이었다. 세종이 전 대호군 이사흠으로 하여금 난추니(아골) 세 마리와 누런 매(황응) 열두 마리를 윤봉의 고향인 황해도 서흥까지 가져다주게 하였던 날의 실록 기사를 보면, 그 말미에 아래와 같이 짤막하게 적혀있다.

> 윤봉이 선유宣諭를 전했기 때문이다因鳳傳宣諭也(인봉전선유야).세종 8
> 년/6/17

앞서 이미 소개하였듯이, 선유의 사전적 의미는 '황제나 임금의 말을 백성에게 널리 알린다.'는 뜻이다. 실록에서는 칙서를 가져온 사신(칙사)이 말로 황제의 명령(요구)을 전한다는 의미로 쓰였다. 그런데 윤봉이 언제 어디서 세종에게 황제의 선유를 전했는지에 관한 기사가 실록에 보이질 않는다.

다만, 윤봉이 도착한 날짜가 3월 12일이고, 세종이 두 정승을 불러서 조언을 구한 날짜는 3월 26일이므로, 그 사이 어느 날 전했을 것이라는 추정은 가능하다. 황제의 밀지를 윤봉이 서울에 도착하기 전에 다른 사람을 시켜서 먼저 보냈을 가능성은 거의 없다고 보는 것이 옳을 것이다.

그런데 윤봉이 사신으로 와서 세종과 더불어 시간을 보냈던 행적을 추적해 보면, 황제의 선유가 사람들이 모르게 은밀히 전달되었음을 암시하는 단서 하나가 시야에 잡힌다. 세종 8년 4월 10일에 윤봉이 허리띠와 각궁을 바친다는 핑계로 홀로 대궐에 들어가 경회루에서 세종과 독대하면서 주고받은 대화가 바로 그것이다.

세종 : 지난해 처녀를 바칠 때는 원민생이 황제의 칙서를 받들고 와서 별도로 대신을 보내 주본을 바쳤는데, 이번에는 존사께서 친히 '밀지密旨'를 전하였으니今者尊使親傳密旨(금자존사친전밀지), 그에 대한 주본을 직접 가져가서 바치시겠소, 아니면 별도로 대신을 보내 바치게 하오리까. 또, 이런 일은 사신이 돌아갈 때에 사람을 딸려 보내 황제에게 주본을 바치게 한 적도 있으니, 어떻게 하는 것이 좋겠소이까.

윤봉 : 마땅히 제가 직접 가져가서 황제께 바치겠습니다子當回進奏本(여당회진주본).세종 8년/4/10

윤봉과 단둘이 만난 자리에서 세종이 직접 언급한 '밀지'의 내용에 대해서는 실록에 아무런 기록이 없다. 하지만 밀지의 의미를 상기하면 오히려 자연스러운 것이라고 할 것이다. 밀지는 말 그대로 비밀리에 내리는 지시나 요구를 뜻하기 때문이다. 따라서 그것이 문서였든지 말이었든지 상관없이, 옆에 사관이 있었어도 그 내용을 알 수가 없었을 것이다. 그런데 그 밀지가 '해청을 바치라.'는 것이었음을 뒷받침하는 정황증거들이 시야에 잡힌다.

우선, 윤봉이 세종에게 밀지를 전달한 시점부터 세종이 신하들에게 밀지의 존재를 밝힌 시점 사이에 명나라로부터 황제의 칙서를 가지고 사신이 나온 적이 한 번도 없었다. 게다가 '해청을 바치라.'는 내용을 배제하면 달리 연결을 지어볼 만한 다른 단서가 전혀 잡히질 않는다. 미녀나 화자들을 뽑아서 들여보내라거나, 말이나 소를 수출하라고 한 선유 등은 사실상 공개적으로 이뤄졌기 때문이다.

두 번째로는 밀지의 내용을 암시하는 유력한 단서가 있다. 윤봉이 사신으로 나와 경복궁 경회루에서 세종에게 밀지를 전해주고 15개월쯤 지난 다음 해 8월에, 사헌부 장령 임수미와 의정부 찬성 권진이 함께 채방별감 파견을 만류하였다.세종 9년/7/28, 8/1 이때에 세종이 임수미와 권진을 알아듣게 타이르면서 황제의 칙서를 처음으로 언급하였다.

> 황제의 칙서에, '짐은 조선을 후하게 대우하고 있는데, 무슨 애로가 있어서 아직까지 매를 바치지 않는 것이냐況聖旨有曰 : 朕待朝鮮厚矣 何獻鷹一事 尙且難焉(황성지유왈 : 짐대조선후의 하헌응일사 상차난언).'고 되어 있어서, 매를 포획하는 일에 신경을 쓰는 것이니, 다시 말하지 말라.세종 9년/8/1

위의 말을 윤봉이 서울에 도착한 직후에 세종이 두 정승을 불러서 조언을 구하면서 하였던 말과 비교해보면, 해청을 요구한 주체가 각기 다르다는 것을 알 수 있다. 3월 26일에는 세종이 두 정승에게, '윤봉이 황제에게 꼭 바치고 싶다며 해동청(해청)을 간절히 요구한다.'고 하였다. 밀지의 존재를 밝히지 않은 것이다. 그뿐만 아니라 6개월 뒤인 9월 29일에 권진을 구슬릴 때도 밀지를 언급하지 않았고, 다음 해 2월 24일에 대신들을 불러서 매를 진헌할 것인지 말 것인지를 논의할 때도 밀지에 대하여는 말하지 않았다.

〈표 4〉에서 보듯이, 세종이 밀지의 존재를 밝힌 것은 다음 해 8월 1일에 매 포획을 중지할 것을 건의한 임수미와 그를 거들던 권진을 타이를 때였다. 전년 3월에 윤봉으로부터 밀지를 받고나서 17개월 동안이나 밀지를 숨긴 것이다. 그 이유에 대하여는 두 방향으로 추정이 가능하다. 첫째는, 신하들이 반대하고 나설 가능성을 염려하였기 때문이었을 수 있다. 둘째는, 매 포획에 반대하는 여론이 명나라 조정에 알려질 것을 우려하였기 때문이었을 수 있다.

세종이 밀지를 숨긴 이유는 여하튼지 간에, 밀지에서 인용하였을 것으로 추정되는 언급이 한 가지 더 있다. 바로 이조판서 허조의 '해청의 깃털' 발언이다. 처음에 경기 채방사 이사검이 매 세 마리를 바쳤다. 세종 9년/8/19 그 뒤에, 이사검이 포획하여 올려 보낸 송골매가 발을 다치자, 세종이 듣고서, 그 매는 진헌하지 않을 의사를 내비쳤다. 그러자 허조가 황제의 칙서를 언급하며, '다리를 다쳤어도 보내야 한다.'고 아뢰었다.

〈표 4〉 명나라 사신 윤봉의 방문을 전후한 세종의 행보

구분	일자	《세종실록》 기사	
8년	3월 12일	윤봉과 백언이 선덕제의 칙서와 예물을 가지고 도착	밀지 전달 (추정)
	3월 26일 *정승 면담	세종 : 윤봉이 황제에게 꼭 바치고 싶다며 해동청(해청)을 간절히 요구하는데, 어떻게 하면 좋겠는가.	
		이직·유정현 : 만일 사신이 다시 요청하면, '해청이 희귀해서 잡기가 매우 어려우나, 혹시 잡히면 반드시 주겠다.'고 대답하소서.	
	4월 10일 *윤봉 독대	세종 : 존사(尊使)가 친히 밀지(密旨)를 전하였으니, 그 주본을 직접 가져가서 바치시겠습니까. 아니면 별도로 사람을 들여보내 바치게 하는 것이 좋겠습니까.	
		윤봉 : 제가 직접 가져가서 바치겠습니다.	
	9월 29일	의정부 찬성 권진이 세종에게 채방별감 파견 철회 간언	
9년	2월 24일 *의견 수렴	지신사 정흠지에게, 황제에게 매를 보내는 문제에 대한 의견 수렴 지시	
		세종이 결과를 보고받고 결정을 보류하였다가, 8~9월에 많이 포획하여 바치기로 최종 결정	
	8월 1일 *윤수미 상소	윤수미 : 채방별감을 철수하게 하소서.	
		세종 : 황제가 칙서를 통해, '짐이 조선을 후하게 대하는 편인데 어째서 아직까지 매를 바치지 않는 것이냐.'라고 하였다.	
	11월 2일 *조정 회의	세종 : 이사검이 바친 송골매가 발을 다쳤다 하니 진상하지 않는 것이 옳지 않겠는가.	
		허조 : 황제의 칙서에, '비록 깃이라도 가져오라.'고 하였으니, 발을 다쳤어도 진헌하는 것이 옳다고 생각되옵니다.	

황제의 칙서에, '비록 깃털이라도 가져오라.'고 쓰여 있으니, 해청이 발을 다쳤어도 진헌하는 것이 옳을 것이옵니다皇帝有旨, '雖羽進來'(황제유지, '수우진래').세종 9년/11/2

그런데 윤봉이 사신으로 다녀간 시점부터 허조가 세종에게 그와 같이 아뢴 시점 사이에 명나라 황제로부터 어떤 칙서도 온 적이 없다. 따라서 허조가, 그 안에, 「비록 깃털이라도 가져오라.」고 하였다.'고 말한 '황제의 칙서'도 윤봉이 사신으로 와서 세종에게 전달한 밀지를 말한 것이 확실하다.

한편, 만약 앞의 추리와 연결에 무리가 없다면, 꺼림칙한 그림자 하나가 눈앞에서 어른거린다. 윤봉이 사신으로 와서 세종에게 황제의 밀지를 전달한 일이 매우 수상쩍다는 것이다. 혹시 윤봉이 흉계를 꾸민 것이 아닐까? 즉흥적으로 떠올린 막연한 의혹 제기가 아니다. 믿을 만한 근거가 세 가지나 있다.

첫째로, 황제의 요구를 밀지 형식으로 전달한 이유가 석연치 않다. 그 이전에 사신들이 와서 황제의 선유를 전할 때는, 의식에 따라 칙서를 전하는 자리나 연회석상에서 공개적으로 전하는 것이 일반적이었다. 《세종실록》을 통틀어서 사신이 나와서 황제의 선유를 밀지 방식으로 은밀하게 전한 경우는 이때가 유일하다.

둘째로, 당시 명나라는 황제가 해청에 관심을 가질 만한 상황이 아니었다. 선덕제가 새 황제로 등극하여 1년도 되지 않은 시점이었기 때문이다. 2년쯤 전에 영락제가 야전에서 갑자기 죽어서 황태자이던 주고치朱高熾가 홍희제로 등극하였다가, 건강이 나빠져 1년 만에 죽었다. 그런 상황에서 황제가 된 선덕제가 등극하자마자 해청 같은 하찮은 날짐승에 관심을 가졌을 가능성은 매우 희박하다. 더구나 윤봉은 선덕제가 자신의 천자 등극을 축하해준 조선 국왕에게 감사를 표하기 위해 내보낸 사신이었으니, '해청을 보내라.'고 밀지를 보냈을 가능성이 더더욱 낮다.

셋째로, 윤봉의 사람됨이 엉큼하기 짝이 없어서, 명나라 조정이 혼란한 틈을 이용하여 음흉한 자작극을 벌였을 개연성이 충분하다. 뒤에 가서 낱낱이 드러나지만, 당시 조선 조정의 고위 관리들 사이에 윤봉의 농간에 대한 의혹이 강하게 퍼져 있었다. 사관들도 그런 사실을 실록에 명확히 남겼다. 윤봉의 못된 인성에 대하여는 바로 뒤에 이어지는 제6장과 제7장에 자세히 다뤄져있다.

한편, '윤봉의 농간' 의혹과는 상관없이, 세종이 황제에게 진헌할 매를 포획하는 데 집착하자, 반발과 저항의 움직임이 일었다. 조선의 조정에 귀와 눈이 밝은 총명聰明한 관료들이 있었던 것이다. 전년에 의정부 찬성 권진이 대담하게 건의를 아뢰고 나서 11개월 만에 사헌부 장령 윤수미가 총대를 멨다.

사헌부의 장령은 관리들에 대한 감찰 업무를 담당하던 정4품 관직이었다. 오늘날의 대검찰청 감찰관 정도로 보면 될 것이다. 수미는 극심한 가뭄과 매 포획의 어려움을 내세워 채방사 파견을 중단할 것을 간곡하게 진언하였다. 하지만 세종은 다시 또 진헌의 불가피성을 내세워 수미를 구슬렸다.

> 사간원에서도 소를 올려 같은 말을 하였는데, 그대들은 어찌 이 일
> 만을 급급하게 말하는가. 백성에게 폐해를 끼치는 것은 말을 안
> 해도 내가 알고 있지만, 백성에게 폐해를 끼치는 것을 생각해서 진
> 헌을 그만둘 수는 없다. 전에 말을 2만 5천 필이나 보내고 처녀들
> 을 뽑아서 보낼 때도 백성에게 막심한 폐해를 끼쳤지만, 진헌을 안
> 할 수가 없어서 정성을 다하였다. 그때에 비하면 흰 매 포획은 일
> 만 배쯤 쉬운 일이고, 또, 작년에도 바치지 않았는데 올해도 바치
> 지 않는다는 것은 있을 수 없다.세종 9년/7/28

그럼에도 불구하고 사흘 뒤에 윤수미가 다시 또 같은 취지로 상소
를 올렸다. 평안도·황해도·강원도·함길도 이외에는 매가 나지 않
는 데다, 매를 잡느라고 농사철을 놓칠 수 있다며, 채방별감들을 철
수시킬 것을 간곡히 호소하였다. 그뿐만 아니라 1년쯤 앞서 세종에게
같은 간언諫言을 올린 적이 있는 의정부 찬성 권진이 수미의 편을 들
어 해청 포획에 따른 폐단을 극력 내세우자, 세종이 구차해 보일 만큼
궁색한 논리로 두 사람을 구슬렸다.

> 진헌 문제는 데면데면하게 대충 할 수가 없다. 채방별감을 내보냈
> 으니 비록 해동청을 잡지 못하더라도 명나라에서 우리가 마음을
> 다하고 있음을 알게 될 것이다. 하물며 황제가 칙서를 통해, '짐이

윤수미와 권진에게 해청 진헌의 불가피성을 설명하는 세종의 모습을 떠올리면 안타깝다 못해 측은한 생각까지 든다. 가만히 눈을 감고 상상하면, 세종의 이마에서 진땀이 흐르는 모습을 눈앞에 보는 듯하다.

하지만 그 속을 모르는 제3자의 상상일 뿐이다. 두 사람을 어렵사리 구슬려서 돌려보낸 세종은, 이틀 뒤에 상호군(정3품) 이백관으로 하여금 세 종류의 매 서른여섯 마리를 북경에 가져가서 선덕제에게 바치게 하였다. 그 주본은 다음과 같았다.

해동청을 진헌하기 위해 각 도에 사람을 보내고 지시를 내려서 여러 방면으로 잡게 하였으나, 결국 잡지 못하고 잡종의 매들만 잡았습니다. 그 가운데 쓸 만한 서른여섯 마리를 골라서 상호군 이백관으로 하여금 가져가서 진헌하게 하오며, 종류별로는 난추니 열 마리, 누런 매 스무 마리, 검은 매 여섯 마리입니다.세종 9년/8/3

이백관을 시켜 황제에게 서른여섯 마리의 매를 들여보내던 바로 그날 세종은, 각종 매를 잡아오는 사람에 대한 포상 기준을 마련하여 전국의 감사와 도절제사에게 내려주었다. 보다 더 열심히 매를 진헌하겠다는 의지를 만방에 드러낸 것이고, 포상기준도 가히 파격적이었다.

난추니(아골)나 퇴곤(흰 매)을 잡은 사람에게는 관직으로 상을 주도록 하라. 관직이 없는 사람에게는 8품의 관직을 제수하고, 관직이 있는 사람은 품계를 한 등급 올려주어라. 천인은 쌀 50석을 주고, 정보가을을 잡은 사람에게는 쌀 20석을 주고, 반보가을을 잡은 사람에게는 10석을 주는 것으로 기준을 정해서, 각 도의 감사와 절제사로 하여금 도내 각 고을에 공문으로 알리게 하라.세종 9년/8/3

며칠 뒤에는 매를 잡는 일을 주관할 채방별감들을 전국 각지에 내보냈다.세종 9년/8/7 그로부터 두 달쯤 뒤에 상호군(정3품) 이사검으로 하여금 해청 한 마리와 누런 매 다섯 마리를 가지고 매잡이 다섯 명과 함께 북경에 들어가 선덕제에게 바치게 하였다.세종 9년/10/16

이때에 사검이 가져가려던 송골매 한 마리가 다리를 다쳐서, 세종이 허조에게 '그래도 진헌해야 할는지'를 물으니, 허조가 대답하기를, '황제의 칙서에 「매의 깃털이라도 가져오라.」고 하였으니, 발을 다쳤어도 진헌하는 것이 옳을 것입니다.'라고 하였다는 이야기를 앞에서 소개한 바 있다.세종 9년/11/2

그날 그 자리에서 허조는 '깃털' 발언에 덧붙여서 세종에게 매 포획을 부분적으로 정지할 것을 건의하였다. 이사검이 매들을 가지고 북경으로 들어간 무렵은 겨울로 들어서는 문턱이었기 때문이다. 바깥

날씨가 몹시 추우니 송골매가 서식하는 함길도와 평안도를 제외하고 경상도와 전라도는 매잡이들을 철수시킬 것을 제안하니, 세종이 옳게 여기고, 승정원에 명하여 설을 쇤 뒤에 중단하게 하였다.세종 9년/11/2

　그로부터 사흘 후에 함길도 감사가 흰 매(퇴곤) 한 마리를 잡아서 올려 보냈다.세종 9년/11/9 같은 날 허조가 다시, 많은 백성이 새벽부터 날이 저물도록 높은 산꼭대기에서 추위에 떨고 있다며, 채방별감을 즉시 철수시키자고 제안하였다. 세종은 허조의 말을 절반만 따랐다. 각 도 감사에게 명을 내려, 잡매를 잡는 덫만 모두 철거하고 해청을 잡는 덫은 그대로 놓아두게 한 것이다.세종 9년/11/9

　그뿐만 아니라 매의 포획에 따른 포상 범위를 보다 더 넓혀서 백성들에게 널리 알리게 하였다. 그러자 사간원의 우사간 김효정이 상소를 올렸다. 매 포획을 즉시 감사에게 일임하고 채방사를 불러들여 폐해를 덜게 하라는 간언이었다. 매 포획에 대한 포상이 후하여서, 임금이 직접 챙기지 않아도 힘써 잡으려는 사람이 많다고 덧붙였다.세종 9년/11/11

　효정의 상소를 받아본 세종은 종친과 여러 군君 및 신하들에게 매사냥 허가증인 응패鷹牌를 내려주었다.세종 9년/11/17 사흘 뒤에는 상호군 한승순으로 하여금 난추니(아골) 네 마리와 해청 세 마리를 가지고 북경에 들어가 선덕제에게 바치게 하였다.세종 9년/11/20

엇박자도 잦았고 반발도 심하였다

황제에게 진헌할 매들을 북경까지 들여보내는 과정에서 별의 별일이 다 생겼다. 한 번은 평안 감사 하연이 임금의 지시를 잘못 이해하고, 매들을 가지고 북경으로 향하던 이사검 일행을 정지시키는 시행착오가 발생하였다. 그런 사실을 모른 채 하연의 연락을 받고 요동에서 후속 연락을 기다리던 이사검이 세종에게 글을 올렸다.

> 금년 11월 14일에 요동에 이르니, 도독 왕진과 흠차 포응 내관 사대인이 해청과 누런 매를 보고 칭찬하며 말하기를, '우리는 이십사위二十四衛의 군인을 거느리고 여러 달 동안 잡으려 하였어도 잡지 못했는데, 너희 전하는 사대하는 지극한 정성으로 이처럼 귀한 매를 얻었으니 황제가 반드시 기뻐하실 것이다.'라고 하였사옵니다. 신이 16일에 요동을 출발하려고 하였더니, 의주의 통역사 이근고가 전하의 지시를 받들고 와서 '정지하라.'고 하여서, 그대로 머물러 명을 기다리옵니다. 세종 9년/11/23

실수는 평안도 감사가 저질렀지만, 원인을 제공한 사람은 세종이었다. 세종이 황제에게 해청을 한 마리라도 더 바치려다가 일이 틀어지게 된 것이다. 이사검이 길을 떠난 후에 또 해청이 잡히자, 세종이 함께 가져가서 바치게 할 생각으로, '사검이 아직 압록강을 건너지 않았으면, 사검에게 길을 늦추어서 기다리게 하라.'고 평안도에 연락을 취하였다. 때는 사검이 이미 압록강을 건넌 후였는데도, 하연이 역마를 띄워 사검을 요동까지 뒤따라가, '멈춰서 기다리라.'고 지시를 전한 것이었다. 이 일로 하연이 충청도 천안군에 유배되고 그의 경력(부관) 이던 정자신은 파면되었다. 세종 9년/12/6, 12/21

이십사위는 명나라 조정이 요동 각지를 다스리기 위해 설치하였던 스물다섯 개의 '위소衛所' 가운데 스물네 개를 말한 것이다. 따라서 요동 도독 왕진의 말은, 수많은 군인을 동원하고서도 해청을 한 마리도 잡지 못하였다는 뜻이다. 요동 도사는 군사의 운용과 지방행정을 함께 관장하는 직책이었다. 몽고와 여진족에 대한 공략과 회유, 조선과 명나라의 경계 감시, 명나라의 외교문서 전달 같은 중요한 역할을 담당하여, 조선과 밀접한 관계를 유지하였다.

세종과 평안도 감사 사이에 소통이 꼬인 사이에도 매들은 계속 포획되었다. 강원 감사 조종생이 누런 매 열세 마리를 바치고, 함길도 감사 오승이 흰 매 한 마리와 검은 매 한 마리를 바쳤다. 세종 9년/11/24 평안도 절제사 조비형으로부터 송골을 잡았다는 보고가 올라오자, 세종이 대호군(종3품) 전광의로 하여금 역마를 타고 달려가서 모양을 보게 하였다. 아울러서 평안도 감사에게 명하여 매를 잡은 사람에게 상을 주게 하였다. 세종 9년/12/21 며칠 뒤에 상호군 한을생에게 해청 한 마리를 주어서 북경에 가져가 바치게 하였다. 세종 9년/12/27

새해로 접어든 지 40일쯤 지나서, 매를 가지고 북경에 들어갔던 이사검이 돌아와, 황제에게 죽은 해동청을 바치게 된 사연과 황제의 반응 등을 상세히 아뢰었다. 또, 사신으로 다녀간 창성과 윤봉이 자신을 따뜻하게 위로하고 황제의 선유를 전해주었다며, 그 내용을 보고하였다.

> 해동청은 본디 얻기가 어려운 것이니, 반드시 해동청이 아니라도 좋은 매를 잡아서 바치면, 내가 노리개로 삼아 가지고 즐기고자 한다.세종 10년/2/16

겨울이 지나서 봄철로 접어들자 세종이 평안·함길·황해도 감사와 절제사에게 해청 포획을 독려하는 특명을 내렸다. 각 고을에 소속된 매잡이들이 해청 포획에 전념할 수 있도록 잡역을 시키지 말고, 수령들로 하여금 그들의 근태를 점검하게 하였다. 점검하는 데 필요한 인력은 바닷가의 각 포구에 배치한 선군船軍 중에서 만호와 천호가 적절히 알아서 정하게 하였다. 해청을 포획하는 자들에 대한 포상도 상기시켰다.세종 10년/3/28

그다음 날은 경상·전라·함길도 감사에게 친히 회색 빛깔의 검은 매를 잡아서 보내라고 명을 내렸다. 시기를 맞추어 보금자리에서 내려오기를 기다렸다가 날개가 멋지게 달린 놈으로 붙잡아서 올리라고 지침을 주었다.세종 10년/3/29

그 무렵 조정 안팎에, '임금이 윤봉에게 속아서 해청 포획에 몰두하는 것이라.'는 소문이 퍼져서 세종의 귀에까지 들어갔던 모양이다. 40일쯤 뒤에 세종이 승정원의 대언(승지)들을 불러서, 소문이 사실무근임을 해명하더니, 계속해서 사대에 힘쓰겠다는 의지를 분명히 하였다.

듣자하니 명나라에서 매와 검은 여우 따위를 요구하는 것이 모두 환관 윤봉의 농간이라고 떠벌리는 자들이 있다고 하던데, 그 말이 혹시라도 명나라에 알려질까 두렵다. 또 들으니, 나의 사대가 지나치다고 비판하는 여론도 있다던데, 사정을 모르고 하는 소리다. 명나라 황제가 매년 사신을 보내고 상까지 주면서 우리를 극진하게 돌봐주는 것은, 우리나라가 해마다 예의를 다하여 조공도 바치고 때때로 사신도 들여보내는 데 대한 보답인 것이다. 그러므로 명나라에 성심을 다하지 않는 것은 커다란 불경이고 신하로서의 도리를 저버리는 것이니, 어찌 정성을 다하여 받들지 않을 수 있겠느냐.세종 10년/윤4/18

세종이 말을 마치자 지신사 정흠지가 두 가지 논리로 가세하고 나섰다. 첫째로, 옛날에 영락제가 북방 오랑캐(달단)의 침략을 당했을 적에 개·말·털가죽·비단 같은 것을 열심히 들여보내 꾸준히 섬겼던 것처럼, 작은 나라가 큰 나라를 받드는 것은 당연한 일이라고 하였다. 둘째로, 명나라가 조선을 항시 후하게 대해주니 마음을 다하여 공경히 섬겨야 한다고 하였다. 흠지의 성원에 고무된 세종은 여유롭고 자신에 찬 목소리로 대신들을 점잖게 구슬렸다.

뒤에서 쑥덕거리는 자들이 돌아가는 상황을 제대로 알지도 못하면서, 윤봉이 석등잔石燈盞이나 매를 가지고 왔다 갔다 하는 것을 보고 경솔하게 지껄이는 것은 매우 옳지 않다고 생각한다. 그러나 강제로 금지할 생각은 없으니, 하고 싶은 말이 있으면 몰래 숨어서 소곤거리지 말고 당당하게 들어와서 내게 직접 말하도록 하라.세종 10년/윤4/18

석등잔은 주변이 어두워지면 스스로 빛을 발하는 특이한 돌로 제작된 등잔을 말한 것으로 추정되며, 중국에서 나오는 사신들이 단골로 요구하는 인기 품목이었다. 그런데 그 원료가 되는 등잔석燈盞石이 희귀하여 사신들의 요구를 들어주느라 많은 사람이 고초를 겪었다.

세종이 대신들과 어색한 신경전을 벌이고 3개월쯤 지나서 창성과 윤봉이 내사 이상과 함께 칙서를 가지고 의주에 이르렀다. 판의주목사 남궁계가 사신들이 전해준 황제의 뜻을 적어서 보냈다. 그중 창성의 말로써 보내온 요구에, '사냥용 매 오십~백 마리를 바칠 수 있게 준비하되, 매 한 마리당 개 한 마리씩을 먹이로 준비해 달라.'는 문구가 들어있었다.세종 10년/7/8

그런데 남궁계의 보고에서 몇 가지 특이점을 느낄 수 있다. 첫째는, 매를 요구한 사람이 윤봉이 아니라 창성이라는 점이다. 둘째는, 서울에 도착하기 전에 매를 원하는 뜻을 알린 점이다. 셋째는, 창성이 요구한 매의 수효가 '오십 마리 이상'인 점이다. 넷째는, 윤봉과 다르게 공개적으로 매를 요구한 점이다.

첫 번째 특이점은 윤봉이 앞서 두 번이나 매를 가져다가 황제에게 바치고 칭찬을 받는 것을 보고 창성의 시기심이 발동하였을 개연성을 떠올리게 한다. 두 번째 특이점은 창성이 자기도 많은 매를 가져가서 황제에게 바치려고 꼼수를 부렸을 개연성을 떠올리게 한다. 세 번째 특이점은 창성이 앞서 윤봉이 두 번에 걸쳐서 가져간 수효(15마리+36마리=51마리)보다 많은 매를 가져가려 한 듯한 인상을 강하게 풍긴다. 네 번째 특이점은 창성이 목적을 위해서는 수단과 방법을 가리지 않는 인물이었음을 짐작게 한다.

판의주목사 남궁계로부터 창성의 요구를 보고받은 세종은 각 도 감사에게 명을 내려, 매와 매들을 먹일 개를 바치게 하였다.세종 10년/7/8 10여 일 뒤에 마침내 세 사신이 서울에 이르러, 며칠 뒤에 경회루에서 환영연을 개최하였다. 그때 윤봉이 경회루 연못 위에 있는 흰 매를 보더니, 같은 종류의 매를 포획할 수 있는 곳을 물었다. 장차 가져가서 황제에게 바칠 마음을 먹었던 것이다.세종 10년/7/19, 7/25

그로부터 사흘 뒤에 양미 등 매잡이 열 명에게 매 열 마리와 개 열 마리를 주어서 북경에 들어가 황제에게 바치게 하였다.세종 10년/7/28 엿새 뒤에 또 상호군 홍사석으로 하여금 매잡이 열 명과 더불어서 난추니(아골) 한 마리와 큰 개 스물네 마리를 북경에 가지고 가서 바치게 하였다.세종 10년/8/4

20일쯤 뒤에는 경기·황해·강원도 감사에게 특명을 내려, 매 포획을 독려하였다. 도성을 수비할 차례가 되어 서울에 올라와 있는 군사들을 제외한 나머지 시위패들을 모두 해청을 포획하는 데 투입하게 하였다.세종 10년/8/23 사흘 뒤에는 사신들과 의주까지 동행할 노한과, 황제에게 진헌할 매들을 가지고 사신들을 따라서 북경에 들어갈 홍사석을 불러서, 자신이 매를 가급적 빨리 들여보내려고 힘쓰는 이유를 사신들에게 분명히 알리게 하였다.

> 사신들에게 가서, '전하께서 우리들을 독촉하시어 매를 기한 안에
> 바치게 하려고 하시는 것은 우리 전하의 지성인 것입니다. 그리고
> 이번에는 우리나라의 호송군을 동원하여 사신들을 모시게 하려고
> 합니다.'라고 전하라. 만약에 사신이, '요동에서 군사가 도착한 뒤
> 에 떠나겠다.'고 하면, '매를 한 곳에 오래 두면 병이 날지도 모르
> 고, 더욱이 진헌사는 시간을 지체할 수 없으니 먼저 들어가 바치겠
> 다.'고 하라. 만약 사신이 허락하면 재빨리 북경으로 출발하고, 허
> 락하지 않거든 다시 말하지 말라.세종 10년/8/26

한 달 남짓 지나서 세 사신이, 전년에 와서 뽑아놓은 처녀 한씨를
데리고 북경으로 돌아갔다.세종 10년/10/4 그런데 사신들이 7월 19일에
서울에 도착하여 80여 일을 체류하는 동안 황제에게 들여보낸 매의
수효를 세어보면 열여섯 마리에 불과하다. 결과적으로, 창성이 서울
에 도착하기도 전에 판의주목사 남궁계를 통해 요청하였던 최소 마릿
수(50마리)의 1/3 정도를 진헌하는 데 그친 것이니, 결과적으로 창성
의 꼼수가 좌절된 셈이다.

그 뒤로 해청이 연달아 포획되어 세종을 혼란에 빠뜨렸다.세종 10
년/10/7. 10/23. 11/6 조정 안팎에서 매 진헌에 반대하는 여론이 또다시
거세게 일었기 때문이다. 가장 먼저 판부사 허조가 전면에 나섰다. 임
금을 가장 가까이서 모시던 지신사 정흠지에게, 임금이 황제에게 매

를 바치지 말았으면 좋겠다는 의사를 전했다. 임금에게 아뢰라는 것이었고, 흠지가 그대로 세종에게 보고하였다. 허조의 말에는 조리와 설득력이 있었다.

앞서 해청 세 마리를 바치러 사람을 들여보냈다가, 달단 군사가 길을 막아 북경에 이르지 못하였는데, 이제 또 해청 두 마리를 보내려는 것은 적절치 않은 것 같소. 그리고 해청을 바치는 것은 황제의 덕을 돕는 것이 아니오. 고려 말엽에 처음으로 처녀를 보내는 법이 생겨서 그 폐단이 오늘날까지 내려왔소. 더구나 해청은 포획하기가 매우 어려워서 지방 백성들의 고초가 이만저만이 아니오. 듣자 하니, 전에 금金나라 임금이 이리저리 쫓겨 다닌 이유도 실은 매 때문이었다고 합디다.세종 10년/11/11

지신사 정흠지를 통해 허조의 지적을 전해들은 세종은, 흠지에게, 매를 바치고 싶지 않아도 바칠 수밖에 없는 고충을 털어놓았다. 허조에게 가서 그대로 전하라는 것이었고, 한 마디 한 마디가 거의 애걸에 가까웠다.

허조의 말이 옳다. 그러나 황제께서 나에게 유시하기를, '해청을 잡아서 올리라.'고 하였고, 내가 해청을 얻었으니 황제께 바치지 않고 궁중에 머물러두는 것이 옳겠는가. 여러 명의 처녀와 수만 마리의 우마도 무리를 무릅쓰고 보냈는데, 이미 얻은 해청을 어찌 보내지 않겠느냐. 내 심부름을 하던 사환과 환관 여러 명이 명나라 조정에 들어가서 황제를 모시고 있으니, 우리나라 일을 모를 것이 있겠느냐. 기왕에 황제를 위해 잡은 것이니, 즉시 보내지 않으면 내 마음이 불편하다. 또 혹시 황제가 나에게, '전일에 유시한 해청은 어찌하여 보내지 않느냐.'고 물으면, 무슨 말로 변명을 하겠느냐. 지금의 황제가 본시 매와 개를 좋아한다니, 우리나라에서 해청을 보낸다고 해서 황제의 덕에 누가 되겠느냐.세종 10년/11/11

지신사를 통해 허조를 간곡하게 타이른 세종은 다음 날 상호군(정3품) 이열로 하여금 해청 세 마리와 검은 매 두 마리를 가지고 북경에 들어가 선덕제에게 바치게 하였다.세종 10년/11/12 이후로 며칠 동안 조정 안팎이 잠잠하더니, 일주일 뒤에 판부사 변계량이 나서서 과도한 진헌을 자제할 것을 건의하였다.

전하께서 명나라에 지성으로 사대하시어 해청을 잡으면 즉시 보내시는데, 옛날에는 포획하기가 어렵던 것이 요즘은 좀 많이 잡히는 편이니, 좋은 것들만 골라서 보내시고, 너무 많이 보내지는 마시옵소서. 해청은 포획하기가 매우 어려운 데다, 나중에 가서 다시 많이 잡기가 어려워질는지도 모르는데, 혹시 많이 보내라는 요구가 있으면 어떻게 감당하시겠습니까.세종 10년/11/19

계량이 말을 마치자 세종이 은근슬쩍 화제를 돌렸다. 대화를 더 끄는 것은 불리하다고 여겼을지도 모를 일이다. '매를 많이 포획한 사실이 황제의 귀에 들어간다고 생각하면 다 보내지 않을 수가 있겠느냐.'고 반문하더니, 명나라로부터 물소를 수입하는 이야기를 꺼냈다. 활을 만드는 데는 물소 뿔보다 나은 것이 없다며, 날씨가 그다지 춥지 않은 전라도에서 기르는 것으로 하여, 명나라에 수출을 요청해보자고 하였다.

그다음 해 5월 창성과 윤봉이 황제의 하사품을 전달한다는 구실로 다시 또 서울에 왔다. 사실은 처녀들을 데리러 왔던 것인데, 창성이 황제에게 진헌해야 할 품목이라며 내놓은 목록에 매 1백36마리가 포함되어 있었다. 세종 11년/5/3 거기에는 검은 매 여섯 마리, 조롱에 담긴 난추니 열 마리, 새끼 난추니 열 마리, 난추니 열 마리, 누런 매 서른 마리, 새끼 누런 매 서른 마리, 비단색 누런 매 마흔 마리 등으로 적혀 있었다.

그런데 창성이 내놓은 목록에서 의도된 악의가 확연하게 느껴진다. 매의 종류를 새끼까지 세분하여 각 종류별로 여섯~마흔 마리를 요구한 것이 납득이 안 되기 때문이다. 특히 창성이 평소 윤봉과 사이가 극도로 나빴던 사실을 상기하면, 윤봉의 약삭빠른 처신에 창성이 심하게 질투를 느꼈을 법도 하다. 게다가 앞서 창성이 매 오십~백 마리를 요구하였다가 열여섯 마리밖에 못 가져간 사실까지 떠올리면, 창성이 작심하고 무리하게 청구서를 적었을 개연성이 다분하다.

창성의 의도는 여하튼지 간에, 창성으로부터 매 진헌을 요구받은 세종은 기민하게 움직였다. 청구 목록을 받자마자 평안도와 황해도 감사와 절제사에게 명을 내려, 그해 가을에 진헌할 난추니들을 각 고을에 나눠주어 병에 걸리지 않도록 신경 써서 기르게 하였다. 경기·강원·함길·충청·전라·경상도 감사와 절제사들로 하여금 난추니를 바치게 하였다.세종 11년/5/26

두 달쯤 지나서 창성과 윤봉이 여가수 여덟 명, 요리사 열한 명, 어린 화자 여섯 명을 데리고 돌아갔는데, 창성이 매를 몇 마리나 가지고 갔는지는 알 수가 없다.세종 11년/7/18, 7/21 다만 짐작하건대, 창성이 요구한 1백36마리를 채워주지는 못했던 것 같다. 세종의 이후 행보가 하나의 단서다.

사신들이 명나라로 돌아가자마자, 해청 그림 1백 장을 각 도에 나눠주어, 그 그림을 보고 해청을 포획하여 올리게 하였다.세종 11년/7/23 그로부터 2개월 반쯤 뒤에 상호군 홍사석으로 하여금 해청 한 마리와 누런 매 열 마리를 북경에 가져가 바치게 하였다.세종 11년/10/2 이십여 일 뒤에는 경기·황해·강원·평안·함길도 등지에 채방별감을 파견하여 해청을 잡게 하였다.세종 11년/10/25

일주일 뒤에 명나라 사신 김만이 서울에 왔다. 그동안 세종이 열심히 해청을 들여보낸 성의에 대한 보답으로 황제가 내려준 백자 열다섯 개를 가져온 것이다. 김만이 가져온 칙서에는, '좋은 해청과 누런 매를 조롱에 넣어서 큰 개들과 같이 들여보내라.'는 글이 적혀 있었다. 칙서를 확인한 세종은, 황제에게 신년 인사를 하러 들어가는 하정사 편에, 희고 누른 매 한 마리와 누른 매 일곱 마리를 조롱에 넣어서 들여보냈다.세종 11년/11/2, 11/12

나흘 뒤에 예조판서 신상이 매를 너무 많이 바치지 말 것을 간언하였다. 계속해서 매를 많이 바쳤다가, 명나라에서 매 포획이 쉬운 줄 알고 해마다 진헌을 요구하면 장래의 폐해가 될 수 있다고 하였다. 세종이 그 말을 듣고, '예조판서씩이나 되는 사람이 어쩌면 그리도 생각이 짧으냐.'는 듯이 면박을 주었다. 황제가 채방사를 보내서 매를 잡겠다고 할까 봐서 성심을 쏟아 해청을 포획해 보내는 심정을 몰라주는 데 대한 섭섭함을 여과 없이 드러낸 것이다.

만약 교묘한 계책을 내어서 마음을 다하지 않는다면 황제가 채방사를 보내서 매를 잡아갈는지도 모른다. 만일 그렇게 된다면 폐해가 말할 수 없이 심해질 것이다.세종 11년/11/16

보름쯤 뒤에 동부대언 남지가 세종의 명을 받고 김만을 문안하니, 김만이 진헌할 매의 수효를 물었다. 남지가 스무 마리라고 대답하니, 김만이 너무 적다며 접견을 거부하였다.세종 11년/12/1

십여 일 뒤에 황제에게 바치기 위해 가지고 가던 퇴곤이 평안도 가산에 이르러 죽었다. 세종이 보고를 접하고 대언 이맹진을 김만에게 보내서, 주본을 고쳐서 다시 쓸 것인지, 그대로 가지고 갈 것인지를 물어보고, 사신의 조언을 따라서 그대로 가져가 바치게 하였다.세종 11년/12/14 이때에 김만이 귀국하면서 칠십여 마리의 매를 가져간 사실이 일 년쯤 뒤의 실록 기사에 적혀있다.세종 12년/10/29

김만이 다녀간 다음 해에 선덕제가 창성과 윤봉을 다시 또 사신으로 내보내, 자신이 항시 차던 보석 박힌 허리띠 고리와 보검, 은화 등을 예물로 보내왔다. 송宋나라 휘종 때에 한 번 나타나 그림 1본이 전해질 따름인 '흰 뿔 달린 매'를 포획해서 보내준 데 대한 답례였다.세종 12년/4/20 하지만 순수한 호의가 아니었다. 3개월쯤 뒤에, 선덕제가 다른 물품들을 보내면서, 여러 종류의 특산물과 함께 세 종류의 매를 보내라고 칙서를 보내왔다.

> 왕의 나라에서 나는 여러 가지 해산물과 맛있는 물고기, 표범, 큰 개, 해동청이라는 좋은 매, 흰 매, 누른 매를 구해서 들여보내라.세종 12년/7/17

일주일 뒤에 우대언 황보인을 창성과 윤봉에게 보내, 길주에 토표를 잡아놓았음을 알렸다. 윤봉이 듣고서 명나라에서 수행원으로 데리고 나온 최진·왕승·허중 등을 함길도에 보내 가져오게 하였다.세종 12년/7/23 며칠 지나서 길주에 잡아둔 토표가 병이 들어, 우대언 황보인을 보내 사신들에게 알리니, 두 사신이 말하기를, '또 잡으면 된다.'고 하였다.세종 12년/7/30

사신들이 직접 함길도에 가서 매를 잡았다

이 시점에서 궁금증이 발동한다. 도대체 조선에서 매를 몇 마리나 포획하여 바쳤기에 황제가 감동하여, 두 번씩이나 자기가 항상 차던 허리띠 고리 등을 예물로 보냈을까?

〈표 5〉는 세종이 매 포획자에 대한 포상기준을 마련한 날(세종 9년/8/3)부터, 황제가 답례로 보석이 박힌 허리띠 등을 하사한 시점(세종 12년/7/17)까지 조선에서 진헌한 매의 수효를 집계한 것이다. 약 3년 동안 여든 마리 이상의 매를 바쳤음을 보여준다. 바치려고 가져가다가 도중에 죽은 한두 마리도 그대로 바쳤으므로 집계에 포함하였다. 재위 12년째에는 한 마리도 진헌하지 않았음을 알 수 있다.

3년 동안 여든네 마리를 보냈으면 매년 평균 스물여덟 마리를 보냈다는 이야기다. 그 정도면 상당히 많은 수효라고 생각되는데, 사신들은 만족하지 않았다. 8월로 접어들어 이틀째 되던 날 세종이 좌우의 신하들을 불러 모으더니, 창성이 매와 토표를 잡는 상황을 보기 위해 수행원 세 명을 함길도에 보내겠다며 허락을 요청한 사실을 공개하였다. 창성이 인편을 통해, 자기가 데려온 사람들을 함길도에 보내 포획꾼들이 매와 토표를 잡는 현장을 볼 수 있게 해줄 것을 요구하였다며, 창성의 의도를 저지할 방책을 토론에 부쳤다.

진헌한 날짜	진헌한 매의 종류와 수효	합계
세종 9년 8월 3일	난추니 10, 누런 매 20, 검은 매 6	36
세종 9년 10월 16일	해동청 1, 누런 매 5	6
세종 9년 11월 20일	난추니 4, 해동청 3	7
세종 9년 12월 27일	해동청 1	1
세종 10년 7월 28일	미상 10	10
세종 10년 8월 4일	난추니 1	1
세종 10년 10월 7일	해동청 1	1
세종 10년 11월 12일	해동청 3, 묵은 매 2	5
세종 11년 10월 2일	해동청 1, 누런 매 10	11
세종 11년 11월 28일	해동청 2, 흰 매 1	3
세종 11년 12월 19일	누런 매 2, 난추니 1	3
합계	**난추니 16, 누런 매 37, 해동청 12, 기타 19**	**84**

사신 창성 등이 매와 토표를 잡는 함길도 현지에 수행원 세 명을 보내겠다고 한다. 황제의 칙유에 없는 짓을 제 마음대로 생각해서 하려는 것이다. 앞서 수행원들이 가서 토표를 잡는 것을 금하지 않았던 것은, 토표가 우리나라의 소산이 아니라 잡는 법과 기르는 법을 잘 몰라서 그들이 잡는 것을 보게 하기 위함이었다. 매는 우리나라에서 이미 기르는 법을 알고 있을 뿐만 아니라, 내가 정성껏 구해서 잠시도 지체하지 않고 신속히 바쳤다. 하지만 창성 등이 황제의 승낙을 받지 않고 우리의 반응을 시험해보는 것은 참으로 옳

지 않다. 옛날 원元나라 때에도 사신을 내보내 우리나라의 매 잡는 곳들을 돌아보게 하였는데, 나라에서 황제에게 두 세 차례 건의하여 그 폐단을 없앴다. 오늘날 명나라 조정이 우리나라에 매우 후하면서 손님처럼 정중히 대해주는 이유는, 우리가 예의를 알고 또 마음을 다하여 사대하기 때문이다. 나는 창성의 수행원들이 함길도에 가는 것을 원치 않으니, '지금은 매를 잡을 시기가 아니니 사람을 보내는 것은 무익한 일이라.'고 하여 말리는 것이 어떻겠는가.세종 12년/8/2

먼저 예조판서 신상이, '넌지시 암시를 해서 저지하자.'고 하였다. 그러자 세종이 돌연 말을 바꿔서 정공법正攻法을 제안하였다. 창성이 말로는 해청을 잡는다고 큰소리치지만, 실상은 인삼과 석등잔을 구하려는 것이라며, 차라리 허락을 해서 형편을 알게 하자고 하였다. 그런 물건이 아무데서나 나는 것이 아니고, 해청도 매우 드물어서 잡기가 매우 어려운 실정을 직접 확인하게 하자고 한 것이다.

이조판서 권진이 두 가지 이유를 내세워 세종의 의견에 힘을 보탰다. 첫째는, 그 무리들을 현지에 보내 매와 토표가 정말 희귀하다는 것을 깨닫게 하면, 나라에서 그것들을 바치는 정성이 한층 더 뚜렷하게 드러날 것이고, 둘째는, 석등잔과 인삼은 시중에 없는 물건이라 돈을 주고도 구하지 못할 것이라서, 막지 않는 것이 오히려 나을 것이라고 말하자, 세종이 다시 또 말을 뒤집었다.

창성은 사리를 모르는 자라 비록 옳게 타일러도 반드시 듣지 않을 것이니, 차라리 말하지 않는 것이 더 나을 것이다. 그렇더라도, '금년에 흙비가 많이 내렸고, 절기도 또한 늦어서 결코 매를 잡을 시기가 아니라.'고 하여, 넌지시 막는 것이 옳을 것이다.세종 12년/8/2

그다음 날 세종이 지신사 허성을 보내 두 사신을 문안하니, 창성이 진헌해야 할 물품이라며, 해청 등 매 오십 마리·토표 삼십 마리·거세한 개 육십 마리·물고기와 새우 등 해산물·젓갈 각 육십 항아리·숫돌 서른 덩이를 적어서 내보였다.세종 12년/8/3 허성이 대궐로 돌아와 세종에게 그대로 아뢰니, 다음 날 우대언 남지를 두 사신에게 보내, 목록대로 준비하기가 어려운 사정을 전하게 하였다.세종 12년/8/4

남지가 사신들의 숙소를 찾아가 세종의 말을 그대로 전하자, 창성과 윤봉이 낯빛을 바꾸며 신경질을 부렸다. 남지와 두 사신이 한동안 입씨름을 벌였다. 그 사이 세종이 신하들에게 사신들의 행태를 세세하게 기록해둘 것을 지시하였다. 창성 등이 심통을 부리는 것은 황제의 칙서가 내려진 뒤로 나라에서 아무것도 주지 않기 때문이라며, 언제든지 황제에게 주달할 수 있게 대비하라고 명을 내렸다. 명령을 마치고 나서는 창성을 단념하게 만들 방법을 제시하였다.

사신이 수행원들을 갑산으로 보내려고 하면, 길이 험하고 거리가 멀어서 가기가 어렵다고 말해주고, 경원이나 경성으로 보내려고 하면, 산이 낮고 들이 넓어서 토표가 살지 않는다고 하여 못 가게 막

으면 어떻겠는가.세종 12년/8/6

세종이 말을 마치자 예조판서 신상이 가세하여 거들었다. 일단 먼저 창성에게 가는 길이 험난하다고 알려줘서 스스로 마음을 돌리게 해보고, 창성이 그래도 가겠다고 하면, '갑산과 길주는 3~4일의 노정이라 경성이나 경원보다 가깝지만, 산과 강이 몹시 험한 데다가 만약 비라도 오면 왕래가 막히고, 토표도 살지 않는다.'고 알려주자고 하였다.

그런데 계획이 틀어졌다. 신상이 제안한 방안을 미처 시도하기 전에 창성이 수행원 대희 등 세 명을 함길도로 보내겠다고 하여, 할 수 없이 첨총제 지유용을 딸려서 보냈다.세종 12년/8/6 사흘 뒤에는 전국의 감사에게 명을 내려, 해청이나 흰 매를 잡는 사람에 대한 포상기준을 한 차례 더 널리 알려서 매 포획을 부추기게 하였다.세종 12년/8/9

이틀 뒤에 세종이 동부대언 윤수를 보내 사신을 문안하니, 창성이 뜬금없이, 길주에서 토표를 잡을 군정軍丁 1만 5천 명을 뽑아서 앞서 함길도로 출발한 수행원에게 붙여줄 것을 요구하였다. 윤수로부터 보고를 받은 세종은, 함길도가 심하게 수해를 입어서 군사를 모으기가 어려울 것을 걱정하다가, 함길도 절제사에게, '수효에 구애받지 말고 적당한 인원을 보내주라.'고 명을 내렸다. 지신사 허성 등의 제안을 따른 것이었다.세종 12년/8/11

열흘쯤 뒤에 창성과 윤봉이 직접 그물을 가지고 함길도에 가서 토표와 해청을 잡겠다고 하여, 토표 포획만 허락하였다.세종 12년/8/20 그 뒤에 둘이서 함께 함길도를 갔다가 한 달이 지난 뒤에 빈손으로 돌아왔다.세종 12년/8/24, 9/27 두 사신이 함길도에서 돌아오기 바로 직전에, 상호군(정3품) 김인으로 하여금 누런 매 서른 마리를 조롱에 넣어서 북경에 가져가 바치게 하였다.세종 12년/9/26

창성과 윤봉이 함길도에서 돌아온 다음 날 세종이 태평관에 거둥하여 두 사신을 위해 연회를 열었다. 그 자리에서 창성 등이 날씨가 추워지기 전에 돌아갈 뜻을 밝히며, 동팔참에서 노숙할 때 비바람을 가릴 장막을 청하였다. 담당 관원에게 알리지 말고 임금의 재량으로 달라고 요구하여, 세종이 들어줄 뜻을 밝혔다.

연회가 한창 무르익었을 때 창성이 함길도를 다녀온 이야기를 꺼냈다. 먼저 말문을 열어서, 경성 방면에 토표가 있는지 없는지 정확히 알 수가 없었다고 털어놓았다. 세종이 창성의 말을 다 들어주고 나서, '그 일대에 거주하는 야인들이 간혹 토표 가죽을 가져와 파는 일은 있으나, 우리나라에서는 생포하는 기술을 모른다.'고 하였다. 창성이 다시 말하기를, 경성 지역에 토표가 있는 것은 황제도 아는 사실이라고 하자, 세종이 그전에 있었던 일을 상기시켰다.

내가 즉위하고 70일쯤 지났을 때에 백안불화와 이민 등이 야인이 살고 있는 지역에서 토표를 포획한다고 칙명을 받들고 와서는 우리나라 경내를 함부로 헤집고 다녀서 태종황제(명나라 영락제)께서 엄중히 죄를 다스리신 적이 있었소이다. 윤 천사天使도 그 일을 자세히 기억할 것이오.세종 12년/9/28

천사라는 말은 '천자天子가 보낸 사신使臣'의 줄임말이며, 윤 천사는 윤봉을 가리킨 것이다. 세종이 옛 일을 거론하자, 윤봉이 듣고 있다가, '그런 일이 실제로 있었다.'고 확인해주었다. 그러자 창성도 곧바로 꼬리를 내리며, '반드시 많이 잡아서 황제께 바칠 수 있게 해 달라.'고 간청하였다. 하지만 세종은 수락하지 아니하고, '조선에 없는 짐승을 장차 포획하여 바치겠다고 약속하기는 곤란하다.'고 하였다. 아울러서, 둘이 함께 현지에 가서 토표가 없는 것을 확인하지 않았느냐고 반문하자, 창성도 윤봉도 더 이상 말하지 않았다.

해청을 진헌하는 것이 전쟁 같았다

세종이 함길도를 다녀온 창성과 윤봉을 위해 태평관을 방문해 환영 연회를 열어주고 한 달이 채 안 되어 해청이 붙잡혔다. 평안도의 지삼등현사 이종이 한 마리를 포획하여 감사가 있는 평양으로 보낸 것이다. 세종 12년/10/23

보고를 접한 세종은 앞서 황제에게 약속한 대로, 해청을 즉시 북경에 들여보내 황제에게 바치려고 하였다. 그러자 사신들이 가로막고 나섰다. 자기들이 돌아갈 때 가져가서 바치고 싶다는 것이었다. 그 뒤로 아이들의 편싸움 같은 고집 대결이 이어졌다.

처음에 세종이 우대언 김종서를 사신에게 보내, 사람을 북경에 들여보내 이종이 포획한 해청을 황제에게 바칠 뜻을 전하게 하였다. 먼저, 전에 황제의 칙서에 대한 회답으로, '해청을 잡는 대로 바치겠다.'고 약속한 사실을 알리게 하였다. 그다음에, 해청을 잡은 지가 여러 날이 지나도록 들여보내지 못해서 마음이 불편한 데다, 해청이 병에 걸릴 우려가 있음을 말하게 하였다. 세종이 언급한 '칙서에 대한 회답'은 4년 전 4월에 윤봉이 '황제의 밀지'를 가져와서, 세종이 윤봉이 들어가는 편에 답신을 보냈던 것을 말한 것으로 보인다.

김종서가 태평관을 찾아가 그대로 전하자, 창성이 고래고래 고함을 질렀다. 자기들이 돌아가면서 해청을 가져가도 늦지 않다며, 토표 열 마리만 잡아주면 당장이라도 돌아가겠다고 심통을 부렸다.세종 12년/10/28

종서가 듣고 나서, '토표가 있다면야 열 마리 이상이라도 잡아서 주겠지만, 없을 때는 한 마리도 구할 수 없다는 것을 직접 보지 않았느냐.'고, 훈계하는 어투로 창성을 구슬렸다. 그러자 창성이 한층 더 언짢은 기색으로 종서에게 '물러가라.'고 소리를 질렀다. 윤봉 역시 낯빛을 붉히면서, 오래지 않아서 명나라로 돌아갈 것이라며, 해청을 자기들보다 먼저 들여보내지 말아줄 것을 거듭 간청하였다.

종서로부터 보고를 들은 세종은 종서를 다시 사신에게 보내, 이종이 포획한 해청을 먼저 들여보내지 않고 머물게 할 뜻을 전하게 하였다. 종서로부터 세종의 마음을 전해들은 창성과 윤봉은 매우 기뻐하며 종서와 더불어 연회를 벌이고는 늦게까지 질펀하게 마셨다.

술 기운이 거나해지자 창성이 노골적으로 거드름을 피웠다. 온 천하로부터 황제에게 바치지 않는 것이 없다고 허풍을 떨더니, '서해 지방에서는 해청을 천여 마리씩 바치는데, 해청 한두 마리가 무슨 자랑 거리가 되겠느냐.'고 깎아내렸다. 또, 자기들이 조선에 온 것은 국왕 이 지성으로 명나라를 섬기기 때문이라고 거만을 떨었다.

종서가 듣고 있다가, '우리 전하가 명나라를 지성으로 섬기기 때문 에 잡히는 대로 바치겠다고 한 것이라.'고 하자, 창성이 종서의 말을 수긍하면서도 자기들이 가져가겠다고 고집을 부렸다.

김종서로부터 창성과 윤봉의 말을 보고받은 세종은 다음 날 대신들 을 대궐로 불러들여 대책회의를 열었다. 본격적인 토론에 들어가기에 앞서, 먼저 말문을 열어서, 두 가지를 들려주었다. 하나는 전에 사신 이 와서 매들을 직접 북경으로 가져가다가 중간에 거의 전부를 죽게 하였던 사례에 관한 이야기였다. 또 하나는 사신으로 나온 창성과 윤 봉의 음흉한 속셈에 관한 이야기였다.

> 연전에 김만이 사신으로 와서 매의 포획을 독촉하기에, 힘을 다하 여 칠십여 마리를 포획해서 주었더니, 김만이 요동에서 오래 지체 하는 바람에 매들이 병에 걸려 도중에 모두 죽어버리고 겨우 열 마 리만 가져다 바쳤다. 창성과 윤봉이 매를 잡으러 왔으면서도, 우리 가 잡은 해청을 먼저 보내지 못하게 막는 것은 자기들이 직접 가져 가 황제에게 바치고 공로를 인정받아 훗날 다시 나오려고 하는 것 이다.세종 12년/10/29

세종이 말을 마치자 우의정 맹사성이 나서서, '황제가 노리개로 사용할 물건을 바치지 않고 오래도록 머물러 두는 것은 옳지 않다.'며 무게를 보탰다. 세종이 그 말을 받아서, '10월 전에 갖다 바치면 황제가 매를 날려볼 수 있다고 들었다.'며, 오래도록 시간을 지체한 데 대한 아쉬움을 표하였다.

바로 그날 사신단의 서반序班(우두머리 수행원)으로 따라온 최진이 갑자기 대궐을 찾아와, '부득이하여 먼저 떠나게 되었다.'며, 세종에게 하직 인사를 올렸다. 이유를 들어보니 창성과 윤봉이 수작을 부린 것이었다. 이종이 포획한 해청을 세종이 자기들보다 먼저 들여보낼까봐 최진과 또 다른 수행원 양춘으로 하여금 먼저 평양에 가서 자기들이 도착할 때까지 해청을 보살피게 한 것이었다.세종 12년/10/29

그런데 해청 한 마리를 가지고 세종과 사신들이 신경전을 벌이고 있을 때 세종에게 절대적으로 유리한 소식이 전해졌다. 통역으로 북경에 들어갔던 애검 등이 막 돌아와서, 자신들이 북경에 머물고 있을 때 명나라 조정의 환관이 자신들이 묵고 있던 회동관에 와서, 황제가 '해청을 속히 바치라.'고 칙서를 내린 사실을 알려주었다고 보고한 것이다.

내관 김만이 외국 사신들이 묵는 회동관에 찾아와, '황제가 조선왕에게 해청을 속히 들여보내라고 칙서를 내렸으니, 빨리 귀국해서 해청을 잡는 대로 속히 바치게 하라.'고 하였사옵니다.세종 12년/11/6

애검의 보고를 청취한 세종은 곧바로 지신사 황보인을 태평관으로 보내, 애검이 북경에서 듣고 온 말을 창성과 윤봉에게 전하였다. 아울러서 김만이 애검에게 말해준 내용대로 즉시 사람을 들여보내 포획한 해청들을 바칠 뜻을 전하자, 창성이 악을 쓰면서 노발대발하였다.

그뿐만 아니라 해청을 늦게 바쳐서 황제가 질책을 하더라도, 임금을 탓하지 않고 자기들을 꾸짖을 것이라며, 칙서가 도착한 뒤에 내용을 보고 결정을 짓겠다고 하였다. 윤봉도 또한 얼굴을 붉히며 이종이 포획한 해청을 보내지 말아줄 것을 청하였다. 보인이 돌아와 그대로 아뢰니, 세종이 보인을 두 사신에게 다시 보내, 해청을 즉시 보내지 않을 수 없는 사정을 알리게 하였다.

> 해청을 잡아 놓은 지가 벌써 여러 날이 되었는데, 황제께서 속히 보내라고 칙서를 내리셨다니, 즉시 사람을 들여보내 바쳐야 하겠소. 황제의 책망이 있고 없을 것을 따져서가 아니라, 내가 황제께 바치는 정성을 다하고자 할 따름이오. 내가 주인으로서 두 번이나 사신에게 듣기 싫은 소리를 전하게 된 것을 심히 유감으로 생각하오. 그러나 해청을 포획해 놓고도 들여보내지 않는 것은 더욱 무례한 일일 터이니 속히 들여보내 바쳐야 되겠소. 그리고 사신이 여기에 머무는 동안 바치는 해청은 사신이 바치는 것과 다름이 없으니 굳이 직접 가져가서 바칠 필요가 있겠소.세종 12년/11/6

황보인을 보내 사신들에게 불가피한 사정을 전하게 한 세종은, 판사복시사 장우량으로 하여금 이종이 포획한 해청을 가지고 즉시 북경으로 들어가 황제에게 바치게 하였다. 그러면서 우량에게, '반드시 사신에게 하직 인사를 하고 떠나라.'고 명을 내렸다. 그 사이 황보인이 태평관을 찾아가 사신에게 세종의 뜻을 전하니, 창성이 고래고래 고함을 질렀다. 가슴을 치면서, '돌아가서 임금으로 하여금 결정을 번복하게 하라.'고 악을 썼다.

내가 어릴 적부터 성인이 될 때까지 대궐에 머물면서 황제를 가까이서 모셨는데 어찌 예절을 모르겠는가. 우리가 가지고 온 칙서에 적힌 해산물과 매와 개를 빠짐없이 마련해 주면 당장이라도 돌아가겠다. 그러니 가서 전하께, '포획해 놓은 해청을 창성이 직접 가져가려 하여 즉시 갖다 바치지 못하고 있다.'고 황제께 주달하시라고 아뢰어라. 다른 나라의 재상들이 들어와서 조회할 때에 우리도 황제의 지시를 그와 같이 전한 적이 많았으며, 이런 정도는 예사로 있는 일이다. 그리고 토표를 끝내 잡을 수 없다면 그 사유를 문서로 갖추어 오라. 내가 이 나라에 친척도 없고 친구도 없어서 오래 머물러 있어야 할 이유도 없으니, 내일 북경으로 돌아가겠다. 그런데 연전에 잡은 해청은 여러 달 동안 들여보내지 않았다면서, 이번에 포획한 것은 어째서 서둘러 보내려는 것이냐.세종 12년/11/6

황보인에게 있는대로 분통을 터뜨린 창성은 곧바로 수행원 왕승을 평양에 추가로 보내, 먼저 떠난 최진과 함께 해청을 간호하며 보살피게 하였다. 윤봉도 또한 얼굴을 붉히며, '우리들도 돌아갈 날이 멀지 않았으니, 황제의 칙서가 도착한 뒤에 그 내용을 보고서 바쳐도 된다.'고 씩씩거렸다. 황보인이 몰래 우량이 사신들을 만나지 못하게 막고서, 대궐로 돌아와 그대로 아뢰니, 세종이 다시 또 황보인을 사신들에게 보내 해청을 북경에 들여보낼 의사를 거듭 전하게 하였다.

> 토표를 잡을는지 못 잡을는지 미리 알 수가 없소이다. 그리고 연전에 해청을 잡아서 여러 달 두고 바치지 못한 것은 그때 매를 바치라는 칙서도 없었고 또 날씨가 너무 더웠기 때문이었오. 그리고 대국의 사신이라면 적어도 행동을 경솔히 해서는 안 될 것인데, 갑작스럽게 내일 돌아가겠다고 하니 몹시 실망스럽소. 또, 우리가 해청을 포획하고서도 그대들의 허락이 없어서 곧바로 가져다 바치지 못한다는 말을 어떻게 황제께 드리라는 것이오.세종 12년/11/6

황보인을 통해 세종의 말을 전해들은 창성은 다시 또 고함을 지르며, 해청을 자기들이 가져갈 것인지, 말 것인지를 칙서가 도착한 뒤에 결정하겠다고 고집을 피웠다. 그러더니 한 술을 더 떠서, 임금이 기어코 먼저 바치겠다고 하면 평양에 있는 해청을 자신들의 숙소인 서울의 태평관으로 가져다가 직접 보살피며 기르겠다고 엄포를 놓았다.

세종의 명을 받고 창성에게 말을 전했던 황보인이 접반사인 노한과 정흠지 등과 더불어 대책을 상의하였다. 회의를 마치고 우량과 함께 대궐로 돌아와 세종에게 해청 진헌을 보류할 것을 건의하였다. 우량이 평양에 가서 해청을 기필코 가져가려다가, 사신들이 그곳에 보내놓은 사람들과 다툼이 벌어져서 일이 복잡해질 것을 우려하였기 때문이다.

황보인의 건의를 청취한 세종은 우량의 출발을 정지시키고 새로운 타개책을 모색하였다. 좌의정 황희와 우의정 맹사성을 불러서 의견을 물으니, 두 사람 모두 황보인과 같은 입장을 내놨다. 둘이서 한목소리로, 사신의 뜻을 존중해줄 것을 권하고, 다른 대신들도 두 정승과 마찬가지로 사신들의 뜻을 따를 것을 권하였다. 세종이 마침내 마음을 돌렸다. 황보인을 다시 두 사신에게 보내, 황제의 칙서가 와서 사신들이 가부를 정할 때까지 해청 진헌을 보류할 뜻을 전하게 하였다.

보인이 그 말을 전하려고 창성의 방문 앞까지 갔는데 창성이 통역을 시켜, 자기는 더 이상 할 말이 없다며, 면담을 거부하였다. 임금과 대신들이 자기를 깔보고 우습게 여긴다며, 끝까지 방에서 나오지 않았다. 황보인이 윤봉의 방으로 찾아가 창성의 반응을 그대로 전하였다. 윤봉이 화를 풀고 싱긋이 웃으면서, 혼잣말로, "해청 한 마리 가져가기가 참으로 어렵구나."라고 중얼거렸다. 창성은 애겸 등을 자신의 숙소로 불러서, 북경에서 돌아오면서 김만으로부터 듣고 온 황제의 선유에 대해 상세히 물었다.

사신들에게 해청 진헌을 일단 보류할 의사를 전달한 세종은 주서 배강에게 특명을 내렸다. 그 내용은, 사신들의 지시를 받고 평양에 가서 해청을 보살피러 출발한 왕승을 뒤따라가서, 왕승이 모르게 슬며시 말을 전하라는 것이었다. 길을 재촉하여 왕승을 따라잡아, 통역으로 동행하던 최윤에게, '평양에서 해청을 보살피는 이귀와 전길 등에게, 「왕승이 평양에 도착하여 해청을 요구하면 절대로 내주지 말라.」고 전하도록 한 것이다.

> 왕승이 평양에 도착하여 해청을 달라고 하거든, '우리는 어명을 받고 와서 기르고 있는 것이라, 전하의 명령이 없이는 해청을 내줄 수 없다.'고 하고, 절대로 내주지 마라. 그래도 굳이 달라고 하거든 해청을 내어주고 두 사람 모두 왕승을 따라서 함께 서울로 오라.세종 12년/11/6

다음 날 세종이 우대언 김종서를 보내 두 사신을 문안하니, 창성이 황제께 바치려고 준비한 식료품의 목록과 해청을 잡을 수 있는지 여부를 알려달라고 요청하였다. 북경으로 돌아가야 할 날이 다가오자 조바심을 낸 것이다.

세종이 듣고서 사람을 시켜 창성에게 물품 목록을 보이게 하였다. 창성이 목록에 해청이 없는 것을 보고, 분통을 터뜨렸다. '해청을 서너 마리라도 잡아주지 않으면 한정 없이 있겠다.'고 심술을 부렸다.세종 12년/11/7

바로 그날 평안도 삼등현 사람 안유와 용례 등이 해청을 포획하여 올려 보내 후하게 상을 내려주었다. 아울러서 국고에서 명주 1백7필을 평안도에 보내, 이후로 해청을 포획하는 사람들에게 상으로 주도록 하였다.세종 12년/11/7 그런데 실록에 더 이상의 기사가 없는 것으로 미루어, 사신들에게 해청이 잡힌 사실을 숨겼던 것으로 보인다.

그로부터 나흘 뒤에 사은사로 북경에 들어갔던 동지돈녕부사 이교와 동지총제 김을신이 돌아와서, '해청을 포획하여 보내라.'고 적힌 황제의 칙서를 내놓았다.

최근에 들여보낸 해청들이 모두 귀한 종류라서 내가 매우 기쁘게 생각한다. 좋은 해청을 또 포획하거든 거듭 마음을 써서 들여보내라.세종 12년/11/11

지신사 황보인이 당일로 칙서를 베껴서 사신에게 보이니, 창성이 펼쳐보고, 칙서에 '속히'라는 단어가 없음을 보고 뛸 듯이 기뻐하며 자신의 선견지명을 자화자찬하였다. '사람은 바빠도 하늘은 바쁘지 않다. 우리가 칙서가 도착한 뒤에 결정을 하겠다고 한 이유도 그런 까닭이었다.'고 너스레를 떨었다. 잇따라서, 빨리 사람을 함길도에 보내 해청을 잡을 수 있는지를 알아 오라고 재촉하였다.세종 12년/11/11

다음 날 세종이 사신들에게 문안 차 황보인을 다시 또 보냈다. 창성이 보인에게, 자기들이 가지고 들어가 황제에게 바칠 물품의 일부를 가지고 둘 중 한 사람이 먼저 떠나겠다고 하였다.세종 12년/11/12 그 말을 전해들은 세종은 다음 날 우부대언 윤수와 동부대언 안숭선을 함께 태평관에 보내, 사신과 같이 사신들이 가져갈 물품들에 대한 봉인을 감독하게 하였다.

그런데 바로 그날 평안도 영유현에서 해청을 포획하였다는 보고가 올라와, 곧바로 사신들에게 알려주었다.세종 12년/11/13 창성과 윤봉이 만면에 희색을 띠면서 기뻐하며, 잘 보살피게 할 것을 부탁하였다. 그러더니, 그 해청을 자기들이 가져가서 황제에게 바치겠다며, 수행원 진부를 평양에 보내, 자신들이 도착할 때까지 해청을 보살피게 하였다.

그러자 세종은 사신들의 요구를 따르기로 하였다. 삼등현에서 포획한 해청과 영유현에서 포획한 해청을 두 사신이 나누어 가져가게 하기로 마음을 정하고, 좌의정 황희 · 우의정 맹사성 · 의정부 찬성 허조 · 예조판서 신상 · 예문관 제학 윤회 · 총제 정초 등을 불러서 황제에게 보낼 글의 초안을 잡게 하였다.

> 해동청 두 마리를 포획하였기에 사신으로 보내신 창성이 돌아갈 때에 가지고 들어가게 하려고 합니다. 그런데 사신 윤봉이 먼저 돌아가겠다고 하여, 그보다 앞서 포획한 해청 한 마리를 잡종 매와 큰 개들과 함께 신하에게 주어서, 윤봉을 따라가 먼저 바치게 하옵니다.세종 12년/11/13

지신사 황보인을 보내 창성에게 그대로 전하니, 창성이 듣고 나서, '조선에서 황제에게 일러바쳐 나를 속히 돌아가게 하려는 것이라.'며 고함을 질렀다. 이내 윤봉을 방으로 불러서 한참 이야기를 나누더니, 우부대언 윤수에게 사람을 보내, 출국 계획을 수정한 사실을 알려주었다. 황제에게 진헌할 물품의 일부를 가지고 한 사람이 먼저 출발하려던 계획을 바꾸어서 둘이 함께 출발하기로 하였다며, 물품 포장을 중단해줄 것을 요청하였다.

아울러서, 자기들이 하루라도 일찍 떠나기를 바라면 토표 네 마리와 해청 여섯 마리를 잡아오라고 억지를 부렸다. 잠시 뒤에 윤봉이 홀로 밖으로 나왔다. 북경에 가지고 들어가 황제에게 바치려고 준비한 물품들을 포장하는 척 하면서 사람을 시켜서 세종에게 말을 전해왔다.

> 먼저 포획한 해청을 제가 가지고 들어가 황제께 바칠 터이니, 나중에 포획한 해청은 창공(창성)에게 주어서 가져가게 하시옵소서. 제가 만약 아뢰지 않는다면, 전하께서 일찍 잡아 놓고 천천히 보내시게 된 사정을 황제가 어떻게 알겠습니까.세종 12년/11/13

창성도 가만히 있을 성품이 아니었다. 윤봉이 세종에게 사람을 보내 교섭을 벌이고 있을 때, 창성은 수행원 손중을 평양에 보내 영유현에서 잡아 온 해청을 보살피며 지키게 하였다. 이틀이 지나서 세종이 우부대언 윤수을 보내 사신들을 문안하게 하였더니, 창성이 여전히 심통을 거두지 아니하고, 토표 두 마리와 해청 두 마리를 잡아 주지 않으면 돌아가지 않겠다고 버텼다.세종 12년/11/15

그다음 날에는 동부대언 안숭선을 보내 문안하게 하였더니, 창성이 이르기를, 자기도 빨리 돌아가고 싶다며 속히 토표와 해청을 잡아오라고 재촉하였다.세종 12년/11/16 보름쯤 후에 좌부대언 남지를 사신에게 보내, '새끼 황응은 나쁜 버릇을 가지고 있어 다른 매에게 해를 끼

칠 수 있다.'고 전하니, 창성이 듣고서, '새끼 황응은 바치지 말라.'고
하였다. 세종 12년/12/3

그로부터 일주일 뒤에 세종이, 상호군 김을현을 진헌사로 임명하
여, 평양에서 기르고 있던 '이종이 포획한 해청'을 가지고 윤봉을 따
라서 북경에 들어가 황제에게 바치게 하였다. 을현이 출발하기 전에
사신들의 숙소인 태평관을 찾아가 하직을 고하니, 창성이 당황하는
기색을 보이면서도, 황제에게 보내는 주본奏本을 봐야겠다며, 위세를
떨었다.

네가 먼저 돌아가면 나는 누구와 얘기하겠는가. 황제께 올리는 주
문奏文의 초고를 가져오라. 내일 사람을 보내 고향(황해도 서흥)에
다니러 간 윤 천사(윤봉)를 돌아오게 하여 상의하겠다. 우리들이 돌
아갈 시기가 아직 많이 남았으니, 전하께 아뢰어서 가는 도중에 사
용할 차일遮日(햇빛가리개)을 주시라 하라. 세종 12년/12/9

김을현이 듣고 나서, '물품을 증여하지 말라는 황제의 칙명이 있어
서 임금께 아뢸 수 없다.'고 하자, 창성이 인상을 찌푸려가며 신경질
을 부렸다. '잔말 말고 그대로 아뢰라.'고, 명령하듯이 말하더니, 하루
가 지나자 고집을 거두고 조급증을 보였다.

세종이 지신사 황보인을 보내 사신들을 문안하니, 창성이 보인에
게, '해청을 많이 잡을 수 없으면 한 마리라도 잡아 달라.'고 사정하였
다. 세종 12년/12/10 처음에 도착해서 종류별로 1백36마리의 매를 요구했

던 창성의 기세를 떠올리면, 그가 조선에 앙갚음을 하려던 의도가 수포로 돌아갔다고 할 것이다.

사신들이 돌아갔어도 문제가 생겼다

마침내 사신들의 출국일이 다가와서 세종이 태평관에 거둥하여 송별연을 베풀었다. 그 자리에서 창성이 세종에게, 해청을 한두 마리라도 잡거든 꼭 평양과 의주의 중간으로 보내줄 것을 요청하였다. 세종이 듣고서, '잡히는 대로 모두 보내주겠다.'고 약속하였다.

창성이 또 말하기를, '명나라의 서부 지방에는 토표가 매우 많아서, 그물을 쳐 놓으면 백 마리, 천 마리라도 잡을 수 있지만, '조선의 토표는 몸집이 커서 황제가 특별히 좋아한다.'고 하였다. 세종이 그 말을 듣고서, '조선인들 중에는 토표를 생포하는 법을 아는 사람이 없어서 기필코 포획해주겠다고 약속하기가 곤란하다.'고 대꾸하였다.세종 12년/12/13

이틀이 더 지나서 마침내 창성이 북경으로 떠났다. 서울에 도착한 지 1백40일 만이다. 해청 두 마리를 어떻게 가져갔는지는 알 수가 없다. 윤봉은 고향인 황해도 서흥을 들르겠다며 한 달쯤 앞서 서울을 출발하였다. 이틀 뒤에 명을 내려, 뿔이 달린 매 다섯 마리와 검은 매두 마리를 풀어주게 하였다. 앞서 황제에게 바치려고 잡아들였으나, 먹이만 많이 들고 쓸 데가 없었기 때문이었다.세종 12년/12/17

그런데 신기하게도 창성과 윤봉이 서울을 떠나자, 토표와 해청이 연달아 잡혔다. 열흘 뒤에, 함길도에서 말 목장을 관장하던 홍익생이 갑산에서 잡은 토표를 가져와 바치고, 내관 김용이 경원에서 잡은 옥해청을 가져와, 두 사람에게 옷을 하사하였다. 3일 뒤에 또 함길도 절제사 하경복이 토표를 잡아서 올려 보내자, 옷 한 벌을 지을 수 있는 안팎 옷감을 내려 주었다. 세종 12년/12/27, 12/30

그 직후 토표 두 마리와 옥해청 한 마리를 북경에 들여보낼 채비를 갖추게 하였더니, 의정부 찬성 허조가 만류하고 나섰다. 창성과 윤봉이 떠난 지 한 달도 되지 않았다며, 토표와 해청을 급히 북경에 들여보내 황제에게 바치려는 세종을 간곡하게 말렸다. 다섯 가지 이유를 내세워, 조기 진헌은 바람직하지 않다고 세종을 설득하며, 20일쯤 지나서 들여보내자고 하였다.

첫째로, 토표와 해청을 서둘러 들여보내면, 창성과 윤봉이 필시 '조선에서 미리 잡아놓고도 자기들에게 주지 않았던 것'으로 의심하고 앙심을 품을 수 있습니다. 둘째로, 황제의 칙서가 내린 뒤로 나라에서 물품 요구를 들어주지 아니하자, 창성이 탐욕을 억제하지 못하고 일부러 우리를 괴롭히려고 여러 차례 흉계를 꾸몄습니다. 셋째로, 창성이 6개월에 걸쳐서 함길도와 강원도를 돌아다니며 지출한 비용을 합하면, 과거에 그에게 주었던 선물의 갑절에 이릅니다. 넷째로, 토표와 해청들을 조금 지나서 들여보내면, 두 사람의 불편한 심기가 많이 풀릴 것입니다. 다섯째로, 황제가 평소 토표와 해청을 좋아해서 두 사람이 앞으로 매년 사신으로 나올 것이니, 그들의 심기를 건드리면 안 됩니다.세종 12년/윤12/9

하지만 세종은 허조의 호소를 받아주지 않았다. 나랏일을 충심으로 걱정하는 허조의 애국심을 칭찬하면서도, '사대하는 도리로서는 예절에 맞도록 하는 데 있을 뿐이다.'라고 허조를 구슬렀다. 아울러서, 명나라 조정의 신하라면 황제에게 잘못을 지적하는 간언을 올릴 수 있지만, 외국의 국왕은 그럴 수가 없다며, '정직 결벽증'을 노출시켰다.

우리나라는 명나라와 영토가 연접하여 있어서, 말 한 마디, 일 한 가지라도 명나라에서 반드시 먼저 알게 된다. 앞서 황제의 칙서를 받고서, '해청은 잡히는 대로 곧 받치겠다.'고 회신하였는데, 지난번에 해청을 잡아놓고도 창성과 윤봉이 화를 내서 곧바로 들여보내지 못한 것이 마음속에 꺼림칙하다. 그런데 창성의 뜻을 지레 짐작하고 날짜를 늦춰서 토표와 해청을 들여보내면, 전일에 빨리 바치자고 재촉한 것이 사신을 빨리 돌려보내기 위해 그랬던 것으로 비칠 수 있다. 어찌 창성과 윤봉을 겁내서 황제께 거짓을 행할 수 있겠는가.세종 12년/윤12/9

위와 같은 논리로 허조를 설득한 세종은, 본인의 뜻대로 바로 다음 날 판사복시사 장우량에게 토표 세 마리와, 해청 한 마리, 흰 색이 섞인 누런 매 한 마리를 주어서 북경에 들어가 선덕제에게 바치게 하였다.세종12년/윤12/10 같은 날 정주 목사 남이가 매를 포획하여 올려 보내 옷 한 벌을 하사하였다. 남이가 잡은 매가 어떤 종류였는지는 알 수가 없다.

보름 남짓 지나서 진헌사로 북경에 들어갔던 관군기감사 김인이 돌아와 복명하였다. 명나라 대감 오성이 황제가 특별히 내려준 양¥과 술을 가지고 자신이 묵고 있던 북경의 회동관으로 찾아왔었다고 하였다. 그가 와서 구두로, 조선 국왕의 지성사대에 보답하는 예물과 더불어서 진헌한 매들에 대한 황제의 칭송을 전해주었다고 보고하였다.

진헌한 매들이 모두 훌륭해서 짐이 매우 만족스럽다.세종 12년/윤 12/27

그런데 그다음 해부터 '외교 잔혹사'라고도 하여도 무리가 아닐 정도로 끔찍한 일들이 연달아 벌어졌다. 바로 직전에 허조가 창성과 윤봉이 돌아간 뒤에 새로 포획한 토표와 해청의 진헌을 늦추자고 건의하면서 우려하였던 일이 현실이 된 것이다. 그것도 한 번이 아니고 두 번씩이나 악몽 같은 상황이 연거푸 생겼다.

한 번은 명나라 선덕제의 명령을 받고, 야인 지역에 들어가 명나라를 배반한 여진족 추장에게 칙서를 전하러 나오는 사신에 빌붙어서, 사신 네 명이 1백50명의 수행원을 데리고 와서는 서울과 함길도를 오가며 5개월 가까이 민폐를 끼치고 돌아갔다.세종 13년/7/14, 7/15, 8/19

또 한 번은, 선덕제를 부추겨서, 명나라 관군 4백 명을 백두산에 파견해 토표와 해청을 잡게 한 뒤에, 그들이 먹을 식량을 조선에서 보내 줄 것을 요청한 칙서를 가지고 세 명의 사신이 와서, 12월 중순까지 무려 6개월을 묵으며, 임금과 대신들과 관원들을 괴롭혔다. 이처럼 2년에 걸쳐서 수난을 겪었던 구체적 내용을 뒤의 제7장에 별도로 소개해 놓았다.

그다음 해인 재위 15년에는, '창성이 내관 이상과 장봉과 더불어 사신으로 온다.'는 소식이 전해졌다. 강원도 평강에서 가을 강무를 하다가 보고를 접한 세종은 의정부 찬성이자 자신의 이모부인 노한을 원접사로 삼고 이맹균 등을 선위사로 임명하였다.세종 15년/10/1 강무를 마치고 환궁하자마자 창성이 수행원 진부를 먼저 보내 요구를 알려왔다.세종 15년/10/5, 10/9 포획한 해청을 바로 진헌하지 말고 자기가 도착할 때까지 기다려달라는 것이었다. 세종이 신하들을 불러서 의견을 물었다.

> 사신이, '포획한 해청을 먼저 진헌하지 말고 자기가 올 때까지 꼭 기다려 달라.'고 한 뜻은 필시 자기가 해청을 포획한 것처럼 황제에게 주달하려는 속셈이다. 하지만 지금 즉시 진헌하면 황제가 내년 봄에 매 놓는 것을 볼 수 있지만, 창성이 가져가면 내년 봄까지 길들일 시간이 없을 것이니, 우리가 매를 진헌하는 본의에 맞지 않는다. 그뿐만 아니라 황제가 매 놓는 것을 급히 보고자 하는 뜻에도 어긋나는데, 한 가지 문제가 있다. 그것은 다름이 아니라, 황제의 먼젓번 칙유에는, '잡은 해청은 곧바로 들여보내라.'고 하였는데,

그 뒤에 또 칙유하기를, '해청은 사신에게 부쳐서 진헌하라.'고 하였다. 내 생각으로는 사신이 중간에서 농간을 부린 것 같은데, 어떻게 처리하면 좋겠는가.세종 15년/10/9

먼저 좌의정 맹사성이, '포획한 날짜와 시간을 자세히 주본에 기록하여 사신으로 하여금 한꺼번에 진헌하게 하자.'고 하였다. 이로써 더이상 논쟁 없이 토론을 마치고 4일 뒤에 사신 일행을 맞이하였다. 사신들이 가져온 칙서에는, 임금에게 예물로 채색 비단을 내린다는 내용과 더불어서, '요리에 능숙한 여자(집찬녀) 여남은 사람과 해청 두어 마리를 사신 편에 들여보내라.'는 내용이 들어있었다. 칙서를 받아본 세종은 도승지 안숭선으로 하여금 의정부와 육조 판서들의 의견을 수렴하여 아뢰게 하였다. 세종 15년/10/13

칙서에, '좋은 해청 두어 마리를 창성에게 주어 가져오게 하라.'고 쓰여 있는데, 함길도에서 잡은 일곱 마리 가운데 다섯 마리만 들여보내고, 두 마리는 몰래 감춰 두고 보내지 않는 것이 어떻겠는가.세종 15년/10/13

우의정 맹사성 등이 적극적으로 지지를 표하여 숭선이 돌아와 그대로 아뢰었다. 세종이 숭선의 말을 청취하고 나서, 함길도 감사에게 경원에서 잡은 해청 두 마리를 올려보내지 말게 할 의사를 내비쳤다. 그런데 기껏 의정부와 육조의 의견을 수렴하여 세종에게 보고까지 마친 안숭선이 돌연 세종과 대신들의 생각에 반기를 들었다.

> 진헌하기 위하여 잡은 매를 남겨둬서 어디에 쓰시겠습니까. 마땅
> 히 다 진헌하시어 뒤탈이 생기지 않게 하옵소서. 연전에 발가락 없
> 는 해청을 바치지 않으셨다가 뒤에 노심초사하셨던 일을 잊으셨사
> 옵니까. 세종 15년/10/13

숭선의 말을 듣고 난 세종은 좌승지 김종서에게 생각을 물었다. 종
서가 대답하기를, "두 마리는 남겨 두었다가 전하의 노리개로 쓰시
라."고 하였다. 다시 여러 승지에게 의견을 물으니, 모두 종서의 의견
과 같았다. 숭선으로 하여금 다시 대신들의 의견을 수렴할 것을 명하
니, 대체로 의견들이 비슷하였다.

황희와 허조는, 일곱 마리를 모두 들여보내 뒷근심을 없애고, 함길
도에 명령하여 다시는 더 잡지 말게 하자고 하였다. 맹사성도 또한,
일곱 마리를 모두 들여보내야 뒷걱정이 없을 것이라며, 만약 가외로
더 잡았으면 풀어주게 하자고 하였다.

숭선이 와서 그대로 아뢰니, 세종이 듣고서, 일곱 마리 가운데 두
마리를 빼고 보내는 것이 좋은지 나쁜지에 대해서만 의견을 말하게
하였다. 날려 보내게 하거나 잡지 말게 하는 것은 모두 속임수를 쓰자
는 것이어서 따를 수 없다는 것이었다. 결국 일곱 마리를 모두 들여보
내기로 결정하였다.

그런데 그것은 완전한 결말이 아니었다. 하루가 지나자 도승지 안

숭선에게 명을 내려, 의정부와 육조 판서 이상의 의견을 다시 수렴하게 시켰다. 숭선이 다시 물어본 뒤에, '일곱 마리 모두 들여보내 마음에 부끄러움이 없도록 하자.'는 것이 중론이라고 아뢰자, 전날의 결정을 그대로 유지하였다. 세종 15년/10/14

참고로, 《세종실록》에서 이 대목을 읽을 때는 주의가 필요하다. 다름이 아니라, 8일 뒤에 황제가 예물을 보내준 것을 사례하는 표문을 보내면서 해청 진헌에 관하여 적어서 보낸 주본에는 해청의 수효가 일곱 마리가 아닌 다섯 마리로 되어 있다. 사신들이 돌아갈 때 중추원부사 이맹진이 같이 북경에 해청을 가져갔던 기록에도 다섯 마리로 적혀있다. 세종 15년/10/22, 11/16

반면, 3개월 반쯤 지나서, 이후로 또 포획한 해청 네 마리를 진헌할 시기를 의논하던 자리에서는, 세종이 '이미 해청 여덟 마리를 바쳤다.'고 말하여, 어딘가 기록의 오류가 있음을 짐작게 한다. 세종 16년/3/1 실록 원본도 국역본도 같다. 다만, 그 오류가 어디서 있었는지는 확인할 방법이 마땅치 않다.

이야기를 다시 되돌려서, 이맹진이 해청 다섯 마리를 가지고 사신들과 함께 북경으로 떠나고 한 달쯤 지나서 다시 또 매가 잡혀서 세종을 궁지에 빠뜨렸다. 곧바로 황제에게 진헌할 것인지 말 것인지를 두고 대신들과 도승지 사이에 의견이 갈렸기 때문이다. 세종 15년/12/14

처음에 세종이 도승지 안숭선을 통해 대신들에게, 포획한 매를 진헌해야 옳을지를 토론하여 결과를 아뢰게 하였다. 먼저 황희와 맹사성이 함께, '진헌하지 말자.'고 하였다. 잡은 시기가 늦은 데다 이미 충분히 바쳤으니 그만 바쳐도 된다는 것이었다. 숭선이 돌아와 그대로 아뢰니, 세종이 듣고서 바치지 않기로 하였다.

그랬더니 이번에도 다시 또, 스스로 기껏 의견을 수렴하여 임금에게 보고까지 마친 지신사 안숭선이 결정을 바꾸자고 하였다. 칙서에서 말한 개와 인삼을 진헌하는 기회에 매도 같이 진헌하여 후환을 남기지 말자고 세종을 압박하였다. 세종이 듣고서, '재고해보겠다.'는 정도로 대답하자, 숭선이 다시 또 '시간을 지체할 이유가 없다.'며 조기 진헌을 재촉하였다. 세종 15년/12/14 하지만 세종은 끝내 숭선의 건의를 따르지 않았다.

황제에게 매를 진헌할 생각을 접은 것이 아니었다. 이후로도 매 진헌에 열의를 쏟아서, 매를 잡은 사람에게는 임금으로서 내려줄 수 있는 모든 것을 상으로 주었다. 심지어는 이미 결정한 정책이라도, 매만 잡으면 본인의 요구를 받아들여 예외를 인정하였다.

함길도 북청 사람 김종남이 누런 매를 바치니, 함길도 감사에게 명을 내려, 종남 부자와 종남의 사위와 장인을 강제 입거入居 대상에서 빼주게 하였다. 세종 16년/2/6 강제 입거는 당시에 조선의 영토인데도 주민이 적었던 함길도와 평안도 지역에 강제로 사람들을 들여보내 정착해 살게 한 것을 말한다. 환경이 척박한 데다 야인들의 침략도 잦아서, 대다수 백성들이 가기를 꺼려했었다. 그런데 종남이 입거를 면해주기를 원한다는 보고를 접하고, 특별히 예외를 인정하게 한 것이다.

얼마 뒤에 잡아두었던 해청이 날아서 달아났다. 세종이 사람을 보내 찾으려던 차에, 철원 사람 박만이 이를 포획하여 바치니, 옷과 쌀과 콩을 각각 2석씩 주었다.세종 16년/2/12 그런가 하면 세종이 황제에게 매를 바치는 일을 놓고 심경의 변화가 생긴 듯한 기미를 보이기도 하였다.

도승지 안숭선을 불러서, '해청이라는 것은 지극히 귀한 것이어서, 명나라에서는 해청을 제1의 보물로 삼고, 황금색 줄무늬의 스라소니를 제2의 보물로 삼는다.'고 말문을 열더니, 마음속에 품고 있던 고민을 털어놓았다.

현재 있는 해청 네 마리 중에 재능이 좋은 놈이 두 마리 있어, 심중으로 황제에게 바치려고 하였다가, 그대로 두고 기르다가 여름이 지나서 털을 간 뒤에 바치려고 하였었다. 그뿐만 아니라 이미 여덟 마리를 바쳤으니, 그만하면 되었다는 생각도 들었다. 그런데 다시 가만히 생각을 해보니, 만일에 해청이 죽는다면 끝내 바치지 못할 것이고, 혹 창성이나 윤봉 같은 자가 사신으로 오면 반드시 트집을 잡을 것이니, 어찌 하면 좋겠는가. 의정부에 가서 의논해 보라.세종 16년/3/1

세종이 말을 마치자 모두가 약속이라도 한 것처럼 한목소리로, '즉시 바치는 것이 옳다.'는 의견을 내놓았다. 세종이 듣고 나서, '지금 들여보내야 나중에 가서 뒷말이 없을 것이다.' 하고, 곧바로 진헌 준비를 갖추게 하였다.

그해 4월에는 평안도와 함길도의 감사와 절제사에게 명을 내려, 이후 2년 동안은 해동청·토골(익더귀)·백요자(흰녀시)·각응(귁진이)·흰 색이 섞인 검은 매만 바치고 그 밖의 잡매 종류는 바치지 말도록 하였다. 세종 16년/4/7 세종이 멸종을 생각지 아니하고 매를 포획하여 황제에게 바쳤던 것은 아니라는 의미일 것이다.

5개월쯤 뒤에는 함길도의 매잡이 수효를 줄이게 하였다. 이전에 함길도 감사에게 왕실 농장本宮(본궁)에 속한 함길도의 매잡이와 어부의 수를 줄이도록 명을 내렸었다. 그 지시를 함길도 감사가 이때에 이행한 것인데, 함길도에서 제출한 감축안을 검토하고, 인원을 줄이는 대신에, 결원이 생기면 보충하지 않는 방법을 따르게 하였다. 모두 조상때부터 아비와 자식이 서로 전하여 온 지가 오래되었기 때문이라고 이유를 달았다. 세종 16년/9/12

그러는 가운데도 후한 포상을 기대하고 매를 포획하여 올려 보내는 사람들이 계속 있었던 모양이다. 가을이 무르익은 시기에 승정원의 여섯 승지에게 매를 한 마리씩 하사하였다. 세종 16년/9/28 매일 얼굴을 대하는 '비서실'의 주역들에게 매 사냥을 즐기도록 아량을 베푼 것이다. 그뿐만 아니라 선덕황제에게 새해를 축하하러 들어가는 인편에 해청 두 마리를 가져가서 바치게 하였다. 세종 16년/10/15

다음 해 10월에는 매를 포획한 사람에 대한 포상 수준을 낮췄다. 매를 잡는 사람이 많이 늘어났기 때문이었다. 그보다 앞서 도승지 안숭선이 매를 포획해 올려 보낼 경우에 대한 포상 기준을 강화하자고 건의하였었다. 처음에는 해청을 잡는 기술을 아는 사람이 드물어 후하게 상을 주었지만, 기술이 널리 퍼져서 해청을 잡기가 쉬워졌기 때

문이었다. 세종 16년/10/20

하지만 해청이 붙잡히면 지체 없이 사람을 시켜서 북경에 가져가 황제에게 바치게 하였다. 그뿐만 아니라 황제의 생일(성절)을 축하하러 북경에 들어갈 때도 해청을 가져가 바치게 하였다. 세종 16년/11/15 20일쯤 지나서, 황태자의 생일(천추절)을 축하하러 북경에 들어갔던 박신생이, 통역 김자안을 먼저 내보내, 황제가, '해청을 잡아서 바치라.'는 칙서를 내린 사실을 알려왔다. 세종 16년/12/8 보름 남짓 지나서 마침내 신생이 칙서를 가지고 귀국하니, 동지중추원사 이숙묘에게 해청 두 마리를 주어서 북경에 가져가 바치게 하였다. 세종 16년/12/24, 12/27

어린 황제가 즉위했어도 매를 잡았다

천만다행으로, 명나라 조정에 다시 또 조선에 도움이 되는 이변이 생겼다. 자금성에 앉아서 천자 노릇을 하던 선덕제가 37세로 죽고 황태자가 정통제正統帝로 등극하면서, 황제가 매를 요구하는 일이 없어진 것이다. 이유는 황제의 나이가 아홉 살에 불과하여 태황태후가 섭정을 하였기 때문이다. 덩달아서, 명나라와 조선을 오가며 온갖 농간을 일삼던 창성과 윤봉도 더 이상 나오지 않았다. 하지만 매를 잡는 일은 사라지지 않았다. 사라지지 않았을 뿐만 아니라, 조정 안팎에서 전에 없던 일들이 벌어졌다.

다음 해 8월 충청도 임천에서 흰 매 한 마리가 포획되어 하례賀禮

를 해야 한다는 여론이 일었다가 불발에 그쳤다. 예전부터 흰 매는 상서로운 일을 미리 알려주는 길조吉鳥라는 속설이 있었다. 그런 마당에 흰 매가 포획되자 예조에서 임금에게 하례해야 할지를 의정부에 문의하였다. 영의정 황희가 듣고서, 중국의 일을 모방할 필요가 없다며 제동을 걸었다. 우리나라에서는 흰 매가 잡힌 일로 임금에게 하례한 적이 없었고, 임금이 상서로운 일로 하례를 받은 적도 없다고 하였다. 우의정 노한 역시, '옛날 사람들도 상서를 하례하는 것을 비난하였다.'며 난색을 표하였다.세종 17년/8/28

3개월쯤 뒤에 함길도 감사 정흠지가 백해청을 바치니, 세종이 감사와 수령에게 의복과 더불어서 옷을 짓는 데 필요한 천의 안감과 겉감을 내려주었다. 매를 포획한 사람에게도 전례에 따라 상을 주었다.세종 17년/11/14 한 달이 채 지나지 않아서, 평안도·함길도·황해도·강원도 감사에게 명을 내려, 해청을 바친 사람에게 상으로 관직을 줄 수 있게 한 규정을 없애게 하였다.세종 17년/12/9 대신 10개월쯤 뒤에 홍색 비단 3백 필과 무명 2백 필을 함길도에 보내주었다.세종 18년/10/3

그 뒤에 새해로 접어들어 얼마 있다가, 궁궐에서 해청을 기르는 문제로 세종과 사간원 사이에 입씨름이 벌어졌다. 처음에 세종이 창덕궁 서쪽에 있는 예전의 이조吏曹 건물을 수리하여, 장차 해청을 길러서 더위를 피하게 하라고 하였더니, 사간원 좌헌납 김문기가 상소를 올려서 해청을 날려 보낼 것을 건의하였다.

본래 황제에게 바치려고 포획한 것인데, 더 이상 해청을 진헌하지 않을 뿐만 아니라, 흉년이 들어 비용을 아껴야 하는 때에 새 한 마리를 위해 건물을 수리하는 것은, 하늘을 두려워하면서 덕을 닦고 반성해야 하는 도리에 어긋난다고 하였다. 상소를 읽어본 세종은 승정원의 승지들을 불러서 매를 날려 보낼 수 없다며, 그 이유를 설명해주었다.

간관의 말이 옳기는 하나, 해청 사육은 새삼스러운 일이 아니고, 또 모두 황제에게 바치려고 기르는 것도 아니다. 나는 사냥을 좋아하지 아니하여, 군사들과 강무를 할 때도 활과 화살을 지니지 않는다. 그뿐만 아니라 음악·여자·개·말·화초 같은 것도 좋아하지 않는다. 그런데 해청은 여느 매와는 비교가 안 될 정도로 동작이 날쌔서, 말을 타고 쫓아다니지 않고도 날릴 수가 있고, 눈을 아프게 하지도 않아서, 말을 타고 달리는 것을 싫어하는 나의 취향에 딱 맞기에, 어쩌다 한 번씩 나가서 노리개로 삼으려고 전부터 길러왔다. 그러나 이제까지 매를 가지고 야외에 나가서 놀아본 적이 없을 뿐만 아니라, 매를 팔뚝에 앉혀본 적도 없다. 더구나 요즘에는 가뭄의 피해가 심해서 스스로 반성을 거듭하느라, 지난가을부터 금년 봄까지 한 번도 교외에 나가지 않았으니, 내가 매를 아껴서 그것을 기르는 것이 아님을 알 것이다. 오늘의 가뭄이 장차 화禍가 될는지 복福이 될는지는 누구도 알 수가 없지만, 혹시 순순히 풀릴 수도 있는 일이 아니겠느냐. 만약 그와 같이 되면, 내가 아직 나이가 젊은 데다 불교를 믿어서 살생을 피하는 것도 아니어서 반드시 사냥놀이를 하게 될 것인데, 지금 매를 날려 보내면 뒤에 다시 매를 구하기가 어렵지 않겠느냐. 그뿐만 아니라 그것을 기르는 데에 베布 한 자, 쌀 한 말도 들지 않으니, 비용이 든다고도 할 수 없다. 하지만 상소를 읽고 나니 마음이 편치 않다. 전에도 사리를 아는 대신이 혹은 권하기도 하고 혹은 금하기도 하였지만, 문기처럼 간절하게 말한 사람은 이제껏 없었으니, 밖에 나를 비방하는 사람이 많은 것 같아서 대단히 부끄럽다. 그런데 언관들이 '모든 매를 죄다 버리라.'고 하지 않고 유독 해청만 버리라고 하는 이유는 무엇 때문인가. 그것을 기르는 방법이 다른 매와 다른 것도 아닌데 하필 해청에 대해서만 기르면 안 된다고 하는 까닭을 모르겠다. 그리고 신하들 가운데도 매를 기르는 사람이 많은데, 어째서 임금은 한 마리의 매도 기르면 안 된다는 것인가. 경들의 생각은 어떠한가. 경들마저도 안 된다고 말하면, 매를 맡아서 기르는 응방鷹坊을 폐쇄해버리겠다.세종 19년/2/10

세종이 말을 마치자 승지들이 일제히, '문기가 말을 실수한 것이라.'며, 문기가 사리에 어둡고 세상 물정을 잘 몰라서 그런 말을 아뢴 것이니 꾸짖을 것도 없다고 하였다. 그뿐만 아니라, 임금은 해청을 기를 수 없다면, 임금은 무엇을 가지고 놀라는 말이냐며, '해청을 길러도 상관이 없다.'고 아뢰었다. 그러자 세종이 문기를 불러서, '너의 말이 진실로 옳으니, 내가 아름답게 받아들인다.' 하고는, 자상한 어조로 타일렀다.

해청을 기르는 것이 새삼스러운 일도 아니고, 오직 진헌을 위해서만 해청을 기르는 것도 아니다. 또 해청을 기르는 데에 베 한 자, 쌀 한 말도 들지 않는다. 그리고 만일 매의 종류와 상관없이 기르면 안 된다고 말한다면 모르겠지만, 유독 해청 한 종류만 기를 수가 없다고 하는 것은 무슨 까닭인가. 혹시 임금은 매를 기르면 안 된다는 말이 나더러 불교를 배우라는 말이더냐. 그것이 아니라면 내가 어쩌다 한 번씩 야외에 나가서 매를 날리며 놀아도 무방하지 않겠느냐. 세종 19년/2/10

하지만 문기는 승복하지 않았다. 세종의 훈계가 끝나기를 기다렸다가, '해청은 진귀한 새이고 특이한 산물이라서 절대로 기르면 안 되고, 다른 매들은 길러서 쓸 데가 없기 때문에 기르면 안 되는 것이라.'고 당차게 대답했다.

그뿐만 아니라 세종이 자신에게 한 말을 빌미로 삼아서 세종을 궁지로 몰려고까지 하였다. 세종에게 말하기를, "전하께서 스스로, '매를 가지고 노는 것을 좋아하지 않는다.'고 하셨으니, 해청을 기를 이유가 없고, '해청을 먹여 살리기도 쉽지가 않다.'"며, 자신의 소신을 다시 한 번 분명하게 피력하였다.

어떤 종류의 매도 기르시면 안 된다는 말씀이 아니고, 해청 한 종류만 기르면 안 된다는 말씀입니다. 해청을 잡는 사람에게는 반드시 상을 주어야 하고, 그것을 기르는 우리(새장)도 특별히 좋은 땅

에 지어야 하기 때문에, 신의 어리석은 생각으로, 그것을 기르시면 안 된다는 것입니다.세종 19년/2/10

그러자 세종이 다시 또 문기를 구슬렸다. 해청은 국내에서 많이 산출되어, 앵무새나 공작새처럼 진귀하고 기이한 구경거리가 아니라고 하였다. 하지만 문기와 설전을 벌인 일로 인해 세종이 기분이 많이 언짢았던 모양이다. 다음 날, 날이 밝자마자 창덕궁에서 매를 보살피던 내시 김맹과, 자신이 시킨 심부름을 똑바로 하지 않은 내시의 잘못을 들춰내 응징을 가했다.

고의로 보고를 건너뛴 내시 김양의 직첩을 회수하여 선공감에 배속시키고, '김맹이 기르던 매는 창덕궁 안의 어느 누각에 두어서 살든지 죽든지 내버려 두라.'고 쏘아부쳤다. 세종이 두 사람을 표적으로 삼은 이유는 자신을 속였다는 것이었다.

근년에 소격전의 동쪽 고개에 정자를 지어서 매를 기르고 있는데, 멀리서도 눈에 띄는 곳이라 하여 헐어 버리고 내시 김맹을 시켜 매를 기를 만한 빈 집을 택해서 기르라 하였다. 그런데 맹이, 그곳이 창덕궁과 경계라는 사실을 말하지 아니하고, '예전에 이조에서 썼던 건물이 비어 있고 안이 넓어서 매를 기를 만하다.'고 하여서 내가 허락을 하였는데, 뜻밖에 공사를 벌여서 건물을 수리하였다. 또, 내가 공사 소식을 듣고서 내시 김양에게 가보게 하였더니, 그 역시 나를 속이고 사실대로 말하지 않았으니 함께 죄가 있다.세종 19년/2/11

이후 약 3년 동안 명나라 황제로부터 해청을 들여보내라는 요구가 없었다. 어린 정통제 뒤에서 태황태후가 수렴청정을 하였던 관계로 황제가 매를 요구할 상황도 아니었다. 하지만 3년 반쯤 지나자, 세종이 매를 열심히 잡아야 할 필요성을 상기시켰다.

신하와 백성들이 자신의 뜻을 헤아리지 못하거나 혹은 간사한 생각을 품고 매를 잡는 일에 마음을 쓰지 않아서, 황제가 그 사정을 알고 사람을 보내 매를 많이 잡아가서 매우 부끄럽기도 하고 피해도 컸다고 자책하더니, 전과 같은 상황이 다시 반복될 것을 우려하며 선제 대응의 시동을 걸었다.

> 지금 황제는 사람을 보내서 매를 잡아가지 않고 다만 우리나라에서 진헌하는 것만 받아서 매우 다행이다. 하지만 만약 전과 같이 매를 잡는 일을 소홀히 하면 황제가 다시 사람을 내보내 매를 잡아갈 것이니, 나의 그런 생각을 깊이 헤아려서 매를 잡는 일에 진력하도록 하라.세종 22년/9/24

위와 같은 일장 연설로 조정 대신들의 각성을 촉구한 다음에는, 매를 잡는 사람에 대한 포상 지침을 한층 더 세분하여 함길도와 평안도 감사에게 내려주었다. 새로 내려준 포상기준에는, 한동안 포상기준에 들어 있다가 이후에 삭제된 '관직 제수'와 '특별 승진'이 다시 들어갔다. 그뿐만 아니라 상품으로 하사하는 물품의 양도 대폭 늘었다.

그 직후에 명나라에 사신을 들여보낼 일이 생기자 황제에게 진헌하는 예물 목록에 해청 여섯 마리를 넣어서 보냈다. 짐작건대 정통제가 열다섯 살에 다다르자 미리 헤아려서 해청을 보냈던 것으로 보인다.세종 22년/10/16

계절이 본격적인 겨울로 접어들자, 승정원으로 하여금 매년 신년 정월에 수령들의 송골매 포획 실적을 아뢰게 하였다. 평안도와 함길 도뿐만 아니라 나머지 다른 도의 감사나 수령이 송골매를 많이 잡아 서 올려 보내도 특혜를 주겠다는 것이었다.세종 22년/11/1

정통제가 열여섯 살이 되던 해 10월에는, 아홉 조목으로 이루어진 '송골매 포획에 대한 상벌 규정'을 마련하였다. 병조에서 옛날의 역사 를 근거로, '장차 매가 조공품 목록에 정식으로 포함될 것이 확실하 다.'며, 초안을 마련하여 올린 것을 그대로 윤허한 것이다.

《고려사》를 보니, 예전부터 중국에 매를 바치는 것에 관한 규정이 있었으며, 우리 조선이 건국된 뒤에도 선덕제 연간까지 여러 차례 송골매를 바쳤사옵니다. 또 몇 해 전에 송골매를 진헌하라는 황제 의 칙서가 있었으니, 만약 매를 바치지 않거나 바치는 수효가 적으 면, 대국을 섬기는 정성에 어긋날 뿐만 아니라 뜻밖의 폐해가 있을 수도 있습니다. 또 지금은 바치는 수효가 그리 많지 않으나, 후일 에는 반드시 배로 늘어서 공물의 한 가지가 될 것이니, 오래 시행 할 수 있는 상벌 규정을 마련할 필요가 있사옵니다.세종 24년/4/10

3개월쯤 뒤에는 세종이, 날씨가 상대적으로 온화하여 매들이 드물게 서식하는 충청·전라·경상도의 감사에게 맞춤식 포획 요령을 내려주었다. '송골매는 가을이 되면 북쪽으로 날아갔다가 겨울에 거위와 오리를 쫓아서 다시 남쪽으로 온다고 들은 적이 있다.'며, 도움말을 제공한 것이다.

나라의 남쪽이라서 매 잡는 요령에 어두워도, 포획하는 틀이나 덫을 설치하면 포획할 수 있을 것이다. 그러니 여러 가지로 틀과 덫을 놓게 하고, 잡는 자들에 대한 포상도 함길도와 평안도의 예에 따라 시행하도록 하라. 세종 24년/7/29

다음 해 2월에는 정통제에게 진헌하는 예물 목록에 해청과 흰색이 섞인 누런 매를 각각 한 마리씩 넣어서 들여보냈다. 국경을 넘어갔다가 명나라 관군에게 나포되었던 부녀자들을 정통제가 돌려보내 준 것에 감사하는 글과 같이 보낸 것이었다. 세종 25년/2/27

그해 12월에도 정통제에게 진헌하는 예물 목록에 해청 세 마리를 넣어서 보냈다. 배를 타고 가다 풍랑을 만나 명나라에 표류한 백성들을 정통제가 무사히 돌려보내준 것에 감사하는 글과 같이 보낸 것이었다. 세종 25년/12/4

그다음 해 9월에는 평안도와 함길도 및 경기·충청·전라도 감사에게 송골매 사냥을 독려하는 장문의 유시를 내렸다. 세종 26년/9/6, 9/8 나이가 스무 살에 가까워진 명나라의 정통제가 갑자기 매를 요구해올 것에 대비하여 미리 손을 써둔 것으로 보인다. 그런데 세종이 매 포획에 열정을 쏟는 동안 여러 가지 적폐가 쌓였던 모양이다. 함길도 감사 정갑손이 송골매 포획에 따른 문제점과 개선 방안을 적어서 상소를 올렸다.

상소를 읽어본 세종은 갑손에게 폐단 없이 송골매를 포획할 수 있는 방법을 연구하게 하였다. 갑손이 세종에게 보고한 폐단 가운데는, 법적 근거도 없이, 매를 잡지 못하면 으레 벌칙으로 베를 바치게 하고, 게으름을 피운 실정이 거듭 나타나면 엄벌에 처한다는 지적도 들어 있었다. 세종 26년/9/11, 9/12

그런 상황에서도 세종은 평안도와 함길도에 경차관을 보내 송골매가 적게 잡히는 이유를 조사하게 하였다. 세종 26년/10/24 다음 해에는 함길도와 평안도에 채방별감을 보내 해청 포획을 독려하게 하였다. 세종 27년/1/13 그뿐만 아니라 매를 잡아서 바치는 자에 대한 포상 기준을 한층 후하게 정하였다. 세종 27년/7/19 그로부터 두 달 반쯤 뒤에, 정통제에게 신년을 하례하러 들어가는 하정사賀正使의 예물 목록에 해청한 마리를 넣어서 들여보냈다. 세종 27년/10/3

그다음 해 11월에는 평안도 채방별감 황보공에게, '온 힘을 기울여 송골을 잡으라.'고 유시하고, 상호군 이종목을 함길도에 보내 송골 포획을 독려하게 하였다. 세종 28년/11/1 두 달쯤 뒤인 다음 해 1월 하순에는, 여진족 포로의 송환에 관하여 정통제에게 해명하는 글을 들여보내면서, 예물 목록에 해청 두 마리를 포함시켰다. 세종 29년/1/25

그뿐만 아니라 함길도에 매를 잡는 세대를 다시 두고, 그 성과에 따라 상을 주게 하였다.세종 29년/4/11 평안도와 함길도의 채방별감에게 특명을 내려, 송골매를 사냥하다 흰 난추니(아골)나 흰 매(퇴곤)를 잡으면 송골매의 예에 따라 포상할 것임을 백성들에게 널리 알리게 하였다.세종 29년/9/26 비슷한 무렵, 황제에게 신년을 하례하러 북경에 들어가는 한성부윤 김조에게 해청 두 마리를 가져가서 바치게 하였다.세종 29년/10/9

4개월쯤 지나서 마침내 황제가 답례로 예물을 보내왔다. 3개월쯤 전에 정조사로 들어간 김조가 귀국하는 편에, 해청을 열심히 잡아서 바친 데 대한 보답으로 비단 옷감을 보내와서, 의정부에 지시하여 잔치를 열게 하였다. 예물을 가져온 김조에게는 안장을 갖춘 말을 내려주었다.세종 30년/3/3 당시는 말이 최고급의 교통수단이었으니, 오늘날로 치면 바로 운전할 수 있는 고급 승용차 한 대를 준 셈이다.

그런데 이후로 매 포획이 부진하였던 모양이다. 5개월쯤 지나서 함길도와 평안도 감사와 채방별감에게, 황제에게 진헌할 해청 포획을 독려하라고 특명을 내렸다.세종 30년/8/23 하지만 다음 해 8월 이후로 황제에게 매를 바치는 일이 흐지부지되었다. 스물세 살 청년이던 정통제가 친히 군사를 거느리고 오랑캐(달단) 정벌에 나섰다가 적에게 사로잡혔기 때문이다. 정통제의 이복동생이 경태제(22세)로 즉위하면서 명나라 조정이 한동안 몹시 어지러웠다.세종 31년/10/7

그런 상황에서 5개월쯤 뒤에 세종이 세상을 떠나서, 말도 많고 탈도 많았던 세종의 매 진헌도 끝이 났다.세종 32년/2/17 하지만 세종 시대는 막을 내렸어도 해청의 인기는 여전하여서, 왕위가 문종에 넘어가면서 해청 진헌도 고스란히 승계되었다. 이후로도 해청 진헌이 계속 되었다.

제**2**부

사신 使臣

호가호위 안하무인
狐假虎威　　眼下無人

영은문(迎恩門)과 모화관(慕華館). 명나라 황제의 조서(詔書)·칙서(勅書)·고명(誥命) 등을 가지고 사신이 도착하면 임금이 이곳에 나아가 맞이하여 함께 궁궐에 이르러 의식(儀式)을 거행하였다. 사신이 돌아갈 때도 임금이 이곳에 나아가 전송하였다.

요동으로부터 사신이 왔다. 며칠 뒤에 임금이 신하들에게 말하였다. "몸가짐을 보면 마음가짐을 알 수 있으니, 범영과 유정처럼 못나고 어리석은 사신은 일찍이 본 적이 없다. 황제가 조정의 내관을 요동까지만 보내 저들로 하여금 칙서를 가져오게 한 것은 필시 폐해를 덜기 위함이었을 것이다. 그런데도 저들이 그 뜻을 저버리고 조그마한 이익을 위하여 여러 차례 물품을 청하니, 저잣거리의 경박한 무리와 조금도 다를 것이 없다."(세종실록 9년 10월 30일)

명나라로부터 사신이 왔다. 며칠 뒤에 임금이 신하들에게 말하였다. "부윤 권도의 말을 들으니, 명나라 조정에서 외국에 사신으로 나오는 자들은 모두 무식한 환관이라, 욕심이 한량이 없어서 지나는 곳마다 온갖 수탈과 행패를 일삼는다고 한다. 또, 갈취한 물품이 마음에 차지 않으면 가차 없이 매질을 가하고, 사람이 추위에 얼고 끼니를 굶어서 죽어도 조금도 가엾게 여기지 않는다고 하니, 요동으로 통하는 길이 수년 내로 거의 다 폐허가 될 것이고, 중원도 똑같을 것이다."(세종실록 11년 11월 16일)

명나라에서 온 사신이 자기가 데려온 수행원들의 방에 넣어준 구리 대야 여섯 개, 놋쇠 놋바리 한 개를 녹여서 그릇을 주조하려다 발각되었다. 그리고서도 다음 날 밤에 다시 또 수행원들을 시켜 방 안에 있는 구리 화로를 녹여 덩어리로 만들었다. 그보다 전에는 기술자를 시켜 철물로 된 창살, 갈고리, 자물쇠, 쇠못 등을 빼내 녹여서 말 안장 치장물을 만들었다. 또, 몰래 구리 탕관 일곱 개와 구리 화로 한 개를 녹여서 덩어리를 만들어 감춰둔 것을, 임금이 알면서도 불문에 부치고 말하지 않았다.(세종실록 12년 8월 17일, 18일, 19일)

6.

칙사들의 거드름과 토색질이 난무했다

황제의 칙서를 가지고 나왔던 명나라 사신들의 추태와 횡포가 이루 말할 수 없이 악랄하였다. 임금과 대신들이 정성을 다하여 '칙사 대접'을 해줘도, 닥치는 대로 토색질을 행하고 눈에 보이는 대로 쓸어담았다. 두목頭目이라고 불리는 수행원을 무더기로 데려와 갖가지 물품을 강매하였다. 말을 듣지 않는 관원이 있으면 가축을 다루듯이 주먹질과 발길질과 매질을 하였다. 명나라 환관들의 몰염치도 도를 넘었지만, 조선에서 화자火者로 뽑혀갔다가 사신으로 나온 자들의 욕설 · 행패 · 난동 · 폭력 등이 끝도 없이 반복되었다.

세종이 보위에 있었던 32년 동안 명나라로부터 총 36차례 사신이 나왔다. 특히 재위 전반기 17년 동안 33차례 사신이 왔으니, 그 기간은 연평균 2회씩 사신이 나왔던 셈이다. 영락제가 재위할 동안 아홉 번 나왔고, 선덕제가 재위할 동안 스물두 번 나왔다. 한 번에 적게는 한 명부터 많게는 네 명까지 와서, 짧게는 일주일부터 길게는 6개월까지 묵으며 폐해를 일으켰다. 서울에 있었던 기간만 합산한 것이고, 서울과 의주를 왕복하며 보낸 날들(최소한 15일)은 뺀 것이다. 각기 다른 임무를 띠고 나온 사신이 며칠 차이로 도착하여 일정 기간을 같이 머물다가 함께 돌아간 경우도 여러 번 있었다.

사신들의 안하무인이 대물림되었다

태조 3년 4월에 말 1만 필과 더불어서 명나라로 뽑혀간 환관의 가족들을 들여보내라는 황제의 명령을 받들고, 최연·진한룡·김희유·김화 등이 사신으로 나왔다. 네 명 모두 전에 화자로 뽑혀 들어간 사람들이었다.태조 3년/4/4 그들이 돌아갈 때 화자 5명을 데리고 떠났는데, 가다가 도중에 진한룡이 추태를 부렸다.

태조가 신하들을 거느리고 선의문(개경) 밖까지 이르고, 도평의사사에서 보통루普通樓까지 따라갔는데, 한룡이 술에 취해서 난동을 부렸다. 전에 나온 사신들은 후하게 대접하고, 자기는 홀대하였다고 투정을 부리며, 입은 옷을 찢어 밟아버렸다. 누추한 옷을 입고 들어가 황제를 뵈옵느니 차라리 죽어버리겠다며, 스스로 자기의 목을 찌르려고 하였다. 전송하던 재상들이 모두 피했다. 접반사 김입견이 그의 팔을 붙잡고, '천자의 사신으로서 체통을 지키라.'고 나무라자, 한룡이 입견의 힘과 말에 굴복하여, 마침내 난동을 멈추었다. 태조가 보고를 접하고 중추원사 진충귀를 시켜 옷을 가져다주게 하였다.태조 3년/5/20

2년 뒤에 명나라의 상보사 승려 우우와 환관 왕예·송패라·양첩목아 등이 사신으로 왔다. 도착하자마자 황제의 지시가 있었다며, 대궐의 곳곳을 돌아다니며 무엇이든지 볼 수 있게 해줄 것을 요구하였다. 조선에서 명나라에 들여보낸 화자들도 궁궐을 이리저리 다니며 자기 집처럼 여기고 있다고 하였다.태조 5년/6/11

5개월쯤 뒤에 왕예가 말에서 떨어져, 성질을 부리며 영접관을 채찍으로 때렸다. 접반사인 경흥 윤 장자충이 말리려다가 함께 능욕을 당하였다. 태조가 보고를 접하고 말 담당 관리인 최득경을 순군부 옥獄에 가두었다. 사신을 순하지 못한 말에 태운 까닭이었다.태조 5년/11/9

조선으로부터 말 1만 필을 사고 싶다는 황제의 칙서를 가져온 사신이 자살 소동을 벌인 적도 있었다. 처음에 명나라 건문제가 자신의 천자 등극을 축하해준 조선의 태종에게 감사하는 칙서를 가져온 사신 육옹이 황해도 황주에 머물 때 기생 위생에게 마음을 빼앗겼다. 서울에 와서도 그녀를 잊지 못하여, 예조에서 공문을 보내 위생을 불러서 역마를 타고 올라오게 하였다. 위생이 마침 태종이 사신들을 위해 잔치를 베풀던 날 서울에 들어오자 육옹이 매우 기뻐하며 극진히 즐겼다.태종 1년/2/6, 2/15

그 후 육옹이 임무를 마치고 명나라로 돌아가서 터무니없는 일을 저질렀다. 돌아가면서 위생에게 훗날 다시 나오기로 은밀히 다짐한 언약을 지키기 위해 엉겁결에 내뱉은 한 마디가 조선에 엄청난 피해와 부담을 안기는 결과를 부른 것이다.

명나라로 돌아간 육옹은 대궐에 나아가 건문제에게 귀국보고를 하였다. 건문제가 육옹의 보고를 듣고 나서, 조선에서 사신에게 미인계를 쓰는지 여부를 묻자, 육옹이 자신이 위생을 가까이 한 사실을 숨기려고, '그렇지 않다'고 둘러댔다.

그뿐만 아니라 황제가 계속 물어보면 꼬리가 잡힐 것을 두려워하여, 뜬금없이 황제에게 조선에서 말馬을 사다가 전쟁에 대비할 것을 건의하였다. 황제의 의심도 떨치고 위생도 빨리 만나볼 생각에서 화제를 '말馬 수입'으로 돌린 것이다. 그런데 어처구니가 없게도 육옹의 한 마디에 황제가 마음을 정하였다. 건문제가 육옹의 제안을 듣고 크게 기뻐하여, 태복시 좌소경 축맹헌과 육옹에게 곧바로 특명을 내려서 조선에 가서 말 1만 필을 사오게 하였다.

그보다 앞서 건문제가 태종(이방원)의 즉위를 인준하는 고명을 가지고 장근과 단목예라는 인물이 함께 사신으로 나왔다.세종 1년/5/27, 6/12 두 사람이 임무를 마치고 명나라로 돌아가던 도중에, 서울로 향하던 육옹과 맹헌을 만나자, 장근이 육옹에게 황제를 속인 이유를 따지며, '장차 황제에게 아뢰겠다.'고 협박하였다. 맹헌이 장근을 말리며, '사신이 현명한지 아닌지는 상대국에서 따질 일이니 육옹을 나무라지 말라.'고 하였다. 그 뒤로 육옹이 황제를 속인 죄책감에 심질心疾을 얻어서, 태종이 의원을 보내 문병하게 하였다.태종 1년/8/23

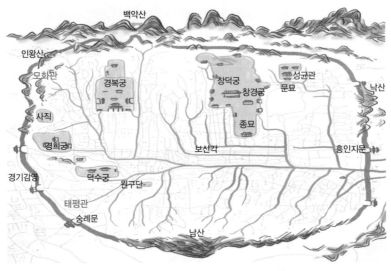

〈그림 7〉 모화관(慕華館)과 태평관(太平館) 위치

육옹이 마침내 서울에 도착하여 태종이 사신의 숙소인 태평관에서 위생을 불러 연회를 베풀고 환궁하려는데, 육옹이 위생과 별도로 만나게 해주기를 요청하였다. 태종이 사람을 시켜서 위생을 방으로 들여보냈더니, 육옹이 위생의 손을 붙잡고, 다시는 보지 못하고 죽을 줄 알았다며 하염없이 눈물을 흘렸다.

그날 밤에 육옹의 심질이 발작하여 스스로 목을 매서 자살을 하려다가 미수에 그쳤다. 좌우에서 말리고, 영접관이 사람을 붙여 24시간 감시하게 하였다. 그럼에도 불구하고 육옹이 심야에 발작하여 거리로 뛰쳐나갔다가, 순찰대에 붙잡혀 돌아왔다. 태종 1년/9/12

1년쯤 지나서, 통역을 위해 요동을 다녀온 강방우가 평양으로 돌아와, 서북면 도순문사 이빈에게 명나라 소식을 보고하였다. 그 내용인즉슨, 홍무제(주원장)의 넷째 아들인 연왕燕王(주체)이 반란을 일으켜 황제이던 조카를 죽이고 스스로 황제가 되어 조서를 보냈다는 소식이었다.

6월 13일에 연왕燕王이 승리하여 건문황제가 봉천전에 불을 지르게 하고, 자기는 대궐 가운데서 목매달아 죽었습니다. 후궁과 궁녀 사십 명이 황제를 따라서 스스로 목숨을 끊었습니다. 이달 17일에 연왕이 황제가 되어, 도찰원 첨도어사 유사길과 홍려시 소경 왕태와 내사 온전 · 양영 등이 즉위 조서를 가지고 이달 16일에 압록강을 건넜습니다. 역사力士 두 사람과 우리나라에서 화자로 뽑혀 들어간 환관 세 명이 따라옵니다. 태종 2년/9/28

방우의 보고를 접한 이빈은 즉시 태종에게 급보를 올렸다. 태종이 일찍이 박석명에게 말하기를, "꿈에 중국 사신이 이르렀는데, 내가 사람을 시켜 칙서를 베껴오게 하여 보았으니, 중원에 반드시 기이한 일이 있을 것이다." 하였었다. 이때에 이르러 과연 들어맞아서 보름쯤 뒤에 유사길 일행이 도착하니 축제 분위기를 조성하였다. 태종이 면복 차림으로 여러 신하를 거느리고 서대문 밖까지 나가서 조서를 맞이하여 대궐에 이르러 선포하였다.

생각지 않게도, 건문제가 권력과 세력을 가진 간사한 신하의 핍박을 받아 대궐문을 닫고 스스로 불에 타 죽었다. 여러 제후·대신·백관과 수많은 가문이 모두 나와서, 내가 '고황제의 적자嫡子'라며 대통을 이어받기를 권하여 어쩔 수 없이 따르게 되었다. 종묘와 사직이 중하여 짐이 이미 홍무洪武 35년 6월 17일에 황제의 자리에 올라 대사면을 단행하고, 내년을 '영락永樂 원년'으로 정하여 주변의 여러 나라와 더불어 아름답고 지극한 다스림에 이르고자 한다.태종 2년/10/12

임금이 신하들을 거느리고 명나라 사신들의 전용 숙소인 태평관을 방문하여 환영연을 열어주고, 대궐로 돌아와 무일전無逸殿에서 다시 또 잔치를 베풀었다. 화자로 뽑혀서 들어갔다가 부모를 만나보기 위해 사신들을 따라온 내관 정귀 등 세 사람을 별도로 위로하기 위함이었다. 당시 태종은 한양(한성)에 있지 않고, 개경(유후사)에 머물고 있었다.

태조 이성계가 조선을 창업하고 도읍을 개경(유후사)에서 한양으로 옮긴 것을, 두 번째 임금인 정종이 왕궁을 다시 개경으로 옮겼다. 옛 도읍으로 되돌아가기를 원하는 대신이 많기도 하였지만, 정종 본인이 동생들의 싸움터가 된 한양을 싫어하였다. 그래서 태종도 개경에서 국왕으로 즉위한 뒤에, 그때까지 태상왕으로 살아있었던 태조의 뜻을 받들어, 약 5년 만에 한양으로 되돌아왔다.

이야기를 다시 되돌려서, 세 사람을 특별히 무일전으로 초대한 태종은 좌부대언 김한로에게 명하여 음식을 대접하게 하였다. 잔치가 파하자, 세 사람과 함께 왔던 내사 온전이 태종에게, 세 사람으로 하여금 부모를 만나보게 해줄 것을 부탁하였다. 세 사람 모두 어릴 때 왜인에게 잡혀 갔다가 중국으로 팔려가서, 고향에 돌아왔어도 부모의 얼굴을 모른다고 하였다. 그래서 매우 불쌍한 데다, 황제를 받들어 섬긴 공功이 있다고 하여서, 태종이 즉석에서 흔쾌히 수락하였다.태종 2 년/10/12

사흘 뒤에 유사길과 왕태가 문묘에 배알하고, 서문 밖에 나가서 사냥하는 것을 구경하였다.태종 2년/10/15, 10/26 그 사이 온전은 금강산을 다녀왔다.태종 2년/11/1 사신들이 돌아갈 날이 다가와 태종이 백관을 거느리고 태평관을 방문해 환송연을 베풀었다. 온전이 태상전(이성계의 거처)을 향하여 사배四拜를 행하고, 다시 태종에게 작별을 고하더니, 팔뚝을 드러내어 불로 지진 곳을 가리키면서, '서방정토의 부처를 부르려고 금강산에서 불로 지진 것이라.'고 하고, 이내 떠나갔다.태종 2

유사길 일행이 한 달 가까이 체류하다 돌아가고 5개월쯤 지나서, 영락제가 도지휘 고득, 통정사 좌통정 조거임, 환관 태감 황엄과 조천보 등을 사신으로 내보냈다. 태종을 조선의 국왕으로 다시 인준하는 고명과 인장과 칙서를 보낸 것이다. 그들을 따라서 전에 조선에서 환관으로 뽑혀 들어간 주윤단과 한첩목아가 함께 왔다.

태종이 태평관을 방문해 환영연을 열었다가 기분이 상해서 연회를 서둘러 마쳤다. 사신으로 나온 황엄 등의 행동거지가 무례하고 오만하였기 때문이었다. 태종 3년/4/8, 4/10 그 뒤에 황엄 · 조천보 · 고득 등은 금강산을 다녀오고, 주윤단과 한첩목아는 각자의 고향인 임천(부여)과 김제를 다녀왔다. 태종 3년/4/17, 4/25

고득이 금강산을 다녀온 뒤에 조선의 통역사 조사덕에게, 통정(조거임)에게 줄 물품을 자기들에게 달라고 하였다. 그는 유학자라서 물품을 받지 않을 것이니 줄 필요가 없다는 것이었다. 태종 3년/4/26 주윤단과 한첩목아 등이 각기 고향을 갔다가 돌아와 자신의 족친들에게 관직을 줄 것을 청하여, 태종이 육십 명에게 관직을 주었다. 태종 3년/5/23, 5/26 주윤단과 한첩목아가 돌아갈 날이 임박하자 태종이 태평관을 방문해 송별연을 개최하고, 흰색 모시와 검은 삼베 각 20필과 인삼 20근, 말 1필, 의복과 방석 등을 선물하였다. 태종 3년/6/1

두 달쯤 뒤에 명나라로부터 환관 전휴, 배정, 급사중 마인 등이 사신으로 왔다. 영락제가 자기 부모인 명 태조(주원장) 내외에게 존호를 올렸다는 조서와 예부의 자문을 가져온 것이다. 전휴와 배정은 각각 전라도 부령(부안)과 충청도 청주에 살다가 환관으로 뽑혀서 들어간 자들이었다. 사평부에서 잔치를 열어주니, 마인이 잠자리에 기생을 붙여줄 것을 요구하였다. 과거에 한동안은 명나라 사신이 오면 으레 기생을 붙여주다가, 앞서 영락제의 등극조서를 가져왔던 유사길이 사절한 뒤로 없애버렸다. 그런데 마인이 와서 다시 기생을 청한 것이다. 태종 3년/8/10, 8/19

20일쯤 뒤에 전휴와 배정의 친척 이십여 명에게 첨설직添設職과 지방의 관직을 차등 있게 내려주었다. 두 사람이 출국을 하루 앞두고 대궐에 나아가 태종에게 자신의 일가들에게 벼슬을 줄 것을 청했었다. 태종 3년/9/10 첨설직은 벼슬의 이름만 가지고 직책은 없어서 관청에 출근을 하거나 근무를 하지 않는 허직虛職이었다. 공로가 있는 사람에게 명예로 벼슬을 주거나, 승진시키려 하여도 자리가 없을 때 첨설직을 주었다.

50일쯤 뒤에 명나라 환관 황엄과 박신·왕연령·최영 등 네 명이, 영락제가 태종에게 내리는 면복과 책 등을 가지고 사신으로 왔다. 서울에서 20일을 머무는 동안 양주에 있던 회암사 관광을 원하여, 다녀오게 하였다. 태종 3년/10/27, 11/17

3년쯤 뒤에, 황엄 등이 또 사신으로 왔다. 영락제로부터 제주에 있는 아미타삼존불상을 가져오라는 명을 받고 나온 것이었다. 그 불상을 가져오면서 진원현(장성)의 큰 나무에 몰래 구리 못을 박자, 사람들이 압승술壓勝術을 쓰는 것으로 여겼다. 태종 6년/4/19, 7/16 압승술은 주술을 쓰거나 주문을 외워 사기邪氣를 눌러 없애는 방술이다.

그다음 해 5월에는, 황엄·양영·한첩목아·기원 등 네 명이 또 사신으로 와서, '부처의 사리舍利를 보내라.'는 황제의 칙서를 내놓았다. 칙서를 확인한 태종은 전국의 주요 사찰과 왕실에서 보관하던 사리를 몽땅 모아서 도합 7백58개의 사리를 주어서 보냈다. 바로 앞에 언급한 제주의 아미타삼존불과 사리 1천3백15개를 강제로 빼앗아간 이야기를 앞의 제2장에서 자세히 소개한 바 있다.

황엄이 서울을 떠나서 평양을 거쳐서 의주로 가고 있을 때, 그를 맞이하기 위해, 그보다 앞서 압록강을 건너 의주에 들어온 요동의 군사들이 제멋대로 행패를 부렸다. 그 일로 인하여 서북면 순문사 여칭과 의주 목사 신유정이 그들의 행패를 막지 못한 죄로 함께 중징계를 받았다. 태종 7년/8/10

그런데 《태종실록》의 이 대목을 읽을 때는 주의가 필요하다. 한참 뒤에 편찬된 《세종실록》의 '신유정 졸기'에는, 황엄이 당시 그곳의 군대를 지휘하던 병마사 신유정에게 혼쭐이 났다고 적혀 있기 때문이다. 세종 8년/6/11

황엄이 나와서 사리를 쓸어간 다음 해에는 사신 해수가 의주까지 와서 갖은 행패를 부렸다. 황제에게 바치려고 뽑은 처녀 정씨를 데리고 명나라로 들어가던 황엄에게, '정씨를 그대로 두고 오라'는 칙서를 가져왔던 길이었다. 해수는 압록강을 넘어 의주에 이르자마자 나온 목적도 밝히지 않고 까닭 없이 트집을 잡더니, 목사인 박구의 옷을 벗기고, 판관 오부를 결박하여 볼기를 치려다가 그만두었다. '조선이 달단과 협력하여 명나라를 칠 것이라.'는 첩보가 있어, 진상을 탐문하러 왔었다는 소문이 있었다. 서북면 도순문사가 급히 장계를 올려 보내니, 태종이 받아보고 사신들의 몰상식한 행태를 개탄하였다.

> 사신으로 나오는 환관마다 심히 한심하여도 모른 척하는 것은 환
> 관들을 위해서가 아니다. 천자를 오직 한 가지 마음으로 공경히 섬
> 기기 때문인데, 그들의 악행이 그칠 줄을 모르는구나. 태종 9년/11/15

이내 의정부로 하여금 해수를 확실히 제압할 수 있을 만한 위엄과 명망을 갖춘 대신을 추천케 하니, 의정부에서 좌의정을 역임한 철성군 이원을 천거하였다. 태종이 승정원의 대언(승지)들에게 사신들의 버릇을 고쳐줄 묘책을 물었다. 보다 더 근본적인 특단의 대책을 찾고자 한 것이다.

> 내가 마음속으로 하늘을 두려워하기 때문에 대국을 정성껏 섬기
> 는 것이다. 그런데 천자는 조정의 관리 대신 환관을 내보내서, 나
> 오는 자들마다 탐욕을 부리거나 악독하고 무례하게 행동하니, 어
> 떻게 대처하면 좋겠는가. 태종 9년/11/15

의정부에서 태종의 기분을 맞춰주려고, '사신은 고금의 공통된 근심이라.'고 위로하였다. 태종이 듣고 나서 해수의 행동을 낱낱이 적어서 황제에게 알릴 뜻을 내비쳤다. 하지만 곧바로 평상심을 회복하고, "명나라의 사정이 몹시 어지러운 때에 그와 같이 하면 하루아침의 홍

분으로 백년의 근심을 만들 수 있어서, 내가 참겠다."하고, 감정을 가라앉혔다. 태종 9년/11/15

태종이 왕위에서 물러나고 세종이 보위에 오른 뒤로도 사신들이 시도 때도 없이 나와서 무법자처럼 횡포와 행패를 부렸다. 왕세자였던 장남 이제(양녕대군)를 폐하고 대신 셋째인 충녕대군을 새 세자로 책봉한 태종은 명나라 황제에게 세자 교체에 대한 인준을 청하는 글을 보냈다. 두 달쯤 지나서, 황제로부터 회신이 오기도 전에, 스스로 상왕으로 물러앉고 왕위를 세자에게 넘겼다. 태종 18년/6/3, 6/9, 8/10

그 직후에 명나라 환관 육선재가 세자 교체를 인준하는 황제의 칙서와, 황제가 내려준 《명칭가곡》 1천 본을 받들고 서울에 왔다. 상왕으로 물러난 태종과 새로 즉위한 세종이 함께 극진하게 대접해주었다. 두 임금이 함께 혹은 각기 따로 최고 수준의 융숭한 대접과 푸짐한 선물 세례로 마음을 흡족하게 해줬다. 열흘 만에 육선재가 명나라로 돌아가니, 세자에게 왕위를 넘겨준 일에 대한 황제의 인준을 청하는 글을 대신에게 주어서 따라가게 하였다. 세종 즉위년/8/22, 9/4, 9/7, 9/13

4개월쯤 뒤에 명나라로부터 황엄이 태종의 선위와 세종의 즉위를 인준하는 황제의 고명을 받들고 유천과 함께 나왔다. 두 임금이 성대하게 환영연을 베풀고 안장 갖춘 말을 선사하였다. 황엄은 말을 받고 유천은 받지 않았다. 유천이 황엄을 두려워하여, 짐짓 청렴한 척 행동을 가장한 것이었다. 사흘 뒤에 유천이 은밀히 통역을 유인하여 말 안장을 꾸몄다. 또 뒤로 담비 가죽 털옷과 차茶 달이는 기구와 검은담비

의 털가죽을 거둬들였다.세종 1년/1/21, 1/24

이틀 뒤에 세종이 신하들을 거느리고 태평관을 방문해 잔치를 열고 안장 갖춘 말을 선사하니, 유천은 거절하고 황엄은 받았다.세종 1년/1/26 다음 날 태종이 황엄과 유천에게 똑같이 모시와 삼베 각각 15필과 인삼 20근을 주었다. 세종도 따로 지신사 원숙을 시켜서, 황엄과 유천에게 각각 20승 모시 10필, 삼베 10필, 11승 모시 10필, 삼베 10필, 옷 한 벌, 인삼 30가마, 꽃무늬 돗자리 6장, 차茶 3말, 두꺼운 종이 6백 장, 석등잔 하나, 염주 1백 꾸러미를 보내주었다.세종 1년/2/2

그 외에 고운 비단 3필과 명주 2필을 황엄에게 별도로 보내주니, 황엄이 매우 기뻐하였다. 유천은 선물들을 받지 아니하여 은밀히 모시와 삼베 2필씩을 보내주니, 기뻐하며 받았다. 사신들을 따라온 수행원들에게도 모시와 삼베와 함께 옷을 차등 있게 주었다.

이틀 뒤에 황엄과 유천이 북경으로 출발하여, 세종이 신하들을 거느리고 모화관까지 나아가 전송하였다. 효령대군 이보·좌의정 박은·의정부 참찬 김점·지신사 원숙을 벽제에, 여천군 민여익을 유후사에, 길천군 권규를 황주에, 한성 판윤 권홍을 평양에, 병조참판 이명덕을 평안도 안주에 각각 보냈다. 각기 술을 가지고 가서 사신들을 위로해 보내게 하였다.세종 1년/2/4

오늘날도 외교사절에 대한 의전儀典을 중요하게 따지지만, 6백 년 전에도 똑같았다. 중국에서 사신이 오면 조정의 재상을 원접사遠接使로 임명하여, 의주까지 가서 사신을 영접하여 잔치를 베풀게 하였다. 그 외에 의주·안주·평양·황주·유후사 등 다섯 곳에 선위사宣慰使

를 보내서 사신이 도착하면 맞아서 위로하게 하였다. 선위사는 2품 이상의 조정 관리를 보내고, 요동 도사의 사신이 올 때는 3품 이상의 조정 관리를 보냈다. 일본과 유구국琉球國(오키나와)의 사신이 오갈 때 는 선위사만 보냈다. 조정의 관리 중에서 3품 이상을 파견하였다.

다시 사신 이야기로 돌아가면, 장천군 이종무에게 명하여 사신들과 동행하며 신변 경호를 철저히 해주게 하였다. 또, 배를 타고 강을 건 너는 도중에 다른 일행들의 눈을 피해서, 유천에게 담비 가죽으로 지 은 털옷과 고운 모시 6필을 주도록 하였다.세종 1년/2/4 황엄이 떠나면 서, 명나라에 화자로 뽑혀 들어가 황제의 신임을 받고 있는 윤봉의 황 해도 서흥 본가에 백미와 콩 30석을 보내주기를 청하여, 즉시 주도록 하였다.세종 1년/2/4

그 외에도 사신이 국경 도시인 의주에 도착하여 서울에 이를 때까 지 보름 동안과, 서울을 떠나 의주에 이르기까지 한 달이 넘는 동안 '칙사 대접'을 하느라 수많은 인원이 진땀을 흘렸다. 그런데 미처 숨 을 돌릴 사이도 없이, 6개월쯤 지나서 황엄이 또 사신으로 왔다. 태종 의 양위와 세종의 즉위를 동시에 축하하는 황제의 잔치를 받들고 온 것이다.

황엄이 오면서 각종 비단 옷감과 양¥ 1천52마리를 비롯한 여러 종 류의 가축을 거느리고 왔다. 길이 멀어서 황제가 잔치 차림 대신으로 보낸 것이라고 하였다. 도교의 음덕을 소개한 《음즐서》 1천 권도 함께 가지고 왔다. 오던 날부터 토색질에 몰두하다 한 달 만에 돌아갔다. 전국의 유명 사찰들에 모셔져 있던 사리 5백58개를 거둬들여 가지고

갔다. _{세종 1년/8/17, 9/18}

황엄이 서울에 머물고 있을 동안, 왕현이라는 인물이, 황제가 내려준 제사를 받들고 나왔다. 태종 때 그의 딸이 명나라에 뽑혀가 황제의 후궁이 된 정윤후가 죽었기 때문이었다. 이를테면 사위인 황제가 죽은 장인에게 내린 제사를 가져왔던 것이다. 왕현은 황엄이 도착하고 4일 뒤에 왔다가 황엄이 돌아갈 때 따라서 돌아갔다.

다음 해에는 명나라 예부의 원외랑 조양과 행인 역절이, 전년 연말에 죽은 정종 임금에게 황제가 내려준 시호와 제사를 받들고 나왔다. 앞서 나왔던 사신들과 달리 문묘文廟를 배알하는 등의 품격 있는 일정으로 비교적 얌전하게 보름 정도 머물다 돌아갔다. _{세종 2년/4/8, 4/21}

그다음 해에는 '말 1만 필을 수출하라.'는 황제의 칙서를 가지고 해수가 사신으로 와서 제대로 본때를 보여주었다. 황엄과 더불어서 태종 때에 여러 번 사신으로 나와서 악명을 떨쳤던 해수는, 약 보름을 묵으면서 온갖 토색질로 고가의 특산품들을 바리바리 챙겨서 싸가지고 갔다. _{세종 3년/9/21, 10/6}

다음 해에는 매우 다행스럽게도 명나라로부터 사신이 나오지 않았다. 5월 10일에 태종이 세상을 떠서 국장을 치러야 하였기에, 사신이 와도 '칙사 대접'을 해주기가 곤란한 형편이었다. 때마침 명나라의 영락제도 친히 대군을 이끌고 북벌北伐을 나가 오랫동안 야전에 있었기에, 사신을 내보낼 상황이 아니었다. _{세종 4년/5/25, 5/26, 5/27}

시간이 가면서 사신의 방문이 늘었다

그다음 해에는 1년 동안 명나라 사신이 두 차례 나왔다. 먼저 태종의 소상小祥에 즈음하여 황제가 조의를 표하는 고명과 제문을 가지고 유경과 양선이 왔다. 20여일을 체류하며 열심히 탐욕을 부리다 갔다.세종 5년/4/6, 4/24 두 번째로는, 2년 전에 다녀간 해수가 세자(뒤의 문종) 책봉을 윤허하는 칙서를 가지고 왔다. 그보다 2년 전인 세종 3년 10월 27일에 원자 향珦을 왕세자로 책봉하고 책문을 내린 뒤에 황제에게 인준을 청하는 글을 보냈었다.

해수가 오면서, 앞서 말 1만 필을 보내준 데 대한 답례품과 더불어서, '말 1만 필을 더 보내라.'는 칙서를 함께 가져왔다. 황제의 칙서 이외에 예부낭중 진경과 수행원 스무 명을 거느리고 궤짝 사십여 개를 가지고 나왔다. 그뿐만 아니라 서울에 이르기도 전에, 서울에서 구입하고자 하는 물품의 목록을 보내 사전 준비를 부탁하였다.세종 5년/7/30, 8/13

서울에 도착한 해수는 칙서를 전달하자마자 여장을 풀기도 전에 귀국할 때 가져갈 물품들을 챙겼다. 처음에 총제 원민생에게, 자신이 개인적으로 가져온 물품들을 하루 이틀 안에 다 처분하겠다며, 두꺼운 종이를 구입하게 해줄 것을 부탁하였다. 민생이 순순히 부탁을 들어주니, 다음 날 다시 또 은어와 문어를 요구하였다.세종 5년/8/18, 8/19, 8/20

다음 날 해수가 세종 내외와 세자에게 개인적으로 가져온 예물들을 바쳤다. 이틀 뒤에 세종이 담비 가죽 털옷을 답례로 보내주었다. 해수가 옷을 받자마자 즉석에서 입어보더니, 얼굴에 즐거운 기색을 띠며, '임금의 특별한 은혜를 입어 감격을 헤아리기 어렵다.'고 만족해하였다. 닷새 뒤에 해수가 다시 도자기를 청하여, 세종이 도자기와 더불어서 장검 네 자루와 개 두 마리를 더해서 보내주었다. 세종 5년/8/21, 8/23, 8/28, 8/30

사흘 뒤에 해수가 명나라로 돌아가겠다고 하여, 세종이 백관을 거느리고 태평관을 방문해 송별연을 열어주었다. 세종이 2~3일 더 묵기를 청하니, 해수가 사양하지 않고 이틀을 더 묵었다. 세종 5년/9/1 그 사이 해수가 벼 종자를 요청하여, 평안도 감사로 하여금 올벼 종자 10석과 늦벼 종자 5석을 미리 의주에 운반해 놓았다가 해수가 돌아갈 때 주게 하였다. 해수가 또 누룩을 만들고 술을 빚는 방문方文을 청하여, 주라고 하였다. 세종 5년/9/2, 9/5

다음 날 한양을 출발한 해수가 평양에 이르러 평안도 감사에게 생떼를 부렸다. 처음에 해수가 입국하면서 평안도 감사 김자지에게 비단을 맡기면서 그것으로 인삼을 사놓고 기다리라고 한 모양이었다. 그런데 민간에 인삼이 귀해서, 인삼을 비단 10필 값어치밖에 사지 못하고, 나머지 50필로는 인삼 대신 삼베를 사 놓았더니, 해수가 와서 행패를 부린 것이었다.

해수가 서울에서 임무를 마치고 평양에 도착하여, 김자지가 해수에게 비단으로 인삼과 삼베를 구매한 내역을 보고하니, 해수가 통사 김시우와 경력(부관) 허지혜를 모질게 다그쳤다. 두 사람에게 고래고래 고함을 지르며, '속히 임금께 아뢰어 비단 50필 값어치에 해당하는 인삼을 속히 의주나 요동까지 보내게 하라.'고 윽박질렀다. 세종이 보고를 접하고, 인삼 3백 근과 안식향 40근을 보내주었다.세종 5년/9/15

며칠 뒤에 평양을 출발한 해수는 의주를 통과하면서 마지막 불꽃을 사르듯이 포식자 본색을 유감없이 드러냈다. 처음에 해수가 자신을 따라왔던 수행원들과 요동에서 자신을 맞으러온 군사를 거느리고 갑자기 고을의 서쪽 문으로 들어가 성 안을 돌아다니며 고을 사람들을 겁박하여 물품을 강제로 팔았다. 그러더니 판목사 성재를 불러서, 만약 물품을 구입하는 사람이 없으면 책임을 묻겠다며 으름장을 놓았다.

이때 성안에 사는 사람들은 영락제의 요구에 따라 명나라로 수출하는 말들을 들여가느라 모두 요동에 들어가 있었다. 해수 일행이 파는 물품 가운데 딱히 살 만한 것도 없었다. 그런데 마침 요동 군사가 몰래 고을 사람의 말 네 필을 사서 가져가는 것을 보고, 성재가 사람을 시켜 뒤따라가 뺏어오게 하였다. 해수가 그 일을 듣더니 행패를 부렸다. 성재를 자기네 군사의 말을 빼앗은 도둑으로 몰아세우더니, 의주를 떠나기 직전에 힘센 군사를 시켜 성재를 결박하고 매질을 하게 하였다.

평안도 감사가 보고를 듣고 그대로 장계를 올리니, 세종이 내용을 읽어보고 울분을 토하였다. 해수의 만행을 황제에게 알리겠다며, 의정부와 육조를 불러서 진상 파악을 지시하였다. '사신의 탐욕과 몰염치가 도를 넘어서, 불의한 짓으로 우리의 장수를 욕보였다.'며, 평안

도 감사에게 공문을 내려서 사건의 전모를 자세히 조사하여 아뢰게
하였다.

> 명나라에서 조정의 관리를 보내지 않고 환관들에게 외교를 맡기는
> 것은 무슨 이유 때문인가. 내가 이 일을 황제에게 꼭 알리고 싶으
> 니, 자문을 보내면 어떻겠는가. 평안도에 공문을 보내 성재가 욕을
> 당한 사유를 상세히 물어서 아뢰도록 하라.세종 5년/9/27

　세종이 말을 마치자 좌의정 이원이 세종의 분노를 삭여주었다. 옛
날에는 중국의 사신이 나와서 함부로 처신하는 일이 없었는데, 사신
들의 요구를 모두 들어주어서 해수처럼 무례하고 난폭한 자가 생기게
된 것이라며, '태종 시절에 하윤이 사신의 요구를 때로 거절하고 따르
지 않았던 데에는 까닭이 있었다.'고 하였다.
　다음 해 5월에는, 명나라 황제가 내려준 제사를 받들고 왕현과 수
행원 두 사람이 사신으로 왔다. 명나라 황제로부터 광록 소경 벼슬을
받은 한확의 모친이 죽었기 때문이었다. 앞서 한확의 여동생이 명나
라에 뽑혀 들어가 영락제의 후궁이 된 일이 있어서, 사위인 황제가 죽
은 장모에게 제사를 내렸던 것이다. 왕현 역시 서울에 이르기도 전에
자신이 구매할 건어물을 미리 갖춰 놓을 것을 부탁해와, 모두 들어주
게 하였다.세종 6년/5/27, 6/1
　6월 26일에 서울에 도착한 왕현은 한확의 집을 방문하여 황제가 내
려준 제사를 전해준 뒤에, 25일을 묵으며 각종 귀중품과 특산물을 산

더미처럼 챙겨서 돌아갔다. 마른 생선을 담아서 가져간 궤짝만 1백60 개에 달하여, 각 역의 우마와 부근 각 동리의 백성들이 모두 동원되어 메어다 주었다. 세종 6년/7/14, 7/15

왕현이 북경으로 출발하기 전에 물품을 챙기는 과정에 착오가 있어서 한바탕 소동이 일었다. 어물 진헌을 맡은 관청의 계산 착오로 1만 근이 차지 않았기 때문이었다. 세종이 듣고서 즉시 해당 관청에 명하여, 1만 근을 채운 뒤에 2백 근을 더 얹게 하고 왕현에게 그 사실을 알려주니, 왕현이 기뻐하며 감격에 찬 아부를 쏟아냈다.

저는 황제에게는 종이고, 전하에게는 아들이나 마찬가지인데, 전하께서 지성으로 갖추어 황제께 진헌하시니 기쁘기가 비할 데 없습니다. 세종 6년/7/16

3일 뒤에 지신사 곽존중을 보내 왕현을 문안하게 하고, 선물로 모시 10필, 삼베 25필, 옷 한 벌, 신 한 켤레, 인삼 15근, 꽃방석 4장, 꽃이불 2장, 석등잔 한 벌을 보내주었다. 수행원 여덟 명에게도 각기 삼베 2필, 옷 한 벌, 신 한 켤레를 주었다. 세자가 스승인 허성을 왕현에게 보내 고운 삼베 6필을 선사하니, 왕현이 매우 기뻐하면서 답례품을 보내왔다. 존중에게는 털실로 짠 적삼을 보내고, 허성에게는 양羊의 뿔로 만든 띠를 보냈다. 세종 6년/7/19

7월 21일에 왕현을 떠나보내고 겨우 한숨을 돌리려는데, 3개월쯤 지나서 다시 또 명나라 사신이 연달아 나왔다. 먼저 영락제가 달단 군사를 토벌하고 돌아오다가 도중에 급사하였다는 부고를 가지고 유경과 진선이 10월 11일에 왔다. 이어서 황태자가 홍희제로 등극하였음을 반포하는 교서를 가지고 팽경과 이의가 15일에 왔다.

이때에 서울에 왔던 사신들의 말을 통해, 명나라에 뽑혀 들어간 여인들의 비극적 최후가 처음으로 국내에 알려졌다. 한확의 여동생 등이 죽은 영락제와 함께 순장되고, 여러 명의 조선 여인이 억울하게 누명을 쓰고 처형된 사실 등도 자세하게 전해졌다.세종 6년/10/17

네 명의 사신이 각각 열흘과 엿새씩 체류하다 10월 20일에 함께 북경으로 돌아갔다. 네 사신 역시 도착하자마자 여러 가지 물품을 열심히 챙겼다. 그런데 보는 눈이 많아서 그랬던지, 막상 돌아갈 때는 물품들을 모두 영접도감에 주고 갔다.세종 6년/10/20

다음 해에는 화자로 뽑혀 들어가 명나라 상선감의 좌소감으로 있으면서 황제의 신임을 받던 윤봉이 사신으로 왔다. 황제가 내리는 물품을 받들고 일행 이십여 명과 함께 서울에 와서는, 제왕처럼 위세를 부리며 국정을 제멋대로 농단하였다.세종 7년/1/9

서울에 이르기도 전에 황해도 감사를 시켜서, 묘소에 올리는 제물祭物과 불상에 바칠 물품들을 요구하였다. 고향인 황해도 서흥에 있는 자기 부모의 묘에 성묘하고 자비령의 불상 앞에 향을 피우겠다는 것이었다.세종 7년/1/18 자비령은 황해도 황주군 동남쪽과 봉산군의 동북쪽 경계에 있는 4백89미터 높이의 고갯마루다.

일주일 뒤에 원접사인 공조판서 이맹균이 글을 올려서, 부사 내관 박실의 요구를 알려왔다. 담비와 토표의 털가죽을 색깔별로 미리 준비해주기를 원한다고 하였다. 또, 윤봉이 자신의 친동생 윤중부가 의관과 관직을 받은 것을 기뻐하면서도, 그의 어리석음을 염려하며 중부의 장래를 걱정한 말을 자세하게 적어서 보냈다.세종 7년/1/25

보름쯤 지나서 서울에 도착한 윤봉은 세종에게 온갖 청탁을 다 쏟아내 모두 관철시켰다. 주인이 죽어서 관아에 귀속되었던 여자종을 자신을 문안 온 관원에게 주게 하였다. 자신의 고향인 황해도 서흥을 지군知郡에서 도호부都護府로 승격되게 하였다. 그러는 사이사이 북경에 가져갈 물품들을 끊임없이 요구하였다. 나라에서 하루가 멀다 하고 각종 선물을 쉴 새 없이 안기는데도 탐욕을 멈출 줄 몰랐다.세종 7년/2/11, 2/14, 2/15

자신의 친·인척에 대한 인사 청탁도 서슴지 않았다. 임금이 문안을 보낸 대신에게 사람들의 이름을 쓴 쪽지를 내보이며, 아무개는 경관직을 맡길 만하고, 아무개는 평양 토관을 맡길 만하다고 하였다. 대신이 돌아와 그대로 아뢰니, 세종이 모두 들어주었다. 또, 특별한 이유도 없이 부사 박실이 신참 통역 김옥진을 구타하여 옥진을 다른 사람으로 대체하였다. 다음 날 박실이 도리어 트집을 잡아서, 옥진을 다시 복귀시켰다.세종 7년/2/17, 2/18, 2/19, 2/20

이후로도 윤봉은 보름 가까이 토색질을 계속하다 25일 만인 3월 4일에 서울을 떠났다. 북경으로 가면서도 청탁을 멈추지 않았다. 유후사(개경)에 도착해서는, 이빈의 미망인 집으로 쌀 5섬과 잔치상을 보내줄 것을 청하여, 두꺼운 비단과 털실로 짠 옷감을 각 1필씩 얹어서 보내주었다. 윤봉이 아홉 살 적부터 스무 살에 명나라로 뽑혀가기 전

까지 이빈의 집에서 살았기 때문이었다. 세종 7년/3/5

이빈은 1388년(고려 우왕 14) 동북면 부원수로서 요동 정벌에 동참하였다가 이성계의 위화도 회군에 가담하였다. 조선이 개국한 뒤에 원종공신에 올라서 형조와 호조의 판서를 지냈다. 1410년(태종 10)의 '민무구·민무질 옥사獄事' 때 이빈은 처형되고 그의 부인이 그때까지 생존하여, 윤봉이 사신으로 나올 때마다 극진히 챙겨주었다.

개성을 떠나서 평양과 황주 등지를 거쳐 의주에 도착한 윤봉은 접반사에게 주택의 설계도를 건네주며, 고향 마을에다 그대로 집을 지어달라고 하였다. 세종이 듣고서 황해도 감사로 하여금 설계도대로 집을 지어주게 하였다. 세종 7년/4/11 일주일쯤 뒤에 사간원에서, 윤봉의 청탁으로 관직을 받은 사람들의 직첩(관직 임명장)을 모두 회수하고 죄를 엄히 물을 것을 건의하였다.

송권은 전직이 중랑장인데 부정副正이라고 속이고, 이숭도·윤사은·송유량·김우림·윤양·김용·문성장 등은 본래 관직이 없었는데 있었다고 속여서, 윤중부와 결탁하고 윤봉에게 청탁하여 관직을 받은 사실이 탄로 난 것이었다. 하지만 세종은 따르지 아니하고, 송권에게는 4품인 행 사직을, 이숭도·윤사은·송유량·김우림·윤양·문성장에게는 종7품인 부사정을 각각 제수하게 하였다. 세종 7년/4/19

비슷한 무렵, 김만이라는 인물이 황제가 내려준 제사를 받들고 사신으로 나왔다. 그의 여동생이 명나라에 뽑혀 들어가 황제의 후궁(현인비)이 되어 상보감 우소감 벼슬을 받았던 권영균이 죽었기 때문이었다. 김만은 마치 악덕 사채업자가 채무자를 압박하듯이 온갖 것을 쥐

어짜서 바리바리 싸가지고 돌아갔다. 세종 7년/4/25, 5/15 물품 이외의 온 갖 것을 다 요구하여, 마음껏 욕심을 채우고 갔다.

첫째로, 도착한 다음 날 기생을 청하여, 들어주게 하였다. 예조판 서 신상이 김만의 청을 거절하려고 하자, 세종이 타일러서 설득하였 다. 김만이 앙심을 품을 것을 염려하였기 때문이다. 둘째로, 임금이 사신을 접대하는 모화루에 과녁을 세우고 활을 쏘게 하였다. 신하들 은 '불가하다.'며 펄쩍 뛰었지만, 세종은 도리어 지신사와 형조판서와 예조판서를 보내 연회를 열어주게 하였다. 셋째로, 요구하는 물품은 무엇이든지 다 구해서 주도록 하였다. 세종 7년/5/16, 5/18, 5/19, 5/27

그럼에도 불구하고 등잔석燈盞石 문제로 낯빛을 붉히며 불만을 터뜨 렸다. 황제의 선유를 핑계대고 등잔석 다섯 개를 요구한 것을, 구하기 가 힘들어 두 개밖에 주지 않았더니, 지신사 곽존중에게 온갖 심술과 신경질을 다 부리다가, "조선에서 등잔석을 얻기가 어려운 사정을 황 제에게 상세히 아뢰겠다."고 내뱉고 갔다. 세종 7년/5/22, 6/1, 6/6, 6/12

얼마 뒤에, 세종이 몹시 편찮은데, 명나라 사신 네 명이 거의 동시 에 들이닥쳤다. 명나라의 홍희제가 죽기 전에 남긴 유언과, 새로 황 제가 된 선덕제의 등극 교서를 각각 가지고 왔다. 홍희제의 유언을 받 들고 온 내관 제현과 행인 유호가, 서울에 이르기 전에 평안도 감사 를 통해, 대·중·소 세 종류의 석등잔을 미리 만들어 놓을 것을 요청 하였다. 새 황제가 보위에 올랐으니 가져가서 바치고 싶다는 것이었 다. 세종 7년/윤7/7, 윤7/15

네 명의 사신이 일행을 거느리고 사흘 간격으로 두 명씩 서울에 이르러, 각각 13일과 10일씩 묵었다. 그 사이 세종이 편찮은 몸을 억지로 추슬러서 차례로 홍희제의 유언과 선덕제의 등극조서를 맞이하였다. 그뿐만 아니라 사신들의 요구를 모두 들어주며 처음부터 끝까지 융숭하게 대접하였다. 세종 7년/윤7/19, 윤7/22, 윤7/23, 윤7/25, 윤7/26, 윤7/29, 8/2

그다음 해에는, 전년에 다녀간 윤봉이, 자신과 마찬가지로 앞서 내관으로 뽑혀 들어간 백언과 함께 다시 또 사신으로 왔다. 조선에서 여러 번 사신을 들여보내 자신의 황제 등극을 축하해준 것에 감사하는 선덕제의 칙서와 예물을 가져온 것이다. 서울에 도착한 두 사람은 미처 여장을 풀기도 전에 포식자 본색을 드러냈다. 세종 8년/2/15, 3/12

도착한 지 3일째 되던 날 윤봉이, 자신이 전날 요청한 기술자가 오지 않는다며 투덜대자, 세종이 듣고서, 곧 보내주게 하였다. 발단은, 윤봉이 검은 쇠로 말을 탈 때 발을 얹는 등자鐙子를 만들려고 한 데서 비롯되었다. 윤봉이 그것을 직접 감독해 만들어서 황제에게 바치려던 계획에 차질이 생길까 봐 노파심에서 심술을 부린 것이었다.

또, 윤봉이 여성들의 머리 장식에 쓰이는 다리꼭지를 요구하여, 전국 각 도와 제주 안무사에게 명을 내려, 나라의 쌀과 콩을 주고 사서 보내게 하였다. 녹색 빛깔이 날 정도로 검은 색을 띠고, 길이가 길고 가늘면서 부드러운 것을 잘 가려서 사도록 하였다. 세종 8년/3/15

백언의 모친에게 무늬 없는 보통 비단, 두꺼운 비단, 무늬 없는 얇은 비단, 명주, 모시, 겉옷 3벌, 속옷 2벌, 그리고 목이 없는 신과 띠를 보내주었다. 다음 날 백언이 갓·활집·화살통·큰 화살 등을 요구하여, 모두 주게 하였다. 세종 8년/3/16, 3/17 수행원들의 우두머리인 최진이 뿔활·연마한 화살·큰 화살·고급 한지·요강·돗자리·기름 먹인 종이·미역·청어·큰 석등잔 등을 요구하여, 구하기가 힘든 석등잔을 제외하고 모두 주도록 하였다. 세종 8년/3/17

윤봉은 붉은 빛깔의 염소 가죽으로 만든 목이 긴 장화를 요구하고, 백언은 구리 촛대·구리 주전자·놋대야·구리 소반 등을 요구하여, 모두 주라고 하였다. 세종 8년/3/19 일주일 뒤에 윤봉이 다시 또 큰 수달의 가죽을 요구하고, 백언이 도련지를 요청하여, 모두 주라고 하였다. 세종 8년/3/26 도련지는 다듬잇돌에 올려놓고 방망이로 두들겨서 표면을 매끄럽게 가공한 고급 종이를 일컫던 말이다.

다음 날은 윤봉과 백언이 양화도에 나가 놀면서 배를 띄우고 물고기를 구경하여, 승정원의 대언(승지) 김자와 총제 원민생을 보내 술과 안주를 가지고 가서 접대하게 하였다. 같은 날 윤봉이 고운 흰색 무명을 요구하여, 주라고 하였다. 세종 8년/3/27 윤봉과 백언이 목멱산에 올라가 역사ヵ士들을 모아 씨름시합을 붙여서 물품과 인력 등을 지원하게 하였다. 세종 8년/4/2

같은 날 백언이, 부모를 뵈러 고향으로 출발하니, 세종이 백언의 형인 중량 등으로 하여금 역마를 타고 따라가게 하였다. 그보다 앞서 백언이 세종에게, '형 백중량, 아우 백인우, 조카 김기, 숙부 황보경 등을 고향에 데려가고 싶은데, 혹시 관직을 맡은 사람이 있을지 몰라서 감히 청하지 못한다.'고 말을 흘렸었다. 세종 8년/4/2

윤봉의 아버지 윤신을 가정대부 경창부 윤으로, 조부 윤단을 통정

대부 공조참의로, 증조부 윤공재를 통훈대부 판사재감사로 각각 추증해주었다. 윤봉이 자신의 3대 조상을 추증해 줄 것을 청했기 때문이었다.세종 8년/4/8 2주일쯤 뒤에 백언이 비단 40필을 삼베와 바꾸기를 원하여 제용감에서 삼베 40필과 교환해주었다. 그럼에도 불구하고 백언이 10필을 더 주기를 청하여, 주라고 하였다.세종 8년/4/21

세종이 좌부대언 김자를 보내 윤봉과 백언을 문안하니, 백언이 자기 친척들의 관직 임명장(직첩)이 속히 나오게 해주기를 부탁하였다. 세종이 그들에게 특지로 관직을 주었는데 담당자들이 시간을 끈다는 것이었다. 김자가 듣고서, 전직이 있는 사람들의 경력을 조회하느라 시간이 걸리는 사정을 설명하니, 백언이 당일 안으로 임명장이 나오게 해줄 것을 요청하였다.세종 8년/4/28 김자가 대궐로 돌아와 그대로 아뢰니, 세종이 사헌부의 담당관을 불러서 임명장에 속히 서명할 것을 지시하였다.

백언이 통역에게 부채 이야기를 꺼냈다. 중국에서는 5월 초하룻날에 조정의 관원과 외국에서 온 사신들에게 부채를 나눠준다며, 조선의 풍습은 어떠한지 물었다. 윤봉도 또한 통역에게, 조선에도 부채를 파는 사람이 있는지 물었다. 세종이 듣고서, 공조에 명하여, 원형 부채 10자루와 접는 부채 88자루를 만들어서 백언과 윤봉에게 주라고 하였다.세종 8년/4/28

백언이 통역에게, 단오날 편을 갈라서 서로 돌을 던지며 싸우는 척석擲石 놀이를 여전히 하는지를 물었다. 통역이 듣고서, '5월 초4, 5일 이틀 동안 반송정盤松亭에서 한다.'고 대답하니, 백언이 그날 반송정에 가서 구경할 뜻을 내비쳤다.세종 8년/4/28 윤봉이 경서經書의 문구들을 베낄 도련지 10권을 요구하여 즉시 주게 하고, 백언의 모친에게 쌀 20석을 내려주었다.세종 8년/5/19, 5/20

윤봉이 백언보다 먼저 서울을 출발하여 고향인 황해도 서흥을 들러서 명나라로 돌아갈 뜻을 밝히니, 세종이 윤봉을 경회루에 초대하여 표범 가죽 두 장과 고운 비단 두 필을 선물하고 연회를 베풀었다.세종 8년/5/22

사흘 뒤에 총제 원민생과 지신사 곽존중을 윤봉에게 보내, 여름옷 한 벌과 가죽 장화와 더불어서 고운 모시와 고운 삼베 각 20필, 인삼 30근, 석등잔 1개, 꽃무늬 방석과 베개와 이불 각 6장씩을 주었다. 지휘 장용과 서흠에게도 각각 여름옷 두 벌과 함께 모시와 삼베를 4필씩 주고, 수행원 17명에게도 각각 옷과 신과 함께 모시와 삼베를 2필씩 주었다. 윤봉이 답례로 고운 모시 10필과 고운 삼베 20필을 보내오고, 중궁과 세자에게도 고운 모시와 고운 삼베를 보내왔다.세종 8년/5/25

백언이 마른 고등어 두 궤짝과, 어린 오이와 섞어서 담근 곤쟁이젓 두 항아리를 요청하여 영접도감에 보내게 하였다.세종 8년/6/16 백언이 수원의 본가에서 돌아오자, 찬성 권진·판서 정진·대언 김자를 한강까지 내보내 잔치를 열어서 맞이하게 하였다. 다음 날 백언이 경복궁에 입궐하니, 세종이 경회루에서 차茶를 대접하고 토표 가죽 2장을 선사한 뒤에 연회를 베풀었다.세종 8년/6/19, 6/20

사흘 뒤에 백언에게 지신사 곽존중을 보내, 여름옷 한 벌과 가죽 장화와 함께 고운 모시와 고운 삼베 각 20필, 인삼 30근, 꽃무늬 돗자리와 방석 각 6장, 석등잔 1개를 주었다. 수행원 3명에게도 옷과 신과 함께 모시와 삼베를 두 필씩 주었다. 백언이 답례로 고운 모시 9필, 고운 삼베 18필을 보내오고, 중궁과 세자에게도 고운 모시와 고운 삼베를 보내왔다. 세종 8년/6/23

다시 사흘 뒤에 백언이 명나라로 돌아가기 위해 서울을 출발하니, 세종이 세자와 문무백관을 거느리고 모화루에 행차해 전송하면서 궁중에서 기른 말 한 필을 주었다. 아울러서 좌의정 이직·형조판서 정진·지신사 곽존중으로 하여금 벽제관까지 따라가서 전송하게 하고, 유후사(개경) 선위사인 도총제 이징을 앞서 출발시켰다. 세종 8년/6/26

이직이 출발한 이후로 하루 혹은 이틀 간격으로 황주 선위사 운성군 박종우, 평양 선위사 경창부 윤 정효문, 안주 선위사 공조참판 조뇌, 의주 선위사 동지총제 조모가 길을 떠났다. 백언이 의주에서 압록강을 건널 때까지 각기 담당한 고을에서 통과하는 백언을 대접하기 위함이었다. 세종 8년/6/28, 6/29, 7/1

그로부터 일주일쯤 뒤에, 명나라로 돌아가던 윤봉이 반송사로 의주까지 동행하던 원민생을 통해 탄약 십여 발을 요구하였다. 요동의 여덟 역참(동팔참)을 지나갈 때 들판에서 쓸 것이라고 하여, 질려포 다섯 개, 대발화 열 발, 중발화 열 발을 보내주게 하였다. 세종 8년/7/8

창성과 윤봉이 단골로 와서 갈취해갔다

8개월쯤 뒤에 창성·윤봉·백언이 다시 또 사신으로 나온다는 소식이 전해졌다. 황제가 서적을 보내준 것에 감사를 표하러 북경을 다녀온 박종우가 돌아오면서 정보를 가져왔다. 보고를 접한 세종은 윤봉의 동생 윤중부와 백언의 동생 백인에게 각각 겹옷 한 벌씩을 하사하고, 백언의 모친에게 여자옷 한 벌과 신발을 내려주었다. 경기도와 황해도 감사에게 명을 내려, 윤봉과 백언의 본가를 수리하고, 영접하고 접대하는 모든 일이 전보다 못하지 않도록 할 것을 지시하였다.세종 9년/3/23, 3/24

며칠 뒤에 의정부 찬성 권진과 이조판서 허조가 수원에 살고 있는 백언의 모친을 서울로 옮기게 하자고 제안하였다. 백언이 입국하여 귀향을 핑계로 민폐를 끼칠까 봐 궁리한 것인데, 세종이 다른 선택을 내놓았다. 연전에 여러 번 청해보았지만 본인들이 따르지 않았다며, 죽은 목사 허반석의 집을 수리하여 쌀·콩·소금·간장·생선·고기·집기·이불·요·돗자리·방석·노비 등을 갖춰놓았다가, 백언이 청하면 언제든지 그의 모친을 불러올 수 있게 하라고 지시하였다.세종 9년/3/28

4월 21일에 마침내 창성·윤봉·백언 등이 수행원 서른 명과 더불어 궤짝 아흔 개를 가지고 서울에 왔다. 도착한 당일부터 세 사람이 서로 실력을 겨루듯이 열심히 토색질에 몰두하였다.세종 9년/4/4, 4/8, 4/21, 4/22, 4/23, 4/24 굶주린 맹수처럼 닥치는 대로 물품을 챙기는 것은 기본이고, 창성과 백언은 금강산 유람까지 다녀왔다. 윤봉은 엄청난 분량의 귀중품을 챙긴 것 이외에, 지인 열두 명에게 관직을 줄 것을 청하여 뜻대로 이루고 90일 만에 돌아갔다. 세종 9년/7/20

3개월쯤 뒤에 왕세자(훗날의 문종)가 황제를 조현하러 북경을 향하여 출발하였는데, 이틀 뒤에 평안도 감사로부터 급보가 올라왔다. 요동의 지휘 범영과 천호 유정이 '왕세자의 조현을 중지하라.'는 황제의 칙서를 가지고 온다는 것이었다. 명나라 조정의 관원이 칙서를 요동까지 가져와서는 그곳의 관리로 하여금 조선에 전달하게 한 것이었다. 세종 9년/10/16, 10/18

이조판서 허조와 예조참판 유영이 전해 듣고서, 사신에 대한 예우 수준을 낮추고 의복도 약간 고운 무명을 쓰자고 제안하였다. 요동에서 오는 사신들을 조정에서 나온 사신처럼 대우할 수는 없다며, 그들이 오면 선물로 주는 담비 가죽 털옷도 주지 말고, 매일 문안하는 예우도 생략하자고 하였다. 하지만 세종은 따르지 않았다. 비록 조정에서 나오지 않았어도 세자의 일로 나오는 사신이니 관례대로 예우하는 것이 옳다고 하였다. 세종 9년/10/19

10월 25일에 범영과 유정이 마침내 서울에 이르니, 세종이 명나라 조정에서 사신이 나왔을 때처럼 친히 태평관을 방문해 환영연을 베풀었다. 잔치를 마치고 지신사 정흠지로 하여금 안장 갖춘 말 각 한 필과 함께 겨울옷 각 한 벌과 갓·신발·의자(접이식)를 주게 하였다. 그들을 따라온 수행원 세 명에게도 각각 안장 갖춘 말 한 필과 옷 한 벌씩과 함께 갓과 신발을 주게 하였다. 세종 9년/10/25

사신 유정이 강원도 통천현에 안치되어 있던 전 상호군 이효량을 만나보게 해줄 것을 부탁하여, 효량에게 역마를 주어 올려 보내게 하였다. 효량은 이지란의 손자이자 이화영의 아들로, 유정과는 친척 사이였다. 범영과 유영이 저녁에 기생 서너 명과 더불어 술을 마시게 해줄 것을 청하여, 세종이 들어주게 하였다. 다음 날은 큰 비가 내리고 천둥과 번개가 치는데도 지신사 정흠지를 태평관에 보내 범영과 유정에게 문안하게 하고, 세자로 하여금 연회를 베풀게 하였다.세종 9년/10/26

그다음 날 범영이 요동의 장수가 부탁한 것이라며 사냥개를 요구하여, 세종이 지신사로 하여금 의정부와 육조의 생각을 물어보게 하였다. 모두 말하기를, '사사로이 개인적으로 교제할 수 없다는 원칙이 있어서 줄 수 없다.'고 하니, 범영의 요구를 따르지 않았다.세종 9년/10/27 같은 날 범영이 세 개의 날이 달린 칼과 홍백색의 사슴가죽을 청하니, 주게 하였다.

이틀 뒤에 우부대언 이사후를 보내, 범영과 유정에게 각각 고운 모시 10필, 고운 삼베 10필, 인삼 15근, 꽃무늬 방석 4장, 꽃무늬 이불 2장, 담비 가죽과 담비 털모자 각 1개씩을 주었다. 수행원으로 따라온 김삼한·양춘·황철 등에게도 삼베를 1필씩 주었다. 범영과 유영이 세종과 왕세자에게 예물을 올리자, 답례로 물품들을 보내주었다.

저녁에 세종이 친히 태평관을 방문하여 환송연을 베풀었다. 평양 선위사 인순부 윤 유사눌과 의주 선위사 우군 동지총제 송희미가 길을 떠났다.세종 9년/10/29 그다음 날 여러 신하와 아침 조회를 가진 자리에서 세종이 범영의 무례와 탐욕을 개탄하였다.

> 몸가짐을 보면 마음가짐을 알 수 있으니, 범영과 유정처럼 못나고
> 어리석은 사신은 일찍이 본 적이 없다. 황제가 조정의 내관을 요동
> 까지만 보내서 칙서를 저들로 하여금 가져오게 한 것은 필시 폐해
> 를 덜기 위함이었을 것이다. 그런데도 저들이 그 뜻을 저버리고 조
> 그마한 이익을 위하여 여러 차례 물품을 청하니, 저잣거리의 경박
> 한 무리와 조금도 다를 것이 없다.세종 9년/10/30

세종이 평소와 달리 불편한 심기를 드러내자 이조판서 허조가 요동
사람들의 못된 기질을 들춰냈다. 《사기》에도, '조선은 본디 도적이 없
었는데, 요동과 인접한 변경에는 영향을 받아 점점 물이 들어서 도적
이 생겼다.'고 되어 있다며, 요동 사람이 탐욕스럽고 인색한 것은 어
제 오늘의 이야기가 아니라고 깎아내렸다.

그래서 마음이 좀 풀렸던지, 같은 날 범영과 유정에게 승정원의 대
언(승지) 허성을 보내 각각 이어붙인 기름종이 20장과 작설차 등을 선
물로 주었다. 그 외에 다른 요구도 모두 들어주게 하여 8일 만에 두
사람을 떠나보냈다.세종 9년/10/30, 11/1, 11/2, 11/3

다음 해에도 명나라 사신이 두 차례 다녀갔다. 먼저 4월 초순에,
'황태자를 책봉한 기념으로 사면령을 내리라.'는 선덕제의 칙서를 가
지고, 홍려시 소경 조천과 병부 원외랑 이약이 와서 별다른 요구 없이
점잖게 머물다 11일 만에 돌아갔다.세종 10년/3/19, 4/8, 4/18 그런데 3개

월 남짓 뒤에 강적 세 명이 들이닥쳤다.

태감 창성·윤봉·이상 등이, 황제가 내린 백자 도자기와 청화 도자 쟁반 등을 가지고 나와서, 두 달 반 동안이나 토색질과 향응에 빠져 지내다 처녀 한씨와 화자 여섯 명을 데리고 돌아갔다.세종 10/7/19, 7/25, 8/7, 8/16, 9/13, 9/17, 9/23, 10/3, 10/4 사신들 중에서도 창성의 토색질이 특히 유별나서, 그가 아직 서울에 머물 때 세종이 대신들을 불러서 그의 요구를 어디까지 들어줘야 할는지를 토론에 부쳤다.

> 태종 때 사신으로 나와서 닥치는 대로 물품을 요구해서 사람들이 모두 '욕심쟁이'라고 불렀다는 황엄도 사람들의 완곡한 만류를 알아차리고 드러내서 청하지는 못했다는데, 이번에 나온 창성은 조금도 욕심을 숨기지 않는다. 먼저 요구한 것을 주기도 전에 새로운 물건을 또 요구한다. 어제는 이미 족제비 가죽과 백지를 받고서도 다시 또 사슴 가죽 1백 장을 요구하였다. 앞으로 시간이 더 지나면 틀림없이 구하기 어려운 물건들을 요구하여 들어주기가 어려운 상황을 맞게 될 것이다. 비록 처녀와 매와 개를 데려간다는 명분으로 왔지만, 사실은 황제의 위세에 기대서 한몫 잡으려고 온 것이다. 창성의 탐욕이 윤봉보다도 더 심하니, 그가 요구한 사슴 가죽을 주어야 옳을까, 주지 말아야 옳을까.세종 10년/8/7

세종이 말을 마치자 우의정 맹사성이, '창성이 청구한 물건을 주지 않은 적이 한 번도 없었다.'며 창성의 요구를 들어주자고 하였다. 청을 들어주지 않으면 틀림없이 창성이 몽니를 부릴 것이라며, 우선 열 장만 주자고 하니, 세종이 창성의 끝없는 탐욕을 다시 또 개탄하였다.

이 사람은 처음에 도착하여 스스로 말하기를, '이 나라에 와서 많아야 1~2일 동안 머무르면서 매와 개만 가지고 바로 요동으로 돌아가겠다.'고 해놓고는, 입국한 뒤에 사사로이 가져온 물건들을 욕심껏 팔고 바꿨다. 그뿐만 아니라 거래를 마친 뒤에도, 황제에게 올리는 주본에 돌아갈 날짜를 뒤로 물려서 써 넣고는, 매와 개만 먼저 들여보내고 자기는 들어갈 생각을 않으니, 그와 같이 위를 속이고 사사로운 짓에 몰두하는 자는 세상에 또 없을 것이다. 이 인간은 본래 지식도 없고 또한 염치마저 없으며, 행동이 매우 추잡하고 지저분한 자이다.세종 10년/8/7

세종이 말을 마치자 좌의정 황희가 가세하여 거들었다. '이제까지 조선에 온 사신들 가운데 창성보다 더 이익을 탐했던 자는 없었다.'고 입을 열더니, 예전에 '욕심쟁이'로 빈축을 샀던 황엄도 사사로이 가져온 궤짝이 30~40개에 불과하였는데, 창성은 황제가 세종에게 포상으로 내려준 물품은 6궤짝에 담아오면서, 자기 개인의 궤짝은 1백여 개나 가져왔다고 혀를 찼다.

윤봉 역시 창성만큼이나 탐욕이 넘쳤다. 창성을 사주하여 영접도감의 녹사 김순례에게 매질까지 하게 하였다.세종 10년/9/22 그럼에도 불구하고 세종은 윤봉이 비단을 청하고 이상은 가죽옷을 청하자, 예조로 하여금 속히 들어주게 하였다. 같은 날 창성이 승정원의 대언(승지) 김자에게 투정을 부렸다. 임금이 자신의 요구를 들어주지 않는다며 낯빛을 붉히더니, 수행원을 시켜 영접도감관 유전에게 매질을 하게 하려다가 그만두었다. 세종 10년/9/23

세 사신은 이후로도 열흘 이상을 더 토색질을 벌이다가 명나라로 돌아갔다. 그리고 바로 잇따라서 김만이라는 인물이 황제가 내리는 제사를 받들고 나왔다. 본래 수원부의 아전이었다가 딸이 명나라로 뽑혀 들어가 황제로부터 소경 벼슬을 받은 최득비가 그해 5월에 죽어서, 황제가 제사를 내렸던 것이다. 서울에 도착한 김만은 3년 전에 왔을 때와 마찬가지로 날마다 토색질과 향응에 빠져 지내다 한 달이 넘어서 돌아갔다. 세종 10년/12/26, 11년/2/1 김만의 착취와 탐욕이 얼마나 심하였으면, 세종이 그를 창성을 능가할 욕심쟁이로 지목하였다.

이번 사신은 우리나라를 위하여 나온 것이 아닌데도 청구하는 것이 매우 많으니, 만약 우리나라를 위하여 사명을 받들고 왔다면 창성보다도 더 심했을 것이다. 세종 11년/1/16

보름 뒤인 2월 1일에 마침내 김만이 명나라로 돌아갔는데, 불과 두 달 남짓 지나서 또 사신이 온다는 소식이 전해졌다. 창성·윤봉·이상 등 세 명이 황제가 상賞으로 내리는 물품들을 가지고 다시 나온다는 것이었다. 보고를 접한 세종은, 지신사 정흠지를 불러서, '사신이 어물을 구하러 오는 것이라고 들었다.'며, 사신이 요구한 물품들을 미

리 준비해두라고 지시하였다.세종 11년/4/3, 4/13

　서울에 도착한 창성과 윤봉은 이전의 경험을 살려서 노련하고 숙달된 실력으로 갖가지 물품을 빨대처럼 거둬들였다.세종 11년/5/2 토색질이 오죽이나 심하였으면 세종이 참다못해서 대신들에게 사신들의 한심한 탐욕과 변덕을 조목조목 알려주었다. 그 골자는, 두 사람이 똑같이, 어떻게 해서든지 황제의 환심을 사려고 수단과 방법을 가리지 않는다는 것이었다.세종 11년/5/8

　창성과 윤봉은 재물에 눈이 먼 사람들 같았다. 욕심대로 물품이 채워지지 않으면 관원들에게 거칠게 욕설을 퍼붓고 주먹으로 때리고 발로 걷어차고 매질을 가했다. 창성의 행패가 특히 무자비하였다. 자기가 부른 말 안장 기술자가 속히 오지 않는다고 영접도감사를 비롯한 관원 여섯 명에게 폭력을 휘둘렀다. 뜰아래에 꿇어앉히고 갖은 욕설을 해대며 볼기를 치려다가 공조의 영사와 기술자 등 열 명을 불러서 곤장을 쳤다.세종 11년/5/11

　호군 박혈이 마음을 다하여 고기를 잡지 않는다고 화를 내며 그에게 매질을 가하였다. 그래서 호군 오명의가 박혈을 대신하여 수행원을 따라 해풍에서 물고기를 잡았다.세종 11년/6/7, 6/8 창성의 행동이 얼마나 난폭하였으면, 임금이 지신사 정흠지, 좌대언 허성, 우대언 정연 등에게 대응책을 마련하도록 특명을 내렸다.

　　창성의 요구가 한량이 없는 데다, 한 가지라도 마음에 흡족하지 않
　　으면 조정의 관원을 매질하는 등 지나치게 욕을 보이고 있으니 어

떻게 하면 좋겠는가. 능욕을 참고 그전처럼 대우해 주는 것이 좋을
는지, 의義를 앞세워 꾸짖는 것이 좋을는지, 경들은 내 말을 명심하
고 두 정승과 함께 대책을 마련하여 아뢰도록 하라.세종 11년/6/19

하지만 세종의 신임이 더없이 두터웠던 황희와 맹사성마저도, 창성
의 위세에 눌려서, '능욕을 꾹 참고 우대하여 보내자.'고 제안하였다.
창성은 무지한 환관이라 예의염치를 돌보지 않고 오로지 탐욕만 내뿜
는 사람이며, 의리를 따져서 꾸짖으면 부끄러워하거나 뉘우치기보다
도리어 앙심을 품게 될 가능성이 높다고 하였다. 또, 혹시라도 창성이
앙심을 품고 명나라 조정에다 거짓말을 꾸며대면, 멀리 있으면서 일
일이 변명하기가 어려워 나라가 곤경에 처할 수 있다고 하였다.

이후로도 세 사신은 서로 경쟁이라도 하듯이 종류를 가리지 않고
물품을 거둬들여, 윤봉이 귀국할 때에 물품을 담은 궤짝이 이백여 개
에 달하였다. 궤짝 한 개당 여덟 사람이 붙었는데, 그가 묵었던 태평
관에서부터 무악재에 이르기까지 궤짝을 메고 가는 사람들이 연달아
이어져 끊어지질 않았다.세종 11년/7/16

창성 또한 명나라로 돌아가기 직전까지 탐욕을 거두지 않았다. 세
종이 동부대언 황보인을 보내 석등잔 두 벌과 누런 매 한 마리를 주었
는데도, 영접도감사와 판관을 폭행하였다. 비단 1필로 인삼을 사려다
가 뜻대로 되지 않자 분풀이를 한 것이었다.세종 11년/7/20

그다음 날 마침내 사신 일행이 명나라로 돌아갔는데, 20여 일쯤 지
나서 지신사 정흠지가 세종에게 죄를 청하였다. 자신의 실수를 고백

하며, 집에 가서 처벌을 기다리게 해줄 것을 청하니, 세종이 그대로 윤허하였다.

흠지의 실수는 별 것이 아니었다. 전날 세 사신이 가지고 명나라로 들어간 진헌 물품 목록에, 조기 '1천 마리'를 주서 우효강이 '1천 근'으로 잘못 적었는데 이를 흠지가 미처 살피지 못하였다. 사간원의 좌대언 허성이 오류를 발견하고 즉시 좌·우의정과 승문원 제조를 불러들여, 주본과 자문을 고쳐 써 가지고 사람을 시켜 사신들의 행차를 뒤따라가 몰래 목록 문서를 바꿔치게 하였다. 그 일을 흠지가 알고서, 세종에게 스스로 자수하고 벌을 청한 것이었다.세종 11년/8/10

사태를 파악한 세종은 의금부에 명을 내려, 진헌 물품 목록에 조기의 수량을 잘못 기재한 예조좌랑 이중윤·승정원 주서 우효강·승문원 박사 손사성을 옥에 가두게 하였다. 우효강은 진헌물의 수량을 기초하고, 중윤과 사성은 그것을 베껴 쓴 죄밖에 없었다.세종 11년/8/11 세 사람을 의금부 옥에 가두게 한 세종은, 사신으로 왔다가 돌아간 세 사람의 후안무치를 개탄하였다.

이상은 매우 어질지 못한 사람이다. 가는 곳마다 번번이 사람을 구타한다니, 우리나라 사람 가운데 그같이 모질고 사나운 짓을 함부로 하는 자가 또 있겠는가. 또 듣자 하니 창성이 영접도감의 은그릇을 훔치고, 고을을 지나다가 의자나 방석 같은 것이 마음에 들면 닥치는 대로 빼앗는다고 한다. 그 외에도 백성의 말을 빼앗은 것을 윤봉이 듣고 찾아서 돌려주었다고 하니, 창성의 포악한 탐욕과

파렴치함이 너무 심하지 않은가.세종 11년/8/12

　의금부에서 조사를 마치고, '우효강이 진헌물의 수량을 잘못 기재한 죄의 법정형이 곤장 70대에 해당한다.'고 아뢰니, 세종이 1등을 감하여 곤장 50대에 처하게 하고, 이중윤과 손사성은 그대로 석방하게 하였다.세종 11년/8/21

　2개월 반쯤 뒤에, 김만이 또 사신으로 나왔다. '해청과 누런 녹색 매를 진헌하라.'는 황제의 칙서를 가지고 나와서는, 두 달 이상을 묵으며 온갖 물품을 한도 끝도 없이 요구하였다.세종 11년/11/2 김만의 한심하고 어이없는 행태에 세종도 인내심의 한계를 느꼈던지, 좌우의 신하들에게 개탄을 쏟아내며 미래에 닥치게 될 수난과 불행을 염려하였다.

　부윤 권도의 말을 들으니, 명나라 조정에서 외국에 사신으로 나오는 자들은 모두 무식한 환관이라, 욕심이 한량이 없어서 지나는 곳마다 온갖 수탈과 행패를 일삼는다고 한다. 또, 갈취한 물품이 마음에 차지 않으면 가차 없이 매질을 가하고, 사람이 추위에 얼고 끼니를 굶어서 죽어도 조금도 가엾게 여기지 않는다고 하니, 요동으로 통하는 길이 수년 내로 거의 다 폐허가 될 것이고, 중원도 똑같을 것이다.세종 11년/11/16

　하지만 세종이 아무리 울분을 느껴도 사신들은 아랑곳하지 않았다.

오히려 시간이 흐를수록 지능적으로 토색질을 벌였다. 김만이 사신으로 와서 서울에 머물던 기간에, 경기도 용인(양지)에 살다가 화자로 뽑혀 들어갔던 진입이 수행원 아홉 명을 거느리고 입국하였다. 칙서를 받들고 온 것이 아니라 고향을 다니러 온 것이었다. 그래서 진입은 흥천사를 숙소로 정해주고, 그의 부친 최익생은 전 소윤 변순의 집에서 묵게 하였다. 세종 11년/11/24

그런데 김만과 진입이 아직 서울에 있을 때 뜻밖의 소식이 전해졌다. 황제에게 금과 은의 진헌을 면해줄 것을 청하러 북경에 들어갔던 공녕군 이인이 돌아오면서, '사신이 물품을 청하여도 칙서에 적혀 있지 않으면 주지 말라.'는 칙지를 받아온 것이다. 나오는 사신마다 황제가 적어 보낸 물품 목록보다 훨씬 더 많은 것을 요구하여, 폐해가 심하다는 소문이 황제의 귀에까지 들어간 결과였다.

앞으로 조정에서 보낸 사신이 왕의 나라에 이르거든 왕은 예禮를 다하여 대접하되 물품은 주지 말라. 조정에서 구하는 물품은 반드시 어보가 찍힌 칙서를 통해 요청할 것이니, 만약 짐의 명령이 있었다고 말을 꾸며대거나 무리하게 요구하면 절대로 들어주지 말라. 왕의 부자父子가 오랫동안 조정을 공경히 섬겼을 뿐만 아니라, 시간이 흐를수록 정성을 더하고 있음을 짐이 익히 알고 있어, 신하들이 이간질을 할 수가 없으니 왕은 염려하지 말라. 세종 11년/12/13

참으로 반갑기 짝이 없는 칙서였다. 그런데 뜻밖의 상황이 전개되었다. 칙서가 알려지자, 조정 전체가 혼란에 빠진 것이다. 이전까지는 그런 칙서가 와주기를 모두가 속으로 바랐었는데, 막상 칙서가 오니까 임금과 대신들이 갈피를 잡지 못하고 허둥댔다. 주지 말라 하였으니 주지 않는 것이 옳은가. 칙서가 왔어도 선물 공세로 사신들의 환심을 사는 것이 옳은가를 두고, 임금과 대신들이 옥신각신을 반복하였다. 황제의 칙서가 도착하고 이틀 있다가 세종이 신하들에게 고민을 털어놓았다.

> 태종께서 생전에 명나라를 공경히 섬기시어, 대신이 장래를 걱정하여 물품의 수량을 감하려고 하여도, 혹시 진헌예물이 박하고 적을까봐서 항시 염려하시어 매번 넉넉하고 후하게 보내셨다. 그리고 나 역시 마음과 힘을 다해서 명나라를 섬기고 있으니, 사신을 박하게 대하고 싶은 마음이 조금인들 있겠는가. 또, 여러 신하가 사신의 요구는 거절할 수 없다고 하고, 나 역시도 사신이 물품을 요구하면 아낌없이 주고 싶다. 하지만 칙서의 내용이 매우 상세한 것으로 보아, 명나라 조정에서 면밀히 검토를 거쳐서 보낸 것임이 분명하다. 따라서 칙서를 무시하고 사신들의 요구를 들어주면 안 될 것 같은데, 장차 어떻게 대처하면 좋겠는가.세종 11년/12/15

세종이 말을 마치자 대신들로부터 다양한 반응이 나왔다. 그래서 장시간 동안 갑론을박을 거듭하다, 최종적으로 황제의 칙서를 충실히 따르기로 가닥을 잡았다. 사흘 뒤에는 예조의 건의를 받아들여, 사신이 통과하는 각 도에 소속된 관원들의 행동 원칙을 정해서 내려주었다. 그 골자는, '사신이 먼저 물품을 기증하여 답례로 주는 것을 제외하고, 따로 물품을 주거나 사신의 요청에 응하지 말라.'는 것이었다. 세종 11년/12/18

그런데 앞서 사신으로 와서 아직 떠나지 않고 있던 김만이, 얄팍한 잔꾀를 부리려 하였다. 칙서의 내용을 듣고서, 물품을 청하기가 힘들게 생기자 머리를 쓴 것이다. 황제가 칙서를 내렸어도, 공짜로 물품을 요구하는 것만 안 되고, 물품을 증정하고 대가를 받는 것은 괜찮다고 여기고, 해가 바뀌면 설날 선물로 임금에게 채단과 허리띠를 바칠 뜻을 은근히 흘렸다. 하지만 김만의 속셈을 단번에 알아챈 세종은, 신하들과 토론을 벌여서, 사신이 물품을 증정하면 모두 거절하고 받지 않기로 원칙을 세웠다. 세종 11년/12/26

그 직후 김만이 검은 새의 깃털 세 개와, 손으로 문지르면 꾀꼬리 소리가 나는 깃털 두 개를 바쳐서 답례로 인삼 8근을 보내주었다. 그러자 김만이 신경질을 부리며 받기를 거부하더니, 세종을 비롯한 모든 사람을 싸잡아서, "고려인들은 참으로 인색하다."고 독설을 내뱉고는, 짐을 챙겨서 명나라로 돌아갔다. 전년 11월 2일에 칙서를 가지고 입국한 지 70일 만이다. 세종 12년/1/10, 1/12

진입은 김만처럼 물품을 청하지는 아니하여, 그가 떠난 뒤에 세종이 인품을 칭찬하였다. 하지만 그 역시도 김만과 똑같이 70일을 묵으며, 고향을 다녀오고, 동생의 혼사를 부탁하고, 노비를 청하는 등의 폐해를 일으켰다. 세종 12년/1/15, 1/28, 2/2

사신의 횡포가 점입가경으로 치달았다

김만과 진입이 비슷한 시기에 다녀가고 4개월쯤 지나서, 창성과 윤봉이 황제가 상^賞으로 내린 예물들을 가지고 온다는 소식이 또 들렸다. 사은사로 북경에 들어간 도총제 문귀가 급하게 알려온 것이다. 보고를 접한 세종은 곧바로 예조판서 신상을 불러서 대비에 들어갔다. 사신이 오는 도중에 감사나 수령에게 선물을 주거나, 서울에 와서 자신에게 선물을 바칠 경우를 예상한 대응책에 대해 의견을 나누었다. 20일쯤 지나서, 원접사로 파견되어 의주에서 서울까지 사신과 동행하던 정흠지가 글을 보내, '창성과 윤봉이 심술을 부린다.'고 알려왔다. 세종 12년/6/3

아무래도 창성이 우리를 골탕 먹이려고 작정을 한 것 같습니다. 매사에 신경질을 부리며, 서울에서 묵을 숙소와 서울 도착 날짜를 물어도 대답을 하지 않다가, 두세 번 물으니 마지못해서, '가면 가고 머물면 머물다가, 서울에 들어가는 날이 도착하는 날이라.'고 하였습니다. 그리고 창성과 윤봉 두 사람이 자주 부딪힙니다. 또, 두 사람 모두 자기들이 데려온 수행원들에게 목이 긴 신발을 줄 것을 요구하여, '황제의 칙서에 없는 것이라.'고 하였더니, 다시 말하지 않았습니다. 윤봉이 산삼과 시금치순을 장^醬에 절인 것 등을 미리 준비하라고 하여, '칙서에 없는 것이라.'고 하였더니, 윤봉이 낯빛을 붉히며 언성을 높였습니다. 세종 12년/6/24

20여 일 뒤인 7월 17일, 마침내 창성과 윤봉이 서울에 와서, 황제가 세종에게 내린 '보석 박힌 허리띠'를 칙서와 함께 꺼내놓았다. 세종이 의식에 따라 칙서와 예물을 맞이한 뒤에 사신들의 숙소인 태평관을 방문하여 환영연을 베풀었다. 그 자리에서 창성이 나라에서 자신을 너무 푸대접한다며 불평을 쏟아냈다.

자기들이 나올 때에 황제로부터, '조선에 가서 말 안장을 얻지 못하여도, 나라가 작으니 폐를 끼치지 말라.'고 주의를 받았지만, 파손된 여행장비는 고쳐줘야 하지 않겠냐며 서운함을 드러냈다. 세종이 듣고 나서, '우리나라가 비록 크지는 않아도 줄 만한 물건이 많은데, 칙서가 매우 엄중하여 어길 수가 없다.'고 하자, 창성이 얼굴만 붉히고 아무런 대꾸도 하지 못하였다.세종 12년/7/17

그로부터 일주일 뒤에 창성이 임금을 지키는 경호원의 칼을 보여달래서 숙소로 가져갔다. 임금이 궐내에서 행사를 하거나 혹은 궐 밖으로 행차할 때는 별운검別雲劍이라고 하는 호위무사들이 운검雲劍이라고 하는 긴 칼을 허리에 차고 임금의 좌우를 지켰다. 그런데 사신으로 나온 자가 임금이 보는 앞에서 감히 그 칼을 가져간 것이다. 비록 순간적 충동에 의한 우발적 행동이었어도, 무엄하기 짝이 없는 짓을 저지른 것이고, 철부지 어린애 같은 망동이었다.

그보다 앞서 세종이 지신사 허성을 시켜서 두 사신을 대궐로 청하니, 창성이 처음에는 발이 아프다고 사양하였다. 세종이 재삼 청하니 비로소 나와서, 세종이 영접하여 경회루에 올라가 연회를 베풀었다. 윤봉은 병이 나서 먼저 돌아갔는데, 창성이 세종에게 불쑥 칼 한 자루를 부탁하였다. 돌아갈 무렵에 돌려주겠다며, 호신용 왜검倭劍을 빌려 달라고 청한 것이다. 세종이 '알았다.'고 대답하였는데, 조금 뒤에 통역 원민생이, '창성이 호신용 운검雲劍을 보고 싶어 한다.'고 아뢰었다.

운검은 칼집을 물고기 껍질로 싼 뒤에 주홍으로 색칠을 하고 은으로 장식을 하여서, 누구라도 실물을 보면 관심을 보일 만하였다. 세종이 민생의 말을 듣고 자신을 호위하던 대호군 이상항에게 차고 있던 운검을 보여주게 하니, 창성이 만든 솜씨를 칭찬하며 눈독을 들이더니, 이내 가져가버렸다. 운검의 아름다움을 탐내서 세종의 허락도 받지 아니하고 왜검 대신 가져간 것이다. 세종 12년/8/14

사헌부에서 가만히 있을 리가 없었다. 며칠 뒤에 대사헌 이승직이 세종에게 원민생에 대한 사법처리를 건의하였다. 창성이 운검을 보고자 하였을 때에 마땅히 예의를 내세워 저지하지 아니하여 손님과 주인 사이의 체면을 손상했다는 것이었다. 다시 말해서, 통역을 담당한 관원으로서 사신의 무례한 요구를 중간에서 차단하지 아니하여 임금으로 하여금 사신에게 운검을 보이게 하고, 마침내는 운검을 가져가게 한 책임이 중하다는 것이었다. 세종 12년/8/18

하지만 세종은 대사헌의 상소를 따르지 않았다. 이유로 세 가지를 내세웠다. 첫째로, 통역의 임무는 말을 전달하는 것이 전부다. 둘째로, 사헌부의 지적이 옳기는 하나, 갑작스럽게 일이 벌어져서 즉석에서 순발력을 발휘해 사신의 요구를 차단하기가 어려웠다. 셋째로, 창성이 운검을 가져가리라고 예상한 사람이 아무도 없었다. 그럼에도 불구하고 우의정 맹사성과 호조판서 안순 등이 가세하여 민생에 대한 문책을 요구하고, 대사헌 이승직도 다시 또 따끔한 징계를 청하자, 세종이 마음을 바꿨다.

원민생이 비록 고의로 범한 것은 아니지만, 좌우에서 모두 죄가 있다고 말하고, 또 사안이 매우 중대하니, 직임을 파면하도록 하라.세종 12년/8/18

그러자 같은 날 사간원의 좌사간 변계손이 처벌 수위를 더 높이라고 상소를 올렸다. 통역으로서 창성의 요구를 저지하지 않은 민생을 보다 더 중하게 처벌하고, 운검을 내준 상항에 대해서도 죄를 물어야 한다고 주장하였다. 하지만 세종은 따르지 않았다. 민생에 대한 처벌은 파면으로 충분하고, 이상항은 지은 죄가 없다는 것이었다. 아울러서, 상항이 만약에, '사신에게 운검을 보여주라.'고 한 어명을 어기고 사신에게 운검을 보여주지 않았다면, 어떤 상황이 벌어졌겠느냐며, '사간원의 말이 그르다.'고 하였다.세종 12년/8/18

운검 문제로 조정이 어수선하였던 동안에도 창성은 탐욕에 심취하여 닥치는 대로 물품을 긁어모았다. 수행원의 방에 넣어준 구리 대야 여섯 개, 놋쇠 놋바리 한 개를 녹여서 그릇을 주조하려 들키고도, 그다음 날 밤에 다시 또 수행원들을 시켜, 방안에 있는 구리 화로를 녹여 덩어리로 만들었다. 그보다 전에도 기술자를 시켜 철물로 된 창살, 갈고리, 자물쇠, 쇠못 등을 빼내 녹여서 말 안장 치장물을 만든 적이 있었다.세종 12년/8/17, 8/18

그러자 세종이 팔을 걷고 나섰다. 먼저, '창성이 몰래 구리 탕관 일곱 개와 구리 화로 한 개를 녹여 덩어리를 만들어서 감춰둔 것을 알고도 모른 척하고 있다.'고 말문을 열더니, 접반사 정흠지의 제안을 토론에 부쳤다. 흠지가 자신에게, '앞으로는 장인匠人들을 사신 앞에 나타나지 못하게 해야 되겠다.'고 하였다며, 그 말에 대한 각자의 생각을 물었다.세종 12년/8/19 좌의정 황희가 적극적으로 공감을 표하자, 창성과 윤봉이 데려온 수행원들이 하릴없이 전국을 돌아다녀도 마음대로 제지하지 못하는 처지를 한탄하였다.

> 사신을 따라온 수행원들이 충청도·전라도·경상도를 헤집고 다니다가, 지금 경기 광주廣州에 도착하여 다시 평안도로 향해 갈 것이라고 한다. 그들이 무슨 할 일 있어서 돌아다니는 것이 아닌데도, 그대로 두고 보려니까, 참으로 마음이 답답하다.세종 12년/8/19

그 사이 세월이 흘러서 겨울이 다가오자 사신들이 데려온 수행원 마흔일곱 명에게 겨울옷을 주었다.세종 12년/10/18 그로부터 며칠 뒤에 사신들에게도 방한복을 주어야 할지 말아야 할지를 둘러싸고 군신 사이에 찬반 논쟁이 벌어졌다. 첫째는, 사신을 따라온 수행원들에게는 이미 털옷을 주었기 때문이었다. 둘째는, 방한복을 주는 것이, '칙서에 없으면 일체 주지 말라.'고 한 지침에 저촉되는지 여부가 애매하기 때문이었다. 먼저 세종이 좌우 신하들에게 입을 열었다.

이번에 온 사신들을 규정대로 접대하고 있는 것은 아주 바람직한 일이다. 그러나 수행원들이 홑옷을 입고 왔다가 날씨가 점점 춥게 되어 추위를 막을 의복이 없어서 겨울옷을 주었으니, 사신들에게도 겨울옷을 주는 것이 옳지 않겠는가. 전일에 의정부에 이 문제를 논의하게 했더니, 황희는, '전에 사신 김만이 와서 털옷을 요구하는 것을 거절한 적이 있고, 또, 사신들로부터 요청도 없었으니 주지 말자.'고 하고, 맹사성은, '족제비 가죽으로 털옷, 털모자, 귀마개를 만들어주자.'고 하였다. 또 어떤 사람은, '스라소니나 담비의 가죽으로 털옷을 만들어주자.'고 하였다. 원칙을 따지자면 황희의 말이 맞을 것이나, 사성의 말대로 하는 것이 좋을 듯하다. 토표나 담비 가죽은 명나라 사람들이 귀한 보물로 여기고, 토표는 우리나라에서 생산되지 않는다고 하였으니, 그것들로 털옷을 지어주기는 곤란하다. 족제비 가죽으로 털옷을 지어주어도 저들이 추위에 떨지 않을 것이고, 그것을 가지고 잇속을 채우려고 하는 자도 없을 것이다.세종 12년/10/23

세종이 말을 마치자 이조판서 권진이 나서서, 더울 때 도착하여 겨울용 털옷이 없는 수행원들에게 이미 털옷을 주었으니, 사신들에게 털옷을 주어도 상관이 없다고 하였다. 의정부 참찬 허조는, 토표나 담비 가죽으로 털옷을 지어주기는 곤란하다며, 족제비 가죽으로 털옷을 지어주어서 추위를 견디게 하자고 하였다.

세종이 다시, 털옷을 준다면 털모자 · 귀마개 · 신발도 주어야 하는지를 물으니, 허조가 나서서, '모두 추위를 막는 물건이니 다 주자.'고 하였다. 아울러서, 그들이 청해서 주는 것이 아니라, 다만 추위를 막게 하는 것뿐이니, 명나라에서 알아도 상관하지 않을 것이라고 하였다. 그러자 세종이 사신들에게도 털옷을 주는 쪽으로 가닥을 잡았다.

> 황제가 우리나라 사신을 후하게 대우하는데, 사신들에게 털옷 한 벌쯤 주는 것이 무슨 잘못이겠는가. 사신에게 어떤 물품도 주지 말라는 법이 오래도록 유효하지도 않을 것이다. 또 사신이 황제의 칙서에서 자기들을 '내사內史'라고 칭하고 '조정 관원'이라는 호칭을 쓰지 않은 것에 화를 낸 것을 보면, 사신들은 그 칙서가 황제의 뜻과 상관없이, 조정 관리들의 요청에 의해 나온 것으로 믿는 것 같다. 내가 담당관청에 털옷을 짓도록 지시를 내리겠다.세종 12년/10/23

그런데 세종이 말을 마치자 예조판서 신상이 가로막고 나섰다. 지금까지 법을 잘 지켜서 한 가지도 주지 않다가, 털옷을 주어서 후일의 폐단을 자초할 필요가 없다는 것이었다. '만일 털옷이 없다 하여 털옷을 주면, 나중에는 홑옷이 없는 사람도 겹옷이 없는 사람도 모두 옷을 줘야 할 것이라.'며 강력하게 반대를 표하였다.

그러자 세종이 다소 혼란스러운 행보를 보였다. '일단 옷을 준비하라.'고 명을 내림과 동시에, '다시 생각해 보겠다.'고 덧붙여, 번복의 여지를 남기더니, 결국은 사신들에게 털옷을 주지 않았다.

한편, 창성과 윤봉이 서울에 머무는 동안 순진한 관원들이 아무런 죄도 없이 억울하게 봉변을 당하였다. 별시위 박희명이 대표적인 본보기이다. 윤봉의 행동거지가 너무 한심하자, 희명이 보다가 못해서, "윤봉이 개 때문에 기를 쓰니, 개를 위한 수륙재라도 올려야 할 판이다."라고 빈정댔다. 윤봉의 족친인 김우림이 그 말을 듣고 윤봉에게 그대로 일러바쳤다. 윤봉이 앙심을 품고 나라에 보고하여, 희명이 의금부에 내려져 곤장 1백 대를 맞고 수군水軍에 배속되었다.세종 12년/11/12

사신의 통역을 담당하던 관원이 사신이 데려온 수행원들에게 억울하게 뭇매를 맞고도 보복이 두려워 스스로 죄를 덮어쓰기도 하였다. 처음에 윤봉이 고향인 황해도 서흥을 들르려고 일행보다 먼저 출발하여, 임금이 대언(승지) 윤수와 지신사 안숭선 등으로 하여금 사신이 가져갈 짐들을 봉하게 하였다. 이때 창성이 몰래 수행원 이연 등을 시켜서 젓갈을 담은 무늬항아리를 빼앗으려 하였다. 감시원이 내주기를 거부하여 통역 변처성이 나서서 이연에게, '황제에게 바칠 물건이니 빼앗지 말라.'고 말리자, 이연이 화를 내며 항아리를 깨뜨리고 처성을 매질하여 머리에 상처를 입혔다.

처성이 매를 피해 도망치자, 이연이 처성을 붙잡아 또 때려서 이마에도 상처가 났다. 창성이 듣고서 수행원들을 시켜 처성의 옷을 발가벗긴 후 등과 엉덩이를 70대쯤 때렸다. 가슴을 또 때리려 하자, 수행원들이 나서서 말렸다. 그러자 처성이 일이 커지는 것을 막을 생각으로 접반사를 찾아가서, '자신이 항아리의 모양을 보려고 하였더니 감시원이 허락하지 않고 자기를 때린 것으로 해달라.'고 사정하였다.세종

일주일쯤 뒤에 세종이 경연에 나아가 환관들의 화禍에 관하여 길게 이야기를 하였다. 송宋나라 태종 때에 조정의 신하들이 적군을 물리친 왕계은에게 공로에 대한 보상으로 국정에 참여할 권리를 주려고 하는 것을, 태종이 저지하고 선정사宣政使라는 관직을 새로 신설하여 그에게 주었다는 대목을 읽고 나더니, 깊은 한숨을 내쉬며 탄식을 쏟아냈다.

환관들의 화가 없었던 시대가 없었다. 한漢나라와 당唐나라 때의 사례를 교훈으로 삼을 만한 데도, 앞뒤를 가리지 않고 내시였던 계은에게 그런 벼슬을 주었으니 정말로 탄식할 노릇이다. 전쟁에서 승리를 거뒀다면 아무리 천한 사람이라도 후하게 상을 내려야 하는 법이니, 내시의 경우는 더 말할 나위가 있겠는가. 그러나 내시에게 군권을 쥐어준 것은 잘못한 것이다. 일단 책임을 맡긴 이상, 공을 세운 뒤에 어떻게 상을 주지 않을 수 있겠는가. 예로부터 임금들이 환관을 신임했던 것은, 그들에게 자손을 위할 마음이 없었을 뿐더러, 신하가 세력을 키워서 반란을 일으킬 여지를 차단하기 위함이었다. 그러나 환관들은 모두가 소인의 무리들이라, 그런 자들에게 권력을 맡기면 안 되는 것인데, 명나라에서는 환관을 신임하여, 그들이 황제로부터 명령을 받아 전달할 때에, 조정의 관리들을 종從처럼 대한다고 한다. 황제의 사신을 존경하는 것은 아름다운 일이지만, 아랫사람을 예절로 대하는 것이야말로 진정으로 나라를

위하는 도리일 것이다.세종 12년/11/21

　며칠 뒤에 사간원에서 통역인 김을현의 아들 말생이 윤봉을 통해 관직을 받았다며 두 사람의 처벌을 건의하였으나, 세종이 윤허하지 않았다. 그보다 앞서 사간원의 관원이 청탁에 의한 인사라며 말생의 고신告身(관직 임명장, 직첩)에 서명하지 아니하자, 세종이 지사간 윤수미를 불러서, 사신의 청탁을 거절할 수 없는 입장을 말하고 속히 서명하라고 지시하였다.

　그럼에도 불구하고 사간원에서 따르지 아니하고 을현 부자를 처벌할 것을 상소하였다. 김을현이 윤봉과 밖에 놀러 나갔다가 길에서 말생으로 하여금 윤봉의 수행원과 함께 활을 쏘게 한 뒤에, 윤봉의 힘을 빌어 말생이 부사정 관직을 받게 하였다며, 을현 부자에 대한 사법처리를 건의하였으나, 세종이 따르지 않았다.세종 12년/11/25

　그 뒤로 우헌납 민후생이 두세 번 반복하여 김을현에게 죄를 줄 것을 요청하였지만, 세종은 여전히, '사신의 청탁으로 이미 허락을 하였을 뿐더러, 외교를 함에 있어서 예외가 없을 수 없다.'며, 받아주지 않았다. 그래도 후생이 물러서지 않고 다시 또 처벌을 요청하자, 승낙하지 아니하고, 후생과 우사간 김고 · 지사간 윤수미 · 좌정언 조강 등을 의금부에 가두게 하였다.세종 12년/12/1 그러자 사헌부에서 상소를 올려서 네 사람의 석방을 간청하였다.

　사간원의 신하 김고 등은 전하께서 중국에 대하여 공경히 받드시는 뜻을 모르고 외람되게 자신들의 편견을 가지고 감히 여러 번 번거롭게 말씀을 올리어 불경한 짓을 범하였습니다. 이에 명을 내리시어 모두 의금부에 가두게 하셨으니, 죄로 보아서는 마땅하오나, 장래에 바른 말로 간하려는 사람이 앞뒤로 두려움을 금치 못하여, 말하는 길이 좁아질까 심히 염려가 되옵니다. 바라옵건대, 전하께서 해와 달 같은 밝은 빛을 돌리시고, 하늘 같고 땅 같은 아량으로 특별히 방면을 허락하시어, 선비의 의지가 넓혀지고, 말하는 길이 열리게 하소서.세종 12년/12/2

한마디로 세종의 1순위 급소였던 '언로 차단'을 겨냥한 것인데도 소용이 없었다. 상소를 읽어본 세종은 사간원의 말이 옳다고 인정을 하고서도, '사간원에서 청한 것은 명나라와 관계되는 것이어서 우리나라에 국한된 문제와 다르다.'고 상기시켰다.

그러자 사헌부 장령 정갑손이 사간원을 두둔하고 나섰다. 사간원에서 잘했다는 것이 아니라, 일에 대해 말한 사람을 가두면, 앞으로 일에 대하여 말하고 싶어도 하고 싶은 말을 다하지 않게 될까 봐서 석방을 청하는 것이라고 재차 압박하였으나, 세종은 꿈쩍도 하지 않았다.

대신에, 자신은 젊은 선비들이 큰 소리 치기만 좋아하여 사신의 노여움을 사게 한 것을 미워한 것이라고 버텼다. 하지만 그다음 날 사헌부 지평 남간이 네 사람에 대한 용서를 구하자, 마침내 모두 석방하게 하였다.세종 12년/12/3

그 사이 세종은, 혹시 창성이 호송군을 요구할 경우에 대비한 대책을 토론에 부쳤었다. 세종이 먼저 말하기를, "전일에 윤봉이 서흥으로 돌아갈 때에 호송군을 요청하였는데, 김을현이 대답하기를, '고황제(홍무제, 주원장) 이후로 나라에서 군대를 뽑아서 호송해준 적이 없었다.'고 하니, 윤봉이 이해하고 요구를 거뒀다."고 밝히더니, 창성이 만약 군대를 동원하여 호송해주기를 요청할 경우는 어떻게 대처하면 좋을는지를 물었다. 세종 12년/11/27

이조판서 권진이 나서서, 고황제 이후로 나라에서 호송해준 적이 두 차례나 있었으니, 창성이 호송군을 요구하면 들어주지 않을 도리가 없다고 하였다. 그러면서 덧붙이기를, 고황제(홍무제, 주원장) 시절에 우리나라의 사신이 돌아올 때 명나라에서 군대를 보내 호송하다가 군인 한 사람이 강물에 빠져 죽은 뒤로 사신에게 호송군을 붙여주지 않았다며, 낙관적인 전망을 내놓았다. 창성이 떠날 것이라는 기별이 요동에 전해져서, 요동의 군사들이 때맞춰서 마중을 나올 것이라고 하자, 세종이 듣고서, '갈 길이 촉박한 것도 아니라서 과거와 같이 보내지 않기로 이미 마음을 먹었다.'고 대답하였다.

마침내 사신들이 명나라로 돌아갈 날이 임박하자, 요동의 여덟 역참을 지나는 동안 호랑이나 늑대를 만나면 쓸 것이라며, 창성이 화포와 포병의 동행을 요구하여, 탄약 50발을 주게 하였다. 군사용 무기를 사신에게 주어도 좋을는지 망설이다가, 전에도 준 적이 있다는 말을 듣고 허락하였다. 같은 날 창성이 말린 굴·곶감·대하·인삼 등을 요청하여 모두 주도록 하였다. 세종 12년/12/11일 다만, 사신들에게 털옷을 주려고 마음을 먹었던 일은 결국 실행에 옮기지 않았다.

사신들이 서울을 출발하던 날 무악재를 지나서 창성이 통역에게 불만을 토로하였다. 날씨가 몹시 추운데 임금이 담비 가죽 털옷도 주지 않는다고 비난하자, 통역이 황제의 칙서를 방패로 내세웠다. 벽제에 이르러 눈발이 날리니 창성이 다시 또 우의정 맹사성에게, '임금이 어쩌면 담비 가죽 털옷도 주지 않느냐.'고 따졌다. 사성이 듣고서, '털옷이야 있지만 칙서가 두려워서 못 주는 것이라.'고 대답하니, 창성이 끝까지 달라고 하였다. 하지만 사신들에게 털옷을 주었다는 기록은 보이지 않는다. 세종 12년/12/15

세종이 사신들에게 털옷을 주지 아니한 1차적 이유는 10월 23일의 회의에서 신상이 제기한 반대 논리에 공감을 느꼈기 때문일 가능성이 높다. 하지만 세종의 변심變心에 영향을 미쳤을 만한 변수가 하나 더 있다. 예조판서 신상이 사신들에게 털옷을 주면 안 된다고 열변을 토하던 바로 그 날 평안도 지삼등현사 이종이 포획한 해청 이야기다.

바로 앞장에서 자세히 소개하였듯이, 세종이 보고를 접하고 해청을 곧바로 북경에 들여보내 황제에게 바치려고 하자, 황엄과 윤봉이 자기들이 돌아갈 때 직접 가져가서 바치겠다고 억지를 부려서 사신들에게 털옷을 주려던 마음을 접었을 수도 있다. 하지만 그 이유는 여하튼 지 간에, 사신들에게 털옷을 주지 아니한 대가는 혹독하였다.

뒤에 이어지는 제7장에 그 전모가 실려 있듯이, 세종 13년과 14년에는 '외교 잔혹사'라 하여도 될 정도로 사신으로 인한 폐해가 최고조에 이르렀다. 먼저 세종 13년 8월에 창성·윤봉·장정안 등 세 명이, 황제의 명을 받고 야인 지역에 들어가 여진족 추장을 회유하는 칙서를 전하러 나오는 사신에 빌붙어서, 수행원 1백50명을 이끌고 서울에 와서 함길도를 왕복하며 4개월 동안 머물다 돌아갔다.

두 번째로는 불과 3개월 남짓 경과한 세종 14년 5월에, 명나라의 선덕제가 지휘 장동아에게 관군 4백 명을 주어서 해청을 잡아오라고 백두산으로 보내고서는 그들이 먹을 양식을 조선에서 보내주라고 적어보낸 칙서를 가지고 창성·윤봉·장정안 등 세 명이 사신으로 와서, 무려 6개월을 머물다 갔다.

주지 말라고 해도 줘야할 필요가 생겼다

세종 14년 10월에, 황제가 '사신의 말이라도 칙서에 적혀 있지 않으면 따르지 말라.'는 칙서를 또 보내왔다. 세종의 매제 윤계동과 이지중이 사은사로 북경에 들어갔다가 돌아오면서, '소 1만 마리를 요동으로 들여보내던 일을 중지하라.'는 칙서와 함께, 그런 칙지를 받아왔다. 그 내용은 3년 전(1429년, 세종 11) 12월에, '칙서에 없는 것은 사신들이 요구하여도 들어주지 말라.'고 내렸던 칙서와 동일하였다.

내가 보내는 사신 가운데 간혹 소인이 있어, 마음이 내키는 대로 경솔하게 앞뒤를 살피지 아니하고 망령되게 물품을 요구하는 자가 있다고 하니, 그들의 말하는 바가 칙서에 명시된 것이 아니면 믿고 따르지 말라.세종 14년/10/6

칙서의 내용을 확인한 세종은 이틀 뒤에 승문원 제조 황희 등을 불러서 윤봉이 몽니를 부리기 전에 미리 마음을 달래줄 방법을 은밀히 물었다. 윤봉은 본래 조선에서 명나라에 들어간 사람이라 사신으로 나올 때마다 따로 물건을 챙겨주었는데, 칙서가 와서 전처럼 줄 수가 없었기 때문이다.

세종이 먼저 입을 열어서, 윤봉이 서울에 도착하면 필요한 물품들을 알아서 슬그머니 줄 뜻을 밝혔다. 세종이 말을 마치니 황희 등이 무명 3백 필과 쌀 60석을 주자고 하여, 그렇게 결정을 지었다.세종 14년/10/8

그다음 해인 세종 15년에는, 4월에 최윤덕 등을 보내 압록강 지류인 파저강婆猪江(오늘날의 동가강)의 야인 소굴을 정벌한 뒤라서 나라가 어수선한 가운데 사신들이 나왔다. 조선과 파저강 야인들 사이의 포로와 전리품 교환을 중재하기 위해 선덕황제가 맹날가래와 최진을 사신으로 내보낸 것이었다.

맹날가래는 서울에 이르기도 전에 평안도 감사에게 인삼을 요구하였다. 감사가 듣고서, '아직 인삼을 캘 시기가 아니라.'고 하니, 원접사에게 말 장식의 수리를 요청하여 뜻을 이뤘다. 최진은 종鐘을 담는 상자와 버들고리로 만든 바구니를 청해서 챙겼다. 평안도 감사가 그대로 보고를 올리니, 세종이 지신사 안숭선에게 의정부와 육조의 의견을 수렴하여 아뢰게 하였다.세종 15년/윤8/9

숭선이 대신들과 토론을 벌여보니 찬반 의견이 비등하였다. '황제의 교지를 들어 설명하고, 일체 들어주지 말아야 한다.'는 주장과, '행장 안의 버들고리 바구니나 돗자리 같은 여행장비까지 일체 주지 않는 것은 주인으로서 손님을 대하는 예의에 어긋난다.'는 주장이 박빙을 이뤘다. 며칠 뒤에 마침내 맹날가래와 최진이 칙서를 받들고 왔다.

두 사람 가운데 최진은 동녕위 출신이면서 세종의 어렸을 적 스승인 이수의 처남이었다. 조선말이 유창하여, 명나라 조정이 그에게 조선 정부의 사신으로 명나라에 들어가는 사람들을 접대하게 하였다. 그런데 사람이 경박하고 말이 많아서, 조선 사람을 보면 명나라 조정의 일을 말하지 않는 것이 없었다. 그럼에도 불구하고 최진은 창성과 윤봉의 수행원이 되어 해마다 조선에 나왔다.

그때마다 세종이 창성과 윤봉의 청을 모두 곡진하게 들어주고, 조선에 있는 윤봉의 일가들이 관직을 받는 것을 보고 매우 부러워하였다. 드디어 기회가 주어지자, 요동과 인접한 건주위 파저강으로 먼저 가지 아니하고 조선으로 방향을 잡았다. 야인 지방 왕복을 빌미로 서울에 오래 머물며 잇속을 챙기기 위해서였다.세종 15년/윤8/10

그런 의도를 품고 왔기에, 최진 역시 서울에 이르기도 전에 동행하던 원접사에게 흑심을 드러냈다. 조선 조정이 윤봉에게 집을 지어준 일을 언급하며, 자신에게는 무엇을 해줄 것인지를 물었다.

맹날가래와 최진이 사신으로 와서 아직 서울에 있던 10월, 창성이 또 사신으로 온다는 소식이 전해졌다. 보고를 접한 세종은 도승지 안숭선에게 명하여 대책을 마련하게 하였다. 사신들이 와서 황제의 뜻을 핑계대고 칙서에 없는 것을 요구할 경우를 예상하여 미리 대비책을 강구한 것이다.

그대로 따를 것인지 말 것인지에 대해 의정부와 육조의 판서 이상 대신들의 의견을 수렴하니, '황실에 관계된 일이라서 따르는 것이라.' 하고 들어주자는 의견이 대세를 이뤘다. 세종 15년/10/11

이틀 뒤에 창성이 이상과 장봉과 더불어 서울에 왔다. '요리가 능숙한 처자 여남은 명과 함께 해청 두어 마리를 보내라.'는 칙서와 예물을 내놓으니, 세종이 이상과 장봉의 측근들에게 관직을 주었다. 두 사람의 체면을 세워줘서 어깨가 으쓱하게 한 것이다. 세종 15년/10/13, 10/14 그럼에도 불구하고 사신들은 거침없이 착취 실력을 발휘하였다. 나라에서 거의 모든 요구를 청하는 대로 들어주는데도, 칙서에 없는 것들을 거리낌 없이 요구하다가 한 달쯤 뒤에 돌아갔다. 세종 15년/11/15

창성 일행보다 먼저 포로와 노획물 교환을 중재하러 서울에 와있던 최진과 맹날가래는 특별히 기여한 것도 없이, 야인들만 두둔하며 갖가지 민폐를 끼치다가 4개월 만인 12월 중순에 돌아갔다. 세종 15년/12/12

두 사람이 떠나고 나서 세종이 신하들에게 최진의 탐욕에 대해 이야기를 꺼냈다. 최진이 야인 지역을 다녀와서 '야인들에게 옷과 식량을 주라.'고 하였다며, 그 까닭에 대하여 의문을 제기하자, 지신사 안숭선이 듣고 있다가, 최진이 야인들로부터 담비 가죽을 많이 받았기 때문이라고 대답하였다. 세종 15년/12/17 최진과 맹날가래가 사신으로 와서 보여준 행태에 대하여는 곧이어 출간될 『세종의 통痛』(강토 수호)에서 자세히 다룰 것이다.

한편, 창성 일행이 사신으로 나올 때 함께 오지 않았던 윤봉이, 조선에 나오는 사신들 편에, 세종에게 올리는 편지와 해시계 선물을 부쳤던가 보다. 창성·이상·윤봉이 돌아가고 4개월쯤 지나서 세종이 지신사 안숭선을 통해, 윤봉과 관련된 세 가지 문제를 의정부와 상의하여 아뢰게 하였다.

첫째로, 윤봉이 두 번이나 글을 보내, 나라에서 자신의 시양모 구씨를 특별히 돌봐주기를 청한 데 따른 대책을 물었다. 전에 윤봉이 명나라 조정에 있으면서 똑같은 요구를 보내와, 구씨에게 쌀 10석을 준 적이 있었다. 이후로 윤봉이 사신으로 나올 때마다 같은 요구를 반복하여, 매번 쌀을 20~30씩 주었다. 그런데도 같은 요구를 또 보내와, 할 수 없이 대신들에게 조언을 구한 것이었다.

세종으로부터 윤봉의 몰염치를 전해들은 대신들은, '청을 들어주면 안 된다.'고 목청을 높였다. 멀리서 요청하는 것까지 들어주는 것은 적절치 않다며, 윤봉의 요구를 무시하자고 하였다. 그런데 반대론이 우세한 가운데도, '최소한의 성의 표시는 필요하다.'는 주장이 강세를 이뤘다. 모른 척하였다가 윤봉이 앙심을 품으면 장차 수습하기가 어려울 것이라는 우려와, 우선 술 10여 병을 내려줘서 윤봉이 글을 보낸 뜻이라도 알게 하자는 의견이 한 묶음으로 지지를 받았다. 세종 16년/2/26

둘째로, 윤봉이 임금에게 선물로 보내온 해시계를 다시 돌려보내는 방안을 토론에 부쳤다. 이런 저런 의견이 나왔으나, 훗날 윤봉이 사신으로 나오면 선물을 받을 수 없는 사정을 자세히 설명하고 직접 돌려주기로 가닥을 잡았다.

셋째로, 윤봉의 외조카인 김우림의 관직을 바꿔주는 문제를 토론에 부쳐서, 윤봉이 사신으로 나오면 직접 면대하여 청하게 한 뒤에 제수하기로 결말을 지었다.

같은 해 10월에, 지휘 맹날가래, 백호 왕흠, 사인 왕무 등 세 명이 사신으로 왔다. '아직 돌려보내지 아니한 야인 포로 오십육 명과 우마 삼백 필을 속히 돌려보내라.'는 칙서를 가져온 것이다. 수행원 서른 명과 함께, 야인들로부터 넘겨받은 조선인 포로 네 명을 데리고 나왔다가, 파저강의 야인 지역을 왕래한 기간까지 32일을 묵고 돌아갔다.

그다음 해에도 명나라 사신이 두 차례 다녀갔다. 먼저, 명나라 예부의 낭중 이약과 호부의 원외랑 이의가 정통황제의 등극 교서와 예물을 받들고 왔다. 7년 전 4월에 병부 원외랑의 신분으로 홍려시 소경 조천과 더불어 황태자 책봉을 알리는 조서를 가지고 나왔던 바로 그 인물이다. 보름 동안을 있었으나, 줄곧 얌전히 지내다가 조용히 돌아갔다. 세종 17년/3/18, 4/3

이약 일행이 돌아가고 20여 일 뒤에, 이충·김각·김복 등 네 명이 사신으로 나온다는 소식이 전해졌다. 앞서 미녀와 화자들과 더불어 명나라에 뽑혀 들어갔던 하녀 아홉 명과 여가수 일곱 명과 요리사 서른일곱 명을 거느리고 온다는 것이었다. 보고를 접한 세종은 충청도 직산에 살고 있던 이충의 부친 이호에게 홑옷과 겹옷 각각 한 벌과 쌀·콩·간장·소금·생선·술 등을 내려주었다. 세종 17년/3/27, 4/23, 4/26

이충 일행이 서울에 도착하고 이틀 지나서, 세종이 도승지 신인손을 승문원 제조 황희와 허조에게 보냈다. 자식이 명나라에 환관으로 뽑혀 들어간 국내 부모들을 보살필 방안에 대한 두 사람의 의견을 확인하고, 여론대로 조치하였다.

첫째로, 2년 전에 사신으로 나왔던 장봉의 부친 장원부에게, 윤봉의 본가를 챙겨준 예에 의하여, 쌀과 콩 10석씩을 내려주었다. 장원부로 하여금 사신이 돌아갈 때에, 나라에서 쌀과 콩을 내려준 사실을, 말 또는 서신으로 장봉에게 알리게 하였다. 세종 17년/4/28, 4/29

둘째로, 윤중부로 하여금, 나라에서 윤봉의 시양모 구씨에게 연속하여 쌀을 내려 주어 충실하게 돌봐준 사실을 형인 윤봉에게 알리게 하였다. 전년에 구씨가 세종에게 말 한 필을 바쳐서, 세종이 말 한 필과 더불어서 쌀과 콩을 합하여 30석을 내려주었다. 그해 봄에도 또 쌀과 콩을 합하여 30석을 내려주어 굶주림과 추위를 면하게 하였다. 그런데 중부가 형인 봉에게 편지를 보내면서 그 내용을 빠뜨려서, 윤봉이 다시 사신을 통해 구씨를 돌봐줄 것을 부탁하였기 때문이었다.

셋째로, 이충의 아버지 이호, 김각의 이종오촌 손자 윤자중, 김복의 형인 김연우 등에게 관직을 주도록 하였다. 사신의 아버지에게는 7품을 주고 형제에게는 8품을 주도록 기준을 정했다.

넷째로, 백언의 모친에게 쌀과 콩을 합하여 20석을 주었다. 이충이 자신의 고향인 충청도 직산의 관호官號를 승격시켜줄 것을 청하였으나, 선대 임금들의 뜻과 황제의 칙서를 내세워 거절하였다. 세종 17년/5/6

세 사신에게 마麻가 섞인 모시로 지은 여름옷 한 벌씩을 주었다. 수행원 다섯 명에게도 삼베로 지은 여름옷을 한 벌씩 주었다. 이후로, 이전까지 계절을 고려하지 않고 사신들에게 기계적으로 옷을 주던 불합리가 개선되었다. 세종 17년/5/5

3일 뒤에 이충과 김각이 각자의 고향인 충청도 직산과 전라도 옥과를 향해 출발하자, 충청도 감사에게 명하여 이충의 아비에게 쌀과 콩을 합하여 20석을 주게 하고, 전라도 감사에게 명하여 김각에게 쌀과 콩을 합하여 20석을 주게 하였다. 세종 17년/5/8 그동안 서울에 있었던 김복이 연고지인 평양으로 출발하자, 평안도 감사에게 명하여 김복의 본가에 쌀과 콩을 합하여 20석을 주게 하였다. 세종 17년/6/19

김복이 평양으로 떠나고 일주일 지나서, 윤봉 · 이상 · 장봉 등의 청탁으로 관직을 제수한 사람들 가운데 세 사람과의 관계가 4촌을 넘어서는 자들을 모두 파면시켰다. 세종 17년/6/26 또, 명나라 사신들이, 「우리들이 집찬녀(요리사)들에게 선물을 주었는데 답례가 없다.」고 불평한다.'는 소문이 떠돌아, 명나라 사신이 주는 물품은 승정원에 알리고 쓰도록 법을 세웠다. 세종 17년/7/13

이틀 뒤에는 이충의 아버지 이호를 부사직으로 삼고, 김각의 조카사위 김맹하를 부사정으로 삼았다. 세종 17년/7/15 그러는 사이 고향을 다니러갔던 이충과 김각이 서울로 돌아와, 날마다 '칙사 대접'을 받으며 호사를 누리다가 둘이서 같이 북경으로 돌아갔다. 세종 17년/6/12. 6/29, 7/25 세 사신은 4월 26일에 서울에 왔으니, 꼬박 3개월 동안 임금과 대신들과 관원들을 괴롭힌 셈이다.

그 이후로는 명나라 사신의 발길이 거의 끊겼다. 주된 이유는 세종 재위 17년 3월에 명나라의 선덕제가 죽고, 아홉 살이던 황태자가 정통제로 등극하면서 태황태후의 섭정이 시작되었기 때문이었다. 세종이 세상을 떠날 때까지 15년 동안 명나라 사신이 세 차례 더 나왔을 뿐이다. 그나마도 탐욕의 화신 같았던 창성과 윤봉은 한 번도 나오지 않았다. 태황태후가 국정을 주도하면서, 창성과 윤봉이 조정에서 설 자리를 잃었던 것이다. 모르긴 하여도, 요즘 흔히 사용되는 '적폐'의 주역으로 간주되어 찬밥 취급을 받았을 것이 거의 확실하다.

하지만 윤봉은 북경에 앉아서도 조선의 사신들을 통해 국내에 영향을 미쳤다. 조선에서 사신으로 북경에 들여보내는 사람들이 윤봉의 표적이 되었다. 오죽하였으면 세종이 승문원 도제조 황희 등의 건의를 받아들여, 북경에 들어가는 통역들의 행동지침을 정해서 내려주었다. 윤봉이 명나라 궐내에서 불러도 만나서는 안 되며, 억지로 부르면, '조정의 명령이 엄정해서 감히 갈 수 없다.'고 대답하게 하였다.세종 20년/1/10 다음 해 3월에는 윤봉의 동생 윤중부가 윤봉에게 보낸 편지를 여러 사람이 모인 자리에서 전해준 첨지사역원사 전의를 곤장 80대에 처하였다.세종 21년/3/18

〈표 6〉은 《세종실록》을 토대로 세종의 재위 시절 명나라로부터 각종 구실로 사신이 방문한 내역을 정리한 것이다. 32년 동안 36회에 걸쳐 사신이 왔었음을 보여준다. 그중 33번이 재위 전반기 17년 동안에 집중되어, 그 기간에는 연평균 2회씩 사신이 왔음을 알 수 있다. 영락제가 재위할 동안 아홉 번 나왔고, 선덕제가 재위할 동안 스물두

번 나왔다. 한 번에 적게는 한 명부터 많게는 네 명까지 나와서, 짧게는 일주일, 길게는 6개월을 묵었다.

가장 자주 나왔던 인물은 화자로 뽑혀 들어갔던 윤봉으로, 여덟 번을 나와서 총 8백38일(2년 3개월)을 묵었다. 두 번째로 많이 나온 인물은 명나라 환관 창성으로, 일곱 번 나와서 총 7백22일(2년)을 묵었다. 서울에 있었던 날들만 합한 것이고, 서울과 의주를 왕복하면서 숙식한 기간(매회 최소한 15일)은 뺀 것이다.

〈표 6〉 세종이 재위하던 기간에 명나라 사신이 방문한 내역

구분	서울 도착	칙서 내용	사신
1	즉위년(영락 16년) 9월	세자 교체 인준	육선재
2	1년(영락 17년) 1월	세자 교체와 선위 인준	황엄, 유천
3	1년(영락 17년) 8월	선위와 즉위 축하(잔치 하사)	황엄
4	1년(영락 17년) 8월	죽은 장인(정윤후)에게 제사	왕현
5	2년(영락 18년) 4월	정종의 혼전(魂殿·빈소)에 제사	조양, 역절
6	3년(영락 19년) 9월	말(馬) 1만 필 수출 요구	해수
7	5년(영락 21년) 4월	태종의 소상(小祥)에 조문	유경, 양선
8	5년(영락 21년) 8월	말(馬) 수출 요구, 세자책봉 인준	해수, 진경
9	6년(영락 22년) 5월	죽은 장모(한씨)에게 제사	왕현
10	6년(영락 22년) 9월	영락황제 부고	유경, 진선
11	6년(영락 22년) 9월	홍희황제 등극교서	팽경, 이의
12	7년(홍희 1년) 2월	황제 등극 하례에 대한 회례	윤봉, 박실
13	7년(홍희 1년) 4월	죽은 장인(권영균)에게 제사	김만

14	7년(홍희 1년) 윤7월	홍희황제 유언	제현, 유호
15	7년(홍희 1년) 윤7월	선덕황제 등극교서	초순, 노진
16	8년(선덕 1년) 2월	황제 등극 하례에 대한 회례	윤봉, 백언
17	9년(선덕 2년) 4월	말(馬) 5천 필 수출 요구	창성, 윤봉, 백언
18	9년(선덕 2년) 10월	왕세자 조현 정지	범영, 유정
19	10년(선덕 3년) 3월	황태자 책봉 기념 사면	조천, 이약
20	10년(선덕 3년) 7월	처녀 한씨 영솔	창성, 윤봉, 이상
21	10년(선덕 3년) 12월	죽은 장인(최득비)에게 제사	김만
22	11년(선덕 4년) 5월	황제의 포상	창성, 윤봉, 이상
23	11년(선덕 4년) 11월	해동청·녹황응 진헌 요구	김만
24	11년(선덕 4년) 11월	고향 방문	진입
25	12년(선덕 5년) 7월	황제의 포상	창성, 윤봉
26	13년(선덕 6년) 8월	함길도에서 해동청 포획	창성, 윤봉, 장동아, 장정아
27	14년(선덕 7년) 5월	함길도에서 해동청 포획	
28	15년(선덕 8년) 윤8월	'파저강 정벌' 포로 교환	맹날가래, 최진
29	15년(선덕 8년) 10월	요리사 및 해동청 요구	창성, 이상, 장봉
30	15년(선덕 8년) 11월	미송환 야인포로 송환 권유	왕흠, 왕무
31	16년(선덕 9년) 10월	파저강 포로 및 노획물 교환 중재	맹날가래, 왕흠, 왕무
32	17년(선덕 10년) 3월	정통황제 등극조서	이약, 이의
33	17년(선덕 10년) 4월	하녀·여가수·요리사 송환	이충, 김각, 김복
34	23년(정통 6년) 12월	회령 야인의 이주 의사 타진	오양, 왕흠
35	31년(정통 14년) 9월	정예군 10만 명 파병 요청	왕무
36	32년(경태 1년) 윤1월	경태황제 등극조서	예겸, 사마순

또, 사신이 올 때마다 물물교환 등을 대행시킬 목적으로 '두목'이라고 불리는 수행원을 다수 데려와서 각종 부담을 가중시켰다. 많게는 수행원을 1백50명까지 데려온 적도 있었다.

하지만 이상 소개한 것이 전부가 아니다. 세종의 속을 진짜로 쇳물처럼 부글거리게 만들었을 두 사건은 아직 소개하지 않았다. 그 내용이 너무도 어처구니가 없고 기가 막혀서, 호흡을 충분히 가다듬은 뒤에 그 전모를 밝히려고 일부러 미뤄두었다. 바로 이어지는 다음 장에 그 이야기들을 속속들이 파헤쳐보겠다.

7.
군인들을 데려와서 푸대접을 되갚았다

　세종이 보위에 있었던 32년 동안 명나라로부터 세 차례에 걸쳐서 군인들이 나와서 토표(스라소니)와 해동청을 포획해 갔다. 한 번은 즉위년에 영락제의 명에 따라 지휘 백안불화와 천호 이민이 채포군採捕軍 54명을 거느리고 함길도 북청北靑에 와서 송골매와 토표를 잡아갔다. 나머지 두 번은 보복의 성격이 짙었다.

　복수의 동기는 사신들에 대한 조선 조정의 홀대였다. 선덕제 재위 10년 동안 거의 매년 사신으로 나온 창성과 윤봉이, 나라에서 황제의 '선물 금지 칙서'를 이유로 겨울이 와도 털옷을 주지 아니하고, 해동청도 잡아주지 아니하자, 억지로 구실을 만들어 앙갚음을 한 것이다. 첫 번째는 명나라 관군 1백50명을 일단 서울로 데려왔다가 함길도를 가서 토표와 해동청을 잡은 뒤에 다시 서울을 거쳐서 명나라로 돌아갔다.

　선덕제의 명령을 받고, 야인 지역에 들어가, 명나라 조정을 배반한 여진족 추장에게 칙서를 전하러 나오는 사신에 빌붙어서, 그 많은 군사들을 데려와 무려 4개월(120일)을 묵었다. 두 번째는, 선덕황제를 부추겨서 명나라 관군 4백 명을 백두산에 파견해 토표와 해청을 잡게 한 뒤에, 그들이 먹을 식량을 조선에서 보내줄 것을 요청한 칙서를 가지고 세 명의 사신이 와서 무려 6개월(180일)을 묵으며 임금과 대신들을 압박하고 관원과 백성들을 괴롭혔다.

채포군의 입국 소식에 비상이 걸렸다

세종이 즉위하여 두 달 남짓 지났을 무렵, 명나라 지휘 백안불화와 천호 이민이 관군 54명을 거느리고 조선 영토인 평안도 여연군의 소보리 구자口子에 왔다. 세종 즉위년/10/22 1년쯤 전에도 이민이 황제의 칙서를 가지고 부하 10여 명과 함께 길주와 북청 등지에서 해청을 잡으려고 왔다가 함길도 절제사가 받아주지 아니하여 되돌아간 적이 있었다. 태종 17년/8/22

구자란 조선 시대에 북쪽의 국경인 압록강과 두만강 연안의 여러 포구(나루터)에 설치하였던 관방關防을 말하며, 오늘날의 검문소 혹은 출입국관리소 같은 곳이었다. 백안불화와 이민이 관군들을 데리고 온 목적은 명나라 황제이던 영락제의 지시로 야인 추장들에게 황제의 칙서를 전한 뒤에, 함길도의 북청에 가서 송골매와 토표를 잡기 위해서였다.

외국의 군대가 사전 연락도 없이 남의 나라 땅에서 야생동물을 잡겠다고 나타난 것이어서, 군 통수권자이던 태종은 물론, 임금이던 세종과 대신들이 신경을 곤두세웠다. 처음에 백안불화 등이 뗏목을 타고 압록강을 건너서 소보리 구자에 다다르자 조정에서 사람을 내보냈다. 상호군(정3품) 박미와 통역 선존의를 보내, 그들을 맞이하면서 은밀히 동정을 살피게 하였다. 또 판사 정교를 보내 털모자를 하사하고, 그들이 향하는 곳을 따라가며 소용되는 물품을 대주고 호송하게 하였다. 세종 즉위년/10/22

20여 일 뒤에 함길도 감사가, '백안불화 등이 서울에 올라가 임금에게 감사를 표하고자 한다.'고 보고를 올렸다. 세종이 의정부와 육조에 의견을 물어보니, 허락하면 안 된다는 의견이 대세였다. 말하는 신하마다, '사람을 보내 위로하고 점잖게 타이르자.'고 하여서, 통역사 최운으로 하여금 술을 가지고 가서 정중히 전하게 하였다.

> 너희들이 가져온 황제의 칙서는 모두 야인 추장들에게 내리는 것
> 이고 우리나라와 관련이 있는 것은 하나도 없다. 그리고 너희들이
> 사전에 허락도 받지 않고 우리 국경을 임의로 넘어와서 여러 곳을
> 다니는 것도 그른 일이다. 하물며 서울로 올라오는 일이겠느냐.세종
> 즉위년/11/28

한 달쯤 뒤에 해가 바뀌고 얼마 있다가 명나라 조정의 태감 황엄이 사신으로 왔다. 조선의 세자를 양녕대군에서 충녕대군으로 바꾼 것을 황제가 인준하는 고명을 가지고 온 것이다.세종 1년/1/19

이틀 뒤에 태종이 태평관에 나아가 환영연을 베풀면서, 황엄에게, 백안불화와 이민의 이야기를 꺼냈다. 야인 추장들에게 황제의 칙서를 전달한 뒤에, 제멋대로 함길도에 와서 해청과 토표를 잡고 있는 사실을 알려준 것이다. 태종이 말을 마치자 황엄이 황제에게 반드시 알릴 것을 권하고, 자기도 들어가서 아뢰겠다고 약속하였다.세종 1년/1/21

그로부터 한 달쯤 뒤에, 명나라의 영락제가 천호 이민을 잡아서 가두었다는 소식이 전해졌다. 영락제가 태종의 양위와 세종의 즉위를

인준하는 고명을 보내준 것에 감사를 표하러 북경에 들어갔던 이원과 이숙묘가 돌아오면서 듣고 온 것이다. 이민이 갇힌 이유는, 그가 황제에게 보고도 하지 않고 임의로 야생동물을 잡으러 갑산 등지에 와서 함부로 횡포를 부리고 민폐를 끼쳤기 때문이라고 하였다.세종 1년/4/24

그 이후 한 동안은 명나라의 관원이 토표와 매를 잡으러 군사를 이끌고 나오지 않았다. 명나라가 원元나라 잔존 세력인 달단과 전쟁을 벌이느라 하찮은 날짐승에 신경을 쓸 상황도 아니었다. 더구나 세종 6년(1424) 7월에 영락제가 직접 전투를 지휘하다 야전에서 횡사한 뒤로 명나라 조정이 오랫동안 어수선하였다. 영락제의 뒤를 이은 홍희제가 1년 남짓 지나서 병으로 죽고, 다시 선덕제가 새 황제가 되었다. 게다가 달단 토벌을 위한 북벌전쟁이 백중세를 이루어 채포군을 보낼 처지가 아니었다.

그런데 명나라가 달단 군사들을 대부분 제압한 뒤로 두 차례에 걸쳐 채포군이 나왔다. 그것도 전처럼 오직 토표와 매를 포획하러 온 것이 아니라, 복수의 성격이 짙었다. 첫 번째 복수는 세종 재위 13년 7월 중순경 막이 올랐다. 통역을 위해 요동에 들어갔던 사역원 주부 방치지가 돌아와서, '창성·윤봉·장동아·장정안 등 두 행차가 잇따라 서울을 향하여 떠났다.'고 보고한 것이 첫 신호였다.세종 13년/7/14

하지만 조선의 국왕이던 세종과 조정 대신들은 방치지의 보고가 복수의 그림자인 줄을 알아채지 못했다. 복수를 작심하고 오는 상대방이 '칼날'을 미리 보여줄 리도 없었다. 창성과 윤봉이 비열한 복수극을 꾸몄던 이유는 그 전년에 사신으로 나왔다가 5개월 가까이 체류하고도 유례없는 푸대접을 받았기 때문이었다.

바로 앞장에서 자세히 소개하였듯이, 7월에 사신으로 왔다가 12월에 명나라로 돌아가면서 털옷을 받지 못하고 떨면서 갔다. 게다가 평안도의 지삼등현사 이종이 포획한 해청을 자기들이 직접 가져가서 황제에게 바치려고 하였다가 세종이 승락하지 않아서 고래고래 고함을 지른 일도 있었다.

조선으로서는 '칙서에 없는 것을 일체 주지 말라.'는 황제의 지시를 따랐을 뿐인데도, 두 사신은 조선의 요청으로 황제가 칙서를 내렸다고 믿었다. 하지만 핑계일 뿐이었다. 비록 나라에서는 이전보다 적게 주었어도, 자기들이 스스로 나서서 원하는 것들을 충분히 챙겨갔다. 따라서 조선으로서는 사신들이 그토록 분개하여 복수를 하리라고는 예상치 못하였다. 게다가 세종이 대신들의 반발을 무릅써가며 성심껏 해청을 포획해 보냈으니, 황제가 굳이 군사들을 보낼 상황도 아니었다.

조선의 입장은 여하튼지 간에, 사신들이 1백50명의 군사를 데리고 분풀이를 하러 온다는 것을 까맣게 몰랐던 세종과 조정 대신들은 사신 일행을 맞이할 채비에 성심을 쏟았다. 그 많은 인원이 무슨 속셈으로 오는 줄도 모르고. 당일로 판한성부사 노한과 이조참판 정연을 원접사로 임명하였다. 사신들이 압록강을 건너서 조선의 영토인 의주에 들어서는 순간부터 신변 보호와 접대를 비롯한 제반 편의를 제공하기 위해서였다.

그다음 날에는 긴급대책회의를 개최하여 사신 일행이 머무를 숙소 문제를 상의하였다. 명나라에서 나오는 사신들의 전용 숙소인 태평관이 있었지만, 1백50명이 동시에 투숙하기에는 충분치 않았다.세종 13년/7/15 외교의 수장인 예조판서 신상이, '흥천사를 수리하여 분산 수용하자.'고 하자, 세종이 듣고서, '임시로 태평관 옆에다 초가를 짓자.'고 하였다. 신상이, 장차 날씨가 추워질 경우의 문제점을 지적하자, 세종이 듣고서 '집을 짓고 흙으로 바르라.'고 하였다.

사신들의 숙소 문제를 정리한 세종은 신상에게, '사신들을 대접할 때에 서로 친함만 믿지 말고 예도와 공경을 잘 행하라.'고 당부하였다. 명나라와 조선이 서로 한집처럼 지극히 정답고 친하게 지내지만, '사람의 사귐이란 더없이 친하다가도 언젠가는 반드시 틀어지는 것이 자연의 이치라.'며, 사신 접대에 최선을 다하라고 주의를 주었다.

> 나라가 태평하여 사방에 근심이 없는 상황에서는, 명나라를 공경하여 섬기는 것이 가장 중요하니, 사신을 대접하는 일에 마음을 다해야 할 것이다.세종 13년/7/15

하지만 사신 일행이 묵을 숙소를 정하고 접대 책임자에게 주의를 주는 것으로 임금의 역할이 끝난 것이 아니었다. 많은 인원을 거느린 두 행차가 동시에 나오는 일이 처음이어서, 갖추고 챙겨야 할 것이 한두 가지가 아니었다. 게다가 한 번도 경험해보지 못한 상황이라 준비에 두서가 없었다. 매사를 새로 정하고 만드느라 임금과 조정 대신들이 날마다 허둥지둥하였다. 무엇보다도 한여름의 무더위에 그 많은 인원을 먹이고 재울 일이 간단치가 않아서, 임금도 대신들도 갈피를 못 잡고 우왕좌왕하였다. 세종 13년/7/18

며칠 뒤에 사신들이 가져오는 칙서의 내용이 비로소 조정에 알려진 모양이었다. 방치지의 보고가 있고 나서 닷새째 되던 날 세종이 신하들에게 두 행차가 동시에 나오는 이유를 들려주었다. 한 행차는, 조선 땅 동북면 두만강 건너편에 기반을 가지고 동맹가첩목아와 쌍벽을 이루며 명나라 황제의 회유를 거부하던 양목답올의 항복을 받아내려고 오는 것이고, 한 행차는 해청이 서식하는 두만강 너머의 모련위를 가서 해청을 잡기 위해 오는 것이라고 들려주면서, 첫 번째 행차의 호송 문제를 토론에 부쳤다.

> 사신이 양목답올로부터 항복을 받기 위해 야인 지역을 갈 때에, 우리가 군사를 적게 붙여주면 사신이 위험에 처할 수 있고, 그렇다고 군사를 많이 붙이면 야인들이 겁을 집어먹고 국경을 쳐들어오는 일이 생길 수 있으니, 사연을 갖춰서 황제에게 주문하면 어떻겠는가.세종 13년/7/19

사신들이 직접 만나서 항복을 받으려고 한 양목답올은 만주 일대 여진족의 맹주 가운데 한 명이었다. 앞서 명나라 개원삼만위의 천호로 있으면서 개원성의 군민과 가축을 약탈한 뒤에 무리를 거느리고 동쪽으로 달아나 맹가첩목아와 합세하였다. 그래서 명나라 조정에서 그를 배신자로 낙인찍고, 토벌군을 보내기 전에 먼저 말로 회유해보고자 황제가 칙서를 써서 사신을 내보낸 것인데, 창성과 윤봉이 그 일행에 빌붙어서, 매를 잡는다는 구실로 복수극을 꾸몄던 것이다.

토론이 본격적으로 시작되기도 전에, 우의정 맹사성과 이조판서 권진이 한목소리로, '사신이 야인 지역에 들어갈 때 군사를 붙여줄 것인지 여부를 황제에게 물어보고 정하자.'고 힘을 보탰다. 그러자 세종은, 만약 사신이 양목답올이 있는 곳을 방문한다면 호송군을 붙여줄 뜻을 내비치고, 두 번째 행차의 방문 목적에 따른 걱정도 황제에게 알릴 의사를 밝혔다.

사신이 해청을 잡기 위해 각 고을을 헤집고 다니면 폐해가 매우 많을 것이니, 비록 포획하는 현장을 따라다니며 직접 감독하지는 않더라도, 사연을 정리하여 황제에게 알리는 것이 어떻겠는가.세종 13년/7/19

이번에도 우의정 맹사성과 이조판서 권진이 적극적으로 거들고 나서자, 세종이 지신사 안숭선을 시켜서, 춘추관으로 하여금 역사책을 뒤져서 고려 때 윤관 장군이 군사를 북쪽에 보내 전쟁을 벌인 행적을 자세히 파악하여 아뢰게 하였다.

그다음 날부터 임금과 대신들이 둘러앉아 사신 일행을 먹일 식료품의 물량을 조달할 방안을 모색하였다. 어느 것 하나 쉬운 것이 없었다.세종 13년/7/20, 7/21, 7/26, 7/27 다른 한편으로는, 사신들의 도착을 환영하는 연회에 사용할 그릇과 음악을 정하기 위해 사안별로 반복하여 토론을 벌였다. 처리해야 할 일은 첩첩산중인데 쉽게 가닥이 잡히는 것이 거의 한 가지도 없었다. 세종 13년/7/22. 7/30

이처럼 임금과 조정 대신들이 사신을 맞을 채비로 여념이 없는데, 창성과 윤봉이 병에 걸렸다는 소식이 전해졌다. 원접사로 나가서 사신과 동행하던 노한이 보내온 정보였다. 인솔자가 마음을 비열하게 쓰니까 하늘이 천벌을 내렸던지, 사신단 내에 전염성 열병熱病이 돌아서 사망자까지 생겼다. 손님을 맞는 입장에서 마땅히 신경을 써줘야 하였기에, 집현전 직제학 유상지로 하여금 박윤덕과 함께 가서 사신들을 문안하게 하였다. 세종 13년/8/4

하지만 문안은 미리 준비해야 할 수백 가지 일 가운데 한 가지일 뿐이었다. 1백50명이나 되는 인원을 넉넉히 먹이고, 쾌적하게 재우고, 편하게 입히고, 안전하게 지켜주려면, 오만 가지를 철저히 준비하고 꼼꼼히 챙겨야 하였다. 그래서 창성과 윤봉에게 사람을 보내 문병한 바로 그날, 승문원 제조 맹사성·허조·신상·정초·신장 등을 대궐로 불러서, 사신 일행이 서울에 이르기 전에 챙겨야 할 일들을 한꺼번에 두서없이 토론에 부쳤다.

지금 오고 있는 사신이 우리에게 군사를 청해서 야인 지역을 다녀오려고 할 것이 거의 확실하다. 하지만 우리가 옛적부터 야인들과 사이가 좋지 아니하여 우리 군사를 그들의 영역에 깊숙이 들여보내기는 곤란하니, 황제에게 솔직하게 사정을 알리는 것이 어떨까. 그리고 황제에게 알리더라도 야인의 땅에 들어가는 사신에게 군사를 주지 않을 수는 없으니 어떻게 처리하면 좋겠는가. 또, 이번에 오는 칙서는 상을 준다는 것도 아니고 황제의 명령도 아니니, 무대를 세워서 환영 공연을 하면서 맞이할 필요까지는 없을 것 같다. 평양에만 무대를 세워 공연을 하고, 서울에서는 조용히 맞이하는 방법도 적절치 않다고 생각되니 어떻게 하면 좋겠는가. 또, 이제까지 황제가 상賞으로 내리는 예물을 가지고 사신이 오면 다섯 곳에 선위사를 보냈는데, 이번에도 다섯 곳에 다 보내야 할까, 아니면 세 곳만 보내도 괜찮을까. 또, 사신들은 서울에 가만히 있어도 우리가 알아서 마음을 다해 해청과 토표를 잡아줄 것인데, 굳이 군사들을 거느리고 지역을 분담하여 헤집고 다니며 닥치는 대로 잡겠다고 하니, 황제에게 보고하여 그들이 직접 포획하지 못하게 하는 것이 어떻겠는가.세종 13년/8/4

세종이 말을 마치자 우의정 맹사성 등이 네 가지 쟁점에 대한 해법을 가지런히 내놓아, 모두 그대로 결정하였다. 첫 번째의 '호송군 지원' 문제는, 우리의 군사를 청하면 따르기가 어려우니, 황제에게 주문하여 회신을 받아보고 정하자. 두 번째의 '환영 공연' 문제는, 칙서가 상賞과 관련이 없으니 평양에도 무대를 세우지 말자. 세 번째의 '선위사 파견' 문제는, 임시변통으로 후하게 대접하는 예에 따라 다섯 곳에 모두 보내자. 네 번째의 '사신의 해청 포획'에 대하여는, 사신들이 해청과 토표 등을 직접 잡겠다고 하면 묵인해주자.

비교적 굵직한 쟁점들을 우선적으로 정리한 세종은, 사신들이 정부의 주문에 대한 황제의 회신을 기다려주지 않을 가능성을 제기하였다. 비록 대신들과 회의를 해서, 사신들이 호송군을 청하면 황제에게 알리고 회신대로 따르기로 하였어도, 상대방의 생각과 무관하게 일방적으로 내린 결정이기 때문이었다. 사신들이 바쁘다는 핑계로 황제의 회신과 상관없이 호송군을 붙여달라고 하면, 사전 결정이 무의미해질 것이라서, 미리 의견을 모으고자 한 것이다.

> 우리나라의 북쪽 변경에는 야인들이 흩어져 살고 있는데, 주문에
> 대한 황제의 회답이 오기 전에, 사신이 억지로 우리 군사를 거느
> 리고 그곳에 들어가려고 서두르면 어떻게 대처해야 좋을까.세종 13
> 년/8/4

세종이 말을 마치자 맹사성 등이 한목소리로, 황제로부터 명백한 지시가 올 때까지 기다렸다가 가부를 정하자고 하였다. 비록 우리나라 영토라도 야인들이 살고 있어서 임의로 군사를 거느리고 들어갈 수가 없다는 것이었다. 그럼에도 불구하고 사신들이 가겠다고 고집을 부리면 대의大義로 타일러서 막자고 하였다. 세종도 이를 수긍하였다.

그런데 귀와 눈이 밝았던 세종이 사신들의 꿍꿍이를 일찌감치 알아챈 모양이었다. 조정의 중신들을 어전에 불러 모아, 한꺼번에 대규모의 사신단이 나오는 것이 창성과 윤봉의 농간에 따른 것임을 상기시켰다. 황제가 '칙서에 없는 물품은 주지 말라.'는 칙지를 내린 뒤로, 나라에서 자기들의 요구를 모두 거절한 데 대한 계획적 보복임을 알

려주면서, 사신들이 분노하여도 무시할 뜻을 내비쳤다.

연전에 창성과 윤봉이 왔을 적에 황제의 칙서를 내세워 물품을 한
가지도 주지 아니하여, 창성과 윤봉이 보복을 작심하고 수행원을
많이 거느리고 온 기미가 엿보인다. 저들이 청하는 대로 물품을 주
자는 의견이 있었어도 내가 들어 주지 아니하자, 앙심을 품고 우리
나라에 해를 입히려고 많은 군사를 거느리고 온 것이 틀림없다. 그
러나 여러 모로 생각해 보아도 민망하거나 후회되는 일이 한 가지
도 없다. 칙서를 공경히 받들어 물품을 주지 않은 것을 누가 그르
다고 할 것인가. 고금과 천하에 정도正道를 따르는 것을 그르다고
한 자를 본 적이 없다. 창성과 윤봉은 이익만 탐하고 의義는 생각지
못하는 자들이지만, 명나라 조정에는 이치에 통달한 대신들이 있
을 것이다. 내가 스스로 반성하여 정직하였으니, 설령 창성과 윤봉
이 격분하더라도 상관하지 않을 것이다.세종 13년/8/4

하지만 바위도 깨트릴 것 같던 세종의 결기가 불과 이틀 만에 눈 녹
듯이 사라졌다. 신하들에게, '사신들이 가져오는 칙서에, 「이번에 사
신들이 나가거든 옷을 주라.」는 명령이 들어있다는 말을 들었다聞今使
臣之行, 有衣服備給之命(문금사신지행, 유의복비급지명).'고 밝히더니, 태도를
180도 바꿨다. 만약 그 말이 사실이면 힘을 다하여 챙겨주는 것이 마
땅하다는 것이었다. 명나라 조정에서 전에 사신들에게 물품을 주지
말라고 칙서를 내리고서 사신들에게 옷을 주라고 한 이유에 대해 의

문을 제기하였지만, 그저 지나가는 이야기였다.

세종이 말을 마치자 예조판서 신상이 가세하여 거들었다. 칙서에 그런 지시가 들어있다면 마땅히 마음을 다하여 사신 일행에게 옷을 주어야 한다며, '여우와 삵의 가죽으로 털옷을 지어주자.'고 하였다. 수행원의 수가 워낙 많아서 모두 담비 가죽으로 털옷을 지어주기는 곤란하다고 하였다. 세종이 듣고 나서, "나의 뜻도 그러하다." 하니, 신상의 제안대로 결정되었다. 세종 13년/8/6

세종이 사신의 야인 지역 출입에 극도로 신경을 썼던 데에는 그럴 만한 이유가 있었다. 첫째는, 사신이라는 지위를 믿고 섣불리 들어갔다가 야인들로부터 해코지를 당할 가능성을 배제할 수 없었다. 둘째는, 사신이 야인의 땅으로 향하면 야인들이 조선의 의중을 의심하여 소란을 피울 수 있었다. 셋째는, 혹시라도 야인들이 사신을 무례하게 대하면 명나라가 조선을 책망할 수도 있었다. 그래서 그런 판단을 황제에게 미리 알리기로 하고서도, 사신들이 도착해서 황제의 회답을 기다려주지 않을까 봐 걱정한 것이다.

게다가 황제가 해청이 잡히는 시기에 맞춰서 채포군을 보낸 것을 생각하면, 사신들이 기다려준다고 하여도 무작정 잡아두고 황제의 회신을 기다릴 수가 없었다. 그뿐만 아니라 야인 지역 출입에 따른 위험을 내세웠다가 사신이 아무 탈 없이 돌아오면 명나라에서 주청의 진정성을 의심할 수도 있는 일이었다. 그래서 세종이 깊은 고민에 빠졌는데, 예조판서 신상이 정면돌파를 제안하였다. 일체의 우려와 가능성을 자세히 적어서 황제에게 알리자고 제안한 것인데, 세종의 '정직

결벽증'이 다시 또 고개를 내밀었다.세종 13년/8/6

> 사신이 야인의 지역에 깊숙이 들어가려고 하면 방관할 수가 없는
> 이유를 황제에게 자세하게 알리는 것도 좋은 방법이겠으나, 야인
> 의 땅과 통하는 관문과 우리나라의 경계가 아침에 갔다가 저녁에
> 돌아올 수 있을 만큼 거리가 가까우니, 사신에게 호위병을 붙여줘
> 서 다녀오게 하는 것이 옳을 것 같다.세종 13년/8/6

일순간에 태도를 바꾼 세종은, 사신이 갔을 때 예상되는 야인들의
반응을 사신에게 알려줄 방책을 의논하여 아뢰게 하였다. 그다음 날
은 신하들에게 모련위의 위치를 묻고, 병에 걸린 사신을 영접하는 문
제를 토론에 부쳤다. 먼저 안숭선에게 모련위의 위치를 물었다. 숭선
이 대답하지 못하자 귀화인들에게 물어보게 시켜서, 모련위의 위치와
현지인들을 다스리는 추장의 이름과 조선으로부터의 거리 등에 관한
정보를 들었다.

> 모련위는 옛 경원과 회령 사이에 있습니다. 앞서 파을소가 위주衛
> 主로 있다가, 그의 아들 아리, 아리의 아들 도을호로 지휘 자리가
> 이어졌습니다. 모련위에서 출발하여 사흘 후면 경원에 이를 수 있
> 습니다. 첫 번째 지역에 여진의 지휘 어우로가 있고, 그다음에 천호
> 소다로가 있으며, 그 좌우에 흩어져 사는 야인이 꽤 많습니다.세종
> 13년/8/7

곤란하고 난처한 일이 끝없이 생겼다

안숭선의 보고를 청취한 세종은, "그렇다면 모련위는 우리나라에서 멀지 않다." 하였다. 그런데 모련위의 위치를 아는 일보다 더 중요한 문제가 남아 있었다. 임금의 옥체를 열병으로부터 안전하게 보호할 방법을 찾아야 하였다. 좀 더 자세히 말하면, 임금이 열병에 걸린 사신을 직접 만나지 않고 칙서를 맞이할 수 있는 묘책을 찾아야 했다.

1차적으로 사신을 맞이할 책임이 있는 세종도 열병을 앓고 있는 사신을 직접 영접하지 않으려는 입장이었다. 사신이 전염성이 강한 열병을 앓고 있어서, 감염의 위험을 무릅쓰면서까지 직접 칙서를 받고 싶은 마음이 없었던 것이다. 지신사 안숭선이, 임금의 몸은 종묘와 사직의 안위와 직결되어 열병을 앓는 사신을 직접 만나면 안 된다고 아뢰자, 세종이 숭선에게 묘안을 제시하였다.

사신이 병이 있어 서울에 들어오는 날짜를 말하지 아니하니, 윤중부를 보내 그의 형인 윤봉을 움직여서, (열병에 걸리지 않은) 장정안으로 하여금 일행보다 먼저 칙서를 가지고 오게 하면 어떻겠는가. 그러면 칙명을 맞이하는 절차에도 어긋나지 않고, 열병을 앓는 사신을 만나지 않아도 될 것이니, 의정부와 육조의 의견을 수렴하여 아뢰도록 하라.세종 13년/8/7

세종의 지시가 떨어지자 맹사성·허조·권진·오승·신상·정흠지·최사강 등이 다른 대안을 내놨다. 세종도 똑같이 병을 핑계대고 사신이 회복하기를 기다렸다가 접견하는 방안을 제시한 것이다. 아울러서 윤봉은 동포이지만 믿기가 어렵다며, 그의 아우인 중부 대신 조정의 관원을 보내 사신을 문병하며 상황을 살피게 하자고 하였다.

그런데 이때에 세종의 '정직 결벽증'이 또 고개를 내밀었다. 사신을 속이려니까 스스로 가책呵責이 느껴진다며 자진하여 '양심 고백'을 한 것이다. 세종이 돌연 감염이 되더라도 사신을 직접 맞이하겠다고 하자, 지신사 안숭선이 깜짝 놀라서 재차 만류하고 나섰다. 그러자 세종이 마지못하여, 대신을 보내 사신의 회복 상태를 알아본 뒤에 친히 사신을 영접할 것인지 여부를 다시 의논하여 아뢰게 하였다.

하지만 칭병을 거부하는 것으로 세종의 '양심 고백'이 끝난 것이 아니었다. 사신이 도착한 뒤에 사신을 속이기로 대신들과 입을 맞춘 약속을 깨자고 하였다. 그 줄거리는 어린아이들의 장난처럼 유치한 것이었다. 그해 연초에 오지 중의 오지인 함길도 갑산군에서 토표 세 마리를 바쳐서 군수와 포획자를 포상한 적이 있었다.세종 13년/1/5

그런데 사신들이 그 말을 듣고 갑산을 가겠다고 할까 봐서, 토표들을 포획한 곳을, 서울에서 왕래하기 편한 길주로 바꿔서 일러주기로 대신들과 약속을 하였었다. 그런데 자신도 그 현장에 있었던 세종이 돌연, '사신에게 사실대로 말하자.'고 입장을 바꾼 것이다.

세종은 말을 바꾸면서, '모든 것을 사실대로 밝히는 것이 사리에 합당하다.'고 하였다. 만약 사신이 함길도에 가서 '토표가 길주에서 잡은 것이 아니라.'는 사실을 알게 되면, 지나간 일들에 대해서도 의심을 품어서, 조선에서 일어나는 일들을 모두 거짓이고 허망된 것으로 여길 수도 있다고 덧붙였다. _{세종 13년/8/7}

그런데 매우 특이하게도, 세종이 일방적으로 약속을 뒤집자고 하는 데도 제동을 거는 사람이 아무도 없었다. 먼저 지신사이던 안숭선이 재빨리 나서서 지지를 표하였다. 맹사성 · 허조 · 권진 · 오승 · 신상 · 정흠지 · 최사강 등도 거들고 나섰다. 삽시간에 회의장에 '정직 결벽증'이 퍼진 것처럼, 모두가 한목소리로, '바른대로 말하면 정당함을 얻을 것이라.'고 화답하였다.

그뿐만 아니라, 미리 각본을 짜기라도 한 것처럼 '충정衷情'을 방패로 내세웠다. 자신들이 토표를 잡은 곳을 속이자고 한 것은, 갑산 지방이 멀고도 험하여 사신들이 들어가면 대접하기가 힘들 것을 염려하

〈그림 8〉 토표(土豹 · 스라소니)

였기 때문이라고 당당하게 변명하였다.

이때에 세종은 명나라의 채포군이 매를 잡아다 황제에게 바치는 것과는 별도로, 평소대로 황제에게 매를 보내려고 하였다. 그래서 대규모 사신단을 맞이할 준비로 정신이 없었을 상황에서도, 경력(부관) 이사신·사직 조승·부사직 김한생 등을 각각 평안도·황해도·함길도에 파견해 진헌할 매를 포획하게 하였다.세종 13년/8/8

그다음 날에는 윤봉이 명나라로 뽑혀가기 전에 그를 돌봐준 이빈의 아내에게 쌀과 콩을 합하여 30석을 하사하였다. 윤봉이 부탁하기 전에 알아서 체면을 세워줌으로써 윤봉의 마음을 흡족하게 해주기 위함이었다.세종 13년/8/9 이빈의 미망인에게 쌀과 콩을 보내준 다음 날 신하들과 정사를 의논하던 세종이 시름 섞인 어조로 사신 방문에 따른 폐해를 개탄하였다.

> 황제의 칙서가 내려진 이후로 사신을 한 차례 치르는 데에 나라가
> 이처럼 심하게 피해를 입는구나.세종 13년/8/10

세종이 말을 마치자 의정부 찬성 허조가 재빨리 나서서 세종에게 '뇌물의 효용'을 거론하였다. '중국 조정의 지시는 모두 조정의 관리가 아닌 사례감司禮監으로부터 나온다.'고 아뢰더니, 주周나라 때 문왕文王이 주紂에게 붙잡혀서 유리옥羑里獄에 갇힌 채로 죽을 뻔하였다가 뇌물을 바치고 목숨을 건졌던 고사를 들춰내서, 사신에게 물품을 제공할 필요성을 상기시켰다.

사신들이 황제의 칙서를 두려워하지 않으니, 칙유에 구애받지 말고 물품을 주는 것이 옳을 것입니다.세종 13년/8/10

사례감은, 신분이 낮고 학문이 짧아서 유학자들에 대한 열등감이 심했던 주원장이, 이부吏部 산하에 설치하여 예禮를 관장하게 하였던 기관이다. 그런데 예禮는 구실일 뿐이었고, 환관들을 대거 배치하여 유생들을 사찰하게 시켜놓고는, 꼬투리가 잡히면 가혹하게 응징을 가했다. 주원장이 죽은 뒤에도 사례감의 환관들이 나라를 주물렀다.

그러므로 허조의 말은, '사례감 소속의 환관들이 황제에 기대서 권력을 쥐고 흔들어, 조정의 관리들은 허수아비 같다.'는 의미였다. 유리옥은 옛날 중국의 중원을 다스렸던 은나라의 수도 은허殷墟와 인접하였던 '유리羑里' 지역에 있었던 옥獄의 이름이다.

허조가 세종 앞에서 인용한 고사를 조금 소개하면, 은나라의 제신이 국가의 번영을 이루고 풍광과 기후가 적당한 조가朝歌에 새 도읍을 건설하던 무렵, 섬서의 서쪽 위수渭水 유역에서 주周나라가 세워져 튼실하게 세력을 키웠다. 얼마 뒤에 문왕 희창의 시대가 되자 어진 정치를 펼쳐서 국력이 빠른 속도로 성장하였다.

그런데 인근의 부족들을 제압하고 황하를 따라 내려와 조가를 압박하다, 희창의 장남 백읍고가 은나라에 나포되어 제신의 인질이 되었다. 적진에 붙잡혀서 지내던 백읍고는 제신의 어가를 담당하다가 제신의 분노를 사서 솥에 삶겨졌다. 희창 역시 제신에게 붙잡혀서 아들을 삶은 국물을 마시고 2년 동안 유리옥에 갇혀 있다가, 신하들이 뇌물을 바쳐 간신히 풀려났다. 그대로 있었으면 죽을 수도 있었던 상황에서 현명하게 뇌물을 쓰고 목숨을 건졌다는 이야기다.

허조가 말을 마치자, 세종이 즉석에서 공감을 표하였다. 비록 황제의 칙서가 있었어도 사신에게 물품을 주지 않을 수 없다는 허조의 생각을 간파한 세종은, 앞서 한 번 물은 적이 있는 모련위의 위치를 다시 물었다.

허조가 자신 없는 목소리로, '정확히는 모르지만 알목하(회령=오음회)에서 가까운 것으로 알고 있다.'고 대답하자, 세종이, 과거에 사신이 토표를 잡으러 갔다가 동맹가첩목아로부터 들었다는 이야기를 들려주었다. 사신이 모련위에 가는 것을 막을 방도를 토론에 부치기 위함이었다.

연전에 사신이 가서 토표를 잡을 때에 동맹가첩목아가 말하기를, '우리 아이들이 사신이 온 이유를 알지 못하여 모두 도망쳐 달아났다.'고 하였다고 하니, 사신이 가면 그들이 겁을 집어먹고 방비에 나선다는 것을 짐작할 수 있다. 더구나 그 지방은 지형이 매우 험하고 길이 막혀서 무력으로 제압하기가 어려울 뿐더러, 그들의 마음보가 짐승과 다름이 없어서 말로 해서는 교화할 수가 없다. 그러므로 이번에 오는 사신이 혹시 모련위에 갔다가 봉변을 당할 수도 있으니, 사신에게 넌지시 그 까닭을 말하여 모련위에 가지 말도록 하는 것이 어떻겠는가. 만약 고집을 부려서 굳이 간다면 어쩔 수 없겠지만, 알고도 말하지 않는 것은 옳지 않은 것 같다. 다만 창성이 우리나라를 한두 번 다녀간 것이 아닌 데다, 그의 심보가 본디 청개구리 같아서, 우리가 위험을 알려주면 도리어 의심을 품고서 굳이 가겠다고 고집을 부릴 것이 분명하다.세종 13년/8/10

알목하는 함경북도 회령의 옛날 지명이며, 아목하 또는 오음회라고도 불렸다. 같은 지역의 명칭이 여러 개였던 이유는 조선인과 여진족이 섞여 살면서 각기 다른 명칭을 쓰거나 다른 발음을 사용하였기 때문이다. 어떤 이유로 지명이 바뀌었는데도 과거의 명칭이 함께 쓰이는 사례는 오늘날에도 흔한 편이다. 예를 들면, 서울의 역사 연구나 유적지 안내서 등에서 옛날 지명인 한성과 한양을 빈번하게 사용하고, 대전의 경우도 한밭이라는 옛 이름이 널리 쓰인다.

세종이 언급한 동맹가첩목아는 조선 초기 당시 명나라가 만주지역에 설치한 건주좌위와 걸쳐있던 함길도 알목하 지역에 거주하던 알타리 여진족의 추장이었다. 그곳에서 여러 형제와 자식들과 더불어 조선의 동북면 국경을 오랫동안 교란하다가 세종 15년(1433) 10월에 올적합 여진족으로 자신과 앙숙이던 양목답올에 의해 아들과 함께 피살되었다. 그로부터 183년 뒤인 1616년에 그의 6세손인 누루하치가 청靑나라를 건국하였다.

동맹가첩목아가 죽음으로써 동북면(함길도) 일대가 사실상 무주공산 상태에 놓이자, 세종이 영토를 회복할 절호의 기회로 판단하고 행동에 들어갔다. 이징옥과 김종서를 비롯한 당대 최고의 장수들을 파견해 마침내 두만강 남쪽의 함경도 일대를 조선의 영토로 편입하고 조선의 통치권을 부활시켰다. 그 과정에서 세종이 밤잠을 설쳐가며 고군분투한 이야기는 마디마디 뭉클한 감동을 느끼게 한다. 보다 더 자세한 이야기는 바로 이어서 출간될 『세종의 통痛』(강토 수호)에서 심도있게 다룰 것이다.

이야기를 다시 되돌려서, 세종이 말을 마치자, 찬성 허조가 난색을 표하였다. 황제의 칙서에 '모련위에 가서 해청을 잡게 하였다.'는 말이 있어서, 사신들이 모련위에 가는 것을 막을 수 있는 상황이 아니라고 하자, 세종도 침묵을 지켰다. 황제의 뜻을 거스를 수는 없었기 때문이다.

그런데 이때에 조선의 조정에 보기 드물게 희한한 광경이 벌어졌다. 이틀 뒤에 세종이 편치 않기 시작하니, 조정 안팎에 은근히 반기는 분위기가 역력하였다. 신하들뿐만 아니라 세종 본인도 싫지 않은 내색을 보였다. 열병을 앓는 사신을 따돌릴 구실을 찾던 중이라, 병을 핑계로 사신 영접을 피할 수 있게 된 기쁨을 신하들과 공유한 것이다.

사신의 행차에 열병이 그치지 않으니 서로 접촉하면 감염될까 봐 심려가 크다. 점쟁이가 일찍이 내게 '액厄이 있을 것이라.'고 한 말을 믿지는 않으나, 열병을 접촉할 수는 없는 노릇이니, 의정부와 육조와 더불어 의논하고자 한다.세종 13년/8/12

세종이 말을 마치자 지신사 안숭선이 반색을 표하였다. 그 말을 세종의 '정직 결벽증'이 치유되었다는 신호로 해석하고, 자신있게 해법을 내놓았다. 전날 이미 대신들이 회의를 열어서, '병을 칭탁하고 사신을 직접 접촉하지 않는 것으로 합의를 보았다.'고 아뢴 것인데, '세종이 정색을 하며 말을 뒤집었다. '망령되게 병을 칭탁하려니까 마음이 떳떳하지가 못하다.'며, 사신이 열병에 걸렸어도 친히 나아가 영접을 하겠다고 태도를 바꾼 것이다.

그러자 숭선이 발언의 수위를 몇 단계 더 높였다. 임금의 일신은 종묘와 사직의 안위安危와 직결된다며, 만일 전염되는 날에는 후회해도 소용이 없을 것이라고 겁을 주자, 세종이 스스로 번복을 철회하였다. 그뿐만 아니라 누가 묻지도 않았는데, 다음 날로 다가온 문소전 별제別祭 뒤에 감기에 걸렸다고 핑계하는 방안을 제시하였다.

문소전은 태조 이성계와 그의 정비인 신의왕후의 위패를 봉안했던 사당의 이름이다. 별제는 천재지변이나 나라의 흉사로 인한 액막이를 하기 위해 제삿날이 아닌 명절이나 특별히 택일한 날에 세상을 떠난 선대 임금에게 제사를 지내던 것을 일컫던 말이다.

세종이 마음을 고쳐먹고 스스로 묘책까지 제시하자, 숭선이 순발력을 발휘하여 보다 더 절묘한 '신神의 한 수'를 내놨다. 문소전에 별제를 지내느라고 감기가 들었다고 하지 말고, 감기 때문에 중요한 제사들을 건너뛴 것으로 하자고 제안하자, 세종이 그대로 따라서 문소전과 헌릉의 별제를 취소하였다.

그런데 병을 핑계대고 사신 영접을 피하기로 한 결정이 아무래도 꺼림칙하였던 모양이다. 다음 날 대신들에게, 윤봉이 서울에 도착해서 자신이 누워 있는 곳에 오려고 할 경우를 예상한 대응책을 물었다. 맹사성·권진·허조·신상 등이 한목소리로, '걱정할 필요가 없다.'고 안심시켰다. 윤봉은 창성과 서로 시기하는 사이라서 윤봉이 홀로 문병을 올 가능성이 매우 낮을 뿐만 아니라, 혹시 문병을 구실로 찾아오면, 침실로 불러들여 만나보면 된다고 하였다. 세종 13년/8/13

결국 칭병을 하기로 결말이 지어지자 세종이 지신사 안숭선을 불러서 지나간 일화를 들려주었다. 13년 전에 부왕 태종이 자신에게 왕위를 넘겨줄 때에 태종이, '몸에 병이 있다.'고 황제에게 알리고, 회답이 오기 전에 전격 왕위를 넘긴 뒤에 있었던 일에 관한 이야기였다.

왕위를 넘겨받고 얼마 지나지 아니하여 사신이 나와서, 신하들이 태종에게 병을 핑계하고 부축을 받고 나아가 칙서를 맞이할 것을 청하니 태종이 따르지 않았다며, 자신도 부축을 받으면서까지 칙서를 맞이할 생각은 없다고 하였다.

거짓으로 부축을 받으면서 칙서를 맞이한다면 뜰에 가득한 신하들을 무슨 낯으로 대할 것이며, 거짓을 꾸며서 사신을 속이는 것도 있을 수 없는 일이다. 옛날에 위魏나라의 모사 사마의가 거짓으로 간사한 일을 행하여 후세의 웃음거리가 되었다. 병을 핑계하는 것도 정도正道는 아니나, 황제의 칙명을 피하려는 것이 아니라 열병을 피하기 위함이며, 옛날 임금들 중에도 병을 핑계한 이들이 있었다. 오吳나라의 임금은 병을 이유로 조회를 열지 않았으며, 대신이 병을 칭탁하고 대궐에 들어오지 않은 경우도 있었다. 하지만 망령되게 병을 핑계하고 부축을 받으며 칙서를 맞는 것은 마치 연극을 하는 것 같아 따르고 싶지 않다. 지나간 일을 돌이켜보면, 애초에 내가 사신의 열병과 상관없이 직접 칙서를 맞이하려고 하였던 것이 지극히 옳았다. 그런데 대신들이 병을 칭탁하고 사신을 직접 영접하지 말 것을 권하여, 내가 그 말을 옳게 여기고 따르기로 하였다가 일이 그만 고약하게 틀어졌다. 그렇더라도 부축을 받으면서 칙서를 맞이할 생각은 조금도 없으니, 사성 등과 더불어 다시 신중히 의논하여 아뢰도록 하라.세종 13년/8/13

세종이 말을 마치자 우의정 맹사성 등이 타협안을 제시하였다. 자기들의 생각으로도 임금이 병을 핑계하고 부축을 받으며 사신을 영접한다는 것은 있을 수가 없다며, 사신의 처소에 사람을 보내보자고 하였다. 임금이 칙서를 직접 받지 않는 것으로 하되, 사신에게 임금이 편치 않은 사정을 알리고 반응을 확인 다음에 대책을 세우자는 것이었다. 그러자 세종이 한참 동안 생각에 잠겼다가, 우부대언 송인산으로 하여금, 사신에게 가서, 서울에 도착하는 날짜를 미뤄줄 것을 청하게 하였다.

사신에게 가서 '전하께서 본래 봄과 가을이면 풍질風疾이 발작하는데, 지난여름에는 한 달을 연달아 앓으셨습니다. 그런데 이번에 문소전과 헌릉에 별제를 지내려고 목욕을 하시다가 바람을 쐬시어 몸이 붓고 약간의 신열도 있어서, 사신께서 18일이나 19일에 서울

에 도착하시면 전하께서 친히 칙서를 맞이하지 못하실 것이니, 하
루 이틀 늦춰서 들어가시는 것이 좋을 것입니다.'라고 전하도록 하
라.세종 13년/8/13

세종의 뛰어난 협상 능력이 반짝 빛을 발한 순간이었다. 대신들은
사신의 반응에 맞춰서 대책을 세울 생각을 하고 있을 때에, 세종은 자
신이 해법을 궁리하여 상대방의 행동을 바꾸려고 하였다. 바꾸어 말
하면, 대신들의 착안은 수동적이고 종속적이었던 반면에 세종의 착안
은 능동적이고 주도적이었다.

그런데 이때에 사신으로 나오던 윤봉이, 도중에 사람을 시켜서 세
종에게, 자신이 서울에 도착하면 조뇌의 집이 아니면 흥천사를 수리
하여 머물게 해줄 것을 요청하였던가 보다. 세종이 대신들에게 그와
같은 윤봉의 요구를 알리고 해법을 물으니, 맹사성 등이 한목소리로,
윤봉에게 사람을 보내서, '서울에 들어온 뒤에 골라서 거처하라.'고
전하자고 하였다. 창성은 매양 윤봉이 모국의 편을 들까 봐 의심하여
서, 서울에 도착하기 전에 윤봉이 거처할 곳을 수리하면 창성이 오해
할 수 있다는 것이었다.세종 13년/8/13

그로부터 이틀 뒤에 송인산이 황해도 흥의역에서 윤봉을 만나 문안
하고 임금의 옥체가 편치 못하다고 전하였다. 윤봉이 듣고 나서, 임금
이 편치 않으면 왕세자나 왕자가 대신 칙서를 맞이하여도 무방하다고
하였다.세종 13년/8/15 비록 세종의 의도는 빗나갔어도, 칙서를 직접 받
아야 한다는 압박감을 깔끔하게 벗었다.

그런데 이때에 세종의 건강에 적신호가 켜졌다. 사신을 맞이할 채비를 갖추느라 밤낮없이 신하들과 토론을 벌이다가 그만 기운이 쇠한 모양이었다. 가뜩이나 질병이 많았던 데다가 한여름의 폭염에 지쳐서 기력을 잃었을 법도 하다. 사흘 뒤부터 몸이 편치 못하여 경복궁 서쪽의 영추문에서 가까운 인왕산 아래 준수방의 옛집으로 거처를 옮기고, 내관 최습으로 하여금 유후사(개경)에 가서 창성을 문안하게 하였다. 세종 13년/8/16

하루 뒤에 대호군 박연을 불러서, '칙서를 맞이할 때 사용할 음악을 황종궁黃鍾宮 대신 고선궁姑洗宮을 쓰라.'고 지시를 내렸다. 몸이 편치 않아 세자로 하여금 칙서를 맞이하게 한 데 따른 조치였다. 세종 13년/8/17

같은 날 총제 원민생이 세종에게, 사신을 맞이할 때 새로 만든 아악雅樂을 써도 좋을는지를 물었다. 새로 만든 아악으로 칙서를 맞이하다가, 혹시 사신이 아악을 쓰는 이유를 물으면 대답할 말이 마땅치 않았기 때문이었다. 아악은 옛날 중국의 송宋나라 음악을 일컫던 말이다. 조선은 송나라 때 성립된 성리학(주자학)을 통치 이념으로 삼았던 관계로 음악도 송나라 음악을 기본으로 썼다.

민생으로부터 물음을 받은 세종은, 몸이 편치 않아 그랬는지, 본인이 직접 대답을 하지 않고 숭선으로 하여금 민생의 질문에 답을 하게 하였다. 명을 받은 숭선이 모범 답안을 제시하니, 민생에게 그대로 따르라고 하였다.

'일찍이 태조황제(홍무제, 주원장)와 태종황제(영락제, 주체)가 연달아 아악을 보내주었으나, 연주에 필요한 악기가 모자라서 쓰지 못하다가, 근래에 악기가 갖춰져서 쓰게 되었다.'고 대답하면 될 것입니다.세종 13년/8/17

음악 문제를 정리한 다음에는 사신 일행 가운데 오다가 죽은 사람에게 제사를 내려주는 방안을 토론에 부쳤다. 갑론을박 끝에 제문祭文을 지어서 제사를 지내주기로 결말을 짓고서, 예조로 하여금 제문 및 제사용품 등에 관한 사항을 자세히 정하여 아뢰게 하였다.세종 13년/8/17

사신이 서울에 들어올 날이 하루 앞으로 다가오자 세종이 좌대언 김종서에게 특지를 내렸다. 그 내용은, 항시 자신의 곁에 머물면서 지시하는 말들을 밖으로 전하라는 것이었다. 병중이라서 심신이 함께 힘든 상황에서 사신들까지 무더기로 나와서 마음이 심히 복잡한데, 환관들이 지시를 똑바로 전하지 못할 때가 잦다고 이유를 달았다. 종서가 명을 받고 명령을 기다리자, 세종이 종서에게 풍질로 인하여 그동안 고생한 이야기와 병세의 심각성을 털어놓았다.

내가 풍질을 얻은 까닭을 경은 잘 알지 못할 것이다. 저번에 기온이 한창 무더운 여름철에 경복궁에서 거처하였는데, 한낮이 되어 잠시 이층에 올라가서 창문 앞에 누워 잠깐 잠이 들었더니, 갑자기 두 어깨 사이가 찌르는 듯이 아프다가 이튿날 회복되었다. 4~5일 뒤에 또 찌르는 듯이 아프더니 밤을 지나면서 몸이 약간 부었다. 그 뒤로 시도 때도 없이 발작하여, 어떤 때는 2~3일 간격으로 아프기도 하고, 어떤 때는 6~7일 간격으로 아프더니 그만 고질병이 되었다. 20대 시절에 매던 허리띠가 모두 헐거워졌으니 허리둘레가 가늘어졌음을 알 수 있다. 올해 내 나이가 서른세 살인데, 귀 밑에 난 터럭 두 오라기가 갑자기 세었다. 시중드는 아이가 보고서 놀라고 괴이쩍게 여겨 뽑으려고 하는 것을, '병이 많은 탓이니 뽑지 말라.'고 하였다. 나이를 먹을수록 전보다 몸에 생기는 병의 가짓수가 늘어나니 경은 그런 줄을 알고 있으라. 세종 13년/8/18

명나라 사신의 일행이 서울에 도착하기 직전에 세종이 위와 같이 김종서를 특정하여 왕명의 출납을 전담케 하였다는 것은 여러 가지 추측을 가능하게 해준다. 첫째로, 김종서에 대한 세종의 신뢰가 매우 두터웠음을 짐작게 한다. 둘째로, 세종의 건강 상태가 극도로 좋지 않았음을 짐작게 한다. 셋째로, 세종은 30대 초반에 이미 건강에 적신호가 켜졌음을 짐작게 한다. 넷째로, 그와 같이 건강상태가 나빴는데도 흔들리지 아니하고 국왕으로서의 본분을 다하였음을 짐작게 한다.

대규모 인원이 함길도를 왕복하였다

세종 13년 8월 19일에 마침내 1백50명에 이르는 사신 일행이 서울에 왔다. 왕세자가 백관을 거느리고 칙서를 맞이하니, 황제가 내보낸 채포군을 성심껏 도와주라는 내용이었다. 채포군이 필요로 하는 모든 것을 공급하라고 쓰여 있었다. 그들의 숙식과 이동에 필요한 편의는 물론이고, 그들에게 필요한 양식·의복·신발을 주라고 하고, 심지어는 그들이 포획하여 가져갈 짐승들의 먹이까지 책임을 지라고 하였다.

> 내관 창성·윤봉·장동아·장정안 등으로 하여금 관군 1백50명을 거느리고 모련위 등지에 가서 해청과 토표를 잡아오게 하였으니, 칙서가 이르거든 왕은 곧 적당한 사람을 뽑아서 호송해주기 바란다. 사신과 관군으로 하여금 조선의 후문(경원부 북쪽에 있던 야인과의 접경 관문)을 경유하여 모련위로 가게하고, 번거롭더라도 소용되는 양식을 공급해주기 바란다. 혹시 날씨가 추우면 적절히 알아서 옷가지와 신발 등을 챙겨주고, 아울러서 포획한 해청과 토표를 가져오는 도중에 먹일 고기와 모이를 적당히 준비하여, 국경을 넘기 전까지 사람을 딸려서 호송해주기 바란다.세종 13년/8/19

칙서에 들어있는, '혹시 날씨가 추우면 적절히 알아서 옷가지와 신발 등을 챙겨주라.'는 문구는, 2년쯤 전에, '칙서에 없는 요구는 절대 들어주지 말라.'고 한 칙서에 구애받지 말라는 뜻이었다. 야인 추장을 회유하는 칙서는 조선과 무관한 것이어서, 전달되지 않았다.

사신 일행과 칙서가 도착한 이후로, 조정 전체가 한층 더 분주하게 움직였다. 당장 당일부터 의정부와 육조 당상관(정3품 이상)의 근무시간을 연장하였다. 그런데 이날 세종이 김종서를 내전으로 부르더니, 자신이 부왕(태종)보다 명나라를 더 극진히 섬기고 있다고 자랑을 펼쳤다.

> 부왕께서 명나라를 공손히 섬기시고, 황엄이 사신으로 나오면 성심껏 접대하시어, 엄이 그 성의를 영락황제에게 보고하니, 영락황제가 부왕을 중히 여겨 여러 차례 비단을 상으로 내려주었다. 내가 임금이 된 뒤로 명나라를 더욱 공손하게 받들어서, 지금의 황제가 사신을 보내 칭찬을 해준 적이 한두 번이 아니며, 명나라 조정의 관리가 사신으로 와서, 우리의 정성을 보고, '명나라를 섬기는 정성이 앞의 임금보다 두 배나 극진하다.'고 하였다.세종 13년/8/19

그뿐만 아니라, 자신은 날이 갈수록 정성을 더하여 명나라를 섬길 생각임을 담담하게 밝혔다. 자신에게 황제를 속일 마음이 털끝만큼도 없음을 천지신명이 알 테지만, '혹시 터럭만큼이라도 부족한 구석이 있을까 봐 늘 신경이 쓰인다.'며, 옛날에 제齊나라의 위왕威王이 천자를 섬기는 일로 변덕을 부리다가 사람들로부터 비웃음을 샀던 이야기를 들려주었다.

> 옛날에 제나라의 위왕이 제후들을 거느리고 천자가 있던 주周나라를 갔는데, 주나라가 가난하고 힘도 없어 보이자, 다른 제후들은

아무도 천자를 알현하지 아니하고 위왕 한 사람만 천자를 만났다. 한 해가 지나서 천자가 죽었는데, 제나라에서 조문을 지체하자, 주나라에서 위왕에게 사람을 보내, '천자가 세상을 떠난 중차대한 시국에 동쪽 변방의 제후들이 제나라 때문에 조문을 늦게 오면 목을 벨 것이라.'고 겁박하니, 위왕이 노하여, '네 어미의 종처럼 취급하지 말라.'고 꾸짖었다. 천자가 살았을 때는 찾아가서 알현하고 천자가 죽어서는 꾸짖었다가 마침내 천하의 웃음거리가 되었으니, 가히 거울로 삼을 만하다.세종 13년/8/19

김종서에게 위왕의 고사를 들려준 세종은, '윗사람과 아랫사람 사이는 오래 융합하면 틈이 벌어지게 마련이고, 임금을 섬기면서 너무 자주 임금을 만나면 욕을 당하게 마련이라.'고 일러주었다. 그뿐만 아니라 황제가 유례가 드물 만큼 여러 차례에 걸쳐 상을 내리고 더없이 아름다운 말로 칭찬해주어서 늘 두렵게 생각한다며, 대신들과 더불어서 창성과 윤봉의 마음을 달래줄 방법을 의논하여 아뢰게 하였다.

지난해, '사신에게 사사로이 주는 것을 금하라.'고 한 칙서가 매우 간절하고 지극하여 내가 그대로 따르려 하니, 경이 나에게, '명나라는 환관들이 나라의 권세를 잡고 정사를 마음대로 움직이니 재물을 주지 않을 수 없다.'고 한 말이 생각난다. 예의를 지키는 나라로서 황제의 명을 거스를 수 없어서, 사신들에게 물품을 한 가지도 주지 않았더니, 윤봉과 창성 등이 깊이 원한을 품고 오늘의 폐단을 만들었다. 이번의 칙서는 마치 부모 없는 고아를 희롱하듯이 쓰여 있으니, 황제가 이런 식으로 칙서를 보냈던 적은 일찍이 없었다. 이 같은 때를 당하여 정도正道만 고집하기는 어려워서, 임시 조치로 창성과 윤봉의 마음을 달래서 오늘의 폐단을 없애고자 하니, 전 좌의정 황희·우의정 맹사성·찬성 허조·판서 권진 등과 충분히 협의하여 결과를 아뢰도록 하라.세종 13년/8/19

당시 황희는, 말을 키우는 감목관으로서 1천 필에 가까운 말을 죽게하여 사법절차에 회부된 태석균이라는 자를 구해주려고 하였다는 혐의로 파직된 상태였는데도 회의에 참여하였다.세종 12년/11/21, 11/24 김종서에게 대신들과 더불어 창성과 윤봉의 원한을 풀어줄 방안을 의논하여 아뢰라고 지시한 세종은, 윤봉의 아우 중부에게 총제 벼슬을 주는 방안을 검토하게 하였다. 벼슬은 아무에게나 함부로 주는 것이 아니지만, 중부에게 주려는 벼슬은 직책이 없는 이름뿐인 벼슬이라고 덧붙였다. 모두가 한목소리로 찬성 의견을 제시하자, 중부에게 벼슬을 주는 것은 국익을 위한 특단의 조치임을 상기시켰다.

비록 백성을 구제하고 나라를 보호하기 위해 임시 조치로 중부에게 관직을 주지만, 내가 관직을 아끼는 것은 경들이 익히 아는 바이니, 이번의 조치는 단지 한때의 임시방편일 뿐이다.세종 13년/8/19

그다음 날 지신사 안숭선이 사신단의 대표 격인 창성의 숙소에 나아가 문안하고, 창성에게 야인의 땅으로 통하는 길에 대한 이야기를 꺼냈다. 동맹가첩목아가 사는 곳은 국경에서 멀지 않아서 간혹 아는 이가 있으나, 양목답올은 깊고 먼 곳으로 숨어들어 아무도 있는 곳을 모른다고 하자, 창성이 아무런 대꾸도 하지 않고, 눌언訥彦이라는 곳까지 가는 길을 아는 자가 있는지를 물었다. 세종 13년/8/20

숭선이 그 말을 받아서, 한 번도 들어본 적이 없는 지명이라 나라 안에 길을 아는 사람이 없을 것이라고 대답하자, 창성이 마치 길을 잘 아는 것처럼, '바닷길로 가면 닿을 수 있다.'고 하였다. 숭선이 듣고 나서, 육지에 인접한 바다에는 물에서 사는 야인들이 있어서 통과할 수 없다고 하자, 창성이, '눌언은 거리가 너무 멀어서 해청을 잡아도 무사히 가져오기가 어려운 반면, 조선의 후문은 거리가 그리 멀지 않고 매의 먹이를 구하기도 쉬울 것이라.'고, 여전히 아는 체를 하였다.

숭선이 듣고 있다가, '길을 아는 자가 없을 뿐만 아니라, 토골매에 대해서도 자세히 아는 사람이 없다.'고 하자, 창성이 아무런 대꾸도 하지 않았다. 창성이 안숭선에게 가는 길을 물었던 눌언이 정확히 어디인지는 확인하기 어렵다.

숭선이 두 번째로 장동아를 문안하고 창성과 나눈 대화를 그대로 전하니, 장동아가 숭선에게, 자기는 양목답올의 근거지를 가지 않고 모련위로 갈 것이라고 일러주었다. 동맹가첩목아가 있는 곳은 조선의 국경에서 이틀 길이고 모련위는 하루 길이라, 모련위는 반드시 갈 것이라며, 눌언으로 가는 길을 아무도 모르는 이유를 물었다. '원나라 때 조선과 눌언이 서로 통했었는데 어째서 아는 사람이 없느냐.'고 따지자, 숭선이 듣고 있다가, '원나라 때 사람이 오늘까지 살아 있겠느냐.'고 맞받아쳤다.

이어서 장정안과 윤봉을 문안하고, 전에 사신의 수행원으로 왔었던 왕승의 말을 믿고 토골매를 해청으로 알고 황제에게 바쳤다가 세종이 놀라서 시름에 빠졌던 이야기를 들려주었다. 숭선이 이야기를 마치자 윤봉이 숭선에게, '허물은 왕승에게 있는 것이고, 이미 지나간 일이니 잊어버리라.'고 충고하였다.

같은 날 숭선이 발가락이 부러진 해청 한 마리와 올량합 지위 손다가 바친 새끼 토표 두 마리를 사신들에게 가져가니, 사신들이 해청의 몸집이 크고 빛깔이 좋은 것을 보고서, '옥해청 바로 다음으로 치는 노화蘆花 해청이라.'고 알려주었다.

예조에서 말을 올려서, 매를 잡으려고 데려온 일행들에게 방한용품을 주자고 건의하니, 세종이 모두 주라고 하였다. 수행원들의 우두머리인 최진과 고성 및 요동의 지휘인 천호 두두인 등에게는 깃을 둥글게 만든 관복團領(단령)을 주고, 그 외의 관군들에게는 깃을 둥글게 만든 관복과 함께 털옷과 털모자를 주도록 하였다. 아울러서 도총제 유은지를 함길도 순찰사로 임명하여, 접반사와 같이 항상 사신의 숙소인 태평관에 머물며 사신의 지시를 따르게 하였다.세종 13년/8/20

같은 날 장동아가 갓끈을 매다는 고리와 작은 자물통을 요구하여, 곧바로 챙겨서 주게 하고, 좌대언 김종서를 내전으로 불렀다. 종서가 들어오자 세종이 사신들의 치졸하고 무례한 행태를 개탄하더니, 대신들과 더불어서 사신과 채포군의 해청 포획에 수반될 민폐를 방지할 대책을 의논하여 아뢰게 하였다.

내가 명나라를 지성으로 섬겨서 해청을 잡는 대로 곧바로 바쳤으니, 지체하여 머물러 두거나, 아껴서 바치지 아니할 마음을 터럭만큼도 가져본 적이 없음은 천지신명이 아는 바이다. 그런데도 사신들은 내가 자기들의 요구를 들어주지 않는다고 앙심을 품고 망령되이 내게 책임을 씌우려고 말투가 심히 거칠고 오만하다. 천자가 설령 만 리 밖을 훤히 내다볼지라도 나의 성심은 모를 것 같아서, 내 마음이 몹시 아프다. 환관들은 예로부터 스스로 반성하여 부끄러워할 줄을 모르는 자들이니 하나도 두려울 것이 없다. 그러나 채포군을 많이 거느리고 와서 수많은 고을을 통과하며 백성들에게 숱하게 민폐를 끼치니, 올해 한 번으로 그치지 아니하고, 내년부터 해마다 나와서 우리 백성들을 괴롭힐까 봐 심히 염려된다. 그래서 폐단을 막을 방책이 필요하다고 생각되니, 경은 이 뜻을 가지고 대신들과 의논하여 결과를 아뢰도록 하라.세종 13년/8/20

그때가 밤 11시가 넘었는데 세종이 잠을 이루지 못하니 어린 내시 인평이 곁에서 모셨다. 다음 날 창성·윤봉·장동아·장정안 등이 대궐로 사람을 보내 비단을 바치니, 답례로 물품을 보냈다. 내관 김순을 시켜서, 별선과 누런 매 네 마리, 큰 개 네 마리를 가져가서 네 사신에게 나눠주게 하였다.

물품 제작을 담당하는 관청의 관원들에게 다음 날부터 사신들의 숙소로 출근하도록 명을 내렸다. 그보다 앞서 예조에서, 공조·선공감·군기감·제용감·장흥고 등의 관원들을 날마다 태평관에 출근시켜, 사신들이 물품을 요구하면 곧바로 만들어주게 하자고 하였었다.세종 13년/8/21

다음 날 좌대언 김종서가 임금의 명에 따라 창성과 장동아를 문안하고, 호송에 필요한 군사의 수를 물었다. 창성은 군관 최진과 고성이 먼저 출발할 때에 스무 명만 붙여주기를 원하였다. 장동아는 자기가 칙서를 가지고 수행원 한 명과 함께 장차 골간骨看 지방을 갈 것이라며, 다섯 명을 요구하였다.

그러면서 창성과 장동아가 함께 말하기를, 자기들이 당장은 동맹가첩목아가 사는 곳까지 직접 가지 않지만, 최진 일행이 칙서를 가지고 가서 알아듣게 타일러봐서, 만약 순순히 응하게 되면 자기들이 들어갈 것이라고 하였다.

종서가 듣고 나서, '골간 지방은 거리가 멀고 길이 험해서 통하는 길이 없다.'고 하자, 장동아가 그곳의 지리와 정착민에 대한 지식을 과시하였다. 알목하(회령=오음회)는 서쪽으로 멀리 치우쳐 있지만, 골간은 동쪽으로 가깝게 있고, 거주하는 종족의 성질이 온순하다고 일러주었다.세종 13년/8/22 골간은 당시 여진족들이 살았던 두만강 하류 지역의 이름이었다.

같은 날 성달생을 함길도 접반사로 임명하고, 이징옥도 아울러서 접반사로 따라가게 하였다. 다음 날 창성이 임금의 회복을 위한 약이라며, 주사朱砂, 안신환安神丸, 유기음자流氣飮子를 각각 4첩씩 바쳐서,

답례로 삼베 5필을 보냈다. 세종 13년/8/23

이후로 네 사신이 마치 경쟁이라도 하듯이 각종 요구를 봇물처럼 쏟아냈다. 요구하는 물품의 종류가 그 수를 헤아릴 수 없이 많았고, 원하는 수량도 감당하기 어려울 정도였다. 하지만 들어주지 않으면 창성과 윤봉이 심술을 부릴까 봐, 하나도 거절하지 않고 모두 들어주었다. 세종 13년/8/23, 8/24, 8/26

그 사이 사신단 가운데 열병 환자가 계속 발생하자, 세종이 환자들의 쾌유를 위해 불공을 드려주고 싶다는 뜻을 내비쳤다. 밤 9시가 넘었는데 승정원 당직자를 불러들여, '사신과 수행원들이 병을 앓고 있으니, 주인으로서 마땅히 구원해줘야 한다.' 하고, 불사를 준비시킬 뜻을 밝혔다. 맹사성과 오승이 나서서, '군인들의 역질에 치성을 드리는 것은 옳지 않다.'고 말하자, 곧바로 뜻을 거두었다. 세종 13년/8/24

이틀 뒤에 지신사 안숭선을 보내 사신을 문안하니, 장정안이, 먼저 출발하는 수행원 스무 명에게 빨리 털옷을 주라고 재촉하였다. 장정안·안숭선·성달생·윤봉 등 네 사람이 옥신각신 설전을 벌이다가, 장동아가 최진 등 수행원 여든네 명을 거느리고 함길도로 떠났다. 장동아를 따라간 최진은 양목답올에게 전해줄 황제의 칙서를 가지고 알목하로 갔다. 세종 13년/8/26

같은 날 창성이 매에게 먹일 비둘기 이백 마리를 요구하여, 각 관청에 명하여 급히 바치게 하였다. 한 마리의 값이 무명 한 필 값에 해당하였다. 세종 13년/8/26 이틀 뒤에 윤봉과 장정안이 수행원 마흔두 명을 거느리고 함길도로 출발하니, 세종이 윤봉의 아우 중부에게 2품 관직인 동지총제를 제수하였다. 윤봉이 여러 차례 사신으로 오가면서 국가의 이익을 위해 나름 기여한 데 따른 보상 차원의 특전이었다. 세종 13년/8/28, 9/1, 9/3

찬성 허조의 건의를 받아들여, 창성에게 삼베 30필을 보내게 하였다. 마침 창성의 수행원이 다섯 명이나 죽어서, 부의 명목으로 물품을 주어서, 윤봉의 아우에게 벼슬을 준 것과 균형을 맞춘 것이었다. 앞서 장동아를 따라 함길도로 떠난 최진과 고성, 지휘 이양, 천호 이흠 등에게 옷 1습과 털모자와 신발 등을 하사하였다. 뒤따라서 함길도로 떠나는 수행원 백여섯 명과, 서울에 남은 수행원 서른여덟 명에게도 각각 옷 두 벌과 털모자와 신발 등을 내려주었다. 세종 13년/9/2, 9/3

이 지점에서 《세종실록》의 오류가 시야에 잡힌다. 처음에 사신들이 데려온 수행원(관군)은 150명이었는데, 함길도로 떠난 인원과 서울에 잔류한 인원을 합하면 275명이 나온다. 8월 26일과 8월 28일에 장동아와 윤봉이 함길도를 가면서 각각 84명과 42명을 데려가고, 9월 2일에 106명이 사신의 인솔 없이 함길도로 출발하고, 38명은 서울에 남았다면, 전체 인원이 270명에 이른다. 여기에다 병으로 죽은 다섯 명을 더하면 275명의 수행원(관군)이 서울에 왔었다는 계산이 나온다. 실록 원문도 국역본과 차이가 없으니, 어딘가에 착오가 있었음이 분명하다.

이야기를 다시 되돌려서, 세종이 창성과 수행원들에게 삼베와 방한복 등을 내려주고 10여 일 지나서, 함길도 채방별감인 김한생이 윤봉으로부터 모질게 봉변을 당했다는 소식이 전해졌다. 세종의 명을 받고 함길도를 다녀온 사인使印 유담이 가져온 정보였다.

유담의 보고에 따르면, 윤봉이 함길도 의천에 이르러 한 산봉우리에 설치된 '매 잡는 덫'에 그물이 없는 것을 보고, '네가 매 잡는 그물을 놓으려고 온 것이냐, 쳐놓은 그물을 걷으려고 온 것이냐.'고 다그쳤다. '임금이 들으시면 반드시 죄를 내릴 것이라.'고 겁박하기도 하였다.

윤봉의 엄포에 겁을 먹은 한생이 얼떨결에, '그물을 펴놓지 않은 것이 아니라 마을 사람들이 그물을 훔쳐간 것이라.'고 하였다. 감사의 잘못을 가리려고 꾸며낸 말이었는데, 유담이 함길도 감사 김맹성에게 그물이 없는 이유를 물어서, 한생의 거짓말이 탄로 났다. 맹성이 대답하기를, '전 감사 민심언이, 사신이 올 때마다 길가에 설치한 그물을 모두 걷게 하여서, 전례인 줄 알고 걷었다.'고 한 것이다. 유담으로부터 두 사람의 태만과 안일함을 보고받은 세종은 놀란 기색으로 의정부와 육조를 불러서 철저한 진상조사를 지시하였다.

내가 김한생을 먼저 보낸 것은, 매 잡는 일을 순찰하여 착오가 없게 하기 위함이었는데, 초장부터 배치를 소홀히 하였다. 또, 김맹성은 감사로서 앞뒤 사정을 살피지 않고 그물을 치우게 하고서는 전례인 줄 알았다고 하였다니, 신하로서 어찌 그리도 나라의 일에 마음을 쓰지 않는다는 말이냐. 극형에 처하지는 않더라도 엄중히 다스려야 할 것이니, 철저히 추국하여 아뢰도록 하라.세종 13년/9/15

세종이 말을 마치자 황희 등이 나서서, 두 사람의 죄가 가볍지 않다며 엄한 징계를 건의하였다. 하루 뒤에 세종이 세 사람에 대한 사법처리를 지시하였다. 각자의 행동이 근신하고 폐단을 없애야 하는 본의를 벗어났다고 질책하였다. 김맹성은 처신을 신중히 하여야 할 감사로서 함부로 여러 사람에게 매를 선물한 혐의를 받았다.

이때에 함길도 감사 김맹성·접반사 성달생·도순찰사 유은지 등이 포획한 매를 가지고 장난을 치고, 매들을 여러 곳에 나눠준 일이 있었던 모양이다. 세종이 세 사람에게 그와 같이 행동한 경위를 자세히 보고하라고 지시를 내렸다.

> 접반사와 순찰사는 사신을 접대하는 일을 전담하는 직책인데, 매를 주고받으며 공중에 날려 놓고 놀이를 즐겼다고 하니, 삼가고 폐를 막아야 할 책무를 다하지 않았다. 또, 부질없이 매를 여러 곳에 나눠주었다고 하니, 두 가지 행동을 하게 된 이유를 자세히 아뢰어라.세종 13년/9/16

이후로 어떤 과정들이 있었는지에 대하여는 실록에 관련 기록이 보이지 않는다. 그런데 이 무렵 한 가지 반가운 변화가 있었다. 마침내 세종의 몸이 점차 회복되어, 그때까지 머물던 본궁을 떠나 경복궁으로 돌아갈 뜻을 내비친 것이다. 몸이 편치 않아 궁궐을 떠난 날이 8월 16일이었으니, 한 달이 넘게 병마와 싸우며 사신들과 신경전을 벌인 셈이다.

그런데 옮기는 날짜를 10월 중으로 못을 박았다. 점쟁이가, '11월에는 액운이 끼었다.'고 말했다는 것이었다. 다만 세자가 약시중을 맡느라 학업을 오래 폐하였다며, 즉시 서연書筵을 열어 학업을 잇게 하였다.세종 13년/9/19 서연은 세자가 학식과 덕망이 높은 원로 대신들로부터 제왕 수업을 받던 것을 일컫던 말이다. 임금이 대신들과 경서를 읽고 국사를 논하던 것은 경연經筵이라고 하였다.

이때에 경원 사람 이경실이 해청 한 마리를 잡아서 바치니, 해청 포획에 대한 중복 포상 문제가 불거졌다. 처음에 황희·맹사성·권진·허조 등이 의견을 모아서, 경원에서 해청을 포획한 사람에 대하여는 상을 주지 말자고 제안하였다. 사신들이 황제로부터 상품을 받아와서 그 전부를 매를 잡는 자들에게 나눠주니, 이중으로 줄 필요가 없다는 것이었다.세종 13년/9/19, 9/22

하지만 세종은 따르지 않았다. '해청을 잡으면 상을 준다.'는 법을 세워서 이미 널리 알려놓고 약속을 어기면 백성들의 신뢰를 잃는다는 것이었다. 그러자 황희 등도 물러서지 않았다. 법을 정했으면 지키는 것이 옳지만, 이경실이 잡은 매가 진짜 해청인지 아닌지도 모르면서 상부터 주는 것은 옳지 못하다고 우겼다.세종 13년/9/22 바로 다음 날 평안도 감사로부터, 영변부에서 '이상하게 생긴 매'를 잡았다는 보고가 올라와, 내관을 보내 가서 보도록 하였다.세종 13년/9/23

그다음 날 함길도 감사로부터, '최진과 고성 등 열한 명이 칙서를 가지고 알목하에 가는 길에 군사 스무 명을 붙여서 호송하고, 왕복하는 동안 먹을 쌀을 주었다.'는 보고가 올라왔다. 더불어서, 최진 등이 야인들에게 반포하려고 가져간 칙서의 사본도 올라왔다.

황제의 이름으로 도독 동맹가첩목아에게 칙유하노라. 이번에 내관 창성·윤봉·장동아·장정안 등이 관군 1백50명을 거느리고 나갈 것이니, 곧바로 부하들을 시켜서 해청과 토표를 포획하여 사람을 시켜서 바치도록 하되, 사람을 뽑아 조선 후문까지 호송하여 내관 창성 등에게 넘겨준 뒤에, 그들을 따라서 함께 오도록 하라. 세종 13년/9/24

비슷한 무렵 평안도에서 사신을 접대할 물품을 싣고 강을 건너던 배가 난파하여 군인 마흔일곱 명이 익사하는 참사가 있었다. 세종 13년/9/26 매를 잡으러 나온 채포군과는 무관한 사고였으나, 세종에게는 큰 충격이었을 것이 분명하다.

그로부터 이틀 뒤에 사신이 이경실에게 해청을 잡은 데 대한 포상으로 청색 무명과 홍색 무명 각각 7필, 말린 홍합 3백 개, 청백색 구슬 반 근, 활시위 5개를 주었다. 세종 13년/9/28 영변부에서 포획한 '이상하게 생긴 매'를 서울로 가져오게 하였더니, 창성의 수행원 풍아거가 살펴보고, '제일가는 해청이라.'고 극찬하였다. 세종 13년/10/5

그 이후로 함경도에서 매를 붙잡아 바치고 푸짐하게 포상을 받은 사람이 연달아 나왔다. 이중 포상을 허락한 결과였을 수도 있다. 경성 사람 신옥경은 퇴곤(흰 매) 한 마리를 잡고서, 사신으로부터 포상으로 청색·홍색 무명 각 10필, 말린 홍합 3백 개, 작은 구슬 1근, 바늘 3

백 개, 활시위 10개를 받았다. 함길도 도절제사 하경복과 판경원부사 송희미도 해청을 1마리씩 포획해 바치고, 각기 옷 1벌씩을 받았다.^세

종 13년/10/6

창성이 마침내 수행원 스물네 명을 거느리고 함길도로 떠나자, 세종이 황희 등을 불러서, 윤봉을 기쁘게 해줄 비책을 물었다. 윤봉이 조선을 대하는 태도가 전과 많이 달라졌을 뿐만 아니라, 말씨가 난폭하고 행동도 거침이 없다고 하였다._{세종 13년/10/6, 10/14}

황희 등이 비밀리에 베를 주자고 하니, 세종이 적당한 수량을 물었다. 황희 등이 70~80필을 제안하자 지신사 안숭선이 가로막고 나섰다. 윤봉에게 베를 줄 명분이 없고, 비밀도 유지할 수 없다며 반대를 표한 것이다. 하지만 세종은 숭선의 말을 일축하고 황희의 말을 따랐다.

밝지 못한 황제(선덕제)가 위에 있어 환관이 권세를 부려 명나라의 신하들조차도 두려워서 몸을 움추리는데, 하물며 해외에 있는 나라가 어찌 정도正道를 고집하고 윤봉을 각별히 대하지 않을 수 있겠는가. 마땅히 무명 70필을 윤중부에게 몰래 주어서, 윤봉이 명나라로 돌아갈 때에 틈을 타서 전해주게 하라.세종 13년/10/14

같은 날 함길도 절제사 하경복으로부터 군사가 부족하다며 병력을 증강해달라는 요청이 올라왔다. 올량합 기병 3백여 명이 도망한 사람과 빼앗긴 우마를 찾으려고, 혐진 올적합과 합세하여 아군의 방어 진지에서 접전을 벌이는 중이니, 군졸을 더하여 뜻밖의 변고에 대비하게 해달라는 것이었다.

세종이 긴급대책회의를 열어, 예조좌랑 이보정을 은밀하게 함길도에 보내기로 정하였다. 사신에게 연회를 차려주러 간다고 연막을 치고서, 소리 소문 없이 하경복에게 보내, '임기응변하여, 사신으로 하여금 북방의 전쟁 기미를 확실히 알게 하여 속히 돌아오게 하라.'고 슬며시 전하게 하였다. 세종 13년/10/14

이틀 뒤에 김종서 등이 세종에게, 채포군의 야인 지역 출입과 관련하여 여러 가지 어려운 사정을 황제에게 솔직히 알리기로 한 결정을 취소하자고 제안하였다. 두 가지 이유를 내세웠다. 첫째로, 야인 지역을 다녀올 인원이 처음 예상했던 것보다 훨씬 적어서 야인들이 도발을 저지를 가능성이 낮다고 하였다. 둘째로, 사실대로 알려서 이득이 될 것이 하나도 없다고 하였다. 세종 13년/10/16

많은 일들이 동시다발로 진행되었다

앞서 동맹가첩목아에게 황제의 칙서를 전하러 갔던 최진이 알목하에서 돌아와 곧바로 입궐하였다. 세종이 최진에게 알목하의 형세와 더불어서 동맹가첩목아에게 칙서를 전달하였는지를 물으니, 최진이 현지에 가서 임무를 수행한 과정을 상세하게 보고하였다. 최진이 여진말과 몽고말을 할 줄 알아서 칙서를 가지고 야인 지역을 가게 되었던 사실도 밝혀졌다.

본인의 보고에 따르면, 최진은 처음에 일단 알목하로 가서 동맹가
첩목아에게 해청 포획에 관한 칙서를 전달한 뒤에, 경성에서 동맹가
첩목아와 다시 만났다. 그때에, '요동 등지에서 붙잡아다 종으로 부리
고 있는 명나라 사람들을 본래 살던 곳으로 돌려보내라.'는 칙서를 전
하고, 동일한 내용으로 양목답올에게 내려진 칙서를 전달해주기를 부
탁하였다. 세종이 최진에게 눌언 땅 바깥 지역도 해청을 잡을 만한지
를 물으니, '요동 근처에 간혹 있지만 조선처럼 많지는 않다.'고 대답
하였다. 세종 13년/10/16, 10/17

같은 날 동지총제 윤중부를 선위사로 삼아 함길도에 가서 네 사신
에게 동지冬至 잔치를 열어주게 하였다. 세종 13년/10/17 이틀 뒤에는 사
신의 수행원들을 접대하는 데 필요한 이부자리 등을 민가로부터 걷지
못하게 하였다. 경기 · 황해 · 평안도에서 사신의 수행원들을 접대하
는 이부자리 · 베개 · 말 안장 등을 민가에서 거두어 폐단이 많았기 때
문이었다. 예조의 건의에 따라, 미리 정해둔 수량에 따라 각 도마다 1
백50벌을 더 만들게 하고, 혹시 뜯어지거나 찢어지면 각 도의 관물을
써서 수리하게 하였다. 세종 13년/10/19

다음 날 최진이 함길도를 향해 출발하였다. 세종 13년/10/20 해청을 포
획한 함길도 감사 김맹성 · 지예원군사 이극문 · 평안도 감사 박규 ·
도절제사 조비형 · 영변판관 이정 등 다섯 명과, 퇴곤(흰 매)을 포획한
판경성군사 유연지에게 의복을 한 벌씩 내려주었다. 세종 13년/10/22

일주일쯤 뒤에 총제 조완을 선위사로 임명해 사신들이 있는 함길도

로 보냈다. 세종 13년/10/30 다시 일주일쯤 뒤에 사신의 요청에 따라, 해청을 받들고 갈 수행원 스무 명 모두에게 담비·여우·너구리 가죽으로 털옷을 지어주게 하였다. 세종 13년/11/8

그로부터 열흘쯤 뒤에 함길도 순찰사 유은지로부터, '수행원 진양 등이 알목하로부터 돌아와서 창성과 윤봉에게, 「야인에게 나포되었던 명나라 사람 1백3명이 나온다.」고 보고하였다.'는 장계가 올라왔다. 은지의 장계에는, '윤봉이 진양 등의 보고를 받고서, 「명나라 사람들을 당분간 단천과 북청 등지에 나누어 두었다가, 봄이 되면 들여보낼 것이라.」고 하였다'고 말한 사실도 적혀 있었다. 그리고 은지 자신의 건의도 들어 있었다.

유은지의 생각은 야인들의 소굴에서 멀리 떨어진 함흥 이남에서 겨울을 보내게 하자는 것이었다. 세종은 당일로 대책회의를 열어서, 날씨가 따뜻한 날을 골라서 철원과 장단을 거쳐 데려와서 유후사(개성)에 두었다가, 봄이 되면 명나라로 보내기로 결정하였다. 세종 13년/11/19

일주일쯤 뒤에, 함길도에 갔던 장동아가 해청 두 마리를 잡아가지고 서울로 돌아와, 연일 연회를 베풀어 위로하였다. 세종 13년/11/25, 11/26, 11/27, 11/28, 11/29 장동아가 해청을 가지고 30일에 명나라로 출발하기로 되어있어, 동지총제 이징옥을 반송사로 임명하여 의주까지 동행하게 하였다. 동시에 이맹균·이명덕·신개·이안길 등을 안위사로 임명해 유후사와 황주 등지로 보내고, 선위사인 소경 한확을 의주로 보냈다. 세종 13년/11/25, 11/27, 11/30

그로부터 이틀 뒤에 창성·윤봉·장정안 등이 동맹가첩목아의 아우 범찰과 그의 부하 열한 명과 더불어서, 야인들에게 붙잡혀 갔던 명나라 사람 여든두 명을 데리고 함길도로부터 돌아왔다. 서울에 도착하자마자, 전원에게 의복을 만들어줄 것을 두 번이나 요구하여, 대신들과의 토론을 거쳐서, 들어주게 하였다. 세종 13년/12/2, 12/5

대신들과 토론을 벌이던 자리에서 세종이 윤봉과 창성을 감동시킬 비책과 창성의 무리한 요구에 대한 대응책을 토론에 부쳤다. 그보다 앞서 접반사 노한과 성달생 등이 함길도로부터 돌아와, '윤봉이 창성을 두려워하여 아무 일도 자기 뜻대로 시행하지 못하고, 창성은 윤봉을 멸시하여 모든 일을 독단으로 처리하였다.'고 보고를 올렸었다.

세종이 먼저 말을 꺼내기를, '물건을 주어서 환심을 사고자 하는 것이 아니라, 두 사람으로 하여금 각기 자기만 후대한다고 여기도록 느끼게 만들기 위함이라.'고 하더니, 두 가지 안건을 토론에 부쳤다.

첫째로, 창성이 후불을 전제로 은밀히 요구한 도자기 스무 개, 석등잔 세 벌, 꽃무늬 방석을 줘야 하는가? 만약 준다면 꽃무늬 방석은 몇 개를 줄 것인가? 둘째로, 태종이 생전에 황엄이 나오면 항시 털옷을 벗어서 주었으니, 자신도 털옷을 입고 있다가 사신에게 벗어주면 어떻겠는가? 세종 13년/12/5

세종이 말을 마치자 황희 등이 한목소리로, 임금이 입는 털옷을 주는 것은 적절치 않다며, 답례 물품만 넉넉히 주어서 창성의 마음을 기쁘게 해주자고 제안하였다. 아울러서 석등잔은 장동아에게 주었던 예에 따라서 세 사신에게 똑같이 주자고 하였다. 돗자리는 다섯 장 정도를 주고, 값은 받지 말자고 하였다.

이때에 사신을 따라온 수행원들이 무자비하게 폭력을 휘둘러서 조선의 대신과 사신들 사이에 힘겨루기가 벌어졌다.세종 13년/12/9 우선 그보다 한 달쯤 앞서 세종이 함길도 감사와 접반사에게 수행원의 행패를 묵인하는 통사를 아뢰게 하였던 사실은, 일찍부터 사태의 조짐이 있었음을 짐작게 한다.

> 수행원들이 각 역에 이르러 간혹 도리에 어긋나게 사람을 구타하
> 여 부상을 입혀도 통역들이 폭행을 말리지 아니하고, 심지어는 몰
> 래 사주하는 경우도 있다고 들리니, 심히 옳지 못한 일이다. 지금부
> 터 이와 같은 사람이 있으면 빠짐없이 아뢰도록 하라.세종 13년/11/8

대표적 사례로, 사신들을 따라서 함길도를 갔던 두목 심귀가 돌아오던 도중에 나라에서 붙여준 견마잡이 차득생을 폭행하여 사망에 이르게 하였다. 심귀가 득생의 목과 등을 발로 차고 손으로 때려서 그 이튿날 득생이 죽었는데, 관에서 검시檢屍를 해보니 맞아서 죽은 것이 분명하였다.

검시란 죽은 사람의 시신이 범죄와 연관이 있는지 여부를 판단하기 위하여 변사체 전반의 상태를 면밀하게 살피는 것을 말한다. 당시에는 시신을 해부하는 부검剖檢까지는 하지 못하고 육안으로 시신을 살피는 검시만 하였다.

검시관이 득생의 시신을 이리저리 살펴보니 목과 양쪽 어깨와 팔에 시퍼렇게 멍이 들었고, 입술 양 옆이 각기 5푼이나 찢어져 있었다.

세종이 관반사 정연을 태평관에 보내 윤봉과 함께 수습책을 의논하게 하였더니, 윤봉이 적반하장으로 맞서려 하였다. 사과는커녕 도리어 펄펄 뛰면서 고함을 지르자, 세종이 좌대언 김종서로 하여금 윤봉을 찾아가 타이르게 하였다. 세종의 뛰어난 협상 능력이 또 다시 빛을 발한 순간이었다.

먼저, '심 수행원이 사람을 죽인 것은 가증스러운 일이나, 수행원은 대인을 모시고 나온 사람이니 우리가 어찌 황제에게 그대로 주달할 수 있겠습니까.'라고 말한 뒤에, 반응을 보아가며 적절히 타일러서 노여움을 가라앉혀라. 그들의 귀국일이 임박하였으니, 손님이 언짢아하면 주인의 마음이 편안하겠느냐. 또 이 무리들이 지난해에 앙심을 품어서 금년에 온 백성이 함께 온갖 고초를 겪는 것이니, 득생의 죽음은 애석하지만, 그들의 노여움을 키워서 장래의 폐단을 만드는 일이 없도록 하라.세종 13년/12/9

종서가 곧바로 사신의 숙소인 태평관으로 찾아가니, 윤봉이 여전히 흥분하여 큰 소리로 떠들며 계속하여 고함을 질렀다. 종서가 노한과 함께 윤봉을 대면하고 임금이 시킨 대로 차분하게 타이르자, 윤봉이 금세 흥분을 멈추고 기뻐하면서 유감을 표하였다. 다음 날 예조판서 신상을 시켜서, 심귀로부터 매장전埋葬錢을 받아서 득생의 유족에게 전하게 하였다. 세종 13년/12/10

그 외에도 사신 일행이 무자비하게 폭력을 휘두른 사례가 비일비재

하였다. 장정안의 수행원 한 사람이 목공에게 부탁하여 나무빗에 칠을 하도록 하였다. 그 목공이 그 얼굴을 기억하지 못하여 다른 사람에게 잘못 주었더니, 수행원이 노하여 그 목공을 구타하여 죽기 직전에 이르렀다. 도감이 그 사실을 정안에게 알리니, 정안이 수행원을 거의 죽기 일보 전까지 때렸다. 윤봉의 수행원이 종로에서 말을 달리다가 사람을 밟아 죽이는 사고를 저질렀다. 세종이 사람을 시켜 윤봉에게 알리니, 윤봉이 그 수행원에게 곤장 40대를 치게 하였다.세종 13년/12/9

그런 일들이 수시로 생기자 세종도 인내심의 한계를 느꼈던 모양이다. 네 명의 사신이 1백50명의 수행원을 거느리고 와서 8월부터 12월까지 무려 4개월 동안 머물며 온갖 폐단을 일으켰으니, 화가 났을 법도 하다. 사신 접대를 총괄하던 판한성부사 노한으로 하여금, 사신들에게 해청 채포군의 무용성을 반복해서 설득하게 하였다. 그때까지 차마 입 밖으로 내지 못하고 꾹꾹 참았던 말을, 관반사 노한을 시켜서 사신들에게 직설적으로 전달하게 한 것이다.

우리 전하께서 명나라를 위하여 해청 포획을 담당하는 세대들을 지정하여 마음을 다해서 포획하시고, 사사로이 해청을 잡으면 후하게 상을 내리십니다. 이로써 여러 도의 사람들이 마음을 다하여 해청 포획에 주력하여 많은 수효의 해청을 포획하고 있으니, 이후로는 채포군을 데려오지 않는 것이 어떻겠습니까.세종 13년/12/10

그런데 하루가 지나자 돌연 세종이 태도를 바꿨다. 황희 · 맹사성 ·

권진 · 허조 등을 불러서 이르기를, '채포군은 이익이 없고 폐해만 있을 뿐이어서 접반사 노한으로 하여금 사신에게 잘 말하게 시켰는데, 다시 생각해보니, 내가 직접 말하는 것이 더 나을 것 같다.' 하고, 노한에게 시켰던 말을 자신이 직접 윤봉에게 전하는 방안에 대한 의견을 물었다.

> 변방의 작은 나라에서 다른 특산물은 없고 다만 해청이 있어서 가끔씩 붙잡히기에, 이제까지 있을 만한 곳은 다 뒤져서 힘써 포획해 보낸 것이다. 내가 마음을 다하고 있는 것은 하늘과 땅이 알 것이고 해와 달도 내려다보고 있다. 그런데 이번에 명나라 조정에서 그물까지 주어서 채포군을 보낸 것을 보면, 명나라 황제가 우리가 마음을 다하지 않는다고 여기는 것 같아서 몹시 신경이 쓰인다. 나의 이런 마음을 윤봉에게 알리려고 하는데 어떻겠는가.세종 13년/12/11

한마디로, 황제가 먼 거리를 무릅쓰고 채포군을 보내서 해청을 잡아오게 한 것이 자신에 대한 불신에서 비롯된 것일지도 모른다는 불안감에 잠시 근심에 젖었는데, 황희 등이 정면 돌파를 제안하였다. 윤봉 뿐만 아니라 창성과 장정안에게도 당당하게 채포군 파견에 따른 폐해를 말해서 다시 또 채포군을 내보내는 것을 막자고 하여, 세종으로 하여금 용기와 자신감을 가지게 해줬다.

그로부터 3일 뒤인 14일에 창성이 명나라로 돌아가게 되어 있어, 하루 전날 세종이 사신들의 숙소인 태평관을 방문하여 송별연을 열었다. 그 자리에서 세종이 창성에게, 황제가 채포군을 파견한 이유를 물었다. 네 명 가운데 창성과 장정안만 참석한 자리였다. 장동아는 해청 두 마리를 가지고 2주 전에 떠났고, 윤봉은 고향인 황해도 서흥에 들르겠다며 전날 먼저 출발하였다.

> 우리나라의 생산물 가운데 바칠 만한 물건이라고는 오직 해청과 토표가 있을 뿐인데, 황제께서 두세 번 칙서로 요구하셔서 내가 마음을 다하여 잡아서 바쳤소이다. 나의 이런 마음은 하늘과 땅과 해와 달이 함께 아는 바인데, 황제께서 채포군에게 그물까지 주어서 내보내 매를 잡게 하시니, 황제께서 우리나라가 마음을 다하지 않는다 하여 이런 명령을 내리신 것은 아닌지 매우 염려되오.세종 13년/12/13

세종이 말을 마치자 창성 등이 손사래를 치며 세종의 걱정을 없애 주었다. '황제가 그런 뜻에서 채포군을 내보낸 것이 아니니, 의심하지 마시라.'고 안심시켰다. 다음 날 창성과 장정안이 대궐에 들어와 하직을 고하니, 세종이 맞이하여 편전에 들어가 간략하게 송별연을 베풀었다. 그다음 날 모화관에 거둥하여 두 사신을 떠나보냈다.세종 13년/12/14, 12/15

반송사 노한과 진응사 유은지가 임금에게 하직 인사를 올리니, 임금이 의복·갓·신발을 내려주었다. 유은지가 가져가는 주문에는, 앞서 황제가 내렸던 칙서에 입각하여, 명나라에서 파견한 관군들과 함께 해청, 퇴곤(흰 매), 토표를 포획 혹은 구입한 과정과 마릿수 등을 상세하게 적어 넣었다.

보내신 관원을 나라 안의 잡을 만한 곳들에 나누어 보내, 해청 여섯 마리, 퇴곤(흰 매) 한 마리를 차례로 잡았습니다. 또, 우군 도총제 유은지가 명나라 관군과 함께 함길도 길주와 경원 등지에 가서 해청 한 마리를 잡았습니다. 그밖에 상호군 지함이 길주와 갑산 등지에 가서 토표 세 마리를 잡고, 야인 지역에 들어가서 토표 두 마리를 샀습니다. 모두 합하여, 해청 일곱 마리, 퇴곤(흰 매) 한 마리, 토표 다섯 마리를 진헌합니다.세종 13년/12/15

열흘 뒤에, 접반사 정연이 사신들을 떠나보내고 돌아와서 충격적인 보고를 올렸다. 사신들이 돌아가면서, '명년 5월에 다시 나와서 함길도에서 매를 잡은 뒤에 7월에 돌아갈 것이라.'고 하였다는 것이었다.세종 13년/12/25 하지만 지나가는 농담으로 믿고 싶었던 사신의 그 말은 두 번째 복수극을 예고한 것이었다.

이 지점에서 사신으로 나왔던 횟수가 가장 많았던 윤봉의 행적을 한 가지 더 짚어보자. 사신들에게 채포군의 무용성을 이야기하는 문제를 놓고 대신들과 토론을 벌이던 12월 11일에, 윤봉이 '전원 농장을 요청'한 사실이 공개되었다. 신하들 앞에서 세종이 그 말을 들려주었다.

제가 이미 늙어서 직책을 사직하고 모국에서 여생을 보내고자 하오니, 고향 마을 남쪽에 위치한 구지리의 버드나무가 우거진 제방과 삼성당 서쪽의 신소도 섬을 제게 하사하시어 전원농장으로 가꾸게 해 주시기를 부탁드리나이다.세종 13년/12/11

당일 아침에 윤봉에게 지신사 안숭선을 보내 문안하게 하였더니, 숭선이 윤봉으로부터 위와 같이 적힌 쪽지를 받아왔다며, 청을 들어줄 것인지 말 것인지를 토론에 부쳤다. 황희 등이 들어주자는 의견을 내놓았다. 윤봉의 요구를 들어주되 공문을 보내 측량을 마친 뒤에 회신해주자고 하였다. 그로부터 9일이 경과한 뒤에, 윤봉에게 전원농장 토지를 얼마나 분양해줄 것인지를 토론에 부쳤다.

윤봉이 청한 버드나무가 우거진 둑방의 2결 60부는 관개할 만한 곳이 몇 결에 불과하여 이익이 적으니 요구한대로 주도록 하라. 하지만 소도小島는 곧 압도鴨島와 연접한 곳이라 묵은 땅이 1백여 결이 될 것인데, 몇 결을 떼어주면 좋겠는가.세종 13년/12/20

세종이 말을 마치자 황희 등이 다시 나서서 소도의 묵은 땅 10결과 버드나무가 우거진 둑방의 2결 60부를 주자고 제안하였다. 곧바로 윤봉에게 그대로 알리고 땅의 등기를 누구 명의로 할 것인지를 물었다. 닷새 뒤에 황해도 감사에게 명을 내려, 서흥에 있는 윤봉의 집을 수리하여 기와를 고쳐 덮고 다른 시설물들도 모두 새것으로 바꿔주게 하였다. 아울러서 그 전에 주었던 것들을 회수하지 말게 하였다. 그로부터 열흘 남짓 뒤에 윤봉에게 주기로 한 땅을 그의 동생인 중부에게 주었다.세종 13년/12/25, 14년/1/8 소도는 오늘날의 인천광역시 서구에 있던 섬인데 간척사업으로 자취가 사라졌다.

그해 3월이 저물어갈 무렵, 조선의 조정에 다시 또 복수의 그림자가 짙게 드리워졌다. 처음에 황제에게 신년을 하례하러 북경에 들어갔던 전시귀가 돌아와, '황제가 관군 4백 명을 백두산에 파견하여 해청을 잡게 하고, 그들이 먹을 양식을 조선에서 보내게 하였다.'고 아뢰었다.

> 장동아가 야인 지역에서 해청을 잡으려고 백두산을 향하여 출발하였는데, 장차 함길도에서 매를 잡으려는 것입니다. 이 일과 관련하여 창성 · 윤봉 · 장정안 등이 칙서를 가지고 우리나라를 향해 떠났습니다. 칙서의 내용은 '야인 땅으로 매를 잡으러 간 명나라 관군 4백 명의 양식을 조선에서 보내주라.'는 것입니다.세종 14년/3/27

창성과 윤봉을 비롯한 네 명의 사신이 삼복의 무더위에 1백50명의 관군(수행원)을 데려와 4개월 동안이나 임금과 백성을 괴롭히다 돌아가고 불과 3개월 뒤의 일이다. 보고를 접한 세종과 대신들의 마음이 어떠하였을지는 물어보나 마나일 것이다.

하지만 마음이 내키지 않는다고 해서 피할 수 있는 일이 아니었다. 전시귀의 보고를 청취한 세종은 곧바로 대비에 들어갔다. 먼저 신하들에게 함길도에 비축해둔 양곡이 얼마나 되는지를 물었다. 타도의 곡식을 수송하려면 많은 폐해가 따를 것이라고 말하자, 좌의정 맹사성 등이 명쾌한 해법을 내놓았다. 고민할 것 없이, 함길도에 비축해둔 양곡만으로 부족하면 서울에 사는 양반들이 함길도에 가지고 있는 곡식을 서울 창고의 미곡과 바꿔서 보내주자고 하여서, 단번에 문제가 해결되었다.

일주일쯤 뒤에 세종이 지신사 안숭선에게 한 가지 의혹을 제기하였다. 윤봉의 외조카인 김우림이 어떤 일로 북경을 들어갔다가 윤봉으로부터 듣고 온 말을 보고하여, 즉석에서 궁금한 점을 물어서 답변을 들었는데, 그 대답의 진정성이 의심된다는 것이었다.

> 우림이 북경에서 돌아와 아뢰기를, '윤봉을 만났더니, 「장동아가 수행원 4백 명을 거느리고 해청을 잡으러 갈 것인데, 4, 5, 6월을 지난 뒤에 7월부터 너희 나라에서 양곡을 운송하게 되었으니, 네가 돌아가서 그 사실을 알리라.」고 하였다.'고 하였다. 그래서 내가 우림에게, '양곡의 운반은 누구를 시킬 것이라고 하더냐.'고 물었더니, 우림이 대답하기를, '윤봉의 말로는, 「너희 나라에서 양곡을 두만강 가에 실어다 놓으면, 북방 사람들이 가서 운반해갈 것이라.」고 하였다.'고 하였는데, 그 말이 허황된 것 같다.세종 14년/4/3

열흘쯤 뒤에, 소 1천 마리를 끌어다주러 요동을 들어갔던 명나라 압송관 당몽현이 돌아와, '사신 창성·윤봉·장정안이 잇달아 요동에 도착하였다.'고 알려주었다. 동시에 장동아는 채포군 4백 명을 거느리고 요동을 출발하여 백두산을 향하여 떠났다고 하였다.세종 14년/4/14 곧바로 윤봉의 동생인 중부를 선위사로 임명해 황해도 안주로 보냈다. 그로부터 한 달쯤 지나서 세종이 대신들 앞에서 장동아 등에게 식량을 보내주는 문제에 대해 입을 열었다.

> 윤봉이 노한에게 말하기를, '양곡을 미리 경원으로 옮겨놓고 장동아의 연락을 기다려야 할 것이며, 만약 함길도의 창고에 비축된 쌀이 많지 않으면 이웃 도의 양곡이라도 함길도로 옮겨놓아야 할 것이다.'라고 하였다는데, 그 말을 듣고 보니, 양곡을 미리 옮겨놓지 않은 것이 크게 후회가 된다. 장차 어떻게 처리하면 좋겠는가.세종 14년/5/14

세종이 말을 마치자 호조판서 안순이, 사신이 도착한 뒤에 상황을 보아서 적당한 양을 추가로 보내자고 제안하였다. 농사일이 많은 계절이라 미리 수송하기가 어려울 뿐더러, 함길도 창고의 양곡 수량이 장동아 일행에게 보내줄 정도는 된다고 하였다. 세종이 듣고서 그대로 윤허하였다.

일주일 뒤에 세종이 명나라 사신들에게 의복 등을 제공할 것인지를 토론에 부쳤다. 그동안 물품 제공에 관한 황제의 칙서가 오락가락하여, 판단을 내리기가 어려웠기 때문이다.세종 14년/5/21

토론이 시작되니 찬반 의견이 비등하였다. 또, 사람마다 각양각색의 의견을 제시하여 원만하게 합의에 도달하기가 사실상 곤란한 상태에 이르자, 세종이 결단을 내렸다. 사신들에게도 의복 등을 주는 것으로 가닥을 잡고서, 겨울과 여름철의 갓·신·의복 등을 모두 전례에 따라 미리 준비하도록 지시를 내렸다.

황제도 세종도 종종 오락가락하였다

창성, 윤봉, 장정안 등 세 사람이 황제의 칙서 세 개를 가지고 서울에 왔다. 첫 번째 칙서는 '밭을 가는 데 쓸 만한 소 1만 마리를 골라서 요동으로 가져가 그곳 사람들에게 팔라.'는 것이었다. 두 번째 칙서는 '사신들이 해청과 토표를 포획하는 일을 적극 도와주라.'는 것이었다. 세 번째 칙서는 '군관 4백 명을 거느리고 백두산에서 해청과 토표 등을 잡게 될 명나라 군관(장동아)에게 식량을 보내주라.'는 것이었다. 세종 14년/5/29

닷새 뒤에 지신사 안숭선이, 장동아가 채포군 4백 명을 거느리고 백두산으로 출발한 사실을 보고하면서, 장동아에게 보내줄 양식의 비율을 바꾸자고 하였다. 앞서 함길도 감사에게, 좁쌀 6백40석을 보내되 10석은 백미로 보내게 하였던 것을, 전부 좁쌀로 주자고 건의하면서, 이유로 세 가지를 들었다.

첫째는, 쌀 10석을 장동아에게 주면 군인들을 먹이기에 부족할 것이다. 둘째는, 북쪽 시골에 쌀이 없다는 것은 명나라 사신도 아는 터라서 반드시 쌀을 줄 필요가 없다. 셋째는, 만약 쌀을 주게 되면 장차 사신이 올 때마다 쌀을 요구하는 폐단이 생길 수 있다. 안숭선의 보고를 청취한 세종은 원안 그대로 윤허하였다.세종 14년/6/3

그로부터 며칠 뒤에 세종이 좌우의 신하들 앞에서, '사신들에게도 의복을 주겠다.'고 선언하였다. 그보다 앞서 신하들은 황제가 인정을 베푸는 것을 금지한 칙서를 내세워 사신과 수행원에게 의복을 주지 말자고 계속 우겼었다. 하지만, 세종은 전년의 칙서를 근거로 주어도 무방하다고 판단하고, 사신과 수행원들에게 옷을 지급할 의사를 분명히 하였다.

원칙적으로는 칙서를 따르는 것이 맞을 것이다. 그러나 작년에 채포군에게 옷과 신발을 주라는 칙서가 있었으니, 올해도 채포군에게 옷과 신발을 주는 것이 맞다고 생각한다. 또, 예전에는 명나라 조정이 우리를 매우 박대하였지만, 지금은 황제가 종들에게까지 옷감을 하사할 정도로 우리를 후하게 대하는데, 칙서를 핑계로 황제가 보낸 사신에게 아무것도 주지 않는 것은 너무 야박하지 않은가. 가지고 가서 재산으로 삼을 만한 물품은 주기가 곤란하여도, 계절의 변화에 맞춰서 의복을 주는 것이야 무슨 허물이 되겠는가. 게다가 본디 주인은 손님에게 선물을 주는 것이 예의이니, 사신이 나와서 추운 겨울을 지내는 것을 보면서, 어찌 모른 체하고 따뜻한 옷을 주지 않을 수 있겠는가. 내 생각으로는, 사신에게는 이전과 같이 증여하고, 수행원에게는 조금 감하여 주는 것이 좋을 것 같

다.세종 14년/6/11

세종이 말을 마치자 새로 이조판서가 된 허조가 전날의 결정을 번복하면서 세종을 거들었다. 먼저, 자기들이 전날 일체 요구에 응하지 말자고 한 것은, 전에 사신이 와서 염치를 돌보지 않고 함부로 요구한 적이 많았기 때문이라고 하였다. 만약 사신들이 물량이 넉넉지 않은 물품들까지 요구하면 폐단이 심할까 봐 주지 않기로 하였다는 것이었다.

변명을 마친 허조는 오래된 미풍양속을 내세웠다. 옛날 사람들은 서로 만날 때 반드시 예물을 나누었다며, 손님과 주인 사이에 선물을 주어서 성의를 표는 것은 예의의 기본이라고 말을 바꿨다. 그로부터 3일 뒤에 세종이 윤봉에게 인삼 50근과 무명 1백 필을 슬며시 보내주었다.세종 14년/6/14

이틀 뒤에 창성이 말을 타는 데에 필요한 장비들을 요구하여, 즉시 주도록 하였다. 닷새 뒤에 창성이 숙소인 태평관으로 승려 열두 명을 불러서 불사를 개설하여, 내관을 시켜 무명 30필과 삼베 10필을 보내주었다.세종 14년/6/16, 6/21

이틀 뒤에 함길도로부터 장동아가 알목하에 왔다는 보고가 올라와, 병조참의 권복에게 명하여 술과 과실을 가지고 가서 위로하게 하였다. 권복이 태평관에 나아가 창성에게 하직을 고하자, 창성이 "국경 안에 들어왔으면 사람을 보내도 무방하겠지만, 국경을 넘어가서 위로하는 것은 옳지 않다." 하였다.세종 14년/6/23

열흘쯤 뒤에 세종이 좌대언 김종서를 보내 세 사신을 문안하니, 장정안이 김종서에게, 장동아에게 보내줄 식량의 운반을 조선인들에게 시킬 것을 요구하였다. 그러자 김종서가, '다른 사신들로부터 장동아가 많은 군인과 소와 말을 거느리고 갔다고 들었다.'고 하고, 그들로 하여금 받아가게 하자고 제안하였다. '매 잡는 그물을 설치하기 전에 장동아가 데려간 군사들로 하여금 소와 말을 끌고 와서 식량을 받아가게 하면, 전하께서 듣고 기뻐하실 것이라.'고 하자, 장정안이 듣고서, 두 차례로 나누어서 양식을 받아가게 할 뜻을 내비쳤다.

수행원으로 따라온 최진이 옆에서 듣고 있다가 종서에게, 만약 장동아가 굳이 조선인들을 시켜 식량을 옮기려고 하면, 자기가 막겠다고 하였다. 허풍이었을 가능성이 높지만, 자기가 장동아에게, '지금 작은 나라에서 해청과 토표를 잡느라 바쁜데, 식량 운반까지 떠맡기면 백성들이 폐해를 견딜 수 없을 것이다.'라고 말하면 반드시 따를 것이라고 하였다. 세종 14년/7/4

이틀 뒤에 이양과 최진을 비롯한 장정아의 수행원 일곱 명이 해청을 잡고 양식을 운반하는 일로 함길도로 떠나서, 판사역원사 임효신을 반송관으로 임명하여 함께 따라가게 하였다. 양식을 운반하는 일까지 아울러서 처리하게 하고, 술과 고기를 가져가서 장동아에게 주도록 하였다. 세종 14년/7/6

열흘 뒤에 윤봉이 함길도로 떠나자, 세종이 우의정 권진 등으로 하여금 전송하게 하고, 이징옥을 접반사로 삼았다. 세종 14년/7/16 10여 일 뒤에 창성이 금강산에 이틀 정도 머물면서 유람하기를 희망하여, 징옥으로 하여금, 승려들을 먹이는 일 등은 그때그때 사신의 지시를 받아 필요에 따라 변통하게 하였다.세종 14년/7/29

창성과 장정안이 함길도로 떠날 날이 다가오니 세종이, 안숭선을 시켜, 두 사람에게 저고리 한 벌과 털옷·털모자·귀마개·무릎덮개·가죽신 등을 주게 하였다. 수행원들에게도 저고리와 신을 주도록 하였다.세종 14년/7/30 며칠 뒤에는 내관을 시켜서 술과 과일과 옷 한 벌과 털옷·털모자·귀마개를 가지고 함길도를 가서 윤봉에게 주게 하였다. 서울에 남아 있던 수행원들에게도 옷과 신발을 주도록 하였다.세종 14년/8/4

이틀 뒤에 창성과 장정안이 수행원 스물아홉 명을 거느리고 함길도로 떠나더니, 나흘 뒤에 금강산의 표훈사表訓寺와 정양사正陽寺에 이르러 삼백 명의 승려에게 밥을 먹이고 함길도로 향하였다.세종 14년/8/6 열흘쯤 뒤에 세종이 신하들을 불러서 장동아에게도 털옷·털모자·가죽신을 보내주는 방안을 토론에 부쳤다가, 안순과 황희의 반대로 뜻을 거두었다.세종 14/8/16

그로부터 두 달쯤 뒤에, 황제가 하사품을 내려준 것에 감사하러 북경에 들어갔던 영평군 윤계동이 '소 수출을 중지하라.'는 칙서를 받아왔다. 그 안에 '황제가 보낸 사신이 요구하여도 칙서에 없으면 주지 말라.'는 내용과, '해청을 잡으러 온 명나라 군사들을 도와주라.'는 내용이 함께 들어있었다.세종 14년/10/6

[내용 1] 내가 내보내는 사신들 가운데 간혹 소인이 섞여 있어, 앞

뒤 사정을 생각지 아니하고 경솔하고 망령되게 필요한 물품들을 요구하는 사례가 있다고 들었는데, 그들이 요구하는 것이 칙서에 적혀 있지 않거든 절대로 들어주지 말라.

[내용 2] 날려서 사냥하는 데 쓰이는 해청이 왕의 나라에 서식하여, 내가 군사들을 보내 그것들을 잡아오게 하였으니, 왕이 잘 도와주기를 부탁하노라.

이때에 함길도에 가서 장동아에게 식량을 실어다준 상호군 임효신이, 함흥에 이르러 그곳에 와있던 창성을 찾아갔는데, 창성이 효신에게 여러 가지 일 처리에 대한 불만을 터뜨렸다. 효신의 갓을 벗기고 때리려고 하다가, 접반사 노한과 함길도 감사 김맹성 등이 힘써 말리자 마지못해서 그쳤다.세종 14년/10/7

그런데 이때에 임효신이 야인들로부터 중요한 첩보를 듣고 왔다. 맹가첩목아와 그의 셋째 동생인 동범찰이, 자기들이 부리다가 도망친 노비들을 조선에서 모두 명나라로 돌려보낸 데에 앙심을 품고, '조선인을 잡아갈 기회를 노린다.'는 사실을 알아온 것이다.세종 14년/10/7 그 첩보는 오래지 않아서 실제 상황이 되었다. 두 달쯤 뒤에 야인 4백여 기가 평안도 여연에 쳐들어와, 아군이 맞서 싸우다 마흔여덟 명이 전사하고 27명이 붙잡혀갔다.세종 14년/12/9, 15년/1/9

평안도 감사로부터 급보를 받은 세종은 크게 분개하여 즉석에서 복수를 결심하였다. 이후 약 4개월 동안 준비를 거쳐서, 최윤덕을 총사

령관으로 하는 1만 5천 명의 원정군을 압록강 너머에 파병하여 그들의 소굴이던 파저강 일대를 정벌하였다.

전광석화 같은 기습전을 통해 통쾌하게 보복을 해줬지만 포로와 노획물을 교환하는 문제로 오랫동안 가슴앓이를 겪었다. 그럼에도 불구하고 야인들이 또 국경을 침범하자 이천에게 8천 명의 군사를 주어서 압록강을 넘어가 정벌하게 하였다. 이때에 아군 장수들이 사용한 전략 전술과 전과 등에 대하여는, 이 책에 이어서 출간될 『세종의 통痛』(강토 수호)에서 다각적으로 다룰 것이다.

윤계동이 칙서를 가져오고 이틀 지나서, 함길도 감사로부터, 수빈강의 야인들이 장차 장동아의 군마와 알타리와 올량합 여진족을 모조리 죽이려고 하여, 군사를 정비해 변란에 대비하고 있다는 급보가 올라왔다. 세종 14년/10/9

고려와 조선 시대에 북쪽의 국경에서 우리나라 군대가 강토를 지키느라 애쓴 행적을 알려면 여진부족의 부류에 대한 이해가 필요하다. 계통과 관계가 상당히 복잡하지만, 큰 줄기를 알기는 어렵지가 않다.

명나라의 동북쪽이면서 조선의 북방 경계 너머에 터를 잡고 살았던 여진부족의 부류는 두 가지 방식으로 구분되었다. 먼저 명나라에서는 그들이 살고 있던 터전을 기준으로 건주建州여진, 해서海西여진, 야인野人여진으로 나누었다.(168쪽 지도 참조)

반면, 조선에서는 그들의 혈통을 기준으로 크게, 토착土着여진, 알타리斡朶里, 올량합兀良哈(오랑캐), 올적합兀狄哈(우디캐) 등 네 부류로 분류하였다. 조선 건국 직후에는 만주 일대의 여진족 중에서 알타리(오도리)의 세력이 가장 강하였다. 앞서 소개한 동맹가첩목아가 한동안 알타리의 대추장이었다.

토착여진은 고려 연간에 두만강 이남으로 남하하여, 세종이 동북면에 6진을 설치하던 무렵에 집단으로 귀화하여 조선 국적으로 살았다. 알타리(오도리)는 파저강과 두만강 일대에 터를 잡고 농사와 사냥으로 생계를 꾸렸다. 올량합(오랑캐)은 압록강과 두만강 유역의 평야 지대에 촌락을 형성하고 농사를 지으며 살았다. 올적합(우디캐)은 흑룡강·아무르강·송화강·모란강·수분하 일대에서 사냥, 어로, 목축 등으로 생계를 이으며 살았다. 보다 더 자세한 내용은 김주원이 저술한 『조선왕조실록의 여진족 족명과 인명』(서울대학교출판문화원, 2007)에

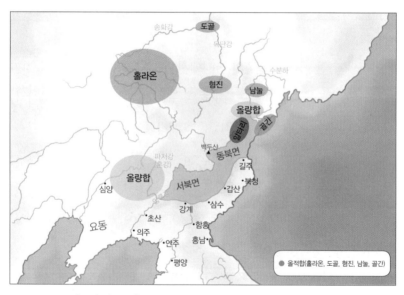

〈그림 9〉 조선 초기 여진부족 거주지역 구분(조선 기준)

친절히 소개되어 있다.

임효신을 시켜서 장동아에게 식량을 실어다주던 무렵에 세종은 승문원 제조 황희 등을 불러서 윤봉의 환심을 살 방도를 함께 궁리하였다. 윤봉은 본래 조선에서 들어간 사람이라 사신으로 나올 때마다 따로 선물을 챙겨주었는데, 황제의 칙서 때문에 더 이상 줄 수가 없었기 때문이었다. 세종이 먼저 입을 열어서, 윤봉이 서울에 머무는 동안 필요한 물품이라도 넌지시 주자고 하였다. 황희 등이 면포 3백 필과 쌀 60석을 주자고 하니, 그대로 정하였다.세종 14년/10/8

그로부터 며칠 뒤에 세종이 좌우의 신하들에게 윤계동이 북경에서 받아온 황제의 칙서 이야기를 꺼냈다. 앞서 황제가 보내온 칙서에는, '사신이 사사로이 청하는 물건은 주지 말라.'고 되어 있어, 나라에서 그대로 따르면서도, 간혹 여행용품을 제공한 적이 있었음을 상기시키고, 윤계동이 가져온 칙서의 이행 문제를 토론에 부쳤다.

이번에 보내온 칙서에 '사사로이 청하는 물건은 주지 말라.'고 하였은즉, 영접도감으로 하여금 이 뜻을 알게 하여 일체 허락하지 않는 것이 어떻겠는가. 그리고 이번에 나온 사신이 불경, 말 안장, 비파 등을 요구하는데, 주어야 옳은가, 주지 말아야 옳은가. 불경과 같은 것은 살림에 보태려는 것이 아니라 부처를 숭상해서 요구하는 것일 터이고, 여행용품은 길을 나설 때 주는 물건이니 요구에 따르는 것이 옳다고 생각되지만, 칙서에 거듭 밝힌 내용이 마음에 걸리니, 잘 의논하여 아뢰도록 하라.세종 14년/10/17

예조판서 신상이 적극 가세하여 거들자, 세종이 화제를 백성의 수고와 장동아의 경계심을 칭찬하는 말로 바꾸었다. 먼저, '해청이나 토표 같은 진헌 품목은 털끝만큼도 꺼리는 마음이 없으나, 백성이 피곤해질까 염려될 뿐이라.'고 말문을 열더니, 곧바로 이어서, '장동아가 경계하는 마음이 있어서 참으로 다행이라.'고 하였다. 장동아가 해청과 토표를 잡기 위해 알목하에 가면서, 야인들을 의식하여 군사의 위엄을 갖추고 갔던 것을 일컬은 것이었다.

며칠 뒤에 사신의 수행원 융득과 사귀가 아골(난추니) 열여덟 마리를 포획해 가지고 함길도로부터 돌아왔다._{세종 14년/10/23} 20일쯤 뒤에 사신 창성과 장정안도 뒤따라서 와서, 세종이 우의정 권진·판서 정흠지·우대언 권맹손으로 하여금 보제원에서 성대하게 환영연을 베풀게 하였다._{세종 14년/11/16}

그런데 저녁이 되자 장정안이 폭군으로 돌변했다. 연회에서 과음하여 취했던 모양이었다. 유은지와 김익정을 시켜 도감사 배둔을 불러서 꿇어앉혀 놓고는, 자기들이 함길도를 왕복하는 동안 대접이 너무 부실하였다며 사정없이 몰아세웠다.

우리는 함길도에 가서 한 주발의 조밥에다 한 잔의 막걸리와 물고기 반찬만 먹으며 지냈다. 내가 요동에서 서울까지 오는 동안은 하루나 이틀만 조밥을 먹고, 그 외에는 모두 흰 쌀밥을 먹었다. 전하께서는 명나라를 공경하여 성심껏 섬기시는데, 너희들이 전하를 속인 것이고, 함길도 감사가 우리를 홀대한 것도 임금의 뜻을 무시

한 처사였다.세종 14년/11/16

장정안이 호통을 그치자, 창성이 끼어들어 정안을 거들고 나섰다. '우리는 옷과 음식과 금·은을 구하려는 것이 아니라, 황제를 위하여 해청을 잡으려는 것이라.'고 얄밉게 깐족대고, 장정안이 또 부사副司 설도를 불러서 역시 고함을 지르며 꾸짖었다. 매를 기르는 데 쓰는 물건들은 모두 옻칠을 하면서 자신의 옷궤는 옻칠을 하지 않은 이유를 다그쳤다. 창성이 또 나서서, '여행물품을 넣은 짐짝이 천만 개가 되더라도 모두 조선인들로 하여금 요동까지 수송하도록 하겠다.'고, 독설을 내뱉었다.

하지만 다음 날 세종이 태평관에 거둥하여 사신들에게 잔치를 베풀 때에는 거짓말처럼 화기和氣가 넘쳤다. 세종이 뒤편 누각에 이르러 해청 다섯 마리를 보았다. 그 가운데 흰 매 두 마리를 가리키면서, 그것이 노화응인지를 물으니, 장정안이 옆에 있다가, 하나는 백화응이고, 하나는 백노응이라고 일러주었다.

창성이 세종에게 흑해청을 포획해 바칠 것을 권유하였다. 세종이 대답하기를, "흑해청이 있는지는 확실치 않으나, 앞서 사신으로 나왔던 진입이 알려준 대로 그림을 나눠주어 널리 구하고 있다."고 하자, 창성이 다시 백해청을 포획하여 바칠 것을 권유하였다. 세종이 말을 받기를, '일찍이 흰 매 한 마리를 보았는데, 온 몸이 순백색이고, 길이가 긴 두 날개의 끝에 검은 점 몇 개가 있었을 뿐이라.'고 하고, '사신이 함길도에 가서 해청을 많이 포획해 매우 기쁘다.'고 덕담을 건넸

다.세종 14년/11/17

이때에 대신들도 사신들의 한심한 행태에 염증을 느꼈던 모양이다. 다음 날 예조판서 신상이, '함길도 백성들에게 슬며시 유시를 내려서, 일부러 잡기 어려운 척하고, 만약 잡더라도 놓아주게 유도하여, 미래의 폐단을 막자.'고 선동하자, 여러 사람이 가세하였다. 세종도 즉석에서 적극 공감을 표하더니, 조금 있다가 지성사대를 내세워 태도를 바꿨다. 결정적 순간에 고개를 내미는 '정직 결벽증'이 또 재발한 것이다.

> 내가 지성으로 사대를 해왔고, 철이 난 이래로 조금도 거짓된 일을 행한 적이 없음을 천지신명이 알 것인데, 이 일에 있어서 속일 마음을 먹으면 되겠는가.세종 14년/11/18

대신들에게 속내를 솔직하게 드러낸 세종은, 함길도 순찰사, 접반사, 관사관, 수령들에게 적극적으로 해청을 잡으라고 지시를 내렸다. 해청을 발견하면 최선을 다하여 포획하고, 곧 사신에게 알리라고 하였다.

일당백의 이징옥이 희생양이 되었다

그런데 예상치 못한 돌발사태가 발생하였다. 윤봉의 접반사로 함길도에 따라갔던 병조판서 이징옥이 사신의 횡포를 보다 못해서 윤봉의 염장을 지른 사실이 세종에게 보고되어 삽시간에 조정이 먹구름에 휩싸였다.

발단은 경성 사람이 해청을 잡은 것을 징옥이 사신에게 '해청이 아니라.'고 속이고 임의로 날려 보낸 데서 비롯되었다. 윤봉에 대한 징옥의 앙갚음이 조정에 보고되자 임금과 대신들이 일시에 혼란에 빠졌다. 윤봉이 먼저 빌미를 제공해서 생긴 일이지만, 징옥을 용서할 수가 없었기 때문이었다. 징옥이 윤봉과 함께 함길도에서 돌아와 세종이 징옥을 인견하니, 징옥이 함길도에서 윤봉이 보여준 행태를 낱낱이 아뢰었다.

윤봉이 경원부에 이르러 절제사 송희미에게 개를 달라고 청하여서, 제가 '황제의 칙서와 나라의 명이 있어서 줄 수 없다.'고 하였습니다. 그 뒤에 경성군에 이르니, 윤봉이 수행원을 시켜 백성의 개를 빼앗아다 쓰다듬기에, 제가 슬며시 그 주인에게 일러주어 가져가게 하였습니다. 그러자 윤봉이 제게 고함을 지르면서, '어쩌면 그리도 사리를 모르고 하찮은 개 한 마리를 아끼느냐.'고 하더니, 수행원을 보내서 그 개를 도로 빼앗고, 다른 백성의 개 네 마리를 더 뺏어다 놓고 제게 개의 먹이를 청하기에, 제가 역시 또 주지를 않았습니다. 그랬더니 윤봉이 심통이 나서 개 두 마리를 주인에게 돌려주기에, 제가 개 주인으로 하여금 남은 개들도 모두 가져가게 하였습니다. 그 후 윤봉이 길주에 도착하여 더욱더 성질을 부리며 개 주인을 압박해 개를 다시 끌어오라고 시켰습니다. 개의 주인들이 속이 상해서 개들을 제게로 보냈기에, 제가 감춰두고 운봉에게 보내지 않았습니다. 그뿐만 아니라 운봉이 수행원들의 털모자를 구하려다가 얻지 못하자 분풀이로 통역 정안중을 구타하고, 또 수행원을 시켜 역驛의 아전을 때리게 하고는, 자기도 아전에게 직접 탄알을 발사하여 하마터면 아전이 죽을 뻔하였습니다.세종 14년/11/18

징옥을 사법처리하기 위한 논의는, 경성 사람이 잡은 해청을 사신에게 해청이 아니라고 말하고 임의로 날려 보낸 혐의를 중심으로 진행되었다.

발단은 함길도 순찰사 유은지가 징옥에게, '해청을 세 마리 이상 잡지 말라.'고 말한 것을, 징옥이 '가급적 적게 잡으라.'는 뜻으로 잘못 이해한 데서 비롯되었다. 그 뒤에 경성 사람이 해청을 잡아오자, 징옥이 그것을 숲속에 숨겨두고 몰래 매잡이에게 보여주면서, '이것은 해청이 아니고 제강매다.'라고 속이고 풀어주게 시켰던 것이다.

징옥이 자초지종을 실토하자, 세종이 징옥의 경솔함을 질책하였다.세종 14년/11/18 먼저, 전년에 징옥이 유은지와 함께 해청 한 마리를 숨긴 것을 뒤에 자신이 알아가지고 즉시 가져다가 황제에게 바쳤던 일을 들춰냈다. 그다음에는, 유은지가 함길도로 떠나던 날 그에게, '수십 마리를 잡더라도 나쁠 것이 없다고 분명히 말했는데, 어쩌자고 교묘하게 속여서 의심받을 짓을 하였느냐.'고 징옥을 꾸짖었다.

징옥이 고개를 떨어뜨리고 어쩔 줄을 몰라 하자, 세종이 황희·맹사성·권진·허조·안순·신상 등을 불러서 징옥의 경거망동을 개탄하였다. 세종의 '정직 결벽증'이 다시 고개를 내민 것이다.

내가 즉위한 이래로 사대에 있어서 조금도 거짓으로 행한 것이 없는데, 이제 징옥이 대사를 그르쳤으니 어찌하여야 할 것인가. 작년에 사신이 권두가 바친 매를 놓고 의심을 품기에, 내가 하늘과 땅이 알고 해와 달도 지켜보았다고 변명하였다. 내가 만일 조금이라도 혐의가 있다면 하늘에 부끄럽고 사람들을 볼 낯이 없어 마음이 편치 못할 것이다.세종 14년/11/18

대신들에게 하소연을 쏟아낸 세종은 그때까지 아무에게도 밝히지 않았던 비밀을 공개하였다. 전년에 어떤 사람이 자신에게, '매를 많이 잡으면 후일의 폐단이 한이 없을 것이니, 적게 잡는 것만 못하다.'고 하였어도, 그 말을 흘려서 들었다고 하였다. 그뿐만 아니라 태조와 태종 때부터 지성으로 명나라를 섬겨온 내력을 언급하고, 대신들에게 해결책을 토론할 것을 지시하였다.

고려의 대신들이 여러 번 남을 속이는 간사한 꾀를 행하여서, 태조 고황제(홍무제, 주원장)가 매우 책망하고 용서하지 않았던 적이 있었다. 그러나 우리 조선은 개국 이래로 명나라를 성심껏 받들어서 황제들이 우리나라를 후하게 대하였다. 태종황제(영락제, 주체) 때에도 우리 태종께서 공경하여 섬기기를 매우 돈독히 하시다가, 내가 물려받아 똑같이 지성으로 섬겨서, 여러 차례 칭찬과 하사품을 받았다. 근래까지도 칙서가 분명하고 친절할 뿐만 아니라 유례없이 간절하고 지극한데, 만약 의혹이 불거져, 아홉 길의 산을 쌓다가 한 삼태기의 흙을 실수해 공을 깨뜨린 꼴이 되면 천하의 웃음거리가 될 것이다. 그래서 마음 같아서는 이징옥과 유은지를 사형에 처하고 사신에게 알려서 부끄럽고 한이 되지 않게 하고 싶지만, 만약 그렇게 하면, 사신이 전에도 거짓이 있었을 것으로 의심할 것이다. 또, 숨기고 말하지 않았다가 뒷날 명나라에 알려지면 난처한 상황에 처할 수도 있으니, 마땅한 해법을 찾아서 아뢰도록 하라.세종 14년/11/18

세종이 말을 마치자 온건론과 강경론이 백중세를 이루었다. 맹사성·권진·허조 등은, 매를 놓아준 부분은 덮어두고 개를 훔친 죄만 묻자고 하였다. 징옥이 매를 놓아준 사실을 창성 등이 알게 되면, 전에도 거짓이 있었을 것으로 의심할 수 있다는 것이었다.

반면, 황희와 안순은 바른대로 죄를 다스려서 뒤탈을 막자고 하였다. 모두가 발언을 마치자 세종이 황희와 안순의 의견을 따를 뜻을 내비쳤다. 이번에도 역시, 하늘과 땅과 해와 달을 증인으로 내세웠다. 그러자 황희와 안순이 거짓말을 피하면서 문제를 풀 수 있는 묘안을 내놓았다.

말을 드러내지 않는다면 아무런 문제도 생기지 않겠지만, 만약 드

러낸다면 뒷일이 힘들어질 것입니다. 해청을 날려 보낸 죄를 따지

지 말고, 해청과 비슷한 매를 나라에 아뢰지 아니하고 마음대로 날

려 보낸 죄를 따진다면 이치에 맞을 듯하옵니다.세종 14년/11/18

곧바로 온건파들의 반격이 뒤따랐다. 맹사성 등이 다시 나서서, 나라를 다스리는 데에 임시변통이 없을 수 없다며, 자기들의 의견을 따를 것을 간곡하게 호소하였다. 세종이 듣고 나서, '대신들의 중론을 외면하고 소수 의견을 따르기는 곤란하다.'고 하고, 원칙론을 내세운 황희와 안순의 의견을 취하였다. 시간이 이미 밤 11시가 넘었는데 징옥을 의금부에 가두게 하였다. 의금부에서 신속하게 징옥의 죄를 국문하여 아뢰니, 명하여 직첩을 거두고 지방에 부처하게 하였다.세종 14년/11/20

이 지점에서 한 가지 의문이 떠오른다. 장동아가 채포군 4백 명을 이끌고 백두산에 가서 해청을 잡던 해에 조선에서는 매를 몇 마리나 포획하였을까?

〈표 7〉은 황제로부터, 자신이 내보낸 채포군들을 잘 도와주라는 칙서가 도착한 10월 6일부터 사신들이 북경으로 출발한 12월 6일까지 포획한 해청과 퇴곤을 포획한 수효를 집계한 것이다. 두 달 동안 두 종류 열일곱 마리(해청 15, 퇴곤 2)를 포획하여 사신들에게 주었음을 짐작할 수 있다.

〈표 7〉 명나라의 채포군이 입국한 이후 포획한 매의 수효(해청 15마리, 퇴곤 2마리)

실록 기사	종류 · 마리	포획 지역	포획자
10월 9일	해청 1	함길도 경성	금매읍(사노)
10월 18일	해청 1	함길도	김맹성(함길도 감사)
10월 18일	해청 1	함길도	성달생(절제사)
10월 18일	해청 1	함길도 경성	지유용(함길도 절제사)
10월 18일	해청 1	함길도 단천	전신(단천지군사)
10월 18일	해청 1	함길도 경성	배혜(경성 판관)
10월 18일	해청 1	함길도 길주	이중부(길주 판관)
10월 20일	퇴곤 1	함길도 단천	황신지(학생)
10월 22일	해청 1	함길도 감사	김맹성(함길도 감사)
10월 22일	해청 1	함길도 예원	이극문(예원지군사)
10월 22일	해청 1	평안도	박규(평안도 감사)
10월 22일	해청 1	평안도	조비형(평안도 절제사)
10월 22일	해청 1	평안도 영번	이정(영변 판관)
10월 22일	퇴곤 1	함길도 경성	유연지(판경성군사)
10월 27일	해청 1	함길도 경성	한귀보
11월 2일	해청 1	함길도 길주	김간(학생)
11월 25일	해청 1	함길도 경성	미상

이 글의 초점이 칙사들의 비열한 앙갚음에 맞춰져 있어서, 아골(난추니)·해청·퇴곤(흰 매) 등의 차이에 대하여는 관심을 두지 않았다. 잠시 상식 차원에서 알아둘 마음을 먹었다가, 너무 복잡해서 단념하였다. 권위 있는 국어학자였던 이숭녕 박사가 생전에 발표한 「응자명

鷹子名에 관한 어휘 고찰」(정신문화 통권 7호, 1980년 8월)이라는 논문을 읽어보았으나, 매의 종류별 차이를 이해하는 데에 별 도움을 얻지 못하였다.

이야기를 다시 되돌려서, 12월로 접어들어 사신들이 돌아갈 날이 임박하자, 세종이 윤봉의 마음을 기쁘게 해줄 생각으로, 윤중부의 사위인 김숙리에게 광흥창 부승을, 윤중부의 처남인 이정에게 의영고 부직장을 제수하였다. 세종 14년/12/1 광흥창은 관원들의 녹봉을 관리하던 관서였고, 의영고는 궁중에서 쓰이는 기름·꿀·과일 등을 관장하던 관서였다.

그다음 날 윤봉이 고향인 황해도 서흥을 가기 위해 일행보다 앞서 서울을 출발하고, 창성과 장정안은 4일을 더 머물다 12월 6일에 서울을 떠나 북경으로 향하였다.

사신들이 돌아갈 때, 윤봉의 요청에 의해 친동생인 중추원부사 윤중부를 선위사로 임명해 의주로 보냈다. 이로써 장장 6개월 동안의 혹독한 시련이 마침내 끝났으며, 이후로는 창성만 다음 해 10월에 한 차례 더 다녀가고, 윤봉은 더 이상 나오지 않았다.

하지만 명나라의 사신들이 조선에 와서 남긴 행적들은 변치 않는 화석化石이 되어서 실록의 갈피에 영원히 남았다. 윤봉의 경우에는 특별히 더 뚜렷하게 기록이 남았다. 《세종실록》을 편찬한 사관들은 윤봉이 서울을 떠나던 날의 기사로 그의 과도한 탐욕과 유별난 처신을 촘촘하게 적어서 후세에 전하였다.

윤봉은 본국에서 명나라에 뽑혀 들어간 화자다. 황해도 서흥에 있을 적에는 매우 가난하고 천박하더니, 명나라 영락제 때 북경에 뽑혀 들어가 궁중을 출입하며 세 명의 황제를 섬겼다. 황제를 속여 해청·토표·검은 여우 등을 잡는다는 핑계로 해마다 사신으로 나와서 내키는 대로 탐욕을 부렸으며, 은퇴한 뒤를 대비해 서흥에 집을 짓고는 논밭과 노비를 염치없이 청구하여 재산을 불렸다. 자신의 아우 중부를 재상의 반열인 중추원부사(종2품)에 이르게 하고, 일가붙이에 이르기까지 수많은 사람에게 관직을 받게 해주었다. 이처럼 국가로부터 지극한 은혜를 입고서도 만족할 줄을 모르고 안장 갖춘 말과 화폐 대용품이던 베를 끊임없이 청구하였다. 이처럼 동포이면서도 말할 수 없는 사욕私慾으로 우리 백성을 지쳐 죽게 하였으니, 명나라 사람인 창성과 장정안의 탐욕을 어찌 책망할 수 있겠는가. 옛날부터 천하 국가의 어지러움은 내시들에서 비롯되었는데, 봉명 사신으로 나오는 자들이 모두 이런 사람들이니 명나라의 정사도 가히 알만하다.세종 14년/12/2

한편, 창성과 윤봉이 마지막으로 다녀간 이후로 세종은 오늘날의 함경도 지역인 동북면에 대한 조선의 통치권을 회복하는 데 총력을 기울였다. 그 시작은 세종 15년 10월에 동북면을 터전으로 알타리 여진족의 맹주 노릇을 하던 동맹가첩목아 부자가 올적합 여진족의 추장이던 양목답올에게 동시에 피살되면서 시작되었다.세종 15년/10/29

함길도 감사 조말생으로부터 동맹가첩목아 부자의 피살을 보고받은 세종은, 하늘이 준 기회로 여기고, '조상이 물려준 강토를 줄일 수 없다.'며, '영토 다지기'에 시동을 걸었다.

첫 번째 조치로, 윤봉을 농락한 죄로 지방에서 귀양을 살고 있던 당대 최고의 맹장 이징옥을 함길도 영북진의 절제사로 임명하였다.세종 15년/11/7 그다음에는 신하들 앞에서 결기 가득한 어조로, '알목하(아목하=오음회=회령)는 본래 우리나라 영토이니, 옛 영토를 회복하여 조종의 뜻을 잇겠다.'고 다짐하고, 검증된 인재들을 동북면에 집결시켰다.세종 15년/11/19

함길도 절제사를 오래 역임한 백전노장 하경복(57세)과 함길도 도순문사를 지낸 심도원(59세), 그리고 누구보다도 신뢰가 두터웠던 김종서(51세)를 거의 동시에 동북면에 배치하였다.세종 15년/12/12, 12/18 이후 무려 7년 동안이나 김종서에게 함길도 감사와 절제사 직책을 차례로 맡겨서, 마침내 동북쪽 변방에 6진鎭을 두고 서북쪽 변방에 4군郡을 두어 압록강과 두만강 이남을 조선의 영토로 확정하였다.

하지만 그 과정은 험난한 가시밭길의 연속이었다. 밖으로는 명나라의 위세를 등에 업은 여진족 추장들의 지능적 이간질과 교활한 속임수가 끊이질 않았고, 안으로는 조정 대신들의 지지를 얻기가 쉽지 않았다. 대신과 장수가 여진족을 겁내서, 방어선을 뒤로 물리자거나 북벌 불가론을 펼치는 경우도 있었다. 전방을 지키라고 내보낸 장수가 전투에서 패하고 허위 보고를 올려서 임금을 속이거나, 교활한 여진족 추장과 야합하여 직속 상관을 음해하는 경우도 생겼다.

그뿐만 아니라 바다에서는 왜구가 기승을 부리고, 일본 본토의 정세도 불안하여 세종을 오랫동안 여러모로 힘들게 하였는데, 자세한 이야기는 곧바로 이어서 출간될 『세종의 통痛』(강토 수호)에서 심도있게 다루고자 한다.

● 감사 인사

고도의 인내(忍耐)로 끝까지 읽어주셔서 대단히 고맙습니다.

이 책이 독자님의 인욕(忍辱) 수행에 보탬이 되기를 바랍니다.

집필 후기

　독자님께서 이제까지 확인하신 바와 같이, 이 책은 오래된 중화주의中華主義에 입각한 명나라의 '갑질'로 인하여, 세종이 겪었던 극한의 고초를 집중적으로 조명하는 데 초점을 맞춰서 쓴 것입니다. 명나라 황제와 사신들의 천인공노할 패륜과 수탈이 더없이 잔혹했는데도, 가해자를 준엄하게 꾸짖을 생각은 않고, 혹독하게 시달린 피해자에게 딴지를 거는 세태가 답답하게 생각되어, 아무도 시키지 않은 일을 스스로 자처하여 끝을 보았습니다.

　방대한 분량의 《세종실록》 곳곳에 파편처럼 흩어져 있는 단편적 정보들을 일일이 찾아서 역사의 퍼즐을 맞추는 작업은 처음부터 끝까지 험난한 개척이고 힘겨운 고행이었습니다. 게다가 실록의 국역본뿐만 아니라 심지어는 실록의 원문조차도 오역誤譯과 오류와 생략이 적지 않아서, 도중에 길을 잃고 헤맨 적이 많았습니다. 그럼에도 불구하고 시종일관 생선의 가시를 발리듯이 맥락을 추적하고 줄거리를 풀어냈지만, 두 가지 가능성을 인정하지 않을 수 없습니다.

　첫째는, 누락과 사족蛇足의 가능성입니다. 세종에게 힘든 시련과 고통이었을 것으로 여겨지는 사건 · 상황 · 과정 · 순간 등을 빠짐없이 간추린다고 간추렸으나, '실록의 숲'이 워낙 울창하고 조밀해서, 빠뜨리면 안 되는데 빠뜨렸거나, 빼야 되는데 빼지 않고 넣은 대목이 혹시 있을까 봐 마음이 쓰입니다.

둘째는, 추리와 짐작이 허술하였을 가능성입니다. 실록 기사들의 행간에 적힌 의미까지 파헤쳐보려고 힘을 썼으나, 중대한 사건이나 상황들의 연결고리를 놓치거나 오해한 부분이 있을까 봐 신경이 쓰입니다. 특히 '힘의 논리'에 입각한 사대 외교의 이면에 수맥처럼 얽혀 있었을 복잡다기한 인과관계를 지나치게 단순화시키는 오류를 범했을까 봐 심히 염려가 됩니다.

그 외에도 독자님의 기대에 미치지 못한 면이 더 있을 수 있겠지만, 부족하나마 이 책이 세종과 세종 시대를 들여다보는 색다른 창문이 된다면, 저자로서 충분한 만족과 보람을 느낄 것입니다. 마음속의 기대까지 털어놓자면, 나라의 미래를 결정지을 중요한 여러 일이 동시에 어지럽고 급박하게 돌아가는 때에, 민족의 좌표를 직시하고 앞으로 나아갈 길을 올바로 정하는 데에 이 책이 조금이라도 도움이 되기를 바랍니다.

대단히 감사합니다.

세종의 苦고 - 대국의 민낯

초판 1쇄 인쇄 2018년 5월 10일
초판 1쇄 발행 2018년 5월 15일

펴낸이 박해성
펴낸곳 (주)정진라이프
지은이 조병인
출판등록 2016년 5월 11일
주소 02752 서울특별시 성북구 화랑로 119-8, 3층(하월곡동)
전화 02-917-9900
팩스 02-917-9907
홈페이지 www.jeongjinpub.co.kr

편집 김양섭·조윤수
기획마케팅 이훈·박상훈·이민희
표지디자인 기민주

ISBN 979-11-961632-5-9 *03900